天下·文化
BELIEVE IN READING

區塊鏈革命

比特幣技術如何影響
貨幣、商業和世界運作

Blockchain
Revolution

How the Technology Behind Bitcoin is
Changing Money, Business, and the World

50 大思想家之一、《維基經濟學》作者
唐・泰普史考特 Don Tapscott

西北航道創投執行長
亞力士・泰普史考特 Alex Tapscott |著

陳以禮、李芳齡 |譯

各界推薦

「區塊鏈之於建立信用的效果，猶如網路對於資訊的傳播效果一樣。如同網路發軔之初，區塊鏈也一樣具有改變所有一切的可能；看過這本書的你就會知道此言不虛。」

——伊藤穰一（Joichi Ito），麻省理工學院媒體實驗室主任

「在這趟探索金融界新領域的奇妙旅程中，泰普史考特父子對區塊鏈的現象提出了新的見解，充分說明為什麼我們所有人都需要更進一步了解其強大的功能及無窮的潛力。」

——戴夫‧麥凱（Dave McKay），加拿大皇家銀行主席暨執行長

「這本書遇見未來的能力直追歐威爾的小說《1984》，眼界堪比創意大師伊隆‧馬斯克（Elon Musk），沒有讀過其中內容的話，就等著被淘汰吧。」

——提姆‧德瑞普（Tim Draper），創投機構德豐傑（DFJ）、德瑞普協會暨德瑞普大學創辦人

「不論是商場征戰或是戮力從公，你都需要好好認識區塊鏈革命。若要論及誰最能針對區塊鏈寫出一本研究扎實又引人入勝的作品，則非泰普史考特父子莫屬。」

——艾瑞克・布林優夫森（Erik Brynjolfsson），麻省理工學院教授暨《第二次機器時代》共同作者

「以往科技沿革的過程，要耗費一整個世代的時間慢慢醞釀，現在卻在眨眼之間逼近到我們面前——泰普史考特父子無疑就是講述這個故事的最佳人選。」

——艾瑞克・史派格（Eric Spiegel），美國西門子總裁暨執行長

「很少有人能像唐一樣，帶領我們這般明察秋毫地觀察，他和他的兒子亞力士透過《區塊鏈革命》這本書告訴我們，如何用全新角度思考未來樣貌。」

——孟鼎銘（Bill McDermott），思愛普（SAP SE）執行長

「《區塊鏈革命》巧妙地融合了區塊鏈協定相關的歷史、科技與社會等各個面向——這個發明在歷史長河中的地位，可能並不下於印刷術的發明。」

——詹姆斯・瑞卡茲（James Rickards），《下一波全球貨幣大戰》、《下一波全球貨幣大崩潰》作者

「難以置信，真的太難以置信了。在日益講求中央調控的世界裡，泰普史考特認為區塊鏈有助於金融普惠的觀點，卻是那麼非凡細緻。」

——史蒂夫・盧克佐（Steve Luczo），希捷科技（Seagate Technology）董事長暨執行長

「這本書慨陳深度發展的新科技，與人類最深層的需求——建立信賴息息相關。詳盡的研究調查在生花妙筆下逐一展開，所有認真的商場人士和政策制定者，都需要好好讀一讀本書。」

——布萊恩・費瑟史東（Brian Fetherstonhaugh），奧美互動行銷（OgilvyOne）董事長暨執行長

「必讀佳作。看完以後你將會深入了解，為什麼區塊鏈正在快速形成有網際網路以來，最重要的其中一項新興科技。」

——布萊恩・弗德（Brian Forde），麻省理工學院媒體實驗室數位貨幣計畫主持人

「對於想要前往應許新領域一探究竟的人，泰普史考特父子為你們完成了這本說理清晰的指南。」

——班傑明・勞斯基（Benjamin Lawsky），前紐約州金融署署長，勞斯基集團（The Lawsky Group）執行長

「針對網際網路誕生以來最令人感到興奮的新科技，這是研究最扎實、透澈，見解最深入的一本書。這本書不單講解得異常清楚，其見解的深度與廣度更是令人感到折服。」

——安德里亞斯・安東諾普洛斯（Andreas Antonopoulos），

《掌握比特幣》（*Mastering Bitcoin*）作者

「泰普史考特父子的生花妙筆，闡述了一個可望在接下來好幾年，徹底改變我們處理信賴機制、資訊安全和個人隱私等課題的新科技。」

——盧英德（Indra Nooyi），百事公司董事長暨執行長

「網路世界一直以來都欠缺一片最關鍵的拼圖，那就是用來認定並驗證交易有效的『信賴協定』，而區塊鏈科技恰好補上了最關鍵的這個部分。這是一個革命性的概念，這本條理清晰的書籍充分說明了個中緣故。」

——華特・艾薩克森（Walter Isaacson），《賈伯斯傳》作者

「用如此炫目——卻也讓人放下戒心——的獨到見解，看穿足以重新塑造全球經濟的新科技。如此佳作，絕非過譽！」

——保羅・波曼（Paul Polman），聯合利華執行長

目 錄

繁體中文版序
台灣在區塊鏈革命中的機會

　　我很高興今年（2017 年）在台北對企業主管、政府領導人以及創業家，做了幾場有關區塊鏈革命的演講。

　　我在二十年前初次造訪台灣，當時我在演講中論述，網際網路及全球資訊網正在崛起，成為一種新的交流媒體。我說：這將為台灣提供重要機會，但這個國家必須找到擁抱這項新科技的領導力。

　　今年在台北，我再一次論述，我們正處於邁向一種新交流媒體的門檻，這種新媒體有遠大前景，但也將為忽視它的社會帶來危險性。

　　基本上，網際網路正邁入第二紀元。網際網路的第一個紀元帶來網路、社群媒體、行動運算、大數據以及雲端運算，這些全都為近乎每一個生活層面的進步鋪路。但是，這些突破只是網際網路潛力的皮毛而已，尤其是對企業及消費者而言。

　　自工業時代以來，企業的深層結構並沒什麼改變，層級制度、垂直整合與繁文縟節依然是其特徵。數位革命迄今並未對人類的整體生活水準，帶來多少正面影響，在許多進步國家，

我們看到數位革命在創造財富的同時，並未等量地創造就業機會，社會不均現象依舊。我們也看到，做為自由社會基礎的隱私，被資料萃取者暗中傷害——集團企業探勘龐大的數位資料，把從中萃取的資訊販售出去。地球上的多數人還未能從數位經濟蒙益，現今世上還有 20 億人甚至沒有銀行帳戶。

科技是導致問題的罪魁禍首。前美國國務卿約翰‧凱瑞（John Kerry），於瑞士達沃斯舉行的 2017 年世界經濟論壇年會上引述研究指出，85％的美國失業者不是因為企業把工作外包而失業，真正的原因是科技導致他們沒工作。現在，新一回合的自動化、機器人，以及破壞性創新事業模式，正在大量消滅工作者的飯碗。

資訊網際網路也破壞了我們的智慧財產模式，個人及組織刊登或使用智慧財產創作者的作品（例如音樂），卻沒有讓這些價值創造者獲得適當酬勞，侵害了他們的資產權益。

倘若，在現有的資訊網際網路之外，我們也有一種價值網際網路——一個龐大、人人可用的全球帳本，讓我們能夠安全且私密地用它來儲存、交易、管理任何包括金錢、股票與債券在內的所有資產，或是音樂、選票、智慧財產所有權與憑證等有價值的東西呢？倘若，我們能夠彼此直接進行交易，減輕銀行、經紀商及政府之類的外部中介造成的摩擦成本呢？

這種新版本的網際網路現正漸漸形成，數位革命正在引進一種極為不同的平台，將把我們帶向未來二十五年的人類進步。這種平台的核心是區塊鏈，它是比特幣等多種數位貨幣的

基礎技術，也是這二、三十年來電腦科學領域中，最令人興奮的創新。

區塊鏈是開放、可編程的技術，因此，它具有釋放無數可以改變我們的日常生活的應用與能力的潛力。

最基本的好處是，區塊鏈是一種無法竄改的全球資料庫，它能夠提供一個數位帳本，不僅用以記錄我們的金融交易，也記錄我們生活裡每一個有價值的東西：出生與死亡證明、結婚許可證、所有權憑證與資格、教育文憑、金融帳戶、醫療程序、保險理賠、選票、智慧型物件之間的交易等等，任何可以用程式來表現的東西。區塊鏈資料代表最高的正確性，因為大規模協作持續不斷地驗證它；我們將不需要傳統的互信，因為區塊鏈保證誠正性，你可以把它想成一種透過聰明程式和大規模協作來建立的信任。

此外，很重要的一點是，區塊鏈能夠補充與強化現有的事業模式，它將增進保障與安全性，並且讓使用者降低成本。區塊鏈不是一種威脅，擁抱它的人將獲得龐大機會。

金融服務業就是一個明顯的例子，許多銀行、保險公司、退休基金等機構的領導人，已經認知到區塊鏈帶來的改變益處。一個龐大的分散式全球帳本，在數百萬個裝置上運作，對任何人開放，不僅僅是資訊，任何有價值的東西都可以安全且私密地移動與儲存，不必靠強大的中介來建立信任。想想看，這有何含義？這個新的原生數位價值媒體，將扮演帳戶、資料庫、公證人、哨站、票據交換所的帳本，全都透過一個共識機

制來運作。這項技術具有大大提升金融市場效率、安全、涵蓋性與透明度的潛力。

　　個人也將受益匪淺。區塊鏈代表一個點對點互動管道，使我們能夠免去繁文縟節的煩擾，降低或免去日常生活中與企業及政府往來的成本，不需要犧牲安全性或隱私。像是銀行交易、繳稅、申請各種牌照等諸多活動，進行起來都將能更加簡單迅速，金錢成本也能降低。

　　機會龐大，意謂著潛在風險也多。區塊鏈可以使在位者以較少的資源做出更多的事，擴展既有的服務，並降低風險與成本；但區塊鏈也大大降低了新進者的進入障礙，它們可以提供不同於傳統金融業的服務，在每一個競爭的市場上，強力挑戰原來的在位者。

　　區塊鏈一開始是比特幣的賦能技術，但如今它已經發展成一個龐大的技術生態系。自本書英文版 2016 年出版以來，已有不少和區塊鏈有關的新組織出現，例如由 Linux 基金會創建的超級帳本計畫（Hyperledger Project）已有數百個會員，包括埃森哲管理顧問公司（Accenture）、IBM、湯森路透（Thomson Reuters）及數十家銀行。它們的目標，是建立能夠在每個產業中實行的企業級區塊鏈技術。R3 聯盟（R3 Consortium）是全球許多大型銀行加入的區塊鏈聯盟，該聯盟正在開發一些創新，例如即時數位清算、數位法定貨幣。本書中討論了另一個創立於加拿大、名為以太坊（Ethereum）的區塊鏈，推出了一種名為智能合約的新技術，能夠簡化組織內部

及組織之間的商業邏輯，促成全新的事業模式。現在這個平台上的創新，大多是新創公司和大型企業合作產生的，還有企業以太坊聯盟（Enterprise Ethereum Alliance）這個新的組織，幫助公司在此平台上開發新應用。

不過，在這個網際網路第二紀元，哪些國家將取得領先，目前還不明朗。在網際網路第一紀元取得領先的是美國矽谷，但這一次，矽谷的許多技術領先者受縛於舊模式，將不會為新模式提供領導。矽谷的許多創投家似乎較感興趣於把比特幣的價格當做一種資產，至於用新平台來改變企業與社會，他們似乎沒那麼感興趣。

台灣能成為領先者嗎？這個國家有堅實的技術、優秀的電腦科學與創業文化，政府支持創新，現在又出版了本書的繁體中文版，讀者將可以閱讀到這本全球暢銷書探討的主題：區塊鏈技術將創造更公平的競爭環境。

我們兩位作者也設立了一個全球智庫，調查與探索區塊鏈的使用案例、機會，以及執行上遭遇的挑戰，這項耗資數百萬美元的計畫，將包含跨及九個產業縱向的數十個研究專案，主要聚焦於金融服務業。我們也將進行專案計畫，研究區塊鏈如何改變我們管理各種機構，以及組織經濟體系能力的方式。

這項計畫的會員包括大型企業、政府、非營利組織、新創公司，創立會員包括 IBM、埃森哲、思愛普（SAP）、富士通（Fujitsu）、那斯達克（NASDAQ）、數位資產控股公司（Digital Asset Holdings）、百事公司（PepsiCo）、國際電信與有線電視

公司自由全球（Liberty Global）、湯森路透、聯邦快遞
（FedEx）、森特里克能源集團（Centrica）。我們誠摯邀請台灣
的銀行業者、大公司、各級政府加入我們的行列，在台灣實現
區塊鏈革命。

　　希望你喜歡此書，並請加入區塊鏈革命行列，改變與繁榮
世界！

唐・泰普史考特（與 亞力士・泰普史考特）

加拿大多倫多，2017 年 5 月

第一部

你所期待的一場革命
Say You Want a Revolution

第 1 章
信賴協定

　　科技精靈彷彿又再一次從瓶中被釋放出來了，只是這次我們找不到是什麼人，基於什麼目的，在哪個明確的時間點把科技精靈召喚出來。總之，現在這個精靈已經隨侍在側準備好要大顯身手——扭轉現有經濟運作的權力機制，把世間萬物的老派作風帶往更好的方向——如果我們願意接受它的話。

　　讓我們說得更仔細一點。

　　網際網路歷經前面四十多年的發展，帶給我們電子郵件、全球資訊網、網路公司、社群媒體、行動網頁、大數據、雲端運算和剛萌芽的物聯網。透過網際網路降低資訊的搜尋、協作與交流成本當然是好事一件，它也降低了經營新媒體或創新娛樂產業的進入障礙，為零售業或是組織工作帶來新的運作方式，還帶來了史無前例的數位投資浪潮。透過感應偵測技術，網際網路將智慧系統的概念灌入我們的錢包、衣著、汽車、建築與都市規劃，甚至也改寫了生物學。網際網路已完全融入我們的生活環境，不久之後，我們也不需再執行「登入」，就能感受到網路科技已深深滲入我們的商業行為與日常活動中。

　　整體來看，網際網路帶來很多正向的改變——先決條件當然是先要能擁有網路資源再說——但是運用在商業活動或經濟行為時，卻也面臨很多嚴重的局限。正如同《紐約客》（*The New Yorker*）雜誌在 1993 年刊登漫畫家彼得‧施泰納（Peter Steiner）的那幅知名漫畫作品——電腦前面的一隻狗對著另一隻狗說：「在網際網路上，沒有人知道你只是一隻狗。」我們到現在還無法在網路上建立可靠的機制認定彼此的身分，如果沒有透過第三方——像是銀行或政府所提供的驗證機制，我們也無法信任彼此以處理金錢交易。然而，這些中介機構也會為了商業利益或是國家安全而蒐集我們的個人資料，侵犯隱私。

　　即使有了網際網路，上網成本的結構性因素導致全世界還是有 25 億人口無法進入全球金融體系內。儘管網際網路是以一視同仁的精神試圖帶動全球同步發展，但是實證結果卻顯示其附帶的政治與經濟效益並不對等——就算受益者本身其實沒有汲汲營營的打算，財富跟權勢還是會往有錢有勢的方向流動——錢滾錢的威力總是遠遠贏過許多人勞心勞力的成果。

　　科技帶來的繁榮與科技侵害的隱私之間，並沒有所謂的利大於弊，在這個數位年代裡，幾乎任何事物都擺脫不了科技的影響——無論是好是壞。科技讓我們得以用全新、更細緻的方式去維護或侵犯他人的權益，線上通訊和商務的爆炸性成長，創造了更多網路犯罪的機會。預測處理器效能會年年倍增的摩爾定律（Moore's Law），也一樣適用於預測詐欺與竊盜的犯罪率年年倍增——稱為「摩爾犯罪定律」（Moore's Outlaw）[1] 也

不為過；就更不用提垃圾郵件、盜用帳號、網路釣魚、間諜程式、殭屍帳號、駭客入侵、網路霸凌和資料綁架（要花錢解開被駭入加密的電腦資料）等諸多罄竹難書的問題了。

打造信賴協定的過程

　　早在 1981 年就有人想要透過密碼學，解決網際網路隱私、資安的問題，實現人人受益的普惠（inclusion）金融體系，問題是，不論線上交易流程再怎麼一改再改，只要有第三方參與在內，就沒辦法有效解決資訊安全的缺口。在網路上刷卡付費會暴露太多使用者的個人資料，讓人無法心安；交易手續費也不是小額交易支付方負擔得起的成本。

　　等到 1993 年的時候，聰明的數學家大衛・丘姆（David Chaum）提出了 eCash 這套電子支付系統，被認為是「技術面完美無瑕的機制，可在網際網路上以匿名方式，安全達成支付的目的……這是一套可以在網路上傳遞各種電子貨幣的完美系統。」[2] 這個評價並非過譽，當時包括微軟（Microsoft）在內的多家公司都把 eCash 納入，成為旗下軟體的基本配備。[3] 問題是，當時的線上買家還沒意識到網路隱私與資安的問題，使得丘姆在荷蘭創辦的公司 DigiCash 在 1998 年宣告破產以終。

　　丘姆的同事尼克・薩博（Nick Szabo）在公司接近破產的時候，發表了一篇簡短的論文，標題取名〈上帝協定〉（"The God Protocol"）的用意，是仿效諾貝爾獎得主利昂・萊德曼（Leon Lederman）所創造的「上帝粒子」（the God particle）一

詞——原本是用來比喻希格斯玻色子（Higgs boson）在現代物理學上的重要地位。薩博在論文中提到自己深信有一種終極的技術協定，那就是讓上帝在所有交易過程中，扮演公正第三方的角色。「所有人把他們的資料交給上帝，讓可靠的上帝做出最終的決定，然後再把祂的決定告訴所有人。上帝做為掌握所有訊息的最終裁量者，任何人除了自己輸入給上帝和從上帝那邊所獲得的訊息外，完全無法得到任何關於其他人的資訊。」[4]這還真是個直言不諱的論點：想要透過網路做生意，還真的需要相當堅定的信念才行。既有的線上交易機制在資訊安全的維護上一直無法達到要求，我們除了把交易過程的中介機構當成神聖不可侵犯的上帝外，好像也沒有其他的解決辦法。

　　時間一晃過了十年，來到爆發全球金融海嘯的 2008 年。這次或許是上帝垂憐，不曉得是一個人還是一群人用「中本聰」（Satoshi Nakamoto）這個假名，發表了全新的對等式（peer-to-peer）電子貨幣協定機制，其所採用的電子貨幣就是帶有加密效果的比特幣（bitcoin）。此電子貨幣和傳統由國家發行、操控的法定貨幣大不相同，而且這個協定機制建立在一整套以分散式運算（distributed computation）為主的運作基礎上，只要透過數以十億個運算設備，就能確保資料交換的可靠度（integrity），中間完全不需要經由任何公正的第三方加以驗證。這個方案乍看之下漫無頭緒，沒想到這個不起眼的念頭，竟然在資訊界掀起一個讓人既驚且喜、又引人入勝的想像空間，之後更形成一把四處蔓延、無法遏止的燎原野火，影響範

圍遍及各行各業和政府機關，還包括捍衛個人隱私的鬥士、推動社會改革的活躍份子、媒體理論大師和新聞工作者等等，族繁不及備載。

來看看第一個商用網路瀏覽器「網景」（Netscape）的創造者之一、科技創投界知名的大金主馬克・安德森（Marc Andreessen）如何評價這個新的協定機制：「這會讓人發出『喔，天哪，就是這個了！這真是一大突破，是我們期盼已久的好東西。發明這個的人解決了所有問題，不管他是誰都應該值得頒一座諾貝爾獎給他──這個人無疑是一位超級天才』的讚歎。這樣說絕不誇張，這就是我們一直想在網路上建立，卻始終沒能成功的分散式信賴網路（distributed trust network）。」[5]

現在世界各地的能人異士都想了解，這個光是用巧妙程式碼就在人與人間建立信賴的協定機制，會有多大的運用空間。這是前所未見的現象──直接在雙方或是更多交易對象之間，完成可靠的線上交易，並且是由集體追求自利的芸芸眾生，大規模協作完成認證，而不是交給利字當頭的大型企業。

並不是說這個協定機制無所不能，但是能幫助我們完成交易、值得信任又普遍的平台，當然還是意義非凡。這就是我們所說的「信賴協定」（Trust Protocol）。

信賴協定是全球愈來愈多分散式帳本（distributed ledger），也就是區塊鏈（blockchain）的運作基礎，比特幣的區塊鏈是其中規模最大的一個。雖然信賴協定背後的技術複雜，區塊鏈這個名稱也不見得那麼響亮，但是它的概念其實相

當簡單。區塊鏈可以讓金流直接並安全地從我流向你那邊，過程中還不用銀行、信用卡公司或是 PayPal 經手。

我們已經習慣充斥各種資訊的網際網路，現在則要開始迎接承載商業價值與金錢的網際網路。這同時也是一個讓所有人知道什麼才是真相的平台——至少適用於清楚明確、有紀錄可考的資訊。信賴協定最根本的優勢是開放的原始碼：這表示所有人都可以免費下載使用，甚至自行開發各種新工具管理線上交易。這項先天優勢有可能帶來數不清的新應用，其未知的能力也將可能翻轉許多事物的規則。

全球帳本網要如何運作

大型銀行和一些政府機構，正導入區塊鏈的分散式帳本架構，全面改革資訊儲存與線上交易的執行方式。他們的目標遠大——更迅速、更低成本、更安全再加上更少出錯，同時淘汰資料中心這種容易遭受攻擊，也容易導致系統全面故障的現有模式。這些嘗試的內容，未必全部都跟用於線上支付的電子貨幣有關。

不過到目前為止最重要也是最普及的區塊鏈，仍舊是中本聰所提出的比特幣模型。以下就先以比特幣為例做為說明。

比特幣或是其他電子貨幣，並不是以檔案的格式儲存在某個位置，而是區塊鏈裡面的交易紀錄——有點類似全球試算表或是帳本，可以藉由大型對等式比特幣網路系統驗證、核可每一筆比特幣的交易。包括比特幣在內的所有區塊鏈都是分散式

架構：由世界各地志願者提供的電腦做為運算平台，所以沒有集中管理的資料庫可以入侵。區塊鏈同時也是開放型架構：一切訊息都放在網路上，所以任何人隨時都可以查看得到，不需要由某個特定機構包辦交易審核和記錄的工作。區塊鏈當然也是加密過的架構：使用許多公鑰和私鑰層層加密（一般銀行的保險箱就是只有兩道鎖的安全系統），因此可以在實務上取得資訊安全的成果，如此一來，你不用擔心塔吉特百貨（Target）還是家得寶（Home Depot）公司設置的防火牆不堪一擊，也不用擔心摩根士丹利（Morgan Stanley）還是美國聯邦政府內有人監守自盜。

如同規律的心跳，比特幣網路架構每十分鐘就會查驗、清算所有的交易行為，隨後將這些紀錄存入一個與原本區塊相連的新區塊，累積下來就成為一條區塊鏈了。每個區塊都必須跟前一個區塊搭上線，才會被認定是有效區塊；所有區塊串在一起，就好像是用綿延不絕的時間標籤，記錄所有交易的情況，所以沒有人可以從中修改帳本內容。如果你想要去偷一枚比特幣，就等於你要在光天化日之下，重新改寫這枚比特幣以往所有的交易紀錄，這在實務上是根本不可能發生的。換個方式來說，區塊鏈就是建立在網路整體對每一筆曾經發生過的交易，都不表示異議的基礎，並把此結果記錄在分散式帳本的架構。相較於全球資訊網和資訊的密不可分，全球帳本網（World Wide Ledger）也會跟商業價值息息相關——而且分散式帳本可以讓每個人自行下載到個人電腦上執行。

　　有些學者認為複式記帳（double-entry bookkeeping）的發明，促成資本主義和民族國家的蓬勃發展，這個有助於金融交易的數位帳本，可以視情況需要調整程式內容，使得人類幾乎所有與數值相關的重要資訊，都能被完整記錄，像是：出生或是死亡證明、結婚登記、產權標的的移轉、教育程度、金融帳戶、就醫資料、保險理賠、投票行為，甚至是食品履歷等等，凡是可編碼呈現的資料都算在內。

　　這個新的平台還可以用趨近同步進行的方式，結算所有數位化的紀錄資料。我們正在迎接物聯網，將讓現實生活中數以十億計的智慧型裝置，可以完成自動偵測與感應、通訊串連、自動購買維持運作所需的電力、分享重要的資料……等所有有利於環保，並能提升人類健康水準的工作。不過在推動物聯網的時候，我們會需要先替所有裝置設好「萬物帳」（Ledger of Everything）。與經貿、商務等一切與經濟活動有關的事務，都會需要用到區塊鏈「數位結算」（Digital Reckoning）的功能。

　　這跟你又有什麼關係呢？我們相信真實的紀錄可以免除我們的憂慮，來自各界的信賴更會讓我們的每一天過得更踏實。假定你是一位音樂愛好者，希望創作者能用自己的音樂作品謀生；或者你是一位想要知道漢堡肉真正來源的消費者；還是說你是一位移工，受不了每次寄錢回去給親愛的家人時，都要被抽一筆沉重的手續費；或者是想要自己發行時尚雜誌的沙烏地阿拉伯女性。也許你是在大地震後，想要確認地號好幫原屋主把家蓋回來的救難隊員，甚至是再也無法忍受政治人物黑箱決

策不可靠的一位市井小民，還是極為重視隱私、並且認為自己
所寫的一字一句都值得珍藏（或者說是弊帚自珍也罷）的社群
媒體使用者。就在我們寫作本書的同時，已經有創新者投入開
發區塊鏈應用程式，以滿足前述各種目的之所需，而這還只不
過是最初的應用階段而已。

區塊鏈生意盎然的榮景

　　區塊鏈無疑會對很多現行體制帶來嚴重的衝擊，這也是為
何有那麼多精明又有影響力的人，會興奮莫名的緣故。原本是
紐約州金融署署長（Superintendent of Financial Services）的班
傑明・勞斯基（Benjamin Lawsky），為了進入區塊鏈領域創業
而離開公職。他告訴我們：「只要再過五到十年，金融體系恐
怕要整個改頭換面了……我希望自己也能成為變革中的一股勢
力。」[6] 曾在摩根大通（JP Morgan）投資銀行擔任高階金融主
管暨全球大宗物資事業負責人的柏莉絲・麥斯特（Blythe
Masters），也創立新公司專注於區塊鏈的研發，試圖推動金融
產業的變革。2015 年 10 月《彭博市場報告》（*Bloomberg
Markets*）雜誌的封面人物是麥斯特，頭條報導的標題是〈都
是因為區塊鏈的關係〉（"It's All About the Blockchain"），同一
個月的《經濟學人》（*Economist*）也不甘示弱以〈信賴產生器〉
（"The Trust Machine"）為題撰寫封面故事，提出「支撐比特幣
的科技，可能改變經濟體系運作」的觀點。[7]《經濟學人》認
為區塊鏈是「讓世間萬物具體存在的偉大鏈條」。世界各地的

銀行急急忙忙由高階主管組成團隊，想要了解區塊鏈背後所隱含的商機，有些團隊裡頭還包含十多位最傑出的科技人才。銀行業者普遍喜歡安全、平順又即時的交易方式，對於開放、分散式的體系感到畏懼，更何況還有新型態的貨幣牽涉在內；但是現在的金融服務產業，卻已經以「分散式帳戶管理科技」為名，重新看待區塊鏈，試圖在完全封閉、凡事都得由上頭層層把關的銀行與金融機構中，發揮比特幣最大的優點——安全、迅速又低成本，好從中分一杯羹。對金融業者而言，區塊鏈比他們現有的所有資料庫系統都來得可靠，可以讓各路利害關係人——買方、賣家、保管人、仲裁人——取得共享且無法竄改的交易紀錄，這樣就能降低成本與風險，同時避免資料中心系統性故障的問題。

投入區塊鏈的新創公司已經開始迅速成長，盛況一如 1990 年代的網路公司一樣，創投業者熱烈追求區塊鏈的程度，甚至會讓當年的網路公司感到相形見絀，光是在 2014、2015 這兩年，就有超過 10 億美元的創投資金湧入區塊鏈的新興產業結構，每年的投資規模都呈現倍數成長。[8] 馬克・安德森在接受《華盛頓郵報》(*The Washington Post*)的專訪時表示：「我敢保證二十年後再來談區塊鏈的話，感覺就會像是現在談網際網路那樣地理所當然。」[9]

法規機關也注意到了這突如其來的風潮，開始成立工作小組研究該怎樣規範（如果做得到的話）才有意義。像俄羅斯這樣的集權政府，乾脆禁止或是嚴格限制比特幣的使用，民主國

家理應採取不同的做法，尤其是像阿根廷這種爆發過通貨危機的國家，更應該知道全面圍堵的後果。比較謹慎的西方國家不惜投入大量心力，想要了解這個新的科技平台，將如何改變中央銀行體系和貨幣的本質，說不定連政府運作模式和民主的真諦，也都會遭到嚴重的考驗。加拿大央行副行長卡洛琳·威金斯（Carolyn Wilkins）認為，現在是時候讓各國的央行認真評估把全國貨幣體系，調整為電子貨幣所牽涉的影響，英國央行首席經濟學家安德魯·霍丹（Andrew Haldane），也已經開始替英國規劃全面流通的電子貨幣了。[10]

　　當然也不排除有熱過頭的問題。愈來愈多有心人士投入這個領域後，難免會招來一些投機取巧的份子，甚至是非法之徒。一般人聽到電子貨幣最先想到的，不外乎是宣告破產的比特幣交易所 Mt. Gox，或者是線上黑市「絲路」（Silk Road）創辦人羅斯·威廉·伍伯利奇（Ross William Ulbricht），被聯邦調查局依「使用比特幣區塊鏈進行毒品、雛妓、軍火等非法交易」的罪嫌逮捕並被定罪。比特幣本身也有價格巨幅波動和集中少數人持有的問題，雖然以下這個數字可能隨時間有所變動，但是根據 2013 年一份調查報告顯示，全球有半數以上的比特幣集中在 927 人的手上。[11]

　　我們要如何從網路犯罪或是龐氏騙局，走向真正的富裕？首先要強調一點，重點並不是比特幣，它到現在仍舊是投機意味十足的工具，除非你想要追高殺低，否則就不需要太關注在比特幣上。這本書要談的範圍比這個投機工具廣得多，真正重

要的，是比特幣背後的科技平台有多大的本事和潛力。

　　但是這並不表示比特幣之類的電子貨幣本身無足輕重，雖然有些人會為了和先前涉及醜聞的創投案劃清界線，而如此宣稱。區塊鏈首要功能就是用對等方式完成交易，尤其是以貨幣計價的交易，所以電子貨幣當然是區塊鏈革命的重要關鍵。

數位年代的信用機制

　　商場上的信用，意謂著可以預期交易對手，會依照以下四項正直的原則行事：誠信、周全、可靠和透明。[12]

　　誠信（Honesty）不只是個倫理課題，同時也是一個影響經濟的重要因素。如果想要和員工、事業夥伴、顧客、股東與社會大眾建立信任的關係，組織就必須要在溝通時傳達真實、準確又完整的資訊，而不是以太過複雜為由，篩選片面而模糊的訊息混水摸魚。

　　周全（Consideration）在商場上多半表示不論是有所得或有所失，都要秉持善念在彼此間維持公平交易。如果要取得彼此的信任，就要把對方的利益、願望和感受都一併納入考量，並且在善意的基礎上維持雙方的互動。

　　可靠（Accountability）代表對所有利害關係人發出清楚的承諾，並且嚴格遵守。不管是個人還是組織都應該要遵守自己的承諾，並且在失信時坦承以對，而且最好還能由利害關係人或是外部獨立的專業人士，查驗有無信守承諾。不推諉卸責，也不怨天尤人。

　　透明（Transparency）指的是將所作所為，公開攤在陽光底下。聽到「對方到底在掩飾什麼」這句話時，往往就是不夠透明導致互信不足的訊號。企業當然有權維護商業機密，或是其他種類的專屬資訊，不過當要提供正確資訊給顧客、股東、員工，或是廣大的利害關係人時，主動公開會是贏得信任的不二法門。俗話說，人要衣裝，但是對企業而言，坦誠相見也一樣能夠邁向成功。

　　企業或其他大型組織的信任度，目前已來到史上最低點。愛德曼公關公司（Edelman）在 2015 年發布的〈信任度量表〉（"Trust Barometer"）顯示，大型機構——特別是大型企業的信任度，已重回 2008 年經濟嚴重衰退時低迷不振的谷底。愛德曼還指出，儘管曾經不可一世的科技產業仍舊是信任度最高的領域，但是在大多數國家一樣產生信任度衰退的情形，這可是前所未見的景象。就全球而言，企業執行長和政府官員蟬聯了最不可信資料來源的寶座，遙遙領先產業界或是學術圈的專業人士。[13] 蓋洛普民調公司（Gallup）在 2015 年進行美國人對各種機構的信心調查，也揭露了類似的訊息：「企業界」的信任度在十五種調查的機構中排名倒數第二，只有不到兩成的受訪者，認為企業界的信任度有一定的水準。而信任度敬陪末座的是美國國會。[14]

　　在區塊鏈問世之前，線上交易的信賴來自於個人、中介機構或是其他組織所提供的保證。因為我們多半不認識交易對手，遑論知道對方是否童叟無欺，因此我們需要第三方介入，

替陌生的對象擔保，保留雙方的交易紀錄，並依照第三方的商務與交易慣例帶動網路商機。這就讓這些強而有力的中介機構——包含銀行和政府在內，還有 PayPal、威士（Visa）、優步（Uber）、蘋果公司（Apple）、谷歌（Google）等產業巨擘——取得了線上交易的最大利益。

在新興的區塊鏈世界中，透過網際網路，甚至是線上交易的標的本身，就能創造出信賴。網路安全公司智慧之鑰（WISeKey）的創辦人暨執行長卡洛斯‧莫瑞拉（Carlos Moreira）表示，區塊鏈這項新科技可以有效呈現信賴程度——包括實體物品在內。「一個物品，不管它是基地台的感應器還是顆燈泡，或是心律監測器之類的，只要它的功能不被信任，或是被認為不值得花錢去買，其他物品就會自動對它產生排斥效果。」[15] 帳本本身就已經是信賴的基礎了。[16]

在此要澄清一點，區塊鏈所謂的「信賴」，指的是買賣商品或服務時能否呈現完整資訊，並保障資料不會外洩，並不是把所有商場上的信用都包山包海混為一談。不過別洩氣，看完這本書之後，你還是會發現全球帳本上的真實資訊，一樣能夠讓你看清生活周遭的各種機構值不值得信任，進而實現一個更安全、更有保障的世界。我們認為，願意把一部分或全部買賣業務放在區塊鏈平台上的企業，肯定可以享受股價飆漲的好處。未來，股東和市民會希望所有公開交易的公司、靠稅金補助運作的機構，能在區塊鏈上進行它們的交易和資金移轉。只要資訊愈透明，投資人就愈能衡量負責營運的執行長，到底值

不值得領取那麼豐厚的紅利；區塊鏈加持過的合約，也可以提高交易對手履約的意願；選民也能更清楚知道他們所選出的民意代表，在處理財政議題時誠不誠實。

網際網路的覺醒

　　網際網路頭一個年代，就好像是年輕時懷抱熱忱、精力充沛的天行者路克——讓我們以為只要開了一家網路公司，就能像一位來自貧瘠沙漠星球的小夥子一樣，打倒邪惡的帝國並展開一段新的文明。這種想法實在是夠天真的了，但有很多人，包括現有的公司在內，還是希望全球資訊網掛帥的網際網路，能夠顛覆傳統由少數強勢機構所掌控、框限個人階級，而且又難以撼動的工業社會。譬如說，傳統媒體是由少數幾股龐大的勢力高度集中管控，閱聽人只能被動接收訊息，而新媒體講求的是分散式的中立平台，任何人都可以搖身一變，成為主動的參與者。透過網際網路可以用低成本，達到大量資訊對等互動的效果，除了可以鬆動傳統階層組織的架構外，也能讓開發中國家的人民，一起被納入全球的經濟體系。在這樣的世界裡，價值和名聲不是來自於社會地位，而是來自於實質的貢獻；如果在印度的你夠聰明也夠努力，你的專長就能轉換成好名聲。這樣的世界會弭平外在環境的落差，讓真正的菁英浮上檯面，社會結構變得更有彈性，社會階級更容易流通，最重要的是，科技能為每個人帶來繁榮，不再讓財富集中在少數人手上。

　　這些理想有一部分已經實現了。我們現在已有透過大規模

協作而成的維基百科、Linux 和星系動物園（Galaxy Zoo）等
成果，外包生產和網路化的經營模式，也讓開發中國家的人民
在全球經濟體系中，扮演著更重要的角色。全球有 20 億人口
生活在一個彼此平等互惠的社會體系，大家都能用以往無法想
像的方式，得到更豐富的資訊。

不過就跟電影續集一樣，帝國反擊了。我們現在也能清楚
看出，權力高度集中在商業鉅子和政府的手中，讓他們能夠為
所欲為，進而扭曲原本網際網路所預設的民主架構。

大型機構現在又再次取得網路的控制權，掌握了新型態的
生產方式與社會脈動──包括了網路的基礎建設、龐大且蘊含
商機的資料、愈來愈能掌控商務活動與日常生活的演算法、應
用程式裡包羅萬象的世界、想像不到的新能力、具有學習能力
的機器、無人駕駛車等等。從矽谷到華爾街，從上海到首爾，
新一代的網路貴族已經卡好位置，把原本讓每個人可以參與經
濟發展的最先進科技，轉化成投機致富的工具，更進一步強化
自己對於經濟、社會的影響力。

早期數位科技先驅擔憂的許多網路陰暗面已陸續成形。[17]
雖然已開發國家的國內生產毛額（GDP）有所成長，但是工作
機會的成長幅度卻無法相提並論，換句話說，伴隨財富成長
的，其實是社會的益發不平等。強大的科技公司已經把原本開
放、分散式、講求平等且讓網路增色的營運模式，改成封閉、
專屬的線上操作模式，或是唯讀應用程式等，扼殺了互動交流
的空間。企業的力量凌駕了許多對等、民主又開放的美好科

技，讓這些科技淪為哄抬企業股價的工具而已。

所以如我們眼前所見（如果劇情到此為止的話），經濟的力量變得更集中、更咄咄逼人、更深不可測。各種資料不但沒有變得更容易取得、更平易近人，反而成為被少數企業壟斷的禁臠，往往被用來鞏固並取得更多的權力。能夠掌握資料的人就能掌握權力，更多的私有化知識就更能維護自己的優勢地位，如此一來，不論原本初衷為何，擁有這樣的特權就是比擁有天賦和專長來得重要。

更具體一點來說，強勢的「數位時代產業巨擘」如亞馬遜（Amazon）、Google、蘋果公司和臉書（Facebook）——這些都曾是伴隨網際網路孕育而生的新創公司，它們掠取了民眾或是各種機構寶貴的資料後，往往把這些資料當成私有財產而不是公開上網。雖然這些企業替消費者創造了可觀的附加價值，但是這樣使用資料的其中一個結果，就是造就一批新的資產階級，而且可能比歷史上其他的資產階級更難以撼動，另一個結果，就是侵害了我們對於個人隱私與自主權的傳統觀念。

世界各國政府會利用網際網路改善運作方式，提供更好的公共服務，可是也會運用資訊科技監控並操弄人民，即使是很多民主國家的政府，也都會用資通訊科技監看人民，帶動輿論風向，讓他們只能目光如豆、短視近利，輕忽自身權利與自由遭到戕害的事實，好讓當權者可以安穩享受權力的滋味。專制政權如中國、伊朗，甚至會在網際網路的世界搭上一堵與世隔絕的高牆，一方面打擊異議份子，另一方面驅使民眾盲目朝向

自己設定的目標前進。

　　還好這些並未如某些人所宣稱的「網路已死」。網路當然還是未來數位世界的關鍵元素，我們每個人也都應該盡一己之力捍衛網路世界的自由，就好像全球資訊網基金會（World Wide Web Foundation）一樣，為了網路世界的開放、中立與推陳出新而奮鬥不懈。

　　現在有了區塊鏈的輔助，扭轉現有趨勢走向不同可能新世界的道路於焉誕生。我們現在擁有真正的對等平台，可以讓本書提到許多讓人興奮的事情美夢成真；我們可以擁有自己的帳號和自己的個人資料，可以在網路上輕鬆完成交易，即使沒有強大的中介機構扮演金流和資訊流的仲裁人，我們還是可以自行創造出商業價值互相交易，也可以讓好幾十億人迅速跨過藩籬，融入全球的經濟體系。我們可以保有自己的隱私，並同時定價自身的相關資訊；可以確信智慧財產的創作者，都能得到應有的報酬。為解決社會上日益擴大的貧富差距，我們將不只是用財富重分配的手段，而是從財富分配的源頭直接著手——從財富創造的方式開始著手，讓世界各地不論是農夫還是音樂家，都能更全面優先主導自己所創造的財富。區塊鏈的影響將會是深不可測。

　　我們無意神話區塊鏈，但是這項新科技恰如星際大戰裡的深藏不露的尤達（Yoda）大師，不用施展奇蹟也能在最需要的地方帶來信賴合作，以及其他各式各樣的可能。心嚮往之？沒錯，我們就是。

你的納美人分身和個人身分的黑盒子

　　歷史上任何一種新的媒體，都能讓人類穿越時空和肉體的限制，因此誇張一點來說，超脫凡俗的能力也都無可避免地要一再面對身分是如何存在的問題：我們是誰？身而為人意謂著什麼？我們要用什麼概念看待自己？根據媒體理論大師馬歇爾·麥克魯漢（Marshall McLuhan）的觀點，在歷史長河中，「媒介即是訊息」，人類既會塑造媒體，也會被媒體塑造，包括我們的大腦、我們的體制乃至於整個社會架構，都會受傳媒影響而做出調整。

　　智慧之鑰的卡洛斯·莫瑞拉說：「生活在現代社會的你，需要一個夠分量的組織賦予你一個身分，像是金融卡、信用卡，或者是航空公司的里程累積卡。」[18] 然而你的第一個身分卻是由父母親命名，由領有國家執照的產科醫師或助產士將你接生出來，替你採集腳印，量出你的身高、體重，再和你的父母親一起確認你出生的時間、日期跟所在地，這才用你的名字發出你本人的出生證明。現在我們可以把出生證明登錄在區塊鏈上，並將出生證明和大學基金專戶連結起來，讓你的親朋好友都能用比特幣贊助你求學深造；就這樣，你的個人資料會變得愈來愈豐富。

　　知名管理學家湯姆·彼得斯（Tom Peters）在網際網路發軔之初曾留下一句名言：「專案計畫就是你的形象」（You are your projects），[19] 意思是從此之後，我們再也不用靠任職的機

構或工作職稱來定義自己，現在這句話大可改成「個人資料就是你的形象」（You are your data）。不過，莫瑞拉說，由其他組織賦予身分的問題出在：「個人身分雖然寫著你的名字，但是這個身分和這個世界互動後所產生的其他個人資料，卻通通屬於其他人。」[20] 一股腦盯著個人身分在網際網路上所留下的痕跡，就是大多數公司行號和組織機構看待一個人的方式。各種組織機構可以利用個人資料拼湊出你的虛擬形象，然後賦予這個「虛擬的你」各式各樣可以享有的優惠。這可比父母親給你的身分要優待得多了；[21] 只不過，享有這些便利的服務是要付出代價的：放棄你的隱私。有人說：「隱私早已死──別再介意了。」[22] 這種說法並不可取，因為個人隱私才是建立自由社會的基石。

區塊鏈理論大師安德里亞斯·安東諾普洛斯（Andreas Antonopoulos）說：「我們會用太過簡化的方式看待身分。」[23] 身分這個字眼可以用來描述自我，以及自我在世上所投射的形象，和所有跟自我或是跟某種投射形象所產生的各種連結，而這些連結有的來得自然而然，有的來自於政府機構，還有些來自於民間企業。我們每個人可能都有不只一種角色需要扮演，也會有不同的場景需要讓不同的角色粉墨登場，就連角色本身也都有調整的空間。以你上一個工作為例來說，你有沒有因為換工作後要完成不同的任務，或者是需要換一種新方式描述你的職務時，連帶使得你的角色跟著做出調整？

讓我們假設你可以實際掌握「虛擬的你」──就好像是擁

有另一個納美人的分身（personal avatar）一樣，讓這個角色「活在」你個人身分的黑盒子裡，如此一來，你可以在評估相關權益後，完全以必要性為原則，揭露個人資料供商業化使用。為什麼駕照上所包含的資訊不能只是完成路考，證明有能力開車的事實而已？在這樣一個網際網路的新紀元裡，你的納美人分身可以落實你個人身分黑盒子的維安工作，這個值得信賴的虛擬僕人可以讓你針對不同場合，以最低限度揭露必要的個人資料，讓你在徜徉數位世界時，呈現出不同面貌的個人資料。

看起來似乎是科幻片《駭客任務》（The Matrix）、《阿凡達》（Avatar）之類所主打的電影情節，但是有了區塊鏈之後，這一切就不再是空口白話了。共識系統（Consensus Systems）執行長約瑟夫・魯賓（Joseph Lubin）用「終身固定的數位帳號與角色」（persistent digital ID and persona）一詞，說明在區塊鏈上設置分身的概念，他說：「我在我大學朋友面前所展現的人格特質，和我對芝加哥聯準銀發表演說時的人格特質，是完全不同的兩回事。在線上數位經濟的環境裡，我也會呈現不同的面貌，在不同的平台上以不同的角色和他人互動。」魯賓希望在納稅、申請貸款、購買保險時展現他「一絲不苟」的人格特質，「但是在商場上，或是面對家庭成員時的進對應退，就不會是一絲不苟的人格特質可以應付得來的。我也可能不希望自己玩世不恭的那一面，變成商場上的人格特質，我甚至會在網路世界擁有一個永遠不想讓別人看到的暗黑人格。」[24]

你個人身分的黑盒子裡可能包含以下的資訊：政府核發的

身分證、社會安全碼、就醫病歷、服役紀錄、金融帳戶、文憑證照、出生證明、各式各樣的證書，還有一些你不希望公開、卻希望能利用其商業價值的私人資料，比方說是將你個人的性傾向與健康狀況，提供給民調機構或是研究單位。你可以在特定時段內授權某些單位針對特定用途，取得你一部分的個人資料，你可以圈選一部分的個人資料提供給眼科醫師，圈選另一部分的個人資料給你打算投資的避險基金。透過納美人分身，你可以回答以下的是非題而不用擔心自己的身分曝光：「你的年齡達 21 歲了嗎？」「你過去三年的年所得都超過 10 萬美元嗎？」「你的 BMI 指數是否落在正常的區間內？」[25]

在實體世界裡，你的名聲跟生活周遭脫不了關係——你家附近的店家、你的老闆，或者是你在晚宴上認識的朋友，都會對你有所評價，但在數位經濟的環境中，你用不同人格建立納美人的分身後，每個分身的名聲都不用受到實體世界的限制，因此可以讓世界各地的人，都加入到數位經濟的體系裡。擁有電子貨幣戶頭的人可能在非洲設立一個分身，然後讓它的名聲高到可以取得融資開始創業——「嘿，你瞧，認識我的人給我的評價都不錯，證明我在財務上的可信度；我是全球數位經濟體系內的合格公民。」

身分其實只是未來議題中的一小部分，其餘的發展趨勢還是一團迷霧，或多或少都跟你的真實身分有所關連。話說回來，如果我們真的要把這一切都記錄在區塊鏈——無法更改的帳本上，我們不但再也無法感受到社會上人際往來互動的微妙

之處，也不能再用「貴人多忘事」的說詞化解尷尬——用顯微鏡嚴以律己或律人，恐怕都不是輕鬆的事。

邁向繁榮的途徑

本書接下來將列出好幾個故事，說明信賴協定的新構想會帶來哪些新的機會，讓世界變得更繁榮。衡量繁榮最優先、最重要的指標，就是提升每個人的生活水準；欲達成此目標，就要讓每個人有辦法、有工具、有機會去創造物質上的富裕與經濟上的榮景。不過我們在此採用更廣義的標準衡量繁榮——包括人身安全、健康、教育、環境永續、掌握自我命運以及在經濟與社會面享有一席之地的機會。

為了達到廣義的繁榮標準，每個人最起碼都要有資格和值得信賴的金融機構打交道，享有儲存、移轉商業價值的基本服務，和全球經濟體系裡其他人相互溝通及交易的工具，還要能透由法律，維護自己合法取得如土地之類的身家財產。[26] 這些基本要求正是區塊鏈的強項，所以接下來的故事應該能讓你感受到未來的繁榮是屬於全民，而不僅只是讓權貴階級變得更有錢有勢而已。在這樣一個可以擁有自己個人資料的未來世界裡，我們也更能夠維護自己的隱私和人身安全。未來將會是一個開放的世界，每個人都能對科技的基礎建設做出貢獻，不再任憑大型企業用自家的應用程式，深溝高壘地劃定勢力範圍；而現在被排除在外的好幾十億人，也能在未來一起共享有全球經濟體系的好處。以下是扼要的願景描述。

營造真正對等的共享經濟

不明就裡的人，往往把 Airbnb、Uber、Lyft、TaskRabbit 和其他類似平台，視為「共享經濟」(sharing economy)的一環。共享經濟是個有意思的詞彙——大家一視同仁，一起創造並分享商業價值，但是前述平台的營運模式卻很難算得上是共享，事實上，這些平台的成功因素恰好是不共享——他們整合了服務，所以應該稱之為整合經濟（aggregating economy）才對。市值高達 650 億美元的 Uber，是一家整合載運服務的企業；坐擁 250 億美元身價的 Airbnb 整合了民宿空房的資訊，成為矽谷投資人的新寵兒。其他業者亦透過集中管控的專屬平台，整合閒置設備與人力資源再行銷售，他們的經營流程就是蒐集資料以供商業用途。這些公司在十年前連個影子都沒有，因為那時的科技條件並不成熟：沒有普及的智慧型手機，沒有功能全面的GPS，也沒有夠先進的支付系統。在區塊鏈加入以後，這些現有科技可以再一次推動產業變革，即使現在最會改變遊戲規則的人，也隨時有可能被新的遊戲規則取而代之。

想像一家與集中管控的 Airbnb 相反，採取分散式架構，並由所屬會員協力營運與共享的新公司——這家建立在區塊鏈上的 Airbnb，就叫它 bAirbnb 好了。當旅客想尋找空房清單時，bAirbnb 的軟體會把區塊鏈上的清單資料掃描一遍，並依照旅客設定的條件進行篩選，再把符合條件的成果顯示在旅客面前。因為可以在網路上的區塊鏈找到每筆住宿紀錄，只要旅客給予好評，房東就可以相對地提升評等，建立自己的口

碑——這次可不需要中介機構代為評價了。區塊鏈平台以太坊（Ethereum）的創辦人維塔力克・布特林（Vitalik Buterin）說：「雖然大多數科技會把勞動者邊緣化，去做一些只能勉強餬口的工作，但是區塊鏈恰好是反過來的去中心化，所以非但不會讓計程車司機工作不保，還會拉近計程車司機與乘客之間的距離，讓 Uber 的經營方式無以為繼。」[27]

升級成更便捷、更普惠的金融體系

　　金融服務產業讓全球經濟體系成為可能，但是這套運作機制如今已顯得問題重重，要說金融服務產業是世上最高度集中化、最感受不到科技革命所帶來轉型效果的產業也不為過。金融界的老派作風——如銀行不遺餘力捍衛壟斷地位的做法，時常阻礙了大幅創新的可能。金融體系不但採用過時的科技，就連相關規範也多半沿用自 19 世紀的法令。這些跟不上時代腳步的矛盾現象，使得金融服務業看起來既遲緩又不太可靠，更讓許多利害關係人感到難以捉摸。

　　分散式帳本科技可以活化許多原有制度架構下被局限的金融服務，帶動有利於最終使用者的競爭和創新。以往即使有好幾十億人能連上網際網路，也還是一樣被排除在全球經濟體系以外，原因很簡單，因為金融機構認定與這些客戶往來無助獲利或風險過高，所以就連最基本的借貸服務都不提供。有了區塊鏈之後，這些人不只是可以連線上網，也能被納入金融活動裡；他們將有能力從事購買、貸款、銷售……等業務，有機會

為自己帶來一個富裕的人生。

只要有領導人能力排眾議，金融圈的各種機構也都可以藉助區塊鏈進行轉型。區塊鏈很有機會透過一場產業革命，迎向更好的未來——影響所及將遍及銀行、股市、保險公司、會計事務所、經紀公司、小額貸款人、信用卡網路、不動產仲介等等。只要各種機構都共享同一份分散式帳本的資料，結算就能即時完成，不用耗費好幾天。這會讓好幾十億人受惠，而且也能在世界各地釋放創業的動力。

保障全球的經濟權益

當湯瑪斯・傑弗遜（Thomas Jefferson）在起草美國獨立宣言時，明確列舉生命權、自由權和追求「財富」（property），[28]這三者是造物者賦予個人不可剝奪的權利後，所有權的概念就和我們現在習慣的民主資本主義體系牢牢綁在一起了。雖然這句充滿理想的信念，為我們在已開發國家所享有的現代經濟社會奠定了基礎，但至今世上仍舊有很多人沒有享受到這樣的成果。不僅如此，就算我們的生命權和自由權都能持續往前推進，但是世上大多數財產所有人，還是有可能在一夕之間，面臨自己住家或是所持有的土地，被政府腐敗官員任意徵收挪用的困境——這些官員只要在政府集中管理的財產登記資料庫中，用滑鼠點兩下就行了。一旦失去了財產所有權的佐證，土地持有人就無法用土地設定質押貸款，不能取得營建許可，也無法脫手轉賣，等在眼前的就只有被沒收的命運而已——這些

都是邁向繁榮過程中的嚴重阻礙。

祕魯自由與民主學會（Institute for Liberty and Democracy）主席赫南多‧德‧索托（Hernando de Soto），是世上首屈一指的經濟學家，他估計在全球化創造新商業價值的過程中，大約有將近 50 億人完全被排除在外，因為他們無法強力主張土地的所有權，不過他認為區塊鏈有可能改變這個現象：「區塊鏈的核心概念是物品的所有權都可以交易，不管這個物品是屬於金融資產、實體資產，或者是一個單純的想法都可以。引進區塊鏈的目的不只是為了完成土地登記而已，還要一併把土地所涉及的所有權變動記錄下來，這樣才能保障所有權人的權益不受侵犯。」[29] 完整的所有權紀錄，可以為全球的公平正義、經濟成長、繁榮和平等新議程奠定基礎。區塊鏈將帶來「權益是由科技提供保障」的新典範，不像以往非得依靠槍枝軍火和民兵組織不可。德‧索托表示：「區塊鏈可以讓這個世界在真實而非虛幻的基礎上進行治理，我認為這是一件好事。」[30] 重點是分權化，無須再讓中央當局管控一切；每個人都能知道發生了什麼事，而這些事永遠不會被忘記。

減免匯款轉帳的手續費

所有報章雜誌或觀點評論都在說，用電子貨幣匯款轉帳的好處多多，而且言之成理。開發中國家收到最大筆的匯款不是來自於外援，也不是外國的直接投資，而是來自於離鄉工作的同胞寄回貧困母國的匯款。匯款過程很花時間、耗費耐心，要

生活困頓的人每週都去金融機構詢問匯款入帳與否，也需鼓起
相當的勇氣，更別提每次都要填寫千篇一律的書面資料，還有
無從商量的 7% 手續費。我們顯然可以找出更好的處理方式。

　　以 Abra 為首的幾家公司，正在用區塊鏈打造支付匯款的
網路系統。Abra 的目標是讓所有支付系統的使用者，都能夠
擔任出納員的工作，而且整個流程——把資金從這個國家轉到
到目的地的另一個國家——將從以往的一個星期，大幅縮減成
一小時，就連手續費也從原本的至少 7%，調降為 2%。Abra
希望支付網路的規模，可以超越全世界所有實體提款機，當初
西聯匯款（Western Union）總共用了一百五十年，才在世界各
地設立五十萬個分支機構，Abra 卻可能在開辦的第一年，就
能爭取到一樣多的使用者。

杜絕官僚貪汙染指外援

　　區塊鏈有辦法解決外援被染指的問題嗎？2010 年海地大
地震是人類有歷史記載以來傷亡最慘重的天然災害之一，死亡
人數在 10 萬到 30 萬人之間。震災過後的海地政府債臺高築，
世界各地透過紅十字會捐款超過了 5 億美元，不過一份調查報
告顯示，部分善款被隨意花用，有的善款更是不知所蹤。

　　區塊鏈可以在外援送抵最終收款對象之前，排除中間人的
經手，因此能夠改善外援的使用效益，除此之外，區塊鏈將善
款流向登記在無法更改的帳本上，也能連帶提高相關機構各項
措施的可信度。如果你可以從自己的智慧型手機為起點，一路

追蹤捐給紅十字會的每一塊錢，最終交到哪些受益人的手上，
你就可以放心把捐款寄放在代管契約（escrow）的帳戶中，依
照紅十字會在不同救災階段的達成率分別撥款。

讓創作者優先享有利益

在第一代網際網路的環境下，很多智慧財產的創造者無法
透過自己的作品得到合理報酬。一位創作型歌手和唱片公司簽
約後，可能因為唱片公司老闆不知該如何面對網際網路對音樂
產業的衝擊，沒能來得及重新設計經營模式以擁抱數位年代，
最終逐漸將市場拱手讓給創意十足的線上音樂傳播公司。

回想一下點對點音樂檔案共享平台 Napster 在 1999 年問世
後，主流唱片公司採取了什麼反應。音樂產業幾家主流唱片公
司聯手控告 Napster 這個新的經營模式，被告除了 Napster 創
辦人外，還包括其他一萬八千多名的線上使用者，最終在
2001 年 7 月迫使 Napster 關站。為這起事件拍攝紀錄片《下載
有理》（*Downloaded*）的導演亞力士・溫德（Alex Winter）在
接受《衛報》（*The Guardian*）專訪時表示：「我很難對重大的
文化演變做出非黑即白的二元判斷……以 Napster 的例子來
說，在『任何我已付費的東西都可以分享』的立場，與『就算
是買來的，你只要分享任何一個音樂檔案都是犯罪行為』的觀
點之間，存在著數也數不清的灰色地帶。」[31]

這話說得沒錯。與其控告消費者，和他們一起找出新的做
法往往才是更長遠的經營方式。這起事件後來讓音樂產業成為

眾所矚目的焦點，讓大家見識到音樂產業經由通路鋪貨的銷售模式，既欠缺效率又跟不上時代腳步，有些公司政策甚至還有壓迫音樂創作人的嫌疑。

時至今日，音樂產業的經營模式還是改變不大。如今我們可以在區塊鏈上，看到新萌芽的音樂產業生態，在這個領域引領風騷的，包括英國創作歌手伊莫珍・希普（Imogen Heap）、大提琴家柔伊・基廷（Zoë Keating），以及區塊鏈開發人員與創業家。所有文化創業產業念茲在茲的都是追求突破，區塊鏈能夠做的，就是確保這些創作者能夠得到恰如其分的報酬。

重組企業架構成為推動資本主義的引擎

不論是用來建立身分、信賴、聲望，還是為了完成交易，隨著全球對等平台興起後，我們總算能夠徹底重新架構追求創新、創造共享價值的企業，甚至有機會把財富帶給芸芸眾生，而不是只讓一小部分的人先富起來。這並不表示原本規模較小的公司能從此天地逆轉豬羊變色，相反的，我們說的是 21 世紀公司該有的樣貌，其中有些公司可能創造出龐大的財富，並且在所屬的市場中成為一方之霸。我們認為所謂 21 世紀的企業應該更貼近於一個網路體系，而不是停留在工業時代著重由上到下的垂直整合，這就是用更民主方式分配(而不是重分配)財富的契機。

我們也將扼要說明讓人頭腦發漲的智能合約（smart contract）、自主的經濟單位（autonomous economic agent），還

有我們稱之為「分散式自主企業」（distributed autonomous enterprise）的機制，可以用智慧軟體包辦各種資源與產能的組織管理工作，進一步取代傳統的集團企業。智能合約有機會在一整套新的經營模式上，實現所謂的開放式網路企業（open networked enterprise），也有機會讓舊型態的經營模式，在區塊鏈上重拾生機。

智慧型裝置的自動化運轉

　　長期以來，科技狂和科幻小說作家夢想著一個完美無瑕的全球網路系統，讓他們可以透過網際網路，連接各式各樣的感應器，把這個世界所發生的一切事件、各方反應和後續影響全部記錄下來，而區塊鏈正是用來促進各方合作、彼此交換單位價值的科技——如能源、時間和電子貨幣等等。使用者可以根據分享而來的需求與產能資訊，重新設計合宜的供應鏈與生產流程。我們可以把後設資料（metadata）輸入智慧型裝置，透過程式讓智慧型裝置依照不同的後設資料，辨識出各種其他物品，這樣就能依照不同環境做出適當回應，不用擔心裝置出錯或是指令被竄改的問題。

　　這樣的實體世界，就能讓每個人在物質面變得更加富有。比方說，澳洲內陸的小農家需要電力以利經營時，世界各地的一般家戶都能加入分散式區塊鏈電力供應網，助其一臂之力。

培育區塊鏈領域的創業家

創業精神是促成經濟繁榮與社會富裕的基本要件。網際網路原本被視為有利於釋放創業家的能力，讓創業家不用背負大企業根深蒂固的慣性文化、僵化產線和沉重負擔，就能享有同樣等級的生產工具及產能。然而，網路公司億萬富豪高調的成功故事，背後卻隱含了一個令人不安的事實：過去三十年來很多已開發國家的創業精神與新創事業，都一直在走下坡。[32] 在開發中國家，網際網路也沒能降低創業的門檻，使得很多潛在創業家，還是不得不忍受死板板的政府官僚組織，網際網路甚至也沒能帶給數十億人口投入創業所需的基本金融工具。當然，不是每個人都是天生的創業家，但是就算想要賺取合理薪資的一般人也一樣欠缺理財工具，處處設限的政府法規讓這些理想變得難以實現。

這是個相當棘手的問題，不過區塊鏈將能用各種有意義的方式，幫助我們重新找回創業精神，帶來繁榮。開發中國家的一般人民若想要有更可靠的商業利益儲存方式，以及在生活圈以外拓展事業，他們只要有能力連線上網就行了。融入全球經濟體系，意謂著能夠用更多樣化的管道建立信用、取得資金、聯繫供應商與事業夥伴以掌握投資機會；只要善用區塊鏈，再怎樣微不足道的才能與資源，也都能夠找到商業應用的方向。

實現民治民享的政府組織

除了商業領域外，就連政府組織和治理方式，也都會感受

到區塊鏈的巨大衝擊。區塊鏈已經成功帶動政府組織往更高效能轉型——花更少錢做好更多事，甚至還帶來讓民主體制再次升級的機會——如何讓政府更加開放，免於受制於遊說團體，並按照前文提及四項正直的原則行事。我們也將發現區塊鏈會重新詮釋公民的定義，並且從投票行為、評估社會服務體系、解決社會最棘手的問題等方面，改善民眾參政的流程，並讓民選代表更把競選時所開的支票當成一回事看待。

新平台的機會與風險

如果電視影集《赤裸之城》（*Naked City*）[33] 裡的城市居民就有 600 萬人，那麼阻礙區塊鏈完全發揮效能的障礙，也不會比這個數字少，更不提其中還有一些問題值得擔憂。有些人說區塊鏈還沒成熟到能夠端上檯面，現在不但還很難用，所謂的殺手級應用也還在蹣跚學步。有些人則批評區塊鏈耗費龐大資源，勉強有些成果的也不過就是比特幣的網路系統而已：要是互相交錯的幾百萬個區塊鏈，每天都要處理好幾十億筆交易，結果會怎樣？區塊鏈能提供足夠的誘因讓所有使用者都循規蹈矩，不會突發奇想把整個網路系統納為己用嗎？區塊鏈會不會成為工作機會的終極殺手？

這些是領導跟治理的問題，而非科技本身。第一代網際網路是因為帶給利害關係人（各國政府、公民社會的各種組織、投入研發的先進，以及包括你在內的普羅大眾）美好願景和共同利益，才能蓬勃發展。區塊鏈的世界仍舊需要類似的領導模

式，本書會用很多篇幅說明，為什麼這個新的分散式典範需要投入發展的領導人士戮力以赴，兌現他們規劃的願景，並在經濟面與制度面帶動新一波的創新，確保這一次能真正落實新科技的承諾；希望你也能成為帶動變革的一份子。

　　這本書的源頭來自於多倫多大學洛特曼管理學院（Rotman School of Management, University of Toronto），一項命名為「全球解決方案網絡」（Global Solution Networks, GSN）的整合型研究計畫，該計畫的總金額規模高達 400 萬美元，主要出資者除了幾家大型科技公司外，還包括了洛克斐勒基金會（Rockefeller Foundation）、史考爾基金會（Skoll Foundation）、美國國務院（U.S. State Department）、加拿大工業部（Industry Canada），計畫宗旨在於找出能夠用有效治理、克服全球問題的新解決方案。本書作者都參與其中。〔唐・泰普史考特（Don Tapscott）是計畫總主持人，亞力士・泰普史考特（Alex Tapscott）則是加密電子貨幣（cryptocurrency）子計畫的負責人。〕2014 年，兩位作者針對區塊鏈革命、區塊鏈在商務與社會層面的應用模式，提出為期一年的研究計畫，然後用這本書替這項研究計畫劃下完美的句點；我們試圖在這本書中用淺顯易懂的方式，交代區塊鏈新科技平台的機會與風險。

　　若企業界、政府和公民社會的創新者，能夠妥善處理這個新平台，我們就能從以降低搜尋、協調、資料蒐集與決策成本為主的網際網路（主要要達成的目標是有效監控、傳達資訊，並找出可以完成交易的商業化空間），轉型成降低談判、制定

政策、強化社會與商務共識成本的網際網路，主要要達成的目標則會變成可靠度、資訊安全、協調合作、所有交易涉及的隱私，還有創造可供分享的商業價值。兩者在策略面的差異如同180度大迴轉，結果會是各機構平等組成真正分散型、普惠式，能夠自主決斷的經濟模式——也會因此順勢取得合法性的地位。新平台將從根本上改變我們可以在網路上做的事，改變我們做事的方法，同時改變可以參與其中的成員，甚至會替解決社經面最棘手的問題，奠定必要的科技基礎。

　　如果我們沒能處理好的話，原本充滿前景的區塊鏈反而會窒礙難行，甚至崩潰。更糟的是，強大的機構可能會把區塊鏈當成巧取豪奪的工具，要是被政府惡意入侵的話，區塊鏈還有可能成為新一代警察國家的運作平台，而與區塊鏈高度關連的其他科技如分散式軟體、密碼學、自動代理人（autonomous agent）還是人工智慧等也會跟著失控，讓創造這些科技的人類反受其害。

　　易言之，這個新科技的未來有可能胎死腹中、被不當使用，甚至導致其他更糟糕的後果。區塊鏈和電子貨幣已經蓄積了龐大的動能，在比特幣身上尤其明顯，可是我們卻無法預測後續的發展會不會成功，即便會成功，也不曉得要熬過多少摸索的時間。[34] 預測未來永遠是風險最高的一門生意，在此引用科技理論家大衛‧提科（David Ticoll）的說法：「即使是像我們這樣的人，也不乏對網際網路全面性影響預言失準的例子。類似伊斯蘭國（ISIS）這樣莫名所以、橫空出世的現象，我們

沒能事先看出來，有些非常有可能實現的預言最終也淪為泡影。如果區塊鏈的影響就如同網際網路一樣既深且廣的話，想要預言它對未來正面與負面的影響，很有可能只是再一次重蹈覆轍。」[35]

　　所以我們的目的並不是預言，而是積極倡導區塊鏈的未來。我們認為一定要讓區塊鏈邁向成功，因為它能帶領我們進入一個繁榮的新紀元。我們相信經濟體系在每個人都參與其中的時候，會有最好的表現；而區塊鏈的新科技平台正是促成普惠經濟的引擎，可以在資金傳遞的時候大幅降低匯款的成本，也可以大幅降低設立銀行帳戶、建立信用與進行投資的門檻，為全球貿易體系帶來創新精神和更多的參與。區塊鏈將催生分散式的資本主義，而不僅僅是需要不斷重分配的資本主義。

　　我們應該放棄與區塊鏈對抗的態度，改以謹慎的態度積極面對它。我們應該要設法駕馭區塊鏈，目的不是為了短視近利地滿足少數人，而是為了更多人的長遠利益做打算。

　　對於網際網路下一世代的發展潛力，本書的兩位作者都感到興奮莫名，我們熱切期盼一波追求創新的大潮流能夠釋放區塊鏈的潛力，帶給我們更美好、更繁榮的世界。我們希望這本書也能引起你的興趣，看見迎面而來的這波浪潮，採取行動讓這些美好的夢想能夠真的實現。

　　所以，請繫好你的安全帶，準備進入區塊鏈的世界遨遊一番！我們現在已經處在人類歷史重大轉型階段的入口了。

第 2 章
航向未來：
區塊鏈經濟的七大設計原則

　　加拿大瑞爾森大學隱私與大數據研究中心（Privacy and
Big Data Institute at Ryerson University）的執行主任安・卡沃
基安（Ann Cavoukian）說過：「隱私跟自由兩者密不可分。我
是在三十多年前到德國參加研討會時學到這一點。德國會成為
全世界最注重隱私和保全資料的國家，其實並不令人意外，畢
竟他們曾經歷過納粹統治時期，當時一切的自由都被濫權剝
奪；而那場災難的源頭，就是從徹底消滅個人隱私開始下手。
好不容易捱過那段日子後，他們下定決心要『絕不再犯』。」[1]
　　說來諷刺，其實也很直觀，最早用來保證使用者隱私的去
中心化對等式運算平台，就叫做恩尼格瑪（Enigma，單字本
身帶有「謎」的意思），是德國工程師亞圖・謝爾比烏斯（Arthur
Scherbius）替自己研發的解碼機所取的名字。原本恩尼格瑪的
設計是為了商業用途：透過這台機器，世界各地的公司就能迅
速又安全地互相交換業務機密、選股策略等各式各樣的內幕消
息。幾年後，德國納粹軍也研發出符合軍需的恩尼格瑪，可以

透過無線電把加密過的訊息傳遞給所屬各軍種，二次大戰期間更是用來傳遞德軍的戰略計畫、任務細節和攻擊發起時間，使得恩尼格瑪成為帶來苦難與迫害的機器。

不過，現在的恩尼格瑪卻成為象徵自由與財富的機器。麻省理工學院媒體實驗室（MIT Media Lab）的蓋伊・奇斯金（Guy Zyskind）和奧茲・納森（Oz Nathan），聯手利用泛稱為同態加密法（homomorphic encryption）和安全多方計算（secure multiparty computation）這兩項技術，[2]設計出結合區塊鏈公開帳本特性的新一代恩尼格瑪，其透明度會「提供強烈的誘因鼓勵誠實的行為」。卡沃基安用淺顯的方式說明：「恩尼格瑪會把你的任何資料拆解後加密，然後隨機散布到網路上的節點，因此不存在單一的儲存位置。恩尼格瑪就是運用區塊鏈安置加密資料，或是逐一追回被拆解的零碎資料。」[3]如此一來，你可以放心和其他人分享你的資料，其他人只要有你的許可，就算沒有完整解譯也一樣能使用這些資料。[4]如果整個設計架構沒出問題的話，將來我們處理自己線上身分的做法就會大不相同——我們將使用一個可以自行掌控、完全屬於個人的黑盒子，自主管理我們的個人資料。

聽起來似乎很了不起，不過我們還是必須小心翼翼看待密碼學這項最新的進展。首先，這個架構需要非常大量的網路使用者共同參與；其次，根據區塊串流（Blockstream）公司奧斯汀・希爾（Austin Hill）的說法：「密碼學是一個你不會想追求最新穎、最先進的領域。觀諸歷史，有太多大家原本一致認

定沒有安全問題的演算法，在經過四、五年以後，卻被某一位突發奇想的科學家指出某處有個資安漏洞，導致整個演算法轟然傾圮的故事。這就是為什麼我們通常比較偏好保守一點、健全一點、禁得起時間考驗的演算法。我們做的事情非常、非常需要透過時間才能證明成效，這也是設計比特幣時的重點。」[5]

不過，對隱私、資安和長期可靠度產生重大影響的恩尼格瑪，仍舊非常值得認真看待。卡沃基安認為：「恩尼格瑪能夠替隱私權掛保證，這是個重大的宣示，也是在網路世界交流互動如此頻繁的時代裡，愈來愈迫切需要的一項保證。」[6]

我們透過更進一步的調查發現，很多開發者建立在區塊鏈上的研究計畫時，都有類似保障基本人權的想法——不單是維護隱私與安全而已，而是擴及到財產權、身而為人的法定地位，還有參與政府治理與經濟文化活動的權利。想像一下，這是能夠保障我們想要帶給自己和家人的自由，能夠讓我們向全世界表達我們所追求的自由，讓世界各地不分出身背景與生活條件的人，都能夠掌握自己人生的科技。在這項科技的幫助之下，我們可以創造出什麼樣的新工具和新工作？會產生什麼樣的新商業模式與新服務？我們該如何看待這些新機會？感謝中本聰，這些問題的答案現在已經攤在我們眼前了。

七大設計原則

我們相信下個新世代將由中本聰的願景所啟發，只要根據幾項言簡意賅的原則來打造，並由這個領域裡諸多熱情且聰慧

的領袖們互相合作，共同完成夢想。

中本聰遠眺的目光落在貨幣的身上，而不是試圖創造第二代網際網路這樣宏偉的目標，所以他對於企業再造、體制變革、文明進程等更廣泛的議題並無著墨。儘管如此，中本聰原創、扼要又深入了解人性的論點仍舊是瑕不掩瑜，任何讀過他在 2008 年所發表那篇論文的人一定很清楚，數位經濟的新時代即將展開。第一代數位經濟的成果主要展現在資通訊科技的日新月異，第二代的數位經濟則需要更進一步巧妙結合資訊工程、數學、密碼學和行為經濟學才能有所成。

民謠歌手戈登・萊特福特（Gordon Lightfoot）有一首歌的歌詞是：「如果你能看透我的心，親愛的，我的思緒會向你訴說些什麼呢？」中本聰自 2011 年起就呈現失聯狀態（雖然偶爾還是會在網路論壇上看到署名中本聰的留言），但是我們認為他所提出的信賴協定，已經足以成為我們重塑現有經濟體系的大原則。

所有我們專訪的對象，都迫不及待想要和我們分享他們對區塊鏈的獨到見解，我們也一再從訪談對話、白皮書、論壇焦點所提到的眾多主題，逆向回推出區塊鏈的設計原則——這些原則不但可套用在設計軟體、服務、商業模式、市場和組織架構，甚至也可以設計政府體制。雖然中本聰並未言明，但是這些原則其實都隱含在他所發表的技術平台裡。我們把這些視為塑造下一代數位經濟的原則，一個重新定義信用的年代。

如果你未曾聽過這些原則，我們希望你看過以後可以了解

區塊鏈革命的本質。如果你打從心底不相信所謂的比特幣跟區塊鏈，不論你是創業者、發明家、工程師，還是想找志同道合夥伴集體創作的藝術家，或者是各種資產的所有人及投資人，抑或是想在區塊鏈經濟萌芽之際，重新思考自我定位的專業經理人，這些原則仍能讓你在認真思考未來時，成為你的助力。

1. 網路支撐的可靠度（Networked Integrity）

設計原則：信任是發自內心，不能光靠外加的方式強求，可靠度則要在過程中逐步累積而成，並且加以分散，避免過度集中在某單一成員的手上。參與者可直接就商業價值進行交易，並期待交易對手行事作風正直。這表示支撐可靠的價值——諸如誠實的言談舉止，關照他人的利益，對決定與行為的後果負責，在決策和行動之際公開透明——都內建在決策權、誘因機制和行動過程中，使得不可靠的行為要不無法實現，要不就是在時間、金錢、能源和聲望等各方面付出更高的代價。

問題癥結：在網路上，我們不能直接從事經貿或完成交易的原因很簡單，因為金錢相對於資訊內容或智慧財產權，在本質上大異其趣。你可以把同一張自拍照寄給所有的朋友，但是你沒辦法把已經交給朋友的一塊錢再交給其他人。從你戶頭離開的錢一定要進入到你朋友的戶頭才算數，不能同時出現在兩個戶頭，更不可能讓多人共同持有，所以若你把同一筆電子貨幣花在兩個地方時，注定有一筆款項會成為壞帳。這就是所謂

「重複支出」（double-spend）的問題，雖然可以讓想要一錢兩花的詐欺犯趁心如意，但是對於收款變成壞帳的倒楣鬼，或是想要維護自己網路名聲的你，這可就不是什麼好消息了。

過去在線上支付款項的時候，解決重複支出問題的辦法是透過單一或許多第三方共同組成的中央資料庫，結清每一筆交易，像是匯款服務機構（如西聯匯款）、商業銀行〔如花旗集團（Citicorp）〕、政府單位〔如澳洲聯邦銀行（Commonwealth Bank of Australia）〕、信用卡公司（如 Visa）或是線上支付平台（如 PayPal）。結清的工作可能要花上好幾天，有些國家甚至要花上好幾星期。

解決方案： 中本聰運用現有的分散式對等網路架構，結合一些密碼學技巧，建立「共識機制」（consensus mechanism）解決重複支出的問題，成效較由公正第三方經手的機制有過之而無不及。以比特幣區塊鏈為例，電子貨幣持有人以一定金額完成第一筆交易後，網路架構會在這筆款項註記時間標籤，拒絕原始持有人再用這筆款項進行其他交易，因而排除重複支出的可能。網路上全力開發比特幣節點的參與者〔所謂的「礦工」（miner）〕，可以收到最新的交易訊息，然後以資料區塊的形式記錄結清內容。這個過程每十分鐘就會重複一次，並要求每個新區塊都必須源自前一區塊的基礎才能生效。這個協定也包含重整儲存空間的方法，好讓網路上的所有節點都能有效儲存完整的區塊鏈內容。最後別忘了，區塊鏈的是完全開放的，所有人都可以查看交易紀錄，沒有人可以隱匿資料，使得比特

幣的來源去向都比現金來得更容易追蹤。

　　中本聰不只想要排除中央銀行所扮演的中介角色，還想更進一步讓電腦程式自我表白，使網路透過演算法達成共識，並能加密記載資料於區塊鏈上，讓已經發生過的事情毫無模糊或各說各話的空間。能夠達成共識的機制是最主要的關鍵，以太坊先驅維塔力克・布特林在網路上寫著：「達成共識是社會互動的過程，也可以說是人類的專長……就算沒有演算法的輔佐也無妨。」他接著解釋說，如果系統的規模已不是單一個人有能力解決的數學問題，我們就會利用軟體代為處理，在對等式的網路架構下，共識演算法讓所有人都有資格分享網路的即時更新，也就是根據事實基礎進行表決。共識演算法把參與的權利，配發給組成經濟規模的一群對等夥伴，因為每位夥伴的貢獻都促成了經濟規模，所以人人都有資格表示意見。布特林認為，重點在於必須依照成員組成分散的原則達到經濟規模：沒有單一成員或是聯合組織可以取得多數的地位，就算他們有能力想要這樣做。[7]

　　比特幣網路架構利用所謂的「工作量認證」（Proof of Work, PoW）達成共識。這個概念聽起來好像有點複雜，其實非常簡單。因為我們不是依照礦工身分來決定由誰創造下一個區塊，而是用難解〔意即，要下很多工作量（work）〕卻好驗證（意即，所有其他人都能快速完成驗算的工作）的謎題，找出下一個區塊的創造者──網路上所有參與者都同意，讓第一個解出謎題的人取得創造下一個區塊的權利。礦工必須投入資

源（硬體設備和電力）找出正確的雜湊值（hash value，相當於一段文字或是檔案資料獨一無二的專屬指紋），才能順利解謎，能夠建立下一個區塊的礦工，就可以獲得比特幣當做報酬。就數學上來說，謎題沒辦法用作弊的方式找到答案，這就是為什麼網路上其他參與者完成驗證後會一致同意，解題者為了找到答案確實投入了不少工作量。

迪諾・馬克・安格瑞提斯（Dino Mark Angaritis）告訴我們，解出一個謎題必須不間斷完成「每秒五十萬兆次的雜湊值運算」，礦工們要「找出符合目標要求的雜湊值，這在機率統計上大約每十分鐘就會發生一次。認真說起來，這是一個卜瓦松過程（Poisson Process），有時候只需要一分鐘，有時候可能要花一小時。總而言之，平均起來大概就是十分鐘一次。」他解釋整個過程說：「礦工可在網路上找到所有還沒解開的謎題，然後用安全雜湊演算法（secure hash algorithm, SHA-256）的加密摘要函數（digest function）輸入資料，結果會算出一個32位元組的雜湊值。如果這個雜湊值能夠低於目標值（目標值是由網路設定，每產出 2,016 個區塊就更新一次），就表示礦工找到謎題的答案，『解開了』一個區塊。麻煩在於找出正確的雜湊值非常困難，如果礦工得到的是錯誤的雜湊值，他就要微調輸入資料，重新嘗試一次，而且每次都會得到完全不一樣的雜湊值。礦工必須這樣不停嘗試錯誤，才能找出正確解答。截至 2015 年 11 月，每位礦工平均嘗試過高達三億五千萬兆個雜湊值，這真的是相當龐大的工作量！」[8]

　　你或許聽過其他的共識機制，比方說第一版的以太坊區塊鏈「前沿」（Frontier），雖然一樣採取工作量認證，但是改版過的 Ethereum 1.1 卻按照開發者的想法改採「權益認證」（proof of stake）機制。權益認證要求礦工投入資本以取得一些籌碼〔比方說是點點幣（Peercoin）、未來幣（Nxt）等依附在新版區塊鏈上的籌碼〕，不是用解謎的工作量取得權利。另外還有以社會網路建立共識的瑞波幣（Ripple）和恆星幣（Stellar），建議新的參與者（亦即新的節點）生成一份「唯一節點清單」（unique node list），其至少由一百個節點組成，清單內的節點在體系內部的投票行為是可信任的。這種認證機制有點偏頗：有一定人脈和聲望的人才能夠成為新的參與者。另一種「活動力認證」（proof of activity）機制結合工作量認證和權益認證的特性，在某區塊正式完成認證之前，有隨機數量的礦工必須認證該使用密鑰的區塊。[9]「貢獻度認證」（proof of capacity）要求礦工貢獻一定容量的硬碟空間才能取得開採權，類似的「儲存認證」（proof of storage）則是要求礦工撥付一定的硬碟空間，到分散式雲端一起分享。

　　區塊鏈的儲存空間相當重要，因為區塊鏈上的資料和以往網際網路上的資料有個很大的差異：網際網路上的絕大多數資料既可以修正，也沒有長期保存的問題，所以某一筆資料放上網路的確切時間、日期，並不會對該資料的來龍去脈造成影響；但是每一枚比特幣從誕生的那一刻起，所有跨區塊鏈的流通紀錄都一定要包含時間印記。一枚比特幣必須能清楚交代自

己在區塊鏈上的歷史紀錄，才會被認定為有效，所以區塊鏈必須也要有足夠的儲存空間，以保留每一枚比特幣的完整紀錄。

投入開採的過程當然也一樣重要，包括把每一筆交易紀錄的區塊串連起來，投入一定的資源，算出複雜的謎題，取得參與者的共識，維護完整的帳本資料。有些人就認為比特幣區塊鏈應該被視為如同網際網路一樣，是需要公眾齊心協力維護的公共財。安永會計師事務所（Ernst & Young）策略部門的保羅・布洛迪（Paul Brody）認為，所有參與者都應該貢獻一些運算能力維持區塊鏈的運作，他說：「將來除草機或是洗碗機裡面CPU 的功率，很有可能比原本工作需求強上一千倍以上，為什麼不用來開採呢？這樣做的目的不是為了壓榨參與者，而是為了維持參與者在區塊鏈體系中的分量。」[10] 說到底，不論採用哪一種共識機制，區塊鏈都是用巧妙安排的程式碼以確保資料可靠度，而不是交由人類決定該怎麼做才恰當。

對區塊鏈經濟的影響：與其信任大公司或是政府機構驗證其他人的身分，並為其聲望做擔保，我們大可相信網路就好。這是我們有史以來，第一次可以擁有一個可靠無虞的交易平台，因為不論交易對手做過哪些事，凡走過必留下痕跡。

這樣的影響對於社會、政治與經濟活動的擴散效果，廣闊到難以想像。以後的資料不再是「誰跟誰結婚，誰投票給誰，誰付錢給誰」而已，而是把所有跟信用紀錄、交易可靠度相關的行為都涵蓋進來，像是：誰擁有什麼？誰擁有什麼樣的智慧財產權？誰從醫學院畢業？誰買了槍？這雙耐吉（Nike）的球

鞋、那支蘋果的手機是什麼人做的？嬰兒奶粉的配方出自何人之手？這些鑽石打從哪兒來？在數位經濟的年代裡，講求信用成為必備條件，在這樣一個新型的社會組織中，一個安全可靠的大規模協作平台，勢將帶來無限的可能性。

2. 分散式的權力架構（Distributed Power）

　　設計原則：整個系統應該在對等網路架構中分散權力，當中沒有任何一個節點有絕對掌控力，也沒有哪一方可片面決定關閉系統。即使權力中樞想要封鎖或刪除特定的對象或團體，整個系統也將不受任何影響；如果超過半數的參與者想要集體推翻整個系統，系統內的所有參與者都會知道發生了什麼事。

　　問題癥結：在第一代網際網路的世界裡，一旦擁有相當規模的使用者後，不管使用者的身分是員工、公民、消費者還是其他組織，大型機構通常會把自己的社會責任拋諸腦後。權力中樞一再證明自己絕對有能力、也非常有意願凌駕於使用者之上，有的會大量蒐集使用者資料加以分析，有的會聽從政府指示，在使用者不知情的情況下交出他們的資料，或者是在沒有取得使用者同意的前提下，大幅變更原有的系統架構。

　　解決方案：企圖操控比特幣區塊鏈的成本，將高於所獲得的財務效益。中本聰採用工作量認證的方式，要求參與者投入大量運算能力（連帶消耗了龐大電力）以維護網路運作，才能不斷開採出新的比特幣。此概念可以追溯到密碼學專家亞當‧貝克（Adam Back）所提出的「雜湊現金」（Hashcash）方案，

目的是為了抑制垃圾郵件和阻斷服務式（denial-of-service, DoS）的網路攻擊。貝克的方案要求電子郵件的寄件人完成工作量認證後，才能寄送訊息，然後在電子郵件上附掛「特別郵件」（special delivery）的標記，譬如「這則訊息重要到費盡千辛萬苦也要寄給你」，以顯示出寄件人對這則訊息的重視程度，可有效提高寄送垃圾郵件、惡意軟體與勒索軟體的成本。

　　所有人都可以免費下載比特幣的通訊協定，並維護一份完整的區塊鏈資料；只要依照啟動程式（bootstrapping）的說明依序完成指令，就能在電腦或行動裝置上完成安裝開始執行。在志願參與者間徹底分散的網路架構，就如同共享資料庫「BT下載」（BitTorrent）散布在全球數萬台電腦上一樣。

　　這種做法當然可以有效隔絕政府公權力的介入，是好是壞就很難說了──要看對象是在集權國家捍衛婦權的異議份子，還是在民主國家恐嚇取財的罪犯而定；如果是在集權國家的話，政府就沒辦法凍結異議份子的銀行帳戶，或是查扣從事活動的資金。在區塊鏈的架構上，政府沒辦法任意沒收人民的資產，無法重演小羅斯福（Franklin Delano Roosevelt）總統當年頒布第 6102 號行政命令的強勢作風──所有公民必須將擁有的金幣、金條和黃金持有證明全數繳交給政府，否則將面臨罰款或是牢獄之災的處分。[11] 華盛頓與李大學（Washington and Lee University）喬許‧費爾菲德（Josh Fairfield）挑明了說：「中間再也沒有經手人的立足之地。」[12] 區塊鏈可以散布在任何地方，所有志願參與者都能保存一份最即時的區塊鏈資料，也都

能把電腦閒置的運算資源撥付給開採所用。過程中沒有檯面下交易的空間，所有人的動作或交易內容，都會公開在網路上供人查詢與驗證，沒有任何資訊需要第三方介入經手，也沒有任何資訊需要存在放中央伺服器上。

中本聰分配「礦產」（mint）的方式，是把比特幣的發行與在帳本上創造新區塊的行為掛勾，把開採礦產的權利交付給對等網路架構上的所有參與者。任何礦工只要能找出謎題解答，並率先通過工作量認證機制，就有資格獲得一些比特幣做為獎勵，不需要聯準會（Federal Reserve）、中央銀行還是財政部控制貨幣供應，更重要的是，所有比特幣從誕生的區塊開始，一直到之後所有的交易紀錄，都會有直接的資料連結可供查詢。

這個機制不需要中介機構，區塊鏈最重要的功能就在於參與者的大規模協作，可以讓你完全掌握自己的資料，保護自己的財產，並自行決定參與的程度。區塊鏈分散式的運算架構，使得四散各地的人也有辦法發揮集體的力量。

對區塊鏈經濟的影響：這樣的平台有可能讓我們用新的方式分配眾人創造的財富，在面對人性中最棘手的社會問題時，對等的合作模式也有機會能夠根除病灶。我們可能藉由把權力回歸給公民，來克服當前各種機構的信任危機，甚至解決機構合法性不足的問題，讓公民真正有機會取得繁榮的果實並促進社會參與，而不是任憑公民被公關技巧玩弄於股掌之間。

3. 價值導向的誘因機制（Value as Incentive）

設計原則：讓系統對所有利害關係人產生誘因。比特幣或是其他電子貨幣就是依照這個原則，讓誘因和聲望產生高度相關。中本聰提出的演算法，讓為網路架構付出的人得到報酬，讓報酬屬於持有及使用電子貨幣的參與者，所以這些人都會願意關注整體發展。這就好像是加強版的電子雞，差別在於區塊鏈不是單機遊戲，而是會在世界各地下蛋的金雞母。[13]

問題癥結：在第一代網際網路的世界裡，大企業擁有高度集中的權力，再加上規模懸殊、複雜的系統與不透明等特性，使得大企業可以在網路世界裡為所欲為，獲取不成比例的商業利益。大型銀行會過度濫用金融體系的原因很簡單，套用經濟學家約瑟夫‧史迪格里茲（Joseph Stiglitz）的說法，因為「對這些銀行大多數的高階主管和許多放款業務的負責人而言，誘因機制鼓勵他們採取短視近利的行為，承擔過多的風險」，包括讓他們「把美國最貧困的一群人當成獵物」，所以他把整個問題歸咎於「錯誤的誘因會讓人產生惡劣的行為，惡劣程度甚至超乎人們的想像。」[14]

大型網路公司打出提供用戶在零售消費、網路搜尋和社群媒體上免費服務的招牌，目的是取得他們的個人資料。根據安永會計師事務所的調查顯示，在受訪的經理人當中，約有三分之二表示自己會蒐集消費者的個人資料，以利後續業務；近八成的受訪者表示，可以從這樣的資料探勘中找到提升業績的方法。問題是，一旦這些公司被駭客入侵的話，信用卡被盜刷、

銀行戶頭資料被外洩這些狗屁倒灶的事情，還是得由消費者出面收拾殘局；所以不令人意外的，在同一份調查數據顯示，有將近半數的消費者會在五年後，禁止其他公司行號取得自己的個人資料，而超過半數的消費者，已經不再像五年之前那樣毫無保留的提供個人資料，包括留在社群媒體上的資料。[15]

解決方案：中本聰假定參與者都會依照自利的原則行事。他知道該如何運用賽局理論，也清楚沒有守門員的網路架構容易招致女巫攻擊（Sybil attack）——在節點設立分身帳號稀釋其他人參與的權重，進一步侵害聲望的價值。[16] 若你不確定自己是在跟三位對手打交道，還是跟同一個對手的三個分身打交道，則對等網路架構的可靠度和參與者的聲望都會大打折扣。以中本聰公開的原始碼來看，不管人類的行為有多麼自私，最終結果都會有益於整個網路架構，而且不論參與者用什麼方式建立身分，最終也都會對自己的聲望產生累計的效果。共識機制所需要投入的資源，再輔以比特幣做為獎酬，就能夠讓參與者自動採取正確的行為，讓他們因為可以預期的行為而值得信任，並使發動女巫攻擊成為不具經濟效益的做法。

中本聰在論文裡寫著：「根據規則，區塊裡的第一筆交易具有特殊地位，可以讓創造該區塊的參與者開始擁有一些新的比特幣，這會增加節點維護網路架構的誘因。」[17] 比特幣本身就是提供礦工創造新區塊、和先前區塊建立連結的誘因機制，能夠率先建立新區塊的參與者，就能因為這些付出得到一定數量的比特幣。中本聰提出的信賴協定，提供早期參與者比較豐

厚的報酬：頭四年建立一個新區塊的礦工可以得到 50 枚比特幣做為報酬，之後每隔四年，報酬規模就依照 25 枚、12.5 枚……的幅度對半縮減。既然早期投入的參與者已經有了比特幣在手，他們自然會想讓這個平台能夠長期維持下去，像是購買最新穎的設備投入開採、以最具效率的方法使用能源、幫忙維護帳本等等。比特幣能夠在區塊鏈上成為搶手貨，除了具有吸引參與者投入開採和用來交易的誘因外，也是因為能藉由開採而取得區塊鏈所有權的緣故。四散的參與者帳戶就是這套加密網路架構最基本的運作元素，參與者不管是在取得或是使用比特幣的時候，都會對區塊鏈的發展貢獻一份心力。

中本聰運用「所有權人的運算能力」（owners of computing power）推動比特幣經濟體系的發展。礦工若想加入獎酬機制，就得將電力之類的外部資源投入到網路架構中，如果不同的礦工在網路架構中，同時建立兩個權重相同的有效區塊，其他礦工就要選擇要以哪個區塊為基礎，繼續建立新的區塊，此時他們通常會挑出自己認為比較有贏面的區塊，而不是腳踏兩條船，因為分歧會迫使他們分散有限的運算能力，而損害其自身利益。愈長的區塊鏈表示投入的工作量愈多，所以參與者會把最長的區塊鏈當成最適合投入的架構。附帶一提，以太坊採用「所有權人的籌碼數量」（owners of coin）做為發展引擎，瑞波幣和恆星幣則是用參與者的社會網路取而代之。

這些共識機制有趣的地方在於，參與者最初是以追求自利為出發點，採取的行動卻是替對等式（P2P）網路架構投入更

多資源，但是願意替成長引擎添加柴火的參與者，最終還是能
獲得更好的聲望做為回饋。在區塊鏈誕生前，我們很難從網路
上的聲望獲得實質利益，不單是分身帳號的女巫攻擊，網路身
分本身也有多面相、難辨別、倏忽即逝的特質，少有人能夠看
到全貌，遑論在隱晦中辨識每個身分的細微差異。以前我們會
在不同的情境下，使用不同資料突顯一部分的身分特質，如果
是連「證明身分都做不到」的人，就很難在所屬的社交圈與他
人建立合作關係，這正是恆星幣區塊鏈巧妙設定的前提，讓參
與者把建立的聲望放在一個恆常使用的數位身分上，聲名遠播
的效果就有可能突破現實地埋環境的局限。

　　演算法內還包含另一個維持價值體系的解決方案，那就是
貨幣政策被寫在軟體之中。尼克・薩博（Nick Szabo）說：「歷
史上，人類使用的所有貨幣都能被找出某種問題而無法保值，
呈現的方式也非常多元，像是偽鈔或是失竊這樣的問題還算小
的，最嚴重的恐怕莫過於通貨膨脹了。」[18] 為了避免通貨膨脹
悄悄來襲，中本聰設定比特幣的供應量以 2,100 萬枚為上限。
以每隔四年創造新區塊可以得到的比特幣會減半供應，再加上
目前已經完成的開採進度——每小時產生六個新的區塊——這
兩個條件來看，2,100 萬枚比特幣要等到 2140 年才會全數發
行。不論政府官僚體系再怎麼腐敗無能，他們都不可能對比特
幣造成惡性通膨或是大幅貶值的問題。

　　可以在區塊鏈上交易的不只有電子貨幣而已，區塊串流的
奧斯汀・希爾說：「我們不過才剛碰觸到未來許多可能發展的

皮毛而已。以現階段的應用程式和通訊協定而言，現在就如同1994年真正讓全世界進入網路年代的前期階段，『從現在開始將走入截然不同的領域。』」[19] 從資產稽核到所有權認證，希爾期望將來可以看到一些不同的金融工具，或是比照科幻小說《潰雪》（*Snow Crash*）裡的情節，在魅他域（Metaverse，小說中的虛擬世界）裡把比特幣兌換成港元（Kongbuck），招募小說主人翁英雄・主角（Hiro Protagonist）幫你駭取一些機密資料，[20] 或是讓你投身綠洲（OASIS，匯集數個虛擬世界的超大型的虛擬實境體）去尋找創始人詹姆斯・哈利岱（James Halliday）設置的寶藏彩蛋，搖身一變成為綠洲的新主人，再把綠洲的虛擬定位權授權給 Google，換來一輛無人駕駛車在多倫多逛大街。[21]

　　另外也別忘了，還有物聯網可以讓我們登錄各種設備取得帳號〔英特爾（Intel）已經在做這件事了〕，然後就可以用比特幣取代各種繁瑣的法定貨幣，替這些設備建立整合支付系統。希爾說：「你可以依照自己想要的任何方式，定義各種新的商務模式，在網路上建立共通的操作介面，一個不用啟動新的區塊鏈，完全專屬於你自己的操作平台。」[22]

　　比特幣跟法定貨幣還有一個很大的差異，就是能細分到小數點後第八位數，讓參與者可以按照時間進程，設定一筆交易的分割與整合，亦即輸入一筆交易資料後，可以在不同的時間點陸陸續續輸出，遠比反覆執行一系列的交易更有效率。如此一來，參與者就能以智能合約選購某項服務，再依照實際使用

的程度採取定期的小額付款。

對區塊鏈經濟的影響：前述這些優點，在第一代網際網路的世界裡付之闕如，現在我們總算有一個平台可以讓人與人、甚至是物與物之間接受適當財務誘因的引導，實現更有成效的合作，創造無限的可能。將來線上論壇的參與者的聲望將更具有代表性，部分原因在於，不當的行為會讓他們付出財務上的代價，所以也可以不用再互探底細。另外設想一下，用對等網路平台串連住家的太陽能面板後，所產生的永續能源就可以透過區塊鏈，讓屋主即時得到出售的報酬。或者是在一個開放軟體原始碼的計畫裡，參與者主動付錢給貢獻最多、軟體最被廣泛採用的程式設計師。更可以想像將來一個沒有國界的全球經濟體系，這絕不只是痴人說夢而已。[23]

4. 網路安全（Security）

設計原則：安全措施就內建在網路架構中，任何單一節點出問題也不會導致系統癱瘓。這些措施不但要能維護機密，也要能讓人查驗所有活動確實發生過的紀錄。任何人都一定要通過密碼認證才能成為參與者——不能選擇不參與密碼認證。而做出魯莽行為的人，也必須由自己去承擔魯莽行為的後果。

問題癥結：駭客入侵、盜用帳號、網路詐騙、釣魚和霸凌、垃圾郵件、惡意軟體再加上勒索軟體——這些目無法紀的行為，都會損及社會上個人生命財產的安全。第一代的網際網路傾向提高透明度以避免違法情事，提高個人、機構和經濟活

動的安全性相對之下就顯得欲振乏力。由於線上服務業者或是公司老闆無意強化網路安全的課題，使得一般網際網路使用者多半只能利用簡陋的密碼，維護自己電子信箱和線上帳號的安全性。再以典型的金融中介機構為例，他們在意的也不是開發網路安全技術，而是以金融創新為要。

在中本聰發表論文的 2008 年裡，根據身分竊盜資源中心（Identity Theft Resource Center）的調查，光是紐約梅隆銀行（BNY Mellon）、美國國家金融服務公司（Countrywide）、奇異資融（GE Money）這些金融機構，外洩的資料就超過該年度被盜用帳號數的一半以上，[24] 到了 2014 年，金融部門資料外洩所占的比率大幅降低到 5.5％，但是從醫療保健部門外洩的比率卻一舉攀上該年度總數的 42％。IBM 指出，資料外洩的平均成本是 380 萬美元，這就表示光是過去兩年因為資料外洩而增加的成本，就高達至少 15 億美元；[25] 利用個人醫療帳號詐騙的平均損失則大約是 13,500 美元，而且情況還正在惡化當中。消費者無從得知，接下來自己在哪個領域的身分會被駭客盯上。[26] 如果下一波數位革命涉及的，是線上各方直接的金流往來，那麼，阻絕駭客染指線上金流就會是首要之務。

解決方案：中本聰要求參與者使用公開金鑰基礎結構（public key infrastructure, PKI），以打造安全的網路平台。公開金鑰基礎結構是一種先進的「非對稱」加密系統，參與者握有兩把功能互異的金鑰：一把用於加密，另一把用於解密，因此稱之為「非對稱」。比特幣區塊鏈目前是全球規模最大的民間

公開金鑰基礎結構，若以總體來看，也僅次於美國國防部的共用平台系統而已。[27]

　　非對稱加密系統在 1970 年代登上歷史舞台，[28] 到 1990 年代已經累積一定的用量，例如良好隱私加密（Pretty Good Privacy, PGP）之類能幫電子郵件加密的免費軟體。PGP 是個相當安全的軟體，但前提是你與網路上的其他聯絡人都要使用同一套軟體，而且你也得要記住自己的兩把金鑰（它可不能重新設定密碼），再加上所有人一起共用的公開金鑰才行。要是你不小心忘了自己最初設定的密碼，那就要被迫整個重新來過了。加密軟體開發公司 Virtru 表示：「幫電子郵件加密的風潮正盛，不過目前只有 50％的電子郵件會在傳輸過程中加密，在寄件人與收件人兩個端點都加密的情況少之又少。」[29] 有些人改用簡短程式的數位憑證（digital certificate）取代加密、解密的步驟，維護郵件訊息不外洩，但是這些人必須要先申請個人憑證並支付年費，而且多數的電子郵件服務 —— 包括 Google、Outlook 和雅虎（Yahoo!），並不支援數位憑證。

　　區塊鏈理論大師安德里亞斯・安東諾普洛斯說：「過去的方案因為無法吸引人使用所以失敗了，光是確保隱私權還不足以讓我們願意維護網路系統的安全。」[30] 不過，比特幣區塊鏈卻幾乎把這個問題給解決了。比特幣的誘因機制可以促使參與者在進行所有價值交易時，廣泛採用公開金鑰基礎結構，而且不光是在使用比特幣時加密，就連分享比特幣協定時也一併加密，這就可以克服功能不足的防火牆、監守自盜的員工或是入

侵保險公司的駭客等諸多問題。如果交易雙方都能在安全的基礎上使用比特幣，就能更進一步儲存、交換更高等級的機密資訊，並在區塊鏈上確保數位資產的安全無虞。

簡單說明一下運作的原理。事實上並沒有一個專門儲存電子貨幣的檔案，電子貨幣是在交易的過程中用一個加密過的雜湊值來表示，所以參與者可以對自己所擁有的電子貨幣加密後，直接傳給交易對手；想要做好資安工作的話，參與者要負起的責任就是永遠別公開自己的私鑰。

維護安全的機制當然也很重要。比特幣區塊鏈採用完善又廣為人知，由美國國家標準與技術中心（U.S. National Institute of Standards and Technology）提出、並成為美國聯邦資訊處理標準（U.S. Federal Information Processing Standard）的 SHA-256 安全雜湊演算法，麻煩在於這套機制需要不斷反覆進行數學驗算，才有辦法找出區塊謎題的解答。想要解開一個謎題開採出新的比特幣當做報酬，需要耗去許多運算資源跟可觀的電力，其他的演算法如權益認證所需消耗的能源就少得多了。

還記得奧斯汀・希爾在本章前半說過別相信什麼最新穎、最先進演算法的說詞嗎？曾和密碼學專家亞當・貝克在區塊串流公司共事過的希爾，相當關注電子貨幣不用工作量認證的問題，他說：「我不認為權益認證會是個可行方案。我認為權益認證是一個讓富者愈富的機制，畢竟有籌碼在手的人就會有參與決定共識的權力，而工作量認證卻是具有物理基礎的機制，非常類似金本位的制度，所以也是我比較支持的機制。」[31]

最後要說的是，最長的區塊鏈往往也是最安全的區塊鏈。中本聰區塊鏈的安全機制，相當倚賴比特幣使用者和礦工在既有基礎上的相對成熟度，駭進長區塊鏈比駭進短區塊鏈要耗費掉更多的運算資源。奧斯汀・希爾說：「只要在新的網路架構上出現一條全新的區塊鏈，就會吸引到很多暫時沒用於開採比特幣的閒置電腦與 CPU 運算資源來爭奪主導權。說穿了，這其實也算是一種網路攻擊。」[32]

對區塊鏈經濟的影響：進入數位年代後，科技安全無疑是保障個人在社會安身立命的一大前提，不過現有的防火牆和電子錢包，卻無法完全阻擋資料外洩，讓宵小有門路可以竊取我們的財產，或是從地球的另一端劫持我們的汽車。隨著我們愈來愈倚重數位化的工具及平台，這種威脅快速膨脹的情形，已經超乎我們大多數人所能理解的程度。所幸在比特幣區塊鏈更安全、更透明的設計下，我們終於可以放心在線上交易，並保護好我們的個資。

5. 個人隱私（Privacy）

設計原則：每個人都應能控制自己的資料，這是最大前提。每個人都應該要有權利決定在何時、用什麼方式、提供自己哪些身分資料到多詳細的程度給其他人。尊重一個人的隱私權和尊重他如何行使隱私權是不同的兩件事，缺一不可。中本聰的演算法解決我們必須把信賴建立在其他人身上的問題，也免除我們必須要先知道對方真實身分，才能與之互動的必要

性。安・卡沃基安說得一針見血:「我跟很多工程師和電腦科學家請教過隱私的問題,結果他們告訴我——而且每個人都這樣說——『當然可以啊,我們當然能在設定資料格式和設計程式時納入個人的隱私資料,這在技術上一點問題也沒有。』」[33]

問題癥結:隱私權是基本人權,也是自由社會的基礎。過去二十年,公、私部門都會利用集中式資料庫,在網際網路上蒐集個人或組織的各種機密資料,有時候還是在對方不知情的情況下;使得世界各地的人都擔心大型機構會把他們留在數位世界的資料拆解、重組成所謂的「虛擬複製人」(cyberclone)。即便民主政體也玩起警察國家的那一套,美國國家安全局(National Security Agency)之前被揭穿在未獲批准的情況下,濫權監控網際網路,就是一個明顯的例子。這些情況對個人隱私造成雙重侵害,首先是在我們不知情、未取得我們許可的情況下,蒐集我們的個人資料任意使用,隨後又在駭客竊取資料時束手無策。卡沃基安說:「關鍵在於我們能否拋棄零和的認知。二取一的立場選擇、站對邊、贏或輸;對我而言,這些損害生產力的想法都已經如同昨日黃花一樣過時了。我們應該改採能帶來正效益的模式,其中一個最基本的,就是你可以擁有隱私權——以及在資料欄留下空白的權利。」[34]

解決方案:中本聰在網路層(network layer)的設定並不涉及身分認定這一點,亦即任何人都不用提供姓名、電子郵件地址或其他個人資料,就能夠下載使用比特幣軟體,比特幣區塊鏈也不需要知道參與者是誰。(中本聰不需要擷取任何人的

個資推銷其他產品，而他開放原始碼的選擇不啻已經是最引領潮流的行銷概念。）這完全符合環球銀行金融電信協會（Society for Worldwide Interbank Financial Telecommunication, SWIFT）的做法——只要有人付現鈔，SWIFT 通常不會過問付款人的身分——只是我們不難想像 SWIFT 辦公室裡一定有裝設攝影機，而且金融機構一定要遵守洗錢防制（anti-money laudering, AML）／了解客戶（know your customer, KYC）的原則才能夠加入 SWIFT，取得協會的服務。

　　另外，識別層（identification layer）、驗證層（verification layer）兩者也與交易層（transaction layer）脫勾，因此當某甲在區塊鏈公告，要把比特幣從自己的位址移轉到某乙的位址時，交易過程並不用提及任何人的身分，只要讓網路架構確認某甲的確擁有符合數量的比特幣，而他也同意將這些比特幣用於交易，然後就可以把某甲公告的訊息與某乙的位址建立連結，並標上「未花費交易輸出」（unspent transaction output）。唯有當某乙日後要動用這些比特幣時，網路架構才會再行確認某乙是否真的擁有這些比特幣。

　　相較之下，信用卡的運作模式就顯得非常看重持有人的身分。所以每次只要爆發資料庫被入侵的事件，結果就是幾百萬筆以上的住址跟電話被竊取。以下列出近年幾起資料庫被入侵而導致個資外洩的驚人數目：T-Mobile，1,500 萬；摩根大通（JPMorgan Chase）7,600 萬；偉彭醫療暨藍十字藍盾協會（Anthem Blue Cross Blue Shield）8,000 萬；億貝（eBay），1 億

4,500 萬；美國人事管理局（Office of Personnel Management）3,700 萬；家得寶 5,600 萬；塔吉特百貨 7,000 萬；索尼（Sony）7,700 萬。這還沒算入現代社會最珍貴基礎建設如航空公司、大專院校、瓦斯及電力公司、醫療機構這些單位的小規模個資外洩呢。[35]

　　由於區塊鏈的參與者，不需要把不相關的詳細資料與身分進行連結，也不用把詳細的個人資料留存在集中式的資料庫，故能自行決定要維持個人資料的匿名性到什麼程度。這個改變之大，再怎麼強調也不為過──**區塊鏈上不存在會引狼入室的個人資料**。區塊鏈協定可讓我們在每一筆交易或是在不同的環境下，用讓自己感到安心的方式保有隱私，幫助我們把個人帳號維護得更好，更容易管理自己身分與這個世界的互動過程。

　　一家名叫「個人黑盒子」（Personal BlackBox, PBB）的新創公司，正在協助大型機構調整自身與消費者個資之間的關係。該公司的行銷長哈路・庫林（Haluk Kulin）告訴我們：「像是聯合利華（Unilever）或是保德信（Prudential）這樣的公司找上門來，對我們說：『我們很想要把客戶的資料做更妥善的安排，你們公司的平台可以做到這一點嗎？我們非常希望能減輕公司維護資料的負擔。』在他們眼中，公司內部保有的消費者個資愈來愈像是個有毒的資產。」[36] PBB 公司的平台允許客戶以匿名的方式使用──就如同臨床試驗的藥劑師只會知道病患健康方面的資訊一樣，因此避免有關於資訊安全方面的風險，除非有些消費者願意提供更多資料，以交換比特幣或其他

公司所提供的優惠。PBB 公司平台的後端採用公開金鑰基礎結構，所以只有消費者可以用自己的私鑰觸及自己的個資，就連 PBB 本身都沒辦法接觸到消費者的個資。

區塊鏈提供的平台，讓我們可以用非常彈性的方式處理選擇性或是匿名的紀錄證明，奧斯汀・希爾用現有的網際網路說明：「取得網路通訊傳輸協定（TCP/IP）位址並不需要附上個人公開的身分。網路層不會知道使用者是誰，任何人都可以進入網際網路的世界，取得一個 IP 位址，就可以跟世界各地免費接收、傳送封包資料。多年來，我們已經目睹網路匿名的特性對社會整體產生多麼難以想像的好處……比特幣的操作方式幾乎如出一轍，網路層本身不會強制要求確認使用者身分，這對社會來說是一件好事，也是相當合適的網路架構。」[37]

也就是說，儘管區塊鏈是公開的架構──因為區塊鏈不附屬於任何集中管理、負責交易審核和保留紀錄的機構，就這樣把一切攤在網路上，可以讓每個人在任何時間看到發生了什麼事──但是參與者的身分卻是代號的形式，所以你必須要花很多精力旁敲側擊才能知道到底是誰，或者是什麼單位擁有特定的公開金鑰。在區塊鏈發送訊息時，你只要提供接收方需要知道的後設資料（metadata）就可以了。此外，任何人都可以擁有多重的公／私金鑰組合，就好像每個人都可以從不從的裝置、不從的存取點進入網際網路的世界，還可以用許多化名同時擁有好幾個電子郵件信箱。

因此比照現有的網際網路來看，會保留使用者身分帳號相

關紀錄的，是類似時代華納（Time Warner）這些提供 IP 位址的網路服務公司；同樣的道理，如果你向取得認證的線上交易平台如 Coinbase 申請一個比特幣的電子錢包，此平台就必須要能落實洗錢防制／了解客戶的要求。引用 Coinbase 的隱私權條款為例：「我們會蒐集你從電腦、行動電話或其他上網裝置傳送來的資料，這些資料可能包括你的 IP 位址和所使用的裝置，且不排除識別碼、裝置的名稱與型號、作業系統、所在地、行動網路資訊和一般登錄網路的制式資料，像是你所使用的瀏覽器類型、你和本公司網站及網頁往來的流量資訊等。」[38]換句話說，政府單位可以要求網路服務業者和交易平台，提供前述這類使用者個資，但是卻沒辦法對區塊鏈做出同樣要求。

　　另外值得注意的是，若要用更透明的標準設計區塊鏈上的交易流程、應用程式與商務模式，只要參與其中的利害關係人皆同意即可。我們將會在不同的情況下，看到直截了當透明資訊所賦予的新發展可能饒富深意，當公司行號能夠對顧客、股東和商業夥伴坦承以對時，信任感就會油然而生。[39]總之，隱私將歸於個人，透明資訊則將歸於組織、機構和政府官員。

　　對區塊鏈經濟的影響：區塊鏈無疑會提供一個遏止我們社會朝向警察國家發展的機會。想想看企業掌握大數據後，將帶給我們每一個人的困擾：當企業完全掌握與你有關的一切資訊時，意謂著什麼？我們進入網路全球化的年代也才不過二十多年，還處於起步階段而已，現在企業卻已經可以取得有關於你私人生活中最隱密的詳細資訊，最顯而易見的是個人的健康和

身體狀況資料，還有我們每天在戶外往來的活動紀錄，就連在家裡的生活起居也一樣曝了光，究竟是哪些項目就不多說了。很多人每天上網時總會像浮士德（Faust）一樣不經意地簽下一件又一件不起眼的魔鬼交易，結果光是連單純上網瀏覽都會變成消費者授權其他人，把自己留在網路上的蛛絲馬跡轉換成標示清楚、通往私人商業利益的一份藏寶圖。

除非我們可以順利完成典範移轉，否則預言我們數以億計納美人分身將蜷縮在明日的資料中心中悲鳴，恐怕就不只是科幻小說的情節了。有了區塊鏈以後，擁有你自己的納美人分身就如同在虛擬的世界裡展開第二人生，但一樣能在實體世界裡造成影響。虛擬的你（Virtual You）可以保護你的個人資料，只會聽從你的指示，在從事社交和經濟事務時送出必要的資訊，並確保在任何其他人想要取得你的資料時，你可以得到合理的報償。這就是從大數據往私人個資的轉型，姑且以「小個資」（little data）命名之吧。

6. 保障權益（Rights Preserved）

設計原則：所有權不但要透明公開，還要擁有法定效力。我們必須承認並尊重個人自由，這一點是毋庸置議的事實——每個人與生俱來不可剝奪的權利都應該、也必須受到保障。

問題癥結：在數位經濟的頭一個年代裡，首要之務是找出更有效的方式行使我們的權利，網際網路因此成為用新方法展現藝術、新聞及娛樂的媒介，也連帶催生了詩詞、歌曲、故

事、攝影及錄音錄影都有其版權的觀念，我們還可以在網路上
引用「統一商法典」（Uniform Commercial Code），加速推動在
實體世界已經相當普遍的商業慣例，比方說是一條牙膏管無論
再怎麼便宜也應符合的相關規範，減少逐一制定契約所需耗費
的協商成本。縱使有前述這些優點，我們還是不能沒有協助管
理交易的中介機構，這就使得中介機構有權力否決或延緩一筆
交易，有權力在他們戶頭暫時保管交易金額〔銀行業者稱之為
「浮存金」（float）〕，或完成交易——只為了之後要退回上個步
驟。中介機構也可以合理推斷，必定有一部分的客戶會心懷不
軌，所以直接認定詐欺事件是無法避免的。

　　在權利行使效率爆炸性成長的這個年代裡，權利的合法性
反而遭到冷落。影響所及不只是隱私權和網路安全，就連言論
自由、網路聲望和平等的參與權也都受到波及。不明人士可以
匿名審查我們、詆毀我們，甚至付出一點代價全力封鎖我們。
幾十年前影片業者的營收來自於產業公會、隨選視訊、亮眼的
DVD 銷售數字或是有線電視業者支付的權利金，現在他們發
現自己的收入正在一點一滴流逝，因為他們的影迷會把數位影
音檔上傳到網路上供其他人免費下載。

　　解決方案：獲得比特幣必須先通過的工作量認證，其實也
是附帶時間標記的交易，所以只有第一位通過認證的參與者，
有權利結清所動支的比特幣。在搭配上公開金鑰基礎結構後，
區塊鏈不但可以預防重複支出的問題，也可以明確釐清流通中
每一枚比特幣的所有權；再加上每筆交易都無法更改也不可撤

銷的特性，表示我們無法在區塊鏈上交易根本不屬於我們的所
有權，不論它是不動產、智慧財產權，或是屬於個人的人格特
質。我們也無法在未經授權的情況下，以仲介的角色交易其他
人的所有權，不論這個角色是律師還是公司經理人。另外，我
們也無法在區塊鏈上阻礙他人的言論、集會與宗教信仰自由。

　　個人黑盒子公司的哈路・庫林詮釋得最透澈：「人類在社
會上互動已經累積了好幾千年的歷史，每一次只要有人被剝奪
了參與的權利，他們一定會設法捲土重來，打破原本的社會體
系。我們發現，即便是在數位年代，剝竊他人決定的體制也一
樣無法維持穩定。」⁴⁰ 只要我們能替所有裝置設好「萬物帳」，
區塊鏈就可以透過「存在證明」（Proof of Existence, PoE）建
立開放式的登錄系統，用加密的摘要資訊登載契約、所有權、
簽收單和證照資料等。存在證明不涵蓋任何原始文件的複本，
文件密碼的雜湊值需要使用參與者自身的設備進行運算，而不
是交由存在證明的系統直接執行，進而確保資料的隱密性；就
算有中央管制單位關閉存在證明的系統，完整的認證機制仍會
保留在區塊鏈上，⁴¹ 因此可以成為證明所有權的方式，即便省
略審核這一關也能保存完整的紀錄。

　　我們沒辦法在原有的網際網路上，強制執行契約所登載的
權益，也無法監管契約執行的過程。當契約涉及彼此權利義務
關係變得更複雜的多方交易時，現在我們可以在區塊鏈上採用
「智能合約」的設定，用符合特殊目的的程式執行一整套複雜
的指令。智庫機構自覺系統（Self-Aware System）主席史蒂夫・

奧姆亨卓（Steve Omohundro）指出：「法律用語和軟體的結合是後續發展的基礎，智能合約就是往這個方向跨出的第一步。只要把法律條文數位化成程式的原則獲得更普遍的認可，我想，接下來所有國家都會開始跟進……所有司法單位都會需要用精確、數位化的語言編撰法典，屆時可以透過翻譯程式進行轉換……排除所有法律模糊不清的無謂摩擦，將產生相當可觀的經濟效益。」[42]

　　智能合約可以派發參與者的權利給其他方人士。譬如說，作曲家可以把一首完成的作品指派給音樂發行公司，並在合約中載明此項權利派發的有效期限，以及發行公司在這段期間內應該要把多少權利金，以比特幣形式匯入作曲家的戶頭，然後再加上一些終止合約的適用條件，像是作曲家若在連續的三十日內，收到少於 0.25 比特幣的話，曲子所有權益就自動回歸給他本人，就算作曲家日後在區塊鏈上再次發表這首曲子，發行公司也沒有辦法再主張擁有任何權利。如果要讓這份智能合約生效，作曲家、發行公司，或許再加上發行公司財務與法務方面的代表，各方都必須用自己持有的私鑰完成簽署。

　　智能合約可以讓資產的所有權人，在區塊鏈上集資成立企業。企業的組織章程都寫在合約的程式內，清楚說明所有股東擁有哪些可以執行的權利，也能用聘僱契約載明經理人的決策空間，指出經理人在動用企業資源時，有哪些事情可以做，哪些事情不能做，免除事事都得先向股東請示的繁文縟節。

　　智能合約採取全新的方式確保合約能夠被履行，就連社會

契約也不例外。安德里亞斯・安東諾普洛斯說：「如果我和許多共同持有人簽訂的交易合約已經完成認證，我就能在區塊鏈的網路架構上追蹤這份合約何時才會真正生效。當網路架構可以認證合約效力時，這筆無法撤回的交易自然會得到執行。此時，沒有所謂的中央主管機關還是第三方能夠宣告合約無效，也沒有人可以改寫建立在網路架構上的共識。比特幣系統可以對合約最終結果帶來非常高的可靠度，這在財務和法務上都是全新的概念。」[43]

智能合約不會扣押、凍結比特幣，也不會將比特幣導向不同的參與者位址。你可以在任何地方、使用任何媒介，簽署同意支付交易款項到網路上的任一節點，安東諾普洛斯說：「就算網際網路被強制關閉，我還是可以在短波無線電頻率使用摩斯密碼完成交易付款。就算政府機構設法監控我的通訊內容，利用 Skype 一連串微笑的表情符號還是足以讓我完成交易。只要另一端的交易對手有辦法把交易內容解密，並登載在區塊鏈上，我就能夠履行智能合約。這樣我們幾乎能夠把法律上無法執行的事務，轉換成數學上可以明確驗證的事務。」[44]

對於不分實體財產或是智慧財產的所有權，BitPay 執行長史提芬・佩爾（Stephen Pair）的看法是：「所有權就是建立在政府或類似機構承認你擁有某種東西，而且他們會捍衛你針對所有權提出的主張。這其實也是一種由主事方簽署的契約形式，內容是簽約人基於對你本人身分的認定，會為了你捍衛你的權益；一旦你擁有某個物品，完成所有權的登記，你就有權

利把物品轉讓給其他人。說穿了就是這麼一回事。」[45]

　　資源共享的社群可以採用比較寬鬆的所有權認定，這是借用諾貝爾經濟學獎得主伊莉諾・歐斯壯（Elinor Ostrom）所提出的權利金字塔說（pyramid of rights），也就是所謂的啄食順序（pecking order of sorts）。金字塔底層是被允許可以取用資源的人（authorized user）；上一層是除了可以取用資源，還能排除他人共享的權利主張者（claimant）；再上一層的產權物主（proprietor）除了前述權利，還可以對資源進行管理；最頂層的產權所有人（owner）除了可以取用、排除他人、管理之外，還有權利將資源出售——也就是轉讓權（right of alienation）。[46]

　　最後來談一下隱私權和公開權的議題。哈路・庫林的個人黑盒子公司運用區塊鏈呈現客戶個資，從中找出可以轉換成商業價值的權利，他說：「我們的經營模式是把真正的權利運用到市場上。區塊鏈讓我們集結了一群追求使命感和科技突破的人，創造出不一樣的方式，讓企業可以利用這些獨一無二的資料，而不是把這些資料層層封鎖。」[47]簡單來說，與其讓公司行號從我們的個資中搾取資訊，我們其實可以提供更優質的內容，消費者在情感上對於親朋好友信譽與影響力的認同，當然也遠遠超過缺乏感情連結的公司行號。

　　對區塊鏈經濟的影響：經濟制度的設計原則之一，就是在行使權利之前一定要先能確認權利。在管理科學領域有個挺有趣的「無領導管理」（Holacracy）運動，姑且不論其爭議性，

這個運動倒是可以用來說明，組織內的成員會如何界定該完成的工作，然後自動分工指派相關的權利義務。[48] 我們會同意由公司裡的誰來做決定加以落實呢？這個問題的答案可以寫成智能合約的條文擺在區塊鏈上，如此一來，就能在共識基礎上讓所有的決策、進度和誘因機制全部公開透明。

這當然不僅是技術問題，涵蓋範圍比美國知名的娛樂界名媛家族卡戴珊（Kardashian）一家人的實體資產、智慧財產權或是個人黑盒子隱私工具的公開權模式來得更廣。我們需要更多有關於權利的教育，對權利管理體系發展出全新的認知。未來除了會有選舉權利管理系統，也會有財產權利管理系統。有些新創公司會提出權利清單，標記一個人公眾參與的程度，投票選舉只是其中之一，其他還包括募款能力、聲望信譽、投入時間或所持有的比特幣。當然也可以納入免費取用他人實體或智慧財產權的安排。總而言之，準備好面對未來的衝擊吧。

7. 普惠原則（Inclusion）

設計原則：最好的經濟模式應該要能為所有人所用。這表示應該要設法降低參與的門檻，創造「分散式資本主義」（distributed capitalism）的平台，而不只是用資本主義重分配（redistributed capitalism）的方式彌補。

問題癥結：第一代的網際網路為很多人帶來奇蹟，但是一如前文所述，世界上大多數人口仍舊被摒除在外──不只是因為沒辦法上網，還包括沒辦法進入金融體系，把握經濟成長機

會的人。更重要的是，網際網路這個新通訊媒介原本要把財富帶給所有人的許諾，到頭來只淪為一場空談。認真說起來，網際網路的確對已開發國家的公司帶來不少幫助，並為新興經濟體帶來數以百萬計的工作機會，網際網路也的確降低了創業的門檻，讓弱勢族群可以得到基本的資訊，掌握成長的機會。

但光這樣還是不夠。現在世上還有 20 億人 [49] 沒有銀行帳戶。在已開發國家，貧富差距愈來愈大就代表經濟繁榮正在衰退。在開發中國家，智慧型手機通常是民眾唯一負擔得起的上網工具，許多金融機構都提供了可由手機鏡頭掃描 QR 碼操作的行動支付應用程式，但是他們為了維護系統運作而收取的費用，往往使得小額支付變得不切實際，社會底層的民眾終究還是負擔不了這套系統所要求的最低帳戶餘額、最低支付金額和交易手續費。維持這套系統的成本，使得小額支付和微型帳戶都變得不可行。

解決方案：雖然中本聰提出的演算法建立在網際網路上，但是必要時，也可以不用在網路上執行。在中本聰的設想中，他把參與者加入區塊鏈的基本模式稱為「簡化支付驗證」（simplified payment verification, SPV），是種可以在行動電話上運作、加速區塊鏈推廣的模式。進入區塊鏈的世界後，任何人只要有手機，就能夠以生產者或消費者的身分加入市場經濟體系，不需要銀行帳戶、出生證明或身分證，也不需要提供住家地址，甚至也不用擔心本國貨幣穩定度的問題。區塊鏈可大幅降低資金流動和匯款的成本，也可以大幅降低擁有銀行戶頭、

取得信用額度和進行投資的成本。這些都有助於在全球經貿體
系裡發揮創業精神。

　　這是中本聰提出的一部分願景。中本聰知道開發中國家的
民眾處境更艱難，落後國家腐敗無能的官僚需要資金維持政府
運作時，該國的中央銀行或是財政單位，就會採取印鈔票的方
式，硬是在印製成本和鈔票面額之間巧取豪奪所謂的鑄幣稅
（seigniorage），而供給增加就一定會侵蝕貨幣的價值。如果國
家經濟體系真的進入崩盤狀態——如早期的阿根廷、烏拉圭，
或是近年的賽普勒斯跟希臘——中央政府還可以針對沒能力賄
賂的民眾，採取凍結銀行資產的措施。有錢人為了避免同樣的
情況發生在自己身上，就會把資產存在比較值得信任的司法管
轄區，或是乾脆把資產轉換為幣值更穩定的外幣。

　　所以倒楣的就是窮苦大眾了，他們曾經擁有過的財富都會
變得一文不值。覬覦外援的政府官員可以封鎖邊境，讓試圖進
行人道救援的國外勢力處處碰壁，讓老幼婦孺和在戰火下欠缺
醫療與食物的難民苦苦掙扎，拉長天災人禍肆虐的時間。

　　澳洲一家小額支付服務公司 mHITs（Mobile Handset
Initiated Transactions 的縮寫，意指行動手持裝置交易服務），
該公司最新的服務項目是 BitMoby，可以讓超過一百個國家的
消費者用簡訊發送比特幣給該公司進行儲值。[50] 該公司比特幣
核心程式開發工程師加文・安德烈森（Gavin Andresen）表示：
「你不會看到每一筆交易，只會看到和你自己有關的交易。你
不是因為打從心裡相信其他參與者而付錢，而是信任他們會在

區塊鏈的網路架構上把你的訊息昭告天下。」[51]

奧斯汀・希爾說:「在新興國家運用區塊鏈做產權登記的潛力相當可觀,這是攸關貧窮的重大議題。這些國家沒有值得信任的單位能有效管理土地持分。區塊鏈可以讓這些國家的人民坦蕩蕩表示:『我是這塊地的所有人』,再把土地質押,以改善自己和家人的生活條件;這將會是最棒的使用範例。」[52]

安德烈森在一份技術文件上,提到預測網際網路頻寬的尼爾森定律(Nielsen's Law),該定律預測高階使用者的頻寬,會以每年五成的幅度持續成長,不過實際上卻要花上兩、三年才能達到這個成長幅度。相較之下,電腦處理器的效能卻能維持每年六成的幅度成長──這就是摩爾定律。在雅各・尼爾森(Jakob Nielsen)眼中,頻寬是先決的限制性因素,[53]許多設計──小至操作介面、網站內容,大至數位產品、服務及組織運作等等,都必須依照社會大眾能夠透過哪些科技使用網路進行調整。基於此,普惠原則應當優先考量所有人的使用條件──不能只聚焦在高階使用者所擁有的科技水準,也要考慮到世上遙遠那一端的最貧困國家裡,使用者不但處於科技不發達的狀態,甚至還要克服電力偶發性短缺的問題。

對區塊鏈經濟的影響:本書後半將探討「繁榮弔詭」(prosperity paradox)這個議題──第一代網際網路在西方世界了推動許多,但大多數人的整體繁榮水準卻開始停滯不前。真正繁榮的基礎必須建立在普惠原則上,這是區塊鏈能幫我們做到的。普惠原則必須涵蓋多元面向,代表在社會、經濟、種族

霸權的終結，不再因為他人在健康、性別、性向認同、性傾向的差異而產生歧視。普惠原則當然代表著要替不論身在何處的人移除進入門檻，不論這個人是否有過前科，或者是他選擇投票的立場。普惠原則就是要打破玻璃天花板和食古不化的現象，為未來創造無限的發展可能。

未來設計之道

　　和安・卡沃基安的對話讓我們深刻感受到，德國人對於「絕不再犯」這個承諾有多麼重視。以德國聯邦總統姚阿幸・高克（Joachim Gauck）在國家社會主義暨希特勒政權受難者紀念日所發表的談話為例，「我們不能光是用紀念，就想實踐我們的道德義務。在我們內心深處都有個堅定的信念，相信這個紀念日賦予了我們使命，那就是要我們盡力維護並保障人性，要我們盡力維護並保障所有人的基本人權。」[54] 在德國人做出「絕不再犯」的宣誓後，德國總統是否是用這一番話對發生在敘利亞、伊拉克、達佛、斯雷布雷尼察、盧安達和柬埔寨等地的種族屠殺事件，提出最深沉的呼籲？

　　我們相信，區塊鏈會是維護並保障人性及所有人基本人權的重要工具，是用來傳遞事實與分配財富的工具，也是在社會犯罪問題擴散到不可收拾以前，加以早期治療的工具——因為區塊鏈的網路架構，會自動排除詐騙行為。

　　我們承認，這是相當大膽的說法，有沒有道理就交給看完這本書的你去自行評斷了。

就操作面和實務上的觀點，前述七大設計原則也是讓下一代公司、組織與機構變得更有成效、更具創新能力的參考指南。如果我們能依據可靠度、權力架構、價值導向、網路安全、個人隱私、保障權益和普惠原則進行設計，我們就能重新塑造現有的政經體制，使之變得更值得信賴。接下來我們將說明該如何實現這個成果，身為讀者的你又能夠做些什麼。

第二部

轉型
Transformations

第 3 章
重新打造金融服務

　　每天在全球金融體系裡有上兆美元流動，為數十億人所用，撐起的全球經濟規模總值超過 100 兆美元，[1] 不愧是全球最能呼風喚雨的產業，也是全球資本主義的基礎。推動這個體系的人猶如造物者般的存在，仔細一看，原來它就像是魯布・戈德堡（Rube Goldberg）巧手打造出環環相扣的機器，只是帶來的，是不平等的發展結果和不可思議的矛盾現象。首先，這部機器已經好久沒升級了，新技術只是胡亂焊接在老舊的基礎結構上，好比銀行業者在推動網路銀行功能的同時，卻還是開立紙本支票，並還在使用 1970 年代引進的大型電腦主機。或是當某位銀行客戶利用精巧的讀卡機輸入信用卡卡號，在星巴克買了大杯拿鐵後，中間起碼要經過五個中介機構，才能讓星巴克收到貨款，不過幾秒鐘就完成的交易，卻要花上幾天才能結清。

　　大型跨國公司如蘋果、奇異（GE）需要在全球各個國家，以當地貨幣開設幾百個銀行戶頭才能維持日常的營運，[2] 當這些公司需要在兩個不同國家的分部調度資金時，其中一個分部

的經理要去平常往來的銀行用電匯方式，把錢轉到另一個分部的銀行帳戶。轉帳本身並不複雜，但是卻要花上幾天或幾週才能入帳，兩個分部在這段期間都無法將這筆錢用於營運和投資，但是經手的中介機構反而可以利用這筆浮存金賺利息。對此現象，花旗集團前執行長維克拉姆・潘迪（Vikram Pandit）評論：「新科技基本上會讓銀行把紙本流程轉換成半自動、半電子化的流程，但是作業邏輯仍舊依附在紙本的概念上。」[3]

奇怪的矛盾現象俯拾皆是：世界各地的交易員在彈指之間就能在股市買進或賣出證券，但卻要花上三天才能結帳；地方政府要發行公債時，起碼得經過十個以上不同的機構經手：顧問、律師、保險和銀行業者等等；[4] 在洛杉磯打零工的人要兌現他的酬勞支票時，先要平白損失 4% 的手續費，接著他去便利商店，想把滿手現金匯給瓜地馬拉的親人時，等在眼前的除了另一筆固定費用外，還要加上匯率之類的其他隱藏成本。等到瓜地馬拉諸親友一起分享這筆匯款時，每個人得到的金額又都不足以開設銀行戶頭或建立信用額度——他們屬於全球 22 億每天生活費不到 2 美元的一群人，[5] 所以他們的花費也很拮据，規模小到無法跨過如轉帳卡、信用卡等一般傳統支付系統的門檻；光是最低消費金額，就能使他們跟小額支付系統無緣。最近一份哈佛商學院的研究顯示，銀行業者壓根不認為服務這樣的客戶「有獲利的可能」，[6] 所以全球金融體系這部機器就深度與廣度來講，實際上都尚未達到真正的全球化。

制定貨幣政策和金融法規的官員，總覺得自己無法掌握所

有實情，一方面是因為很多大型金融操作，本身就刻意維持著模糊空間，另一方面也是因為監管工作被切割得太過零碎，2008 年全球金融海嘯就是一例。過度的槓桿操作、欠缺透明資訊，再加上不當誘因導致的自我膨脹，這些因素讓世人在意識到問題嚴重的時候已經太遲了。赫南多・德・索托（Hernando de Soto）在災難後沉痛地說：「小到警察勤務，大到貨幣系統，如果你沒辦法掌握精確數字和事發地點的話，怎麼有可能達成任何成效？」[7]立法人員到現在還想用源自於工業時代的法規，試圖管控全球金融體系這部機器，美國紐約州金流管理的相關法案，就是南北戰爭時期遺留下來的產物，而那個年代主要運送資金的方式卻是馬車。

　　這部機器無異於科學怪人，渾身上下充斥著荒謬的矛盾與不協調，像是熱導管和壓力鍋的集合體。為什麼呢？原因很簡單。當全世界超過一半的人口都持有智慧型手機的時候，西聯匯款是否真的需要在全世界維持五十萬個業務據點？[8]艾力克・沃希斯（Erik Voorhees）是最早投入比特幣的先驅之一，他對銀行體系的批評不遺餘力：「現在隨便寄一塊鐵砧到中國的速度，都還比透過銀行體系匯款到中國要來得快，這真是夠了！貨幣早就已經數位化了，這個年代的匯款可不是在棧板上堆滿現金再走海運慢慢送過去！」[9]

　　為什麼這部機器如此缺乏效率？創造「生產力悖論」（productivity paradox）一詞的經濟學家保羅・大衛（Paul David）認為，把新科技覆蓋在既有基礎結構上的做法「在科

技典範移轉的歷史上，其實並不是什麼新鮮事。」[10] 好比說，製造業用了四十年的時間，才從蒸汽動力迎向商業化的電力設備，而且在工廠負責人下定決心全面更換設備之前，通常可以看見兩種類型的機器同步開工的畫面。在典範更迭的過渡時期，生產力實際上的確會有所衰退。此問題在金融體系會變得更複雜，因為我們看不到從一種技術換到另一種技術的明確分野，而是看到好幾種技術的遺緒同時並存，其中有些已經有數百年的歷史，看在現代社會的眼裡自然顯得有些格格不入。

為何會如此？一部分原因可以歸咎於金融體系獨占事業的本質。諾貝爾經濟學獎得主約瑟夫・史迪格里茲（Joseph Stiglitz）在回顧金融海嘯後，公開指責銀行業者「窮盡一切可能、用盡一切辦法提高交易成本」。他認為基本商品與服務的零售價格「其實花不了多少錢」，接著大聲質問：「但銀行業者收了多少費用？介於成交價格的1％到3％，甚至更多。龐大的資本規模、繁瑣的法令規章再加上特許的營業執照，這些都讓銀行業者可以周遊列國，一路肆無忌憚地榨取利潤，在美國的情況尤其為烈，獲利金額都是幾十億美元起跳。」[11]

歷史上，大型集中的中介機構總是能擁有多到數不完的機會，包括傳統銀行〔如美商美國銀行（Bank of America）〕、信用卡公司（如 Visa）、投資銀行〔如高盛（Goldman Sachs）〕、股票市場〔如紐約證券交易所（New York Stock Exchange, NYSE）〕、期貨結算所〔如芝加哥商業交易所（Chicago Mercantile Exchange, CME）〕、匯款服務公司（如西聯匯款）、

保險業者〔如勞合社（Lloyd's）〕、證券法務機構〔如世達律師事務所（Skadden Arps）〕、中央銀行（如聯準會）、資產管理公司〔如貝萊德（BlackRock）〕、會計公司〔如德勤（Deloitte）〕、企管顧問公司〔如埃森哲（Accenture）〕和大宗物資盤商〔如維多集團（Vitol Group）〕等。這些公司行號和政府單位，共同組成這隻龐然大物，使得金融體系運轉——強而有力的中介機構統籌分配資金與影響力，尋求獨占的經濟地位；但同時也降低效率、增加成本，並替業者本身帶來不成比例利益。取得獨占地位後，很多主其事者就懶得再花心思改善產品，提升效率，不把提升消費體驗當一回事，自然也不會把下個世代的福祉放在心上。

全球第二長壽職業的新風貌

隨著區塊鏈即將在接下來十年掀起天翻地覆的變革，讓掌握先機的人擁有絕佳的機會，科學怪人式的金融體系自然也將來日無多。現在全球金融服務業充滿各式各樣的問題：建立在數十年前的科技平台上顯得陳舊過時，對照現今成長飛快的數位世界更顯得突兀，不時顯露出遲緩又不可靠的一面；它將數十億人摒棄在體系之外，就連最基本的金融工具也都不可得；此外，高度集中的特性也面臨資料外洩、駭客入侵和全面當機的風險，更不提其獨占地位自然帶有維持現狀、貶抑創新的傾向。區塊鏈不但是解決這些問題的利器，還能帶來更多創新，讓創業者能在這個平台上，找到更多創造商業價值的新工具。

　　以下舉出六個原因，說明為什麼區塊鏈能夠對金融服務業帶來深層的衝擊，打破既有的獨占結構，讓個人和企業組織擁有真正的機會選擇要創造、管理的商業價值，全世界與這個產業相關的人都應該要留心這幾個重點。

　　舉證效力（Attestation）：人類有史以來第一次可以在彼此互不認識、沒有互信基礎的條件下，完成商業交易。確定彼此身分、建立信賴機制再也不是金融中介機構專屬的權利，更重要的是，區塊鏈的信賴協定也可以用反向的方式，運用在金融服務領域。若需要確定交易對手的身分和能力才能建立信任的話，只要結合過去（在區塊鏈上）的交易紀錄，就能查看特定對象的聲望和總和評價，還有其他與之相關的社經指標。

　　成本（Cost）：區塊鏈的網路架構，都是透過點對點的數值移轉，完成清算跟結帳的工作，而且這些動作一直不斷進行，使得帳本資料總是維持在最新的狀態。如果銀行業者能夠利用這項功能，光是後台處理費用就可以大幅節省掉 200 億美元，且完全不需要更動他們現有的經營模式，西班牙的桑坦德銀行（Santander bank）甚至認為這個數字還略嫌保守。[12] 大幅降低營運成本後，銀行業者就能解決目前力有未逮的困境，提供個人和組織更多的金融服務、市場商機和資本挹注。受益者將不只是現有的企業組織，世界各地力爭上游的新創公司跟創業者也都能雨露均霑。任何人，在任何地點，只要有可以連線上網的智慧型手機，就能立刻加入蓄勢待發的全球金融體系。

　　效率（Speed）：現在我們要花三到七天的時間才能完成

匯款，兩三天的時間完成股票交割，申請銀行貸款通常更是要熬過讓人窒息的二十三天才能得到核撥的通知。[13] 環球銀行金融電信協會每天要處理來自全球上萬個金融機構、總數高達 1,500 萬筆的交易，每一筆都要花上幾天的時間才能結清，[14] 就連每年要處理好幾兆美元的自動清算系統（Automated Clearing House, ACH），也都如出一轍地慢工出細活。相較之下，平均每十分鐘，比特幣網路架構就會結清所有在這段期間所發生的交易，其他的區塊鏈網路架構花的時間更短，更創新的比特幣閃電網絡（Bitcoin Lightning Network）試圖大幅擴大比特幣的範疇與功能，目標是在一秒鐘之內完成結清。[15] 瑞波實驗公司（Ripple Labs）執行長克里斯・拉森（Chris Larsen）說：「在現有銀行網路體系中，當你要把錢從這一端轉匯到另一端時，你必須層層穿越許多中介機構，中間沒有人敢保證不會發生意外。所有的資本運作都希望能解決這一點。」[16] 這句話一點也不假，轉型成即時、無摩擦的匯兌方式，會比讓資本卡在移轉過程中更加自由，只是這一點對於想利用浮存金獲利的人而言，可就不是什麼好消息了。

　　風險管理（Risk Management）：區塊鏈可以減緩許多金融風險，結帳風險（settlement risk）只是其中之一，意指結帳過程中不起眼的小問題結果卻可能讓你的交易告吹；另一種是交易對手風險（counterparty risk），意指你的對手在交易完成前違約。最嚴重的要算是系統性風險（systemic risk），表示系統故障導致所有交易對手風險一股腦爆發的情況。維克拉姆・

潘迪替系統性風險取了別名叫「赫爾斯塔風險」（Herstatt risk），靈感來自於德國赫爾斯塔銀行，因為資不抵債而宣告破產的典故。潘迪表示：「要說金融危機帶給我們什麼樣的教訓，其中有一種風險是這樣發生的──當我和某人交易時，我要怎麼知道遠在天邊的他們真的付錢了？」順著潘迪的想法，區塊鏈上即時結清的功能就可以完全排除這種風險。會計師可以隨時注意一家公司的內部狀況，了解哪些交易正在進行，網路架構上又留下了什麼訊息。透過財務報告上無法撤銷的交易紀錄和即時結清訊息，就能解決其中一種代理人問題（agent risk）──心懷不軌的經理人利用厚重的書面資料和蓄意拖延，掩飾經營不善的事實。

價值創新（Value Innovation）：建立比特幣區塊鏈的目的單純是為了流通比特幣，並不包括其他資產；不過既然區塊鏈採取開放原始碼的形式，這就提供了實驗修改的空間。有些追求創新的人士，正在發展另一條名叫替代幣（altcoins）的區塊鏈，想要和比特幣互別苗頭，另外有些人看好比特幣區塊鏈的規模和流動性，希望利用所謂的側鏈（sidechain）發展出衍生幣（spin-off coins），再用「上色標記」（colored）的方式，表示其他包括實體或數位在內的各種資產負債──像是公司股票或債券、一桶原油、一根金條、一輛車、一筆車貸、一筆應收帳或是應付帳，當然也可用來表示另一種貨幣。側鏈指的是跟原本比特幣區塊鏈在特徵與功能上，有所區別的區塊鏈，只是借用比特幣的網路架構和硬體資源，以維持其同樣是有價商

品的特質。側鏈是用雙向掛鈎（two-way peg）的方式和原本
區塊鏈建立共通性，意思是使用直接加密方式，從原本區塊鏈
進行資產移出跟轉入的動作，而不是透過第三方經手資料的傳
遞。還有些人完全了捨棄貨幣跟代幣，直接在私有鏈（private
blockchain）上建立交易平台。金融機構已在使用區塊鏈記錄、
交換和買賣資產與負債，最終或許會使用區塊鏈取代傳統的交
易所及集中化的市場，改變我們看待商業交易價值的觀點。

　　開放原始碼（Open Source）：金融服務業是不斷把早期
科技層層往上堆砌後所形成的體系，現在已經搖搖晃晃處於崩
潰邊緣。想在這個領域推動變革是很困難的一件事，因為每次
的改善工程，都必須要達到回溯相容的目標。區塊鏈是開放原
始碼的科技，因此能不斷追求創新，不停來回測試，直到創新
改良能夠在網路架構的共識上，達成能夠令人滿意的結果。

　　這些優點——舉證效力、大幅降低成本、飛快的效率、降
低風險、了不起的價值創新和與時俱進的調適能力等等，可能
改變的不只是付款方式而已，就連證券產業、投資銀行、會計
與稽核工作、創投業者、保險公司、企業風險管理、零售銀行
和其他支撐產業的支柱也都有可能跟上變革的腳步。

黃金八角：金融服務部門如何改頭換面

　　我們相信以下八項核心功能將帶動突破性的發展，讀者亦
可參見第 107 頁起的彙整表。

　　1. 身分與價值認證：我們現在依賴大型中介機構，幫忙金

融交易各方建立信任並確認身分，中介機構也有絕對的權力，決定是否提供銀行帳戶、貸款之類的基本金融工具。區塊鏈可以在某些交易中降低彼此對互信基礎的要求，有時甚至可加以忽略；區塊鏈也可以讓端點參與者驗證對方的身分，用加密的方式強化安全機制，在需要的時候發揮建立互信基礎的功能。

2. 流通價值： 金融機構每天都在推動全世界的資金流通，並確保沒有任何一塊錢同時被使用兩次：小到去 iTune 花 99 美分購買一支單曲，大到集團企業好幾十億的內部資金調度，或用來購買資產或購併其他公司的資金。區塊鏈可以成為推動各種商業價值（不論是現金、股票、債券還是所有權）流通的共通標準，而且不因流通的規模大小、距離遠近，或是知不知道交易對手的身分而有所差別。換句話說，區塊鏈流通價值的功能，會達到海運公司用標準貨櫃載運貨品的效果：大幅降低成本、提高運送效率、減少交易摩擦並促成經濟成長和繁榮。

3. 儲存價值： 金融機構是社會大眾、企業組織和政府單位價值累積的儲藏所。升斗小民儲存財富的方式不外乎保險箱、存款帳戶或是支票帳戶，規模較大的企業組織追求較高的流動性，所以會選擇把手中的約當現金投入資本市場，購買一些如貨幣市場基金和國庫券等低報酬率、風險趨近於零的金融商品。區塊鏈可以讓社會大眾不再把銀行當成收藏財富、提供存款與支票帳戶的最主要管道，企業組織也將能用更有效的機制買進、持有零風險的金融產品。

4. 信評價值： 小到一般家庭房貸，大到美國短期國庫券，

金融機構的授信方式相當多元，像是信用卡卡債、不動產抵押、公司債券、地方或中央政府公債，再加上其他以資產為擔保的有價證券等。授信業務已經衍生出許多開枝散葉的附屬產業，分別負責徵信、授信和評等的工作，除了核准給予個人的信用額度，也給予企業一定的信用評等——從投資標的到垃圾等級。任何人都可以在區塊鏈上直接發行、交易和清償傳統的融資工具，提升速度與透明度後，自然可以減少摩擦和風險。參與者可以直接找上其他人辦理貸款，對於世界上無法獲得銀行支援的地區或每位創業家來講，這一點可說是相當受用。

5. 交換價值：全世界金融機構每天交易的金融資產，總額高達好幾兆美元，買賣金融資產的目的無非是為了投資、炒作、避險和套利，還有延續交易後必須完成的結清、入帳，以及儲存價值。區塊鏈可以縮短所有交易的結清時間，從數天、數週縮短到分秒之內，這樣的高效率，可以讓欠缺銀行服務或銀行業務不夠發達地區的人民，也能加入創造財富的行列。

6. 集資與投資：投資一項資產、一家公司，或是挹注新企業，這些都是有利可圖的機會。投資報酬的形式包括資本增值、股利分紅、利息租金的各種組合。產業發展會創造投資機會：在成長的各階段提供投資人與創業家、企業主互相合作的機會——從創業初始的天使資金，到首次上市發行的募資，再到日後各種的財務操作。集資的過程一般都需要透過中介機構——譬如說是投資銀行、創投業者和法律顧問等等各式各樣的人物，區塊鏈可以自動完成這些需要媒合的工作，促成新型

態的對等式財務操作，也可以用更有效率、更透明、更安全的方式記錄股利與分紅發放。

7. 保值與風險管理：風險管理，包括保險在內，目的是避免個人或組織遭逢不確定的損失或打擊而一蹶不振。把視角再放大一點，金融市場的風險管理操作，已經拓展出枝繁葉茂的衍生性金融商品，還有針對其他無法預期或控制的突發事件，進行避險的財務工具。根據最新一份統計數據顯示，所有不透過交易所買賣的未償付衍生性商品，其名義價值超過了 600 兆美元。區塊鏈的功能是建立分權化的保險模式，讓與保險相關的衍生性金融商品更加透明。區塊鏈的聲望機制建立在個人的社經資本、所採取的行為和其他會影響聲望的事項，因此可以讓保險公司更容易估算出實際的風險，在訊息更豐富的基礎上做出決策。

8. 計算價值：會計的目的是針對經濟單位加以衡量後，向社會大眾公告其真實的財務資訊，目前主要由德勤、普華永道（PricewaterhouseCoopers）、安永和畢馬威（KPMG）這四大會計事務所，掌控會計領域高達好幾十億美元的產業規模。傳統會計實務已經無法應付現代金融瞬息萬變的複雜程度，使用區塊鏈分散式帳本的新式會計做法，可以即時提供更透明的財務稽核報告，也將有效改善法規人員和各方利害關係人，檢視一家公司財務操作的能力。

黃金八角──金融服務業在區塊鏈上的轉型

功能	區塊鏈的衝擊	受影響的利害關係人
1. 身分與價值認證	透過加密機制，達到可供驗證的可靠身分	信用評等機構、消費者資料分析、行銷、零售銀行、批發銀行、刷卡消費網路架構、法規人員
2. 流通價值──完成支付、轉匯資金、購買商品與服務	不論是大規模，或是多筆小量交易都不用透過中介機構，可以大幅降低成本並提高支付效率	零售銀行、批發銀行、刷卡消費網路架構、匯款服務、通信業者、法規人員
3. 儲存價值──貨幣、大宗物資和其他儲存價值的金融資產。保險箱、存款帳戶、支票帳戶。貨幣市場基金和國庫券	結合可靠安全價值儲存的支付機制，可以減少基本金融服務的需求，傳統存款帳戶與支票帳戶將變成過時的產品	零售銀行、仲介業者、投資銀行、資產管理公司、通信業者、法規人員

4. 信評價值——信用卡卡債、不動產抵押、公司債券、地方或中央政府公債、資產擔保的有價證券及其他信用表現的形式	可以在區塊鏈上發行、交易、清償債務，能提高效率、減少摩擦與系統性風險。消費者可以憑藉自身聲望直接向其他參與者取得融資，對世上欠缺銀行服務的地區和創業家是一大福音	批發銀行、商業銀行、零售銀行、公共財務（如政府財政）、小額貸款、公眾集資、法規人員、信用評等機構、信評軟體開發業者
5. 交換價值——投機、避險、套利、撮合結清交易、抵押品管理、鑑價與贖回	區塊鏈可以把所有要花上幾天、幾週的交易縮短到分秒之內完成，這樣的速度和效率可以讓欠缺銀行服務或銀行業務不夠發達地區，一起加入創造財富的行列	投資銀行、批發銀行、外匯交割、避險基金、退休基金、零售經紀、結算公司、股市、期貨與大宗物資交易、大宗物資仲介、中央銀行、法規人員

6. 資產、公司、新創企業的集資與投資——資本增值、股利分紅、利息租金的各種組合	對等金融的新模式可以記錄企業的經營活動，像是透過智能合約自動配發股利。所有權登錄系統可以主動索取相關的租金等各項收益	投資銀行、創投業者、法務、稽核、所有權管理、股市、公眾集資、法規人員
7. 保值與風險管理——保護資產、身家性命與健康，商業財產與實務，衍生性金融商品	保險公司可以透過聲望系統，更精確掌握實際的風險，也可以建立一個分權化的保險市場，開發資訊更透明的衍生性金融商品	保險公司、風險管理公司、批發銀行、仲介業者、結算公司、法規人員
8. 計算價值——新公司治理	分散式帳本可以即時提供更透明、實問實答的財務稽核報告，可大幅提升法規人員對公司財務活動的監管能力	稽核人員、資產管理、獨立董事、法規人員

從股市交易到區塊鏈交易

　　區塊串流公司的奧斯汀・希爾說過:「華爾街終於如夢大醒。」[17] 他的意思是,金融界總算開始正視區塊鏈的妙用無窮。以柏莉絲・麥斯特(Blythe Masters)為例,她曾經是華爾街最有影響力的其中一人,除了是創立衍生性金融商品的先驅外,將摩根大通衍生性金融商品和大宗物資交易推上全球寶座地位,也是她的傑作。在度過短暫半退休的生活後,麥斯特選擇在紐約一家新創公司——數位資產控股公司(Digital Asset Holdings)重出江湖,擔任該公司的執行長一職。

　　這個決定跌破了許多人的眼鏡,不過麥斯特知道區塊鏈對她所處行業的轉型效果,將不下於當年網際網路對所有行業的影響。她說:「我重視區塊鏈的程度,就跟 1990 年代各位對網際網路應有的重視程度一樣。這絕對是個了不起的東西,會徹底顛覆金融界現有的運作方式。」[18]

　　麥斯特並不把早先比特幣被藥頭濫用、被賭徒投機炒作的風風雨雨放在心上,也沒有被自由意志主義者(libertarian)高調宣揚「比特幣將創造世界新秩序」的說法給沖昏了頭。她告訴我們,自己是在 2014 年下半年才開始改變想法:「那時的我才猛然頓悟,開始注重區塊鏈的潛在應用方式,會對我所熟知的金融界帶來多大的影響。建立在分散式帳本上的電子貨幣用來當成支付工具,這有多吸引人、有多大發展空間就不提了,依附區塊鏈的資料庫本身更是充滿無限的發展可能。」[19]

根據她的想法，區塊鏈不但能用「讓各方直接取得相同的資訊，而不是一再重複繕寫副本的過程才能達到一致」的方法解決高成本、低效率的問題，分享式、分權化、多方備份交易紀錄的區塊鏈資料庫，根本就是「一座現成的金礦」。[20]

　　麥斯特說：「首先要弄清楚一點，金融服務業的基礎結構數十年來沒有什麼進步。前端的服務機制是有些改良，但是後端的部分卻是文風不動。在這個需要競逐各種新科技，才能加速完成交易程序好一較高下的年代，競爭優勢的差距就在那毫秒之間。不過諷刺的是，交易敲定後，處理後續流程的機制從來沒有什麼改變。到現在還是要花上數天，有些案子甚至要延宕好幾個星期，才能跑完整個交易的後續流程，才能算是真正在金融體系內結清資金往來，留下實際的交易紀錄。」[21]

　　麥斯特並不是唯一對區塊鏈感到興致勃勃的人，那斯達克（NASDAQ）執行長羅伯・格雷菲爾德（Robert Greifeld）也說過：「我絕對相信區塊鏈有辦法對金融服務業的基礎結構，帶來根本性的改變。」[22] 格雷菲爾德正努力透過 NASDAQ Linq 的技術平台，把區塊鏈的分散式帳本整合進那斯達克私募股權交易（NASDAQ private market）平台之中，首當其衝的就是各種證券集中化交易的股票市場。2016 年的第一天，NASDAQ Linq 完成了第一筆在區塊鏈上的交易。區塊串流的奧斯汀・希爾是全球最大資產的管理者之一，他也相當推崇格雷菲爾德的成就：「他們投入區塊鏈創新團隊的人數，就比我們全公司的人還要多。」區塊串流募到 7,500 萬美元的資金，

聘用超過二十位員工。「他們真的非常想弄清楚,自己該怎樣運用區塊鏈改變以往的經營模式。」[23] 除了紐約證券交易所外,包括高盛、桑坦德銀行、德勤、加拿大皇家銀行(Royal Bank of Canada, RBC)、巴克萊銀行(Barclays)、瑞銀集團(UBS)等,幾乎全球主要的金融機構都一樣嚴肅看待區塊鏈效益,2015 年華爾街對區塊鏈的看法,也幾乎全體抱持正面的態度:在一份調查報告中,94%的受訪者都認為區塊鏈會在金融領域,扮演重要的角色。[24]

　　雖然有些區塊鏈的應用方式,會讓華爾街的主事者相當感冒,但是金融界主管普遍看上的,是運用區塊鏈從頭到尾穩穩當當處理每一筆交易的功能。這個功能可以大幅降低成本、縮短時間並提高效率,同時還能降低金融界的營運風險。麥斯特說:「完整交易的生命週期要一直算到執行完畢為止。在多方交易中結算出最終的淨效果,弄清楚誰對誰做了哪些事,是否得到大家的認可等等,都是在啟動交易階段就會發生的事,在流程表上遠早於在主流金融市場上確實入帳的那一刻。」[25] 格雷菲爾德說得更直接:「目前結清交易需要花三個工作天;我們為什麼不在五到十分鐘之內就搞定呢?」[26]

　　華爾街的交易充滿風險,區塊鏈可以有效降低交易對手風險和結帳風險,進而解決爆發系統性風險的問題。在世界經濟論壇(World Economic Forum)主導金融創新課題的傑西・麥華特斯(Jesse McWaters)說:「分散式帳本最讓人興奮的一點,是其追蹤效果可以把系統穩定度提升到什麼樣的境界。」他相

信「這項新工具可以讓法規部門更加洞如觀火」。[27] 區塊鏈對大眾公開的本質——一切透明，可供查詢，再加上自動結清和無法修改時間標記的功能，的確可以讓法規部門好好觀察究竟發生了什麼事，甚至可以設下警戒機制，讓法規人員達到勿枉勿縱的目標。

區塊鏈上的浮士德交易

　　銀行業務和透明度幾乎永遠不對盤，大多數金融業者的競爭優勢就是來自資訊不對稱，來自於比交易對手掌握更多的關鍵資訊，而比特幣區塊鏈卻是一個完全透明的網路架構，因此對銀行業者而言，就等同於赤身裸體一樣，是無法接受的一件事。我們有辦法把區塊鏈的開放式平台，跟銀行業者所堅持的保密政策結合在一起嗎？

　　奧斯汀・希爾把這個難以做出取捨的現象，稱為華爾街的「浮士德交易」（Faustian bargain）。[28] 他說：「社會大眾不想要等上三天才能結清交易，希望能夠在幾分鐘之內就知道交易已經定案完成了，能符合這個目標的，就是所有在比特幣區塊鏈上的交易。完全的公開透明，這會讓華爾街很多從業人員不知所措。」有解決方案嗎？有，可以考慮在所謂認許區塊鏈（permissioned blockchain）上，也就是前文提過的私有鏈上，祕密完成交易。比特幣區塊鏈是完全公開，不用申請許可——任何人都可以加入與其他人互動；而認許區塊鏈的參與者就需要先通過憑證查核，才能獲准進入特定的區塊鏈上操作。希爾

提出的平台，就是只讓一部分利害關係人看得見交易的各種要件，同時還要夠確保內容的可靠度。

　　私有鏈和認許區塊鏈乍看之下有一些明顯的優勢。這類區塊鏈的參與者如果想要的話，可以輕易修改該區塊鏈的規則；這類區塊鏈上的交易，也只需要經由認證過的參與者同意就算數，不需要其他匿名礦工消耗電力做確認的工作，因此可保持低成本。也由於這類區塊鏈的參與者彼此有一定的信任基礎，所以不太可能發生所謂的「51％攻擊」（51 percent attack，指單方面掌握區塊鏈半數以上運算能力，就可以任意改寫內容的攻擊事件。）因為會使用這類區塊鏈的參與者，大多數是大型金融機構，故可以假定其上的所有節點都會照規矩行事，更重要的是，法規人員也比較容易監管這種類型的區塊鏈。但是，這些優勢也帶來了缺點。愈容易修改規則就意謂著愈有可能被參與者主導操弄，私有鏈也不利於科技帶來快速普及的效果，蓄意制定新規則限制某些自由發揮的空間，當然也會侵蝕科技的中立性，而最根本的問題，在於失去開放性注入創新內涵的話，科技發展有可能停滯不前，更容易遭受攻擊。[29] 這麼說並不表示私有鏈就沒看頭了，但是有志於此的金融服務業利害關係人，還是應該正視這些潛在的問題。

　　瑞波實驗公司在銀行業取得一定程度的認可，現正在開發其他更高明的方式解決浮士德的煩惱。公司執行長克里斯・拉森說：「瑞波實驗的目標放在批發銀行（wholesale banking），我們採用共識決取代工作量認證的系統。」這句話表示不需要

礦工或是匿名節點參與交易驗證。[30] 另一家公司 Chain 有其自
成一格的發展策略，在取得 Visa、那斯達克、花旗集團、第一
資本（Capital One）、美國金融服務公司 Fiserv 和法國電信業
者 Orange 聯合挹注的 3,000 萬美元後，Chain 希望能從企業的
角度出發，提出適合的區塊鏈解決方案，第一波客戶鎖定在金
融服務業，並且已經和那斯達克建立起合作關係。Chain 的執
行長亞當‧魯文（Adam Ludwin）認為「未來所有資產都會以
數位方式在區塊鏈上運作」，而華爾街並不習慣這樣的經營環
境，「因為所有人都可以出現在同一個開放平台上。」[31] 華爾
街或許想要利用這項科技，但是他們也要能適應這項科技所蘊
含的創新內涵，接受有些事情無法掌控或預測的現實。

　　柏莉絲‧麥斯特也看上了認許區塊鏈的好處，對她而言，
只需要由交易對手、賣家和法規人員組成的小圈圈能夠參與其
中就夠了。選擇性成員可以保證區塊鏈運作的機密性，她說：
「認許區塊鏈的優點，是永遠不會讓受法規限制的金融機構陷
入兩大風險。其一是不會和完全陌生的對手交易，其二是不用
依賴未知的對象如交易掮客來提供服務，這都是法律所不允許
的行為。」[32] 這樣的設計可以讓對比特幣及所有相關事務戒慎
恐懼的傳統金融業者，放下對認許區塊鏈或私有鏈的心防。

　　以麥斯特投身成為一家新創公司執行長的例子來看，她興
致勃勃擁抱新科技的現象，不只傳達出傳統金融業者也想充分
利用區塊鏈而已，更顯示出新科技公司頗有顛覆金融界生態的
潛力。德勤的首席諮詢官艾瑞克‧皮西尼（Eric Piscini）感受

到，客戶在過去一年內似乎猛然醒了過來似的，「很難想像他們居然會突然對區塊鏈感到極高的興趣。」[33] 這股熱忱就連在全世界歷史最悠久、規模最大的金融機構中，也都像是星火燎原一樣，迅速蔓延開來。

巴克萊銀行是競相投入研究區塊鏈商機的十幾家金融機構之一，其設計與創新長德瑞克・懷特（Derek White）透過開放式創新平台，盡可能接觸到區塊鏈的大師級人物。他說：「區塊鏈這樣的科技會重塑我們的產業。我們當然希望自己擁有發言權，但是我們也期待和設計區塊鏈、完美詮釋區塊鏈應用方式的高手們，建立聯繫的管道。」[34] 巴克萊銀行希望能把錢花在刀口上，因此在傳統業務項目中刪除了上萬個工作機會，並加倍投資在新科技的研發工作上，最重要的成果莫過於推出巴克萊加速器（Barclays Accelerator）。懷特表示：「我們最近建立合作關係的對象中，每十家就有三家是區塊鏈或比特幣相關的公司。區塊鏈是世界從封閉系統轉型成開放系統的最大功臣，對我們未來的衝擊不可限量。所謂衝擊指的不是在金融服務業而已，而是對許許多多不同的產業。」[35] 銀行業者居然推崇起開放系統了——老天爺，這真是太神奇了！

公用金融平台

全球九大銀行業者——巴克萊銀行、摩根大通、瑞士信貸（Credit Suisse）、高盛、美國道富銀行（State Street）、瑞銀集團、蘇格蘭皇家銀行（Royal Bank of Scotland）、西班牙對外

銀行（BBVA）以及澳洲聯邦銀行——在 2015 年秋天宣布一項建立區塊鏈共同標準的合作計畫，名為 R3 聯盟（R3 Consortium），之後又有其他 32 家業者加入了 R3 聯盟，每幾週公布的企業芳名錄都會看見一批新的成員，[36] 只是銀行業者對於這個計畫的投入程度到底有多認真仍舊不無疑問，畢竟加入聯盟的費用才不過 25 萬美元而已，但是 R3 聯盟還是象徵了銀行業者在區塊鏈領域所跨出的一大步。制定標準是加速新科技採用的關鍵因素，是以我們對這項計畫持樂觀其成的立場。R3 聯盟召集了一些在區塊鏈領域頗富遠見的領導人和技術專才參與推動，比特幣核心開發者麥克・赫恩（Mike Hearn）在 2015 年 11 月加入了 R3 聯盟，和 IBM 前銀行創新執行工程師理察・根德爾・布朗（Richard Gendal Brown），以及巴克萊前首席工程師、現任 R3 聯盟首席工程師詹姆斯・卡萊爾（James Carlyle）團隊合作。[37]

　　2015 年 12 月，Linux 基金會（Linux Foundation）和另一群在產業地位更顯尊榮的大型集團一起合作，提出另外一個超級帳本計畫（Hyperledger Project）。超級帳本計畫並不是 R3 聯盟的競爭對手，事實上，超級帳本計畫還把 R3 聯盟視為創始會員之一，與埃森哲、思科（Cisco）、連續聯結清算銀行（Continuous Linked Settlement, CLS）、德意志交易所（Deutsche Börse）、數位資產控股公司、美國證券存託與結算公司（Depository Trust & Clearing Corporation, DTCC）、富士通（Fujitsu Limited）、網際網路與資訊核心能力認證中心（Internet and Computing Core Certifications, IC3）、IBM、英特爾、摩根大通、倫敦證券交易所集團（London Stock Exchange Group）、三菱日聯金融集團（Mitsubishi UFJ Financial Group, MUFG）、道富銀行、環球銀行金融電信協會、威睿（VMware）及富國銀行集團（Wells Fargo）並列要角。[38]

超級帳本計畫可以用來檢驗銀行業到底有多認真看待區塊鏈，以及他們有多麼難以接受比特幣之類的區塊鏈，所帶有的全面開放與分權化特質。超級帳本計畫跟 R3 聯盟有一點不一樣，是在開放原始碼上組成一個研議如何實現「區塊鏈商業化運用」的社群。這當然是個值得讚揚的目標，而且也可能做出不錯的成績，但是我們必須釐清一件事：這個計畫打算用開放原始碼建立一個封閉式的技術，好比說是限制網路架構上的節點數，或是增加認證的條件等等。超級帳本計畫就跟 R3 聯盟一樣是一個制定標準的組織，埃森哲創始成員之一的大衛・特雷特（David Treat）就說：「這項任務的目標是建立共通標準和共享平台，供跨產業的參與者所用。」

在區塊鏈的網路架構下，政府部門監管金融服務業的角色也引起更多的討論。「公用」（utility）一詞會讓人聯想到自然獨占、政府的嚴加控管，但是，因為區塊鏈承諾降低風險、提高透明度並促進更多參與，是以有些行家就直接把區塊鏈本身當成法規看待；[39] 只要法規人員可以用對等方式進入了解銀行和市場內部運作的話，想當然耳，我們就可以簡化法規並刪除無關緊要的規定，對吧？這還真是一個不容易回答的問題，一

方面法規人員是該重新思考，該如何在創新飛快的世界中扮演好他們監管的身分，另一方面卻要思考當政府部門當真放手不管後，誰又能確保銀行業者誠實保留完整的交易紀錄。

　　大型銀行會不會精挑細選數位帳本的技術，把它們融入現有的經營模式，在金融王國中建立起沒有比特幣的區塊鏈呢？R3 聯盟只是銀行業往這個方向發展諸多例證中的一個，2015 年 11 月 19 日，高盛也以專屬的電子貨幣 SETLcoin 為名，提出「在金融市場結清證券交易的分散對等式加密技術」申請專利。[40] 銀行業者把原本預設為開放資源的內容申請成專利，實在有點諷刺，因為開放資源不應該排除任何有志於此的專家，更不應該排除一般民眾。或許這就如同安德里亞斯‧安東諾普洛斯在演講時告訴聽眾，他擔心會不會發生銀行把比特幣「從狂放不羈的搖滾樂變成慵懶軟調爵士樂」的問題，[41] 或許銀行業者必須設法，在各種本質迥異企業組織所提出的產品與服務中脫穎而出，而且這些企業領袖對於公司經營的現狀，又永遠沒有滿意的一天。

　　未來公用金融平台，可能會是在高牆中百花齊放的一座花園，只有一群深謀遠慮、舉足輕重的利害關係人得以與聞，也有可能是個空曠開闊、有機發展的生態體系，提供充分的基礎讓每個人追求財富的成長。雖然未來究竟會如何發展還沒有定論，如果說第一代網際網路的經驗教會了我們些什麼，那就是開放體系總是比封閉體系更容易達到擴張的目的。

銀行的 App：誰會成爲零售銀行的贏家

傑瑞米・阿拉勒（Jeremy Allaire）正在推行「資本市場的 Google」這個概念。他說：「這是一家專注於消費金融的公司，提供各種讓消費者存錢、匯款、收付款項的產品；舉凡一般人對於零售銀行（retail banking）期待的基本功能，應有盡有。」[42] 他規劃讓這家公司提供強大、即時又免費的服務給任何可以連線上網際網路的人。這家公司的名稱是 Circle Internet Financial，是這個領域中規模最大、募資最成功的公司之一。

如果你喜歡的話，把這家公司簡稱成 Circle 也無妨，就是別只把它當成一家比特幣公司。阿拉勒說：「你不會把亞馬遜當成一家 HTTP（超文件傳輸協定）公司，也不會把 Google 當成一家 SMTP（簡單信件傳輸協定）公司。同樣的道理，Circle 也不會是一家比特幣公司——我們把比特幣看成會在下一世代的社經濟體系中，廣泛使用的基礎網路協定。」[43]

阿拉勒認為，金融服務業是抵抗這股潮流的終極堡壘，不過也有可能是最大的戰利品，會在科技影響下實現徹底的轉型。「就以零售銀行來說明吧。它的功能大概就那三、四樣，一個是讓人有地方可以儲存價值，一個是提供支付的功能，然後還有信用擴張、收藏財富、創造潛在收益等等。」[44] 他的願景是「在三、五年之內，每個人都可以隨意下載應用程式，以電子化的方式儲存任何一種貨幣——美元、歐元、日圓、人民幣，當然也包括電子貨幣在內，然後透過全球共通操作平台，

用即時或趨近即時的方式完成支付，而且是在具有高度資訊安全、沒有隱私外洩問題的前提下。最重要的是，這些功能都免費。」[45] 就好像網際網路改變的資訊服務產業一樣，區塊鏈也可望改變金融服務業，喚醒以往從未想過的新功能。

依照阿拉勒的說法，區塊鏈的好處——即時結清、全球共通、高度安全、幾乎沒有交易成本——可以嘉惠所有的個人或公司，而且他的目標居然還是免費提供？全世界的銀行業者肯定會批評他在鬼扯蛋！但是 Circle 背後的金主——高盛和中國創投公司 IDG，顯然不會投入 5,000 萬美元，就為了創造一家追求公共利益的非營利公司！[46] 阿拉勒說：「如果我們可以成功建立全球金融服務體系，得到好幾千萬使用者青睞的話，我們就會置身於使用者交易行為的核心位置，坐在一座非常豐富的寶山上面。」他希望 Circle 能「累積相當實力推出其他的金融產品」，雖然他沒有明說究竟是什麼產品，不過對 Circle 來說，累積好幾千萬客戶的金融資料，顯然比客戶本身的金融資產來得更有價值多了，「我們希望重新打造客戶體驗，重新定義他們跟金錢的關係，讓他們可以選擇用什麼方式花錢，用什麼方式錢滾錢。」[47] 舊典範的領導人們，你們要小心了。

像 Circle 這樣的公司不用背負傳統與文化的包袱，採取全新的做法會是他們極大的競爭優勢。歷史上很多了不起的創新者也都是以純然局外人的身分開始做起：網飛（Netflix）不是百事達（Blockbuster）的產品，iTunes 不是淘兒唱片（Tower Record）的產品，亞馬遜也一樣不是巴諾連鎖書店（Barnes &

Noble）的產品──這樣你應該了解我們的意思了。

　　BitPay 執行者史提芬・佩爾（Stephen Pair）是區塊鏈產業的先驅，他一直相信產業的新進入者擁有明顯的競爭優勢，他說：「在區塊鏈上流通各種可轉換的資產如股票、債券、貨幣，提供必要的基礎設施擴大經營規模，以達到商業化的目標，這些都不需要再事事請示銀行了。」如果有需要的話，「你不需要負擔所有建構出華爾街現狀的基礎結構和企業組織……你不只可以在區塊鏈上發行這些金融工具，你還可以創建一個系統，讓人在彈指之間完成電子交易。好比說我想用手頭上的幾張蘋果電腦股票買你手上的東西，但是你只願意收現金，進入這個系統平台後，我只需要透過一次交易（要嘛成交，要嘛破局），就可以把手上的股票換成你想要的現金。」[48]

　　真的有這麼簡單嗎？重新打造金融服務這一場戰役，和早些年在網路上推行電子商務的那場戰役不太一樣，阿拉勒他們這些人追求的商務模式，會是人類史上規模最大的價值移轉之一，要將傳統銀行幾百萬帳戶裡頭上兆美元的資金，移轉到幾百萬個 Circle 旗下的電子錢包，這當然沒那麼容易。銀行業者再怎麼看好區塊鏈，還是會對這些公司保持警戒，甚至不惜發出區塊鏈是「高風險」運作機制的警語，問題在於銀行業者擔心生意被搶走的抗拒心態，可能反而是加速他們覆滅的原因。在新、舊經營模式交替之際，已經有些業者看準轉型的商機進場卡位了，Vogogo 是一家已經和 Coinbase、Kraken、Bitpay、Bitstamp 和其他開放銀行帳戶建立起合作關係的加拿大公司，

不但符合銀行法規要求，還能讓客戶經由傳統支付管道把錢直接存進比特幣電子錢包中。[49] 弔詭的是，就像亞馬遜可以輕易贏過傳統零售業者的例子一樣，新典範的領導人還是要對舊典範的領導人禮讓三分才行。

　　或許我們需要一位懷抱矽谷創業夢想的銀行業者帶頭示範，而蘇雷斯・拉瑪穆爾西（Suresh Ramamurthi）就是那一位適當人選。他在印度出生，曾於 Google 擔任主管和軟體工程師，當他決定收購堪薩斯威爾（Weir, Kansas）這個 650 人小鎮裡的 CBW 銀行時，許多人都感到意外。對他而言，這家小型的地區銀行就是區塊鏈協定的實驗室，可以從比特幣支付系統為起點，鋪設一條通往免費跨境匯款業務的康莊大道。如果想要成為區塊鏈創業家，卻一點也不了解金融服務業的經營之道，那就注定非失敗不可了；拉瑪穆爾西說：「這樣的人就好像是在房子的外牆上畫門窗，看起來五顏六色的非常美觀，但是問題根本不在建築物的外牆。你得跟房子裡面知道管線怎麼走的人好好溝通才行。」[50] 他在過去五年包辦了這家銀行的執行長、資訊長、法規人員、出納、警衛等工作，就連拉管線的工作也都自己來，他把經營銀行的要訣摸得一清二楚。

　　很多華爾街老經驗的從業人員不認為有什麼新、舊典範之爭，柏莉絲・麥斯特則是認為「華爾街銀行業者可以用來改善經營效率的方法之多，絕不比新進業者打破現狀可以爭取到的商機來得遜色。」[51] 是以我們都可以清楚感受到，新一波浪潮即將席捲而來的氣息，這就是為什麼三大電視公司做不出

YouTube、三大汽車品牌做不出 Uber、三大旅館業者做不出
Airbnb 的緣故。等到財星前一千大企業長字輩的人物下定決
心走上成長的新途徑時，新進業者早就已經拉開陣勢，陸續拋
出更快速、更敏捷、更優質的產品了。無論如何，不管誰會站
在擂臺上，當科技永不停歇的創新力量，對上全世界最深溝高
壘、最抗拒改變的金融服務業時，撞擊力道之激烈，必將精彩
可期。

會計與公司治理的新框架

「會計師就跟真菌類一樣——既見不得光，又要靠腐食為
生。」[52] 這句話出自湯姆・莫爾尼尼（Tom Mornini），想要在
會計產業有番作為的新創公司 Subledger 執行長。會計一向被
視為財務的語言，除了少數精通此道的信徒外，其他人根本難
窺殿堂之妙；要是所有交易資料都攤在世人共享的分散式帳本
上，我們還需要公認的會計制度幫我們記錄交易嗎？

現代會計制度源自於 15 世紀義大利人盧卡・帕西奧利
（Luca Pacioli）那顆追根究底的腦袋，他巧妙發明了現在稱為
複式簿記（double-entry bookkeeping）的會計方法，意思是任
何交易對所有參與者都會形成兩種效果，換句話說，每筆交易
都可以分別登錄在借方跟貸方的欄位上，進而形成公司行號的
資產負債表。設定好相關規定後，帕西奧利讓想要擴大規模的
企業，可以在一套原則明確的基礎上運作，而不是用隨心所欲
的方式記載公司的經營成果。

不過這套制度看在羅納德‧寇斯（Ronald Coase）的眼裡卻跟邪教組織沒什麼兩樣。當年還是倫敦政經學院（London School of Economics）學生的他，認為這套制度在實務上「充斥宗教般的色彩」，「要把會計師編製的財報當成不容質疑的聖書來看，你才會相信那是真的。」會計系的學生認為他的質疑簡直「冒犯天威」，[53] 居然膽敢提出「用太多方法計算折舊、存貨和直接成本等等，每一種算出來的結果都差很多也還就罷了，居然每一種結果都完全符合會計原則」這樣的質疑，甚至就連其他幾乎一致採行的實務原則，也一樣被寇斯批評為完全「看不出在搞什麼名堂」——湯姆‧莫爾尼尼絕對算不上是批評會計這份職業的第一人。

我們認為現代會計面對到四個難題。第一，現行制度需要依靠自律的經理人規規矩矩編製財報，但是我們卻看到好幾個鬧得沸沸揚揚的反例——安隆（Enron）、美國國際集團（AIG）、雷曼兄弟（Lehman Brothers）、世界通訊（WorldCom）、泰科（Tyco）和東芝（Toshiba）——顯示管理階層不會永遠行得正、坐得直。貪婪是難以克服的人性，任人唯親、貪汙腐敗再加上財報造假不但會造成公司破產、工作機會流失和市場崩盤的後果，也會提高資本市場運作的阻力，弱化資金調度的能力。[54]

第二，就連網站 AccountingWEB 也都直言不諱，人為錯誤是導致會計淪為一本爛帳的主要因素。只要財務部某個肥手指輸入一些錯誤的數值，結果就會像蝴蝶效應一樣，讓錯誤的結果如滾雪球般不斷擴大，導致整個財報完全失去可信度。[55]

有份調查報告指出，職場上將近 28％的人會在公司的電腦系統中輸入錯誤的資料。[56]

第三，類似《沙賓法案》（Sarbanes-Oxley Act）這類新規定對於糾正財報的效果並不顯著。真要認真說的話，隨著公司經營的複雜度不斷提升，多方交易的現象愈來愈普遍，現代商務的步調，只會讓經理人有愈來愈多方法在財報上粉飾太平。

第四，傳統會計原則也的確無法處理新型態的經營模式。就以微型交易（microtransaction）為例，大多數審計軟體只能處理到小數點以下兩位的數字（亦即最低金額必須以「分」做為計算單位），完全無法因應微型交易的實際情況。

會計本身（用來衡量、處理、溝通財務資訊的工具）並不是個問題，會計仍舊是現代經濟裡的關鍵功能，只是會計的執行方式必須追得上現代社會的步伐。盧卡‧帕西奧利那個年代每天都要審視財報的正確性，現代卻是以月報或季報的頻率公布財報；你能舉出其他產業經過五百年後，完成一項工作的時間會比五百年前增加九十倍的例子嗎？

全球帳本網

現在公司的每一筆交易都要登錄在借方跟貸方兩個欄位——一次登錄兩筆，標準的複式簿記。我們可以簡單增加第三筆欄位，登錄在全球帳本網上，讓有需要的人可以隨時察看——比方說是公司股東、稽核與法規人員。想像一下，一家像是蘋果電腦這樣的大公司把產品銷售、購買原物料、支付薪

水的各種交易，還有資產負債表上會計科目的加加減減全部附
上時間標記，登錄在全球帳本網的區塊鏈上，這家公司的財務
報表就會變成不斷更新的帳本——而且可以隨時稽核、搜尋和
驗證。隨時更新的財務報表應該要有電子表單一樣的功能，只
要動動手指就能查出完整、不被動手腳的財務資料，而且還不
會提供錯誤的資訊。公司或許不希望所有人都能看到詳細數
字，所以管理階層可以針對法規人員、經理人或是其他重要的
利害關係人設定存取的權限。

　　很多業界人士都注意到，全球帳本網可能會自然而然影響
現有會計制度，按照巴克萊副總裁西蒙・泰勒（Simon
Taylor）的說法，全球帳本網可以簡化銀行的法規，要求並降
低風險，「我們過去提出很多法規報告，基本上就是一直重複
『已經盡一切可能符合法令要求』這樣的老調重彈，因為我們
不能將銀行內部的機制全部公開給其他人看。」[57] 但是全球帳
本網可以將一切紀錄公諸於世，「意思是法規人員可以直接進
入察看內部資料，這將減少很多不必要的工作，降低成本，而
且幾乎可以用同步即時的方式提供會計資料。這真的是非常強
大的功能。」[58]

　　對於 Circle 的傑瑞米・阿拉勒來說，法規人員當然是最大
的受益者，「行檢員原本只能依靠模稜兩可、受公司操控的私
有帳本與財會體系，執行查核的工作——所謂『只認單據對帳』
的工作。如果改用公開分享的帳本，稽核人員跟行檢員就能得
到自動完成格式化的數據資料，從資產負債表看清楚一家公司

的體質健不健全，看出一家公司的競爭優勢在哪——這無疑是一大創新突破，可以有意義地落實法律規範，補強現有稽核與會計制度的不足之處。」[59]

全球帳本網本身就是一個具有可靠度的系統，克里斯汀‧倫德奎斯特（Christian Lundkvist）在以太坊區塊鏈上透過新創公司 Balanc3 推行三重記帳會計制（triple-entry accounting），他說：「想要做假帳會變得更難，你得在不斷更新的基礎上做假帳不說，而且你根本找不到切入的時機回頭更改以往的交易紀錄。」[60]奧斯汀‧希爾附和道：「一個可以隨時查核驗證的公開帳本，就代表你不用盲目相信事業夥伴編製的財報。公開帳本上的資訊和交易紀錄就足以說明一切，因為區塊鏈的網路架構會自動驗證資料正確與否，就好像透過加密的手法持續不斷提供最即時的審核結果。如此一來，你再也不用依賴普華永道或德勤簽核財報，也不會發生交易對手風險；只要公開帳本表示資料正確，那就一定是正確的。」[61]

全球前四大會計師事務所之一的德勤，一直努力想了解區塊鏈到底會造成多大的衝擊。艾瑞克‧皮西尼是德勤的電子貨幣中心負責人，他對公司的銀行客戶表示：「區塊鏈是你們銀行業務要面對的一場大風險，因為你們銀行現在的經營重心就是風險管理，如果明天一覺醒來所有風險都消失得無影無蹤，那你們銀行還有什麼可以賣的？」[62]另一個可能熬不過區塊鏈衝擊的是稽核業務，而稽核業務卻也是德勤排名第三的營收來源，[63]皮西尼說：「所以我們公司自己的業務當然也不太妙

了，沒錯吧？我們現在要花很多時間簽核其他公司的財報，根據這些工作內容收取費用，要是明天這些流程都因為附上時間標記的區塊鏈而被大幅簡化，我們就非得調整現有執行稽核的做法了。」[64] 會不會有可能因此滅了所有稽核公司呢？

德勤遂開發出 PermaRec〔取自永久記錄（Permanent Record）這個詞〕做為對應方案，目的是「讓公司把所有交易紀錄都放在區塊鏈上。因為所有交易內容都能一覽無遺，所以能用很快的速度，完成其中一方或交易雙方的財報簽核。」[65] 只要能把第三筆欄位登錄在區塊鏈上——任何人都可以看見的時間標記——這樣不但會自動完成登錄，任何人也都能不受限制查驗登錄資料正確與否。這會讓顧問服務成為德勤和其他三家會計師事務所成長最快的業務領域，達到逆勢成長的目標。德勤已經有很多客戶一頭栽進區塊鏈的世界，想要搞清楚區塊鏈是怎麼一回事的想法，讓德勤掌握到將業務提升至更高價值顧問工作的新商機。

湯姆‧莫爾尼尼本人是一位大膽的創業家，喜歡用「無可救藥的樂天派」形容自己，他認為定期發布的財報就像是「看著一個人直接站在探照燈前面跳舞，雖然可以看得出來他們在跳舞，但是卻沒辦法看清楚他們到底在跳什麼。看起來似乎很有趣，但是卻很難看清楚所有的舞步。」[66] 定期的財報只能算是快照，而稽核就定義而言，只能算是事後的檢視，想要從定期財報全面掌握一家公司財務體質的健全與否，就跟把漢堡肉變回一頭牛一樣的天方夜譚。

依照莫爾尼尼的看法，大多數大型企業絕對不會想在社會大眾面前公布一份完全公開透明的財報，就算是提供給稽核或法規人員這樣具有特殊身分的人士，也都會感到為難。先不談一家公司的財報就是它的最高機密，很多公司也都希望管理階層能在某些會計科目上，擁有認列價格的彈性空間，像是營收、資產減損或者是商譽的價值等等。

但是他也認為大幅提升透明度的公司，會在其他方面得到好處——不只是可以縮編財會部門、降低稽核成本這些立即的好處，還包括市場會投以正面評價的好處。他說：「第一家導入區塊鏈的上市公司一定會得到股價充分反應，或是比其他公司享有更高價格收益率的好處，因為其他公司的投資人只能焦躁等待每一季才像擠牙膏一樣揭露的財務資訊。想想看，一家公司是隨時告訴投資人目前的最新狀況，另一家公司卻是每一季才講一次，誰會想投資後者呢？」[67]

投資人是否會把三重記帳會計制當成公司治理的新標準呢？這可不是異想天開的問題，有些機構投資人像是加州公務員退休基金（California Public Employees Retirement System）就會用更嚴格的公司治理標準來挑選投資對象，[68] 三重記帳會計制未必不會是下一個新標準。

三重記帳會計制：隱私是個人的權利，不是企業的

三重記帳會計制也不是完美得無從挑剔，《金融時報》（*Financial Times*）記者依莎貝拉・卡明斯卡（Izabella

Kaminska）就認為強制推行三重記帳會計制的話，反而會有愈來愈多交易直接消失在財報上，因為「一定會有抗拒引用新標準的人，想辦法用檯面下的交易隱藏訊息，這就是所謂黑市、內帳或是小金庫的由來。」[69]

此外，非交易的財務操作，特別是無形資產的認列，又該如何解決呢？我們要怎樣追蹤智慧財產權、品牌價值甚至是名人聲望，像是湯姆‧漢克（Tom Hanks）的價值呢？這位奧斯卡影帝要接拍多少支爛電影，才會讓區塊鏈重新調整他個人的品牌價值？

這麼說吧，三重記帳會計制並不是要取代傳統的會計方式，會計科目的認列都應該因時制宜才有意義，重點是三重記帳會計制可以大幅提高透明度，即時更新可供驗證的交易紀錄也會提高公司回應市場的能力，縮短稽核的空窗期，進而用區塊鏈解決許多目前會計實務上的麻煩問題。如果能妥善使用三重記帳會計制，則德勤需要的會是專業人士完成無形資產即時估價，並執行其他區塊鏈無法完成的財會功能，而不是建立一支專門核對單據的龐大隊伍。

最後一個問題：我們真的需要一套無法更改的記錄系統嗎？歐洲有些法院會接受「被遺忘權」的概念，成為某些人要求在網際網路上刪除個人過往紀錄的有力背書；這個原則難道不應該一體適用於企業單位嗎？當然不行。如果 Uber 旗下司機的評價都要透過顧客的滿意度調查，企業的經營主管為什麼可以被豁免？假設有個機制——姑且稱之為信用 App，可以在

公開帳本記錄各方回饋意見，針對企業可靠度提供一個可供搜尋的獨立評分，這樣我們就能讓陽光照進企業經營的黑盒子裡，建立一個最佳的防腐機制。

三重記帳會計制是運用區塊鏈，達到公司治理目標的第一個創新嘗試。現在社會上的公司行號就和很多其他機構一樣，遭受到合法性被強烈質疑的危機，股東行動主義者（shareholder activist）的羅伯・孟克斯（Robert Monks）寫了這麼一句：「資本主義已經淪為竊盜統治（kleptocracy）的溫床，成為企業執行長用來增加財富的工具而已；如果用我的話來說，這些執行長根本是在執行經理人專政（manager-king）。」[70]

區塊鏈可以把權力回歸給股東。假設我們在區塊鏈上用代幣「bitshare」代表主張公司某一項資產的所有權，並且用上色標記的投票機制，記錄公司做出的決策，則股東可以從世界上的任何角落即時投票表示意見，讓公司重大決定的決策過程建立在更大的決策圈，回應更多股東的想法，減少人為操作的空間。如果公司內部的決策需要取得認證的共識基礎，還可以在區塊鏈上引進大規模的連署機制，證明每位股東都對公司的未來表示過意見。一旦表決有了結果，董事會做出決定的那一刻就會成為這個決定的時間標記，登錄在無法更改的帳本上。

公司行號難道不應該擁有修改過去歷史的權利，主張被遺忘權嗎？[71] 當然不行。公司是附屬於社會的人為產物，所以採取任何行動之前都有義務取得授權；說得更白話一點，公司有義務對社會交代跟交易有關的所有詳盡資訊。另一方面，公司

當然也有權利和義務，保守營業機密和員工及其利害關係人的
隱私，但是維護個人的隱私並不等同於公司也擁有隱私。提高
透明度可以帶給世界各地的經理人極大的商機：維持最高等級
的公司治理標準，掌握成為企業領袖的信用權杖，這一切就從
擁抱區塊鏈開始做起。

聲望：自己決定自己的信用額度

　　不論是申請第一張信用卡或是申請貸款，銀行最重視的一
個數字就是：你的信用額度。這個數字代表你有多少的可信度
不會發生違約的風險，混雜了各式各樣的參考數值，包括你貸
款的時間有多久、你歷年來的薪資紀錄都算在內，是決定大多
數消費型信用貸款的關鍵指標，但是實際上的計算過程卻十分
粗糙。首先，它依據的資料少得可憐。一位沒貸款過的年輕人
可能擁有極佳的聲望，言必信、行必果，也可能有一位非常富
有的姨媽撐腰，但這些因素都不會列入信用額度的計算公式
內。其次，信用額度可能對個人帶來惡性循環的誘因。愈來愈
多人開始使用轉帳卡，亦即以自己帳戶內的實際金額量入為
出，但是這些人卻會因為沒有信用額度而處於劣勢，這還不論
信用卡公司不顧一切用優惠方案，鼓勵手中一無所有的人繼續
使用信用卡消費。第三，信用額度並不是個反應靈敏的指標：
計算公式內的數值可能不合時宜或是欠缺關連，二十多歲逾期
未繳款的事實跟五十多歲的信用風險，是無法相提並論的兩
件事。

　　主導美國信用額度市場發展的美國公司 FICO（Fair, Isaac and Company），也沒有把最緊要的資訊納入分析系統中，馬克‧安德森（Marc Andreessen）說：「PayPal 可根據是一個人在 eBay 的消費紀錄，在毫秒內立即算出一個人的信用額度──而且事實證明，這些資訊比 FICO 用來計算個人信用額度的資料更可靠。」[72] 這些資訊結合交易、商務和其他由區塊鏈提供的資料後，就可達成更可靠的演算法，據以發行信用和管理風險。

　　聲望又是怎麼一回事？最起碼我們每個人都有自己的聲望，而且聲望也是在日常生活與商務領域建立信用的關鍵。到目前為止，金融中介機構還沒有以聲望為基礎建立個人在銀行面前的信用評等，假設有家小公司的老闆想要申請一筆貸款，最常見的畫面是銀行貸款承辦人員會根據書面資料，用單一觀點看待申請人的身分，並以信用分數來決定核貸多寡。人當然不會只是社會安全碼、出生地、主要居住地和以往授信紀錄的加總而已，你可能是位精明幹練的員工、積極的志工、熱忱的公民，或者是孩子足球隊的教練，問題是銀行沒辦法了解這麼多其他的資訊，也沒有打算深入了解。貸款承辦人員或許會欣賞你端正的行為，但是銀行的信用評等機制卻看不到這一點。簡單來說，構成聲望的元素實在太難以帶入公式裡計算，也很難用文件說明，所以自然也沒辦法在現行社經架構中得到充分的運用；這些元素實在太虛無飄渺、如幻似煙了。

　　所以當數十億人的聲望只及於切身相關的生活圈時，該怎

麼辦？當金融服務業推廣到世界貧困角落時，很多人就連最基
本的身分認證門檻如身分證、居住證明和帳戶資料等都跨不過
去，甚至就連已開發國家也都要面對這樣的問題，很多美國大
型銀行在 2015 年 12 月拒絕把紐約市新發行的市民卡，當成申
請開戶的有效文件，即使新市民卡的申請人數超過了 67 萬，
而且聯邦政府的銀行監理人員，也接受新市民卡是有效的文
件。[73] 我們可以用區塊鏈整合各種身分元素，包含他們以往的
交易紀錄資料在內，建立每個人的專屬身分解決這個問題，提
供他們在傳統銀行體系之外的另一個解決方案。

　　區塊鏈還有很多其他的使用方式（特別是在建立信用這一
方面），可以在不同單位需要查核的時候派上用場。區塊鏈不
只可以確保資金真的流到貸款申請人的手上，也可以確保貸款
人會依約支付利息。區塊鏈可以讓貸款的雙方取得所需的資
料，保障雙邊的隱私，並且用一個人留在區塊鏈上的經濟活動
紀錄結合社會資本，建立新型態長效型的經濟身分。派崔克・
狄根（Patrick Deegan）是致力於身分認證的個人黑盒子公司
的科技長，他相信在區塊鏈的幫助下，將來有一天「我們可以
管理好自己的身分妥善運用，和區塊鏈上的其他參與者、其他
節點建立信任的連結。」[74] 因為區塊鏈會用無法更改的方式記
錄所有的交易紀錄，所以每一筆交易都會成為累積個人聲望與
可信度的元素。除此之外，我們還可以自行決定要用哪種身分
和不同的機構打交道，他說：「我可以用不同的身分表現不同
面向的我，用不同的身分和不同的公司往來。」[75] 如此一來，

銀行和其他公司除了提供服務而必須取得的資訊外，沒辦法從區塊鏈上取得更多的個人資料。

　　這種模式已經有實際的成功案例。BTCjam 是一個對等式、以使用者聲望做為信用擴張的融資平台。使用者可以把自己在 BTCjam 的個人資料連結上臉書、領英（LinkedIn）、eBay 或是 Coinbase 好增加更多的資訊，臉書上的好友也可以自願成為你的推薦人，當然也可以直接填寫自己實際的信用額度當成其中一項參考資料──這些個人資料都不會外洩。BTCjam 平台使用者一開始的信用額度都很低，但是只要能證明自己是還款可靠的貸款人就可以迅速建立聲望，所以最佳的操作策略就是在一開始利用「聲望貸款」（reputation loan）證明自己值得信任。身為一位貸款人，在尋求融資的過程中必須要回應投資人所提出的問題，忽略這些問題就會跨過紅線，使得平台上的其他人更慎重考慮是否給予貸款。不妨以自己能充分掌握的金額提出第一筆貸款並準時還款，只要能做到這一點，你的評量成績就會往上提升，平台上的其他人也會給予你正面的評價。2015 年 9 月的時候，BTCjam 已經核發了 18,000 筆貸款，總貸款金額超過了 1,400 萬美元。[76]

　　創業家艾力克‧沃希斯用常識看待前述機制：「以聲望為基礎的話，比較有能力買得起房子的人，要再買下另一棟當然也會變得比較簡單，做不到的人當然也就比較難取得貸款。」對他而言，這個機制「可以降低正派作風的成本，提高心存僥倖的成本，是個在恰當不過的機制。」[77] 在看重聲望的系統

裡，你的可信度不是來自於 FICO 的評定，而是來自於構成你
個人身分的各種加總，以及你有多少能力還款的相關資訊。在
區塊鏈的影響下，公司的信用評等也有機會變成更具有參考價
值的新資訊。未來我們會有個工具，可以追蹤不同組成聲望的
元素如財務可信度、職場能力表現、社會共同體意識⋯⋯等進
行加總，而且建立信用的基礎來自於共享的價值，所以其他人
願意給你融資的原因，是因為欣賞你在社群中所扮演的角色，
認可你所提出的目標。

區塊鏈的首次公開發行

　　2015 年 8 月 17 日的這個星期讓人不堪回首：中國股市崩
盤、標準普爾 500 指數（S&P 500）跌至四年來的低點，各路
金融專家莫不認為另一場全球經濟衰退，甚至是金融危機即將
到來。大部分公司都避開在這個時間點進行首次公開發行
（IPO），企業購併的傳言懸而未決，矽谷投資人對於手中原本
看好的投資標的是否被過分高估而憂心忡忡，而未上市公司的
市值也已經破了 10 億美元的門檻。

　　就在一片風聲鶴唳的局勢裡，一家名叫 Augur 的公司卻發
起了有史以來最成功的一場公眾集資活動之一，他們在發起活
動後的第一個星期收到來自美國、中國、日本、法國、德國、
西班牙、英國、韓國、巴西、南非、肯亞和烏干達等國挹注的
400 萬美元，當中完全沒有透過仲介，沒有透過投資銀行，沒
有股票交易，沒有被強制要求公布財報，也沒有法規人員和律

師在一旁監督,甚至就連 Kickstarter、Indiegogo 這兩大集資平台也都沒有插手的餘地──各位觀眾,歡迎來到區塊鏈首次公開發行的世界。

　　媒介投資人與創業家是金融服務業中,最有可能被區塊鏈八項核心功能取而代之的一項。現行募股集資的過程──透過私人管道銷售、首次公開發行、再次發行、上市後的私募投資(private investment in public equity, PIPE)──自從 1930 年代起就已經很久沒玩出新花樣了。[78]

　　所幸有新型的公眾集資平台,讓小公司也能透過網際網路取得資本,早期兩個成功的案例分別是投入虛擬實境的Oculus Rift,和推出智慧型穿戴裝置的 Pebble Watch,只是這些例子仍舊不是讓出資者直接入股。美國現行《新創企業啟動法案》(Jumpstart Our Business Startups Act)雖然可以讓小額投資人透過公眾集資平台成為公司的股東,但是仍舊要透過 Kickstarter 或 Indiegogo 這樣的中介平台,採取傳統如透過信用卡或是 PayPal 系統給付資金的方式入股;這些中介機構仍舊是所有事情至高無上的仲裁人,決定了誰可以擁有什麼。

　　區塊鏈的首次公開發行是往前更跨出一步的概念。現在企業主可以「在區塊鏈上」發行代幣或電子證券,為公司籌措一定的資金,交易標的可以是股東權益或是債券,也可以比照 Augur 一樣在區塊鏈上標售預測市場決定權,保證買方有權利決定公司要在哪一個預測市場做莊。以太坊的表現比 Augur 更亮眼,向公眾標售自家的以太幣(ether)籌措發展全新區塊鏈

的資金，而且目前已經成為全球第二長、成長最迅速的開放式
區塊鏈。Augur 公眾集資的每一筆平均金額是 750 美元，但是
不難想見最低的承購金額可能是 1 美元或是 10 美分而已，這
讓世界上的所有人──不管是最窮困還是最偏遠地區的人，都
可以成為股市裡的投資人。

　　電子購物公司 Overstock 或許是目前為止，在電子證券方
面最具有企圖心的一家公司，該公司思想前衛的創辦人派崔
克‧伯恩（Patrick Byrne）相信「區塊鏈對資本市場的影響就
如同網際網路對消費者的影響一樣」，他推動名為 Medici 的計
畫在區塊鏈上發行電子證券，此舉也得到美國證券交易委員會
（Securities and Exchange Commission）的支持。[79]Overstock 在
2015 年率先嘗試在區塊鏈上替第一紐約資本（FNY Capital）
發行總額達 500 萬美元的電子證券，[80] 並聲稱很多金融服務業
者和其他公司都對於這個發行機制躍躍欲試。取得美國證券交
易委員會認可這個階段性的成功，已足夠讓 Overstock 在這場
馬拉松競賽中搶占先機。

　　如果區塊鏈的首次公開發行能夠持續發展下去的話，最終
一定會取代全球金融體系裡的其他角色──仲介商、投資銀行
和專精於證券交易的律師──並且改變投資的本質。一旦區塊
鏈的首次公開發行和新的價值交易平台如 Circle、Coinbase
（資金最充沛的比特幣新創交易公司）、智慧錢包（Smartwallet，
用各種計價方式交易全球資產）……等新創公司能夠更進一步
整合，就有可能實現分散式虛擬交易。金融業的老江湖當然也

注意到了這個現象，紐約證券交易所投資了 Coinbase，那斯達克也想把區塊鏈運用在私募股權交易上，執行長羅伯·格雷菲爾德更試圖小規模使用區塊鏈「以更低的成本簡化財報並提高準確度」。[81] 除此之外，不乏更多證據顯示那斯達克和其他金融鉅子，在檯面下還有更大的計畫正在進行中。

預測未來的市場

　　Augur 正在開發去中心化的預測市場平台，讓正確預測未來事件(體育賽事、選舉結果、新產品發表、名人產子的性別)的使用者，可以得到一定報酬。這個平台如何運作？ Augur 的使用者可以買賣未來事件發生的權益，其價格以該事件發生的機率進行估算，換句話說，如果某件事發生的機率剛好是一半一半，買進該權益的成本就是 50 美分。

　　Augur 採用的是「群眾集體智慧」的科學原則，亦即綜合一大群人對於未來事件的預測能力，總是比少數一、兩位專家來得準確，[82] 這就表示 Augur 平台的交易精神建立在追求更高的準確度上。美國已經不乏試圖建立集中管控預測市場的平台，像是好萊塢證券交易所（Hollywood Stock Exchange）、Intrade、HedgeStreet〔已更名為北美衍生品交易所（Nadex）〕等等，但是大部分不是已經關門大吉，就是礙於法令限制而無法正式運作──你能想像預測暗殺的合約，或是恐怖攻擊的期貨嗎？

　　區塊鏈可以讓預測平台承擔更高失敗的風險，提供更準確

的預測，也更能抵抗威脅利誘、系統故障、流動性不足，以及 Augur 經營團隊用「逾期合約效力」（dated jurisdictional regulation）所代指的賴帳等等的問題。在 Augur 平台上擔任仲裁的裁判人員，都要累積相當的聲望點數才具有合法性，只要做出正確的決定（像是正確陳述一起發生的事件，指出誰贏得了體育賽事、誰在選戰中勝出），都可以得到更多的聲望點數。維持系統的可靠度，可以獲得更多其他財務上的獎勵：聲望點數愈高的人可以開設更多的預測市場，獲得更多抽成的費用。Augur 標榜：「我們的預測市場不會發生交易對手風險，沒有中央伺服器，可以用包括比特幣、以太幣和其他幣值穩定的電子貨幣建立全球市場。所有資金操作都是透過智能合約進行，沒有人有辦法把錢偷走。」[83] 針對有違善良風俗的合約，Augur 直接採取對犯罪行為零容忍的政策做為因應。

　　在 Augur 經營團隊的眼中，人類的想像空間有多大，預測市場可以發揮的作用就有多大。任何人都可以在 Augur 的平台上，以明確的到期日提出清楚明確的預測事項——像是「布萊德・彼特到底會不會跟安潔莉娜・裘莉離婚」這種茶餘飯後的花邊新聞，或者是「歐盟會不會在2017年6月1日正式解體」這樣的重大事件。這會帶給金融服務業、投資人、經濟行為主體或是整個市場非常大的運用空間。比方說在尼加拉瓜或是肯亞的農民沒有具體的工具規避通貨波動、政局動盪或是氣候變遷等各方面的風險，他們就可以透過預測市場的平台減緩自己遭逢乾旱或天災的損失，他可以在預測市場設定當農作物歉收

時可以獲得補償的合約，也可以針對當地降雨量是否會少於預報值設定補償合約。

對於想要針對特定事項結果賭一把的投資人而言，預測市場更是一個非常好用的工具。對於「IBM 這一季每股盈餘能起碼跨過 10 美分的門檻嗎？」這樣的疑問，我們現在只能依靠一些所謂專業分析師所提供的盈餘預測數字，取平均或是中位數進行「推估」，若可藉由群眾的集體智慧，我們就能對未來提出更務實的預測，讓市場運作得更有效率。預測市場可以做為全球不確定因素或是「黑天鵝」極端事件的避險工具，譬如說：「希臘今年經濟表現會衰退十五個百分點嗎？」[84] 這樣的問題，現在只能靠少數幾個人高談闊論提出預警，將來預測市場將可以對全球投資人更早一步發出更公允的預測訊號。

預測市場最終將大幅改變許多金融體系的現狀。假設我們可以針對企業採取的行動設定預測市場——不論是營收表現、購併進度還是經營團隊的改朝換代。相關訊息都可以做為納保或是避險的參考資訊，未來也不排除會取代其他更難掌握的金融工具，如選擇權、利率交換（Interest Rate Swap）和信用違約交換（Credit Default Swap）等。

當然不是每件事都需要建立預測市場，必須要有夠多的人投入其中，才能讓某個預測市場擁有值得關注的流動性，但無論如何，可以對所有人開放的預測市場潛力無窮，蘊含的商機也同樣不可限量。

建立黃金八角的路徑圖

　　所有金融服務業的型態和功能，都無可避免會受到區塊鏈的衝擊——舉凡零售銀行到資本市場，再到會計原則和監管法規都包括在內。區塊鏈也逼使我們重新思考銀行和金融機構在社會上所扮演的角色。安德里亞斯·安東諾普洛斯就說：「比特幣沒辦法認列壞帳，沒有銀行公休日，沒有外匯管制，沒有資產凍結，也沒有提款上限，更不會有趕三點半的問題。」[85]

　　舊有層層階級的世界封閉又不透明，行動遲緩又抗拒改變，只被幾個大型中介機構所把持，新的秩序追求打破階級，提供對等的解決方案，更注重隱私和安全，也更透明、更普惠、更創新，這當然會對舊有體制造成板塊位移的破壞性衝擊，但是也會帶給現在就投入新秩序的產業領導人，非常可觀的發展機會。金融服務業在接下來幾年既會萎縮也會成長，能夠用更低成本提供給更多人更多商品與服務的金融中介機構，將變得少之又少；整體來看，這會是一件好事。

　　需要認許的封閉式區塊鏈是否難容於分權化的本質，仍舊有所爭論。次級市場（SecondMarket）創辦人，現為數位貨幣集團（Digital Currency Group）執行長的貝利·希爾伯特（Barry Silbert）就曾表示：「我可不敢恭維大型金融機構想要在區塊鏈達成的目標；當你手上拿著鐵鎚，眼中所見的全部都會是釘子。」[86] 但是我們相信區塊鏈停不下來的動能，一定會對現代金融深溝高壘、限制重重又垂垂老矣的基礎結構投下一顆震撼

彈,[87] 或許要等數十年後,才能看清這股衝擊會如何重新塑造金融業的風貌。我們深切期望轉型的最後結果,會讓工業時代的數鈔機蛻變成真正創造財富的平台。

第 4 章
重新組建公司架構：核心與邊陲

共識系統公司的誕生

　　對於那些認為以太坊將不可忽視——不單是對企業界的影響，還有可能改變現有的文明體制——的程式設計師、投資人、創業家跟企管策略大師而言，2015 年 7 月 30 日這天是個大日子。經過十八個月的醞釀期後，以太坊區塊鏈平台終於正式誕生了。

　　我們當天在共識系統（Consensus Systems, ConsenSys）位於布魯克林的辦公室親眼目睹這個過程。共識系統是投入以太坊區塊鏈軟體開發的其中一家公司，那天上午 11:45 左右，當以太坊區塊鏈產生第一個創世區塊（genesis block）後，隨即有很多狂熱的礦工接在後頭想要贏得第一個區塊，亦即以太坊專屬電子貨幣以太幣（ether）的所有權時，整個辦公室歡聲雷動。那一天的天氣很糟糕，紐約東河一帶下著大雷雨，每個人的智慧型手機不時傳來吵雜的洪水警告訊號。

　　根據該公司網站資料的說明，以太坊是是一個去中心化的

應用平台，以智能合約為例，「設計時可以完全排除當機、被監控、被詐騙或者是第三方橫加干預的可能。」跟比特幣一樣，以太坊利用以太幣，吸引對等參與者建立驗證交易平台的網路架構，維持網路架構的運作，並以共識決認定哪些是真實發生過、存在的事件，但是以太坊和比特幣也有所不同，以太坊提供一些功能強大的工具，讓投入開發的人創造出分權化的軟體服務，適用範圍可以從線上遊戲橫跨到股票交易。

以太坊的構想源自於 2013 年，當時才 19 歲的俄裔加拿大人的維塔力克・布特林。他當時跟比特幣的核心開發者爭論，區塊鏈網路架構需要有更穩固的手稿語言（scripting language），才能發展其他的應用軟體，不過他的想法沒被採納，促成他打定主意，要開發一套符合自己理念的區塊鏈網路架構。共識系統公司可說是他所跨出的第一步，在以太坊區塊鏈上推出了應用軟體。若我們把時間往回倒轉個幾年，就會發現一個很有趣的對照組：林納斯・托瓦茲（Linus Torvalds）推出 Linux 作業系統的舉動，正如布特林推出以太坊一樣，如出一轍。

共識系統公司的共同創辦人約瑟夫・魯賓（Joseph Lubin）談到區塊鏈、以太坊的興起時表示：「我愈加發覺走上街頭去貼海報訴求不公，是很浪費時間的一件事，倒不如一起合作替這個失衡的社會跟經濟體制帶來解藥，還比較實際。」[1] 別再占領華爾街了，直接建立一條屬於我們自己的康莊大道吧。

就跟許多創業者一樣，魯賓提出的願景也很有企圖心。他

不只想要創立一家了不起的公司，也想藉機克服這個世上難解的問題。雖然他語氣平淡地說自己的公司「是投入區塊鏈開發的創意工作室，主要是在以太坊上推出去中心化的應用程式」，低調到不行的說明，但是如果能夠有所成績的話，共識系統公司的應用程式就會對十多個其他領域的產業，帶來震撼力十足的效果。他們的企劃案包括分散式的三重記帳會計系統；針對原本廣獲好評，但是後來卻因為集中管控而頻遭爭議的 Reddit 論壇，推出分權化的新版本；自動執行的文件格式及其管理系統（比較常見的說法叫做智能合約）；涵蓋商務、體育和娛樂領域的預測市場；公開競標的能源市場；足以和蘋果電腦、Spotify 分庭抗禮的分散式音樂銷售模式──雖然這兩位對手也可以一起採用；[2] 還有一整套可供大規模協做、集體創造、實現無管理階層公司之共同管理機制的商務工具。

　　這邊要講的重點，並非共識系統公司將在區塊鏈上推出目光有多麼遠大的產品與服務，而是在於他們努力建立一家能夠自我生存的公司，藉以探索管理科學在無領導管理領域的新天地，追求用集體合作取代以階層流程決定、分派工作的做法。魯賓說：「我倒不認為我們是在落實無領導管理，這種說法讓我感覺太過嚴謹、死板；但我們的確在公司結構和運作流程中，採用了許多相關的理念。」無領導管理的其中幾項原則是「以更迭的角色取代傳統的職務功能，以分散的權力基礎取代專責授權的模式，用透明的規範取代辦公室的派系，用迅速的重新整隊取代大規模的組織再造」，這些原則正好也可以用來

說明區塊鏈的運作模式。不論從所創造的價值、還是組織的自我管理來看，共識系統公司的成立不但有別於一般的工業集團，甚至就連典型的網路公司也和他們大異其趣。

約瑟夫‧魯賓不是引領前瞻的理論大師，也不像是某些電子貨幣推動者，可以被歸類為無政府主義或是自由意志主義份子，但是他真心認為如果我們想要繼續生存下去的話，就一定要修正現有的資本主義，特別是排除掉與網路世界格格不入、講究一個口令一個動作的階層組織。他指出即使現在無遠弗屆的網路遍及全球，並能夠帶給我們所有人廉價、豐富又即時的溝通工具，但是階層組織仍舊處處可見。區塊鏈的原理恰好反其道而行，魯賓補充說：「可以讓全世界的人在事實的基礎上建立共識，然後在十分鐘，甚至是十秒鐘之內做出決定；愈是能夠權力下放的社會，當然也會帶來更多的發展機會。」愈能夠群策群力，就愈能夠創造富裕。

經理人的終結，管理學的永生

共識系統公司的營運計畫都是由所有員工（認真說起來，應該是「成員」）自行提出後，經修正、表決後才予以採行。約瑟夫‧魯賓寧可用「軸心」（hub）取代階層描述公司的結構，而所有企劃案就如同「軸輻」（spoke），由付出最多的主要成員取得主導權。

共識系統公司的成員，大多數時間都可以選擇自己想要參與的案子，而不是被動接受上級指派任務。魯賓說：「我們盡

可能分享一切資源，甚至還包括軟體元件在內。我們有許多小型的快速反應部隊，彼此間經常有互相合作的時候。我們在公司裡多得是即時、開放又豐富的溝通協調」，公司成員會選擇參與二個到五個案子，只要有人看到有些工作項目還沒完成，他們就會順理成章主動出擊，或提點一二，或大刀闊斧幫忙提升專案的完成度；「我們開放的交流會產生很多訊息，讓大家知道有很多事情都還要再加把勁，」而這些事情的內容會一直保持變動狀態；「所謂快速反應部隊的定義，就是沒有固定不變的優先順序。」

　　魯賓扮演的角色並不是老闆，而是以擔任顧問的角色為主，很多人會透過 Slack³ 或是 GitHub⁴ 平台，四處請教該做什麼才好，此時他就會建議對方朝哪個方向去發展，「去把我們想要的服務平台建立起來，甚至是把那些我們自己都還沒想到的成果做出來。」

　　成員制明顯有助於前述的行為。每個人都會直接或間接的接觸到每一項專案：以太坊平台發放的代幣，可以讓這些成員用來交換以太幣，或是兌換成任何一種其他的貨幣。魯賓說：「我們的目標是在獨立作業和相互扶持之間，達到完美平衡。我們把自己視為一群好像在追求創業，但是又維持著密切集體合作的活躍份子。有時候我們發現有些一定要完成的工作卻找不到人執行，就會重新開始招募人力去填補這個角色，或者是鼓勵內部的成員接下這個擔子」，總而言之，「每個人都是能夠自我管理的成年人。我有沒有說過我們花很多時間溝通協調？

溝通完後，我們每個人就該做出決定了。」

　　請注意這幾個關鍵字：快速反應、開放和共識：先弄清楚要完成哪些工作，然後把這個責任交給有能力想要完成它的成員，認同他們所扮演的角色和責任，並給予相對的報酬，然後把這些權利義務寫成「具體明確、不模糊、會自動執行的協議，將我們彼此的關係依照完整的商務運作，連結在一起。」有些協議會依照成效給予報酬，有些則是將年薪換算成以太幣，還有些其他人偏好的是「提升參與感」，比方說是寫完程式碼後，只要這段程式碼可以通過驗證就能夠得到獎金。魯賓表示：「所有事情都在檯面上，擁有極高的透明度。誘因機制的門檻設定毫不模糊，這有助於我們溝通得更自在、更有創意，可以依照各種期望做出調整。」

　　我們可以大膽創造 blockcom 這個新單字，用來表示建立在區塊鏈上、依照區塊鏈功能運作的公司嗎？這就是共識系統公司盡可能把公司治理、日常運作、專案管理、軟體開發及測試、招聘與外包、報酬給付和資金募集都放到以太坊上運作，所想要達成的目標。區塊鏈還可以導入聲望機制，讓成員們評量其他人一起共事的績效，進而整合出整個社群的信任基礎。魯賓說：「固定的數位身分和使用者的人格、聲望等，都是會讓我們更重視誠信原則、處理好人際互動的機制。」

　　這些功能會淡化公司的定義，打破我們對於集團企業的預設概念。以共識系統公司成員所組成的生態系統為例，他們可以在經營策略、公司架構、資金來源、執行績效和公司治理等

各方面達成共識以建立軸輻，在這些共識基礎上成立新公司進入現有的市場大展身手，或是進入新的市場重新開始。一旦做出了決定以後，還可以依照實際的狀況隨時進行調整。

分權化，去除企業的中樞骨幹

　　區塊鏈可以化解公司營運上的各種阻力，魯賓補充說：「愈低的阻力意謂著愈低的成本，因為價格將取決於效率最高的訂價方式：完全自由、沒有中央集權干預的市場。所有公司除了在交易過程中擔任中介機構的角色，因而有所付出並取得報酬外，再也不能利用自己在法規、資訊或權力上不對等的優勢，獲取遠不如其分的利益。」

　　共識系統公司有可能帶來真正分權化的自治組織，由其非人為操作的價值體制取得主導權，透過智能合約取代人為因素進行公司治理嗎？魯賓得意地說：「這就是我們一直在努力的方向！在全球去中心化的運算平台上（這是一切發展的基礎），匯集眾人的智慧結晶，應該就能改變現有公司的架構，從聽命於人的專業部門大型集合體，轉變成可以在自由競爭市場上既競爭又合作的軟體介面。」有些這樣的平台需要花較長的時間充分組織，才能回應消費者無止境的需求，像是公用事業及其保養與維護的工作，其他的平台會針對短期的疑難雜症共同會診，只要達成目標、解決問題後，就會用最快的速度解散這個不需要繼續存在的平台。

　　分權化的做法如果推到了極致，會不會導致在決策時排除

人性的風險〔比如說是流氓算法（rogue algorithm）〕？魯賓說：「機器的人工智慧並不是我在意的重點。反正我們一定能夠適應，而且這些演變最終都會有利於『網路特有種的人類』（Homo sapiens cybernetica）。機器的演化或許會超越人類，那也無所謂，如果真的是這樣，那也一定會建立在特別適合發展的生態利基上，用有別於當前的時空概念維持運作。在這個前提下，所謂的人工智慧就跟人類、岩石、地質過程一樣都是個名詞而已。這個世界已經演化了許許多多的物種，其中絕大多數（以現狀來看）都適應得很好。」

共識系統公司的規模還很小，他們想要推動的偉大實驗也有可能失敗，但是他們的做法已經可以讓我們窺見，如果想要釋放創新的能量、發揮人力資本的威力，以及將創造財富推廣成更全面的富裕社會，企業組織可以在根本上做出什麼樣的結構轉變。區塊鏈可以促成新型態的經濟單位，建立新的價值組合，不論是所有權、公司結構、運作模式、報酬獎勵還是有效治理，重點已經不再只是加強創新、激勵員工和達成集體行動而已。分散式企業模式正在成形當中，有可能成為長久以來我們為了實現更繁榮、更普惠經濟體的重要先決要素。

企業領袖也將能重新思考，自己的公司如何實現價值創造的功能。他們可以把談判、合約以及執行協議的機制放在區塊鏈上，和供應商、承包商、消費者、所屬員工及自主承攬業者溝通得更順暢，找出更多利用這些資源的可能；用租用或授權的方式，更充分利用這些經濟單位在創造價值之餘的閒置產能。

改變企業的定義

　　遍數整個第一代網際網路時期的管理學學者——包括本書作者唐・泰普史考特，都認為網路化的企業、扁平組織、開放的創新環境等商務生態系，會取代工業時代階層組織的統治力，不過事實證明，20 世紀初期就誕生的企業架構幾乎沒受到多大影響，就連大型的網路公司，也一樣採用由上而下的管理結構，聽從傑夫・貝佐斯（Jeff Bezos）、梅麗莎・梅爾（Marissa Mayer）、馬克・祖克柏（Mark Zuckerberg）這些大老闆發號施令。這麼說起來，為什麼現有的公司——特別是那些可以關在機房內靠其他人的個資營利，而且很少對層出不窮的個資外洩事件深感愧疚的公司——還會想利用區塊鏈達到權力下放、提高透明度、尊重使用者隱私與匿名特徵，並且將無法負擔使用費用的廣大群眾納入服務體系內呢？

交易成本和公司的結構

　　讓我們來聊一些經濟學小常識。唐・泰普史考特曾經引用過諾貝爾經濟學獎得主羅納德・寇斯探討企業本質的理論，說明網際網路會怎樣改變企業的架構。寇斯在 1937 年發表〈企業的本質〉（"The Nature of the Firm"）一文，指出經濟活動所包含的三種成本：搜尋成本（search cost，找出所有合用於生產的資訊、人員和資源所耗費的成本）、協調成本（coordination cost，讓所有人能以高效率共同合作的成本）和履約成本

（contracting cost，為所有生產過程取得勞力和物資的談判，保護好營業機密，監管這些協議能被履行的成本），他主張企業的規模會一直擴大，直到在企業內部執行交易的成本超越了對外交易的成本為止。[5]

唐・泰普史考特接續這個論點，主張網際網路雖然能夠削減一些企業內部的成本，但是一如我們所預期的，網際網路無所不在的全球普及性，更能削減各種經濟活動的成本，因而降低進入門檻，讓更多人參與其中。透過瀏覽器和全球資訊網，網際網路的確降低了搜尋成本，透過電子郵件、企業資源規劃（ERP）之類的資料處理程式、社群網路和雲端運算等功能，也有效降低企業的協調成本，把客服和會計業務外包也讓企業獲益良多。行銷人員可以直接和客戶互動，甚至讓消費者轉型成為生產性消費者（prosumer），產品規劃人員也可以透過網路徵求大眾的創新概念，規模龐大的供應鏈網路則是讓製造業者如魚得水。

不過出人意料之外的現實是，網際網路到頭來對傳統企業架構只帶來微不足道的影響力，從工業時代傳承下來的階層組織，依舊是資本主義辨識度最高之基本要素。顯然網際網路雖然讓企業可以找到低生產成本的地點進行外包，但是在降低企業內部交易成本的成效也足以等量齊觀。

從階層組織走向獨占公司

這就是為什麼現在的公司依舊維持階層組織，大多數營運

事務仍保留在公司內部範圍的緣故，也是管理階層認為自己在
結合人才與無形資產如品牌、智慧財產權、知識與企業文化等
各方面，仍舊勝任愉快的原因。相較於執行長們真正創造的價
值，公司董事會所給予的優渥報酬根本不成比例，也難怪大型
企業雖然能夠不斷累積財富，但是卻沒辦法帶來富裕的社會。
事實上，正如我們先前所指出的，有很多明確的證據顯示，金
錢與權力愈來愈往大型企業集團甚至是獨占企業集中。

　　另一位諾貝爾獎得主奧利佛‧威廉森（Oliver
Williamson）大膽預測，[6] 指出這種趨勢會對生產力造成負面
影響：「足以從這個趨勢看出，從自主供應鏈（由許多小公司
集結而成）朝向統一所有權（歸屬在一家大公司底下）的轉變
過程，將無可避免改變誘因的力道（愈高度整合的公司，愈缺
乏誘因）和更多的行政管理（管控的觸角會延伸的更廣）。」[7]
PayPal 共同創辦人彼得‧提爾（Peter Thiel）在《從 0 到 1》（Zero
to One）這本炙手可熱卻同樣充滿爭議的作品中，不吝讚揚獨
占的好處。身為參議員蘭德‧保羅（Rand Paul）的支持者，
提爾直言道：「競爭只屬於輸家……有創意的獨占不只對社會
上的其他人都有利，更是改善這個世界的強力引擎。」[8]

　　若用於尋求成為產業龍頭主導市場，提爾的這番論點可能
沒說錯；但是他卻舉不出實證說明：獨占就整體而言會對消費
者或是社會帶來好處，反倒是大多數採取資本主義的民主國
家，其完整配套的競爭法案起源於完全相反的概念。公平競爭
的源頭起自羅馬時代，違反法律情節重大者甚至會被處以死

刑。[9] 一旦不用面對來自外部的真正競爭時，企業就可以隨心所欲用欠缺效率的方式成長，不論是對內、對外的結果都會是提升成本——看看政府機關的死樣子就知道了。即使把範圍限縮在科技業內，還是有很多人認為獨占雖然能在短期內促進創新，但是就長期而言卻會傷害社會整體。業者的獨占力可能來自於提供消費者愛不釋手的產品和服務，但是這段蜜月期終有劃下句點的時候，而且通常不是因為公司不再有炫目的創作品，而是因為公司本身開始僵化，失去對市場的敏銳嗅覺。

大多數思想家認同，典型的創新來自於公司的邊緣，而非來自核心。哈佛大學法學教授尤查・班科勒（Yochai Benkler）附和道：「獨占廠商或許可以將龐大的資金投入研發，但是這種廠商內部文化，基本上並不追求單純而開放的探索，而這才是促成創新的關鍵因素。網際網路就不是獨占廠商的傑作，而是來自產業的邊陲地帶；Google 不是來自於微軟，推特（Twitter）不是來自於 AT&T，甚至還不是來自於臉書。」[10] 獨占廠商層層的官僚組織，會阻絕上級主管接收市場訊號、遠離邊陲地帶的新興科技，這卻是各家廠商在不同市場、產業、國家、智識領域和世代之間的兵家必爭之地。套用管理學大師約翰・海格（John Hagel）和約翰・史立・布朗（John Seely Brown）的說法：「現在全球商務環境中的邊陲地帶，其實是最富有創新潛力的地方，輕忽的話就等著付出代價。」[11]

企業主管應該會樂見區塊鏈的發展，因為這波從邊陲地帶席捲而來的創新浪潮前所未見，舉凡幾大主要的電子貨幣——

如比特幣、黑幣（BlackCoin）、達世幣（Dash）、未來幣和瑞波幣，以及主要的區塊鏈平台──包括對等式公眾集資平台 Lighthouse、分散式註冊系統 Factom、去中心化的簡訊服務 Gems、去中心化的應用市集 MaidSafe、雲端儲存 Storj 和投票機制 Tezos 等等，下一世代的網際網路可以承載實際的商業價值，用實際的誘因拉攏參與者。這些區塊鏈平台可以保護使用者的身分，尊重使用者的隱私和其他權益，確保網路資訊安全並降低交易成本，讓銀行服務鞭長莫及的地方，也能獲得經濟成長的動力。

與現有企業不同的是，區塊鏈可以免除在交易過程中將信任建立在品牌上的必要性，只要免費提供程式原始碼，和網路上的所有人共同分享權力，利用共識機制確保可靠度，然後在區塊鏈上推展業務時保持資訊公開，他們就能替很多失去期待、被剝奪參與權的人帶來新的希望，因為區塊鏈提供可靠又有效的交易方式，不但免除了中介機構的角色，也徹底降低交易成本，把壁壘分明的企業轉換成互相合作的網路關係，散播經濟成長的動力，同時實現財富的創造及更富裕的未來社會。

1. 搜尋成本──我們如何找到新的人才和新的客戶？

我們如何找到需要的人和資訊？要如何從市場雜亂的訊息中判斷他們提供的服務、產品和才能會和我們內部運作的機制最合拍、最符合我們的需求？

雖然企業的架構長期以來沒有多大改變，第一代的網際網

路還是發揮大幅降低成本的功能，帶來許多重要的演變，像是真正成形的外包業務。只要進入創意市集（ideagoras，物色好點子的開放市場），像是寶鹼（Procter & Gamble, P&G）這樣的公司就能找到絕無僅有的高手，提供新產品或是新製程的創新想法。事實上，P&G 六成的創新都是來自於公司外部，充分利用了像是 InnoCentive 和 inno360 這一類的創意市集。其他公司的例子還包括金礦公司 Goldcorp，透過全球挑戰計畫尋求最聰明的想法，以解決他們手上最困難的問題，他們把公司的地質資料公諸於世，外部的高手透過這些資料幫他們找出產值高達34億美元的黃金，讓公司的市場價值暴增了好幾百倍。

　　想像一下，我們現在可以透過全球帳本網這個去中心化的資料庫，取得世上分門別類的豐富資訊，像是誰把什麼樣的發現賣給了什麼人？轉手價格是多少？現在這些智慧財產權的所有人是誰？誰有資格處理相關的專案計畫？我們醫院的團隊擁有哪些專業的醫術？誰實行過哪些手術、產生了什麼樣的結果？這家公司省下了多少碳稅？哪位供應商曾經在中國工作過？從他們的智能合約可以看出之前在預算內，完成過哪些承包案？這些詢問結果得到的不再是草草幾筆概述而已，也不會只是廣告連結或其他強迫推銷的內容：我們會得到的是實實在在的交易紀錄，可用來驗證個人或公司的口碑，甚至還可以取得依照他們聲望總分的排名表。這樣說得夠明白了嗎？以太坊區塊鏈的創辦人維塔力克・布特林說：「區塊鏈降低了搜尋成本，帶來一種類似解構的效果，可以讓你同時從水平面和垂直

面下手打破市場的既定結構。這在以往是從來沒有過的經驗，不再能夠利用獨占地位掌握一切事務。」[12]

有些公司正在開發區塊鏈上可以帶來無限財富的搜尋引擎。如果 Google 的目標就是整合全世界的所有資訊，那麼，Google 投入相當程度的人力進行開發也是很合理的。

網際網路的搜尋和區塊鏈上的搜尋有三大不同之處。首先是使用者的隱私。雖然區塊鏈上的交易一律透明，但是參與者都可以保有自己的個資，自行決定要如何使用自己的個資。參與者可以選擇用匿名、假匿名（pseudonymous，用假名的方式匿名）、準匿名（quasinymous，部分匿名）的方式使用區塊鏈。涉及利益的各方，可找到其他使用者公開放在區塊鏈上的資訊。安德里亞斯·安東諾普洛斯說：「如果你想要的話，你還是可以用匿名的方式交易……只是要在區塊鏈上維持完全透明，還是比維持完全匿名要來得簡單太多了。」[13]

很多公司都需要重新思考、重新設計招募人才的流程，比方說，人資或人事部門要學會如何在區塊鏈上提出是非題：你是當事人嗎？你是否取得應用數學系的博士學位？你是否熟悉 Scrypt、Python、Java 和 C++ 等程式語言？你明年 1 月到 6 月可以擔任全職的工作嗎？諸如此類確認資格的問題。透過這些問題，快速掃描人力資源市場求職者個人身分的黑盒子，列出一張合格求職者的名單，公司也可以付錢讓潛在候選人，提供相關專業資訊放在區塊鏈的網路架構上，再逐一檢視誰是最適任人選。人力資源部門必須熟悉如何運用聲望機制，學會如何

在不涉及其他與工作無關的訊息下與求職者互動，像是對方的年齡、性別、種族或是出生地，此外還要學會從完全私人到完全公開等程度不一的開放方式執行搜尋，好處是不用再憑直覺碰運氣，不用擔心系統性的偏誤，也不用再支付獵人頭或是舉辦徵選會的費用，壞處是精確的問題只會產生精確的搜尋結果——以後將愈來愈沒機會得到意外的驚喜，愈來愈難找到一位雖然資格不符，但是卻具有強大學習能力的求職者，帶給公司迫切需要、不會墨守成規的創意發想。

　　行銷的演變就跟人事一樣。公司可以付款取得客戶資料黑盒子中的資訊尋求商機，看看這些客戶會不會是公司的目標對象。客戶可以完全主導要遮蔽哪些資訊，比方說是性別，因為就連因性別差異而不購買的決定，都有相當的商業價值。在這樣的運作模式下，除了是跟否之外，公司不會得到其他的搜尋結果，所以公司行銷長和行銷公司，也得跟著重新思考任何透過電子郵件、社群媒體和行動裝置所採行的行銷策略：透過哪種傳播管道可以盡可能把成本降到零。客戶會設定一定的成本門檻，唯有在他們認為利大於弊的時候，才有意願閱讀公司的廣告內容，換句話說，公司要付錢給客戶，才能讓他們張開雙耳傾聽公司精心規劃的行銷說帖，你也要精心設計搜尋內容，才能精確命中最關鍵的銷售對象，在不侵犯對方隱私的前提之下，確實接觸到你真正想要觸及的對象。你可以用不同的方式提問，在新產品開發的各個階段了解不同的利基市場，不妨就把這種模式稱為「黑盒子行銷」（black box marketing）吧。

　　第二大不同之處，是可以用不同的維度搜尋。現在在全球資訊網上搜尋時，你只能得到當下那一瞬間的結果，而且是在幾週以前就完成註記的網頁，[14] 電腦理論專家安德里亞斯・安東諾普洛斯把這種模式稱為二維搜尋：水平面，在整個網路世界中搜尋；垂直面，進入某個網站詳細搜尋。第三個維度會是時間序列── 依照上傳的時間順序呈現搜尋結果，他認為「區塊鏈可以額外增加一個時間的維度」，而把以往發生過的事情以三維方式構成完整的搜尋，其涵蓋的商機難以言喻。安東諾普洛斯索性用實際的例子做為說明，直接進入比特幣區塊鏈，找出讓比特幣聲名大噪的第一筆商業交易：某位叫做「Laslo」的參與者用 10,000 比特幣購買了兩張披薩；「我們幾乎可以在區塊鏈玩起考古學了，你可以深入去挖掘所有永久保存的資訊。」（如果你不太清楚那 10,000 比特幣的價值，我們已經幫你換算好了。如果披薩最初價格是 5 美元，而當時 2,500 比特幣＝ 1 美元；而在本書撰寫之時，披薩的價格已經漲到相當於 350 萬美元了！）

　　對企業而言，這就表示他們需要更精準的判斷：經理人必須招募具有良好判斷能力的人，因為一旦做出錯誤的決定就沒有回頭路可走了。企業將沒有辦法混淆事件發生的順序，也沒辦法否認主管做過哪些不名譽的事情。企業必須透由內部共識機制，讓所有利害關係人對路線之爭此等重大決策進行表決，以往一呼百諾、輕忽專業知識的年代已經結束了。企業也可以引進預測市場驗證情境假設。如果你是安隆的企業主管，找代

罪羔羊這一招已經行不通了；如果你是紐澤西州長克里斯‧克里斯蒂（Chris Christie），想要拿自己不知道喬治‧華盛頓大橋被封閉的說詞向檢察官辯解的話，你得要自求多福了。

　　第三大不同之處在於價值：網際網路上的資訊雖然豐富，但是卻不夠可靠，也無法永久流存，但是在區塊鏈上的資訊卻是珍貴、無法竄改而且可以永遠流存的。安東諾普洛斯針對這一項特質表示：「如果要有足夠的財務誘因，才能長久保存資料的話，可別輕忽了區塊鏈可以保留數十年、數百年甚至上千年的特性。」

　　區塊鏈會成為考古史料的一部分，就跟古代美索不達米亞原始的石板塊一樣，這還真是個驚人的想法。紙本資料禁不起時間的考驗，諷刺的是，反倒是記錄資料最古老的方式——石板，最耐得住歲月摧殘。這對企業架構的影響相當巨大，如果重要的歷史資料（如財務紀錄）可以搜尋，也可以永久流傳，則企業負責提供財務報表跟年報的職員，提供給政府或是贊助者的報告，還有將市場概況交給具有發展潛力的員工和顧客時，就要從對公司公開且沒有爭議的立場做為出發點，或是進一步提供利害關係人過濾過的資訊，讓他們只要動動手指就能掌握一切訊息。公司可以建立交易紀錄的資料庫和顯示平台，有些專供內部管理使用，有些可供大眾查詢。不難推想其他競爭對手的反應：所有競爭對手都會利用這些資料摸熟你的公司，建立競爭商情好擬定企劃案，既然如此，何不把公司放在網站上的所有資料通通搬來區塊鏈上，吸引每個人的注意力？

　　充滿價值的區塊鏈也會讓公司產生極高的誘因，往外尋求可利用的資源，因為對於可能合作的個人或公司，沒有人比他們更清楚什麼樣的特質和資歷能夠符合公司的需求。

　　共識系統之類的公司會發展出身分系統，讓潛在求職者或往來對象透過所屬的納美人分身，提供最切合企業主需要的資訊。因為沒有中央管控的資料庫，所以這些分身的資料不會被盜取，也因為能夠自行管控好個人的資料，自然會讓使用者更樂於充實自己納美人分身的內容。只要可以完全將隱私個人化使用，就可以擷取出個人資料的商業價值。這和中央資料庫掌控、商業化使用個人資料的模式如 LinkedIn，是完全不同的兩回事，更何況大型企業還不能完全保證個人資料不會外洩。

　　不曉得羅納德‧寇斯和奧利佛‧威廉森是否曾經想過有個平台，可以把搜尋成本大幅降低到讓企業可以往外找到所需的資源，而且成本更低，表現得還比企業內部更優異呢？

2. 履約成本──說真的，我們到底同意要做什麼事？

　　我們如何和其他人對於某些條件達成協議？降低搜尋合適人選和資源完成工作的成本是一回事，但是這還不足以大幅縮減公司的規模，非得要各個參與其中的各方都同意一起合作才行。企業存在的第二個理由是履約成本，包括談判該如何訂價、建立產能，明確指出上游業者提供的產品與服務需要滿足哪些條件，管控供應商會依照合約條件行事，並且在供應商無法依照約定行事時，提出補救措施。

　　人類原始社會就是建立在社會契約上，從中了解部落裡彼此的關係，還有各自扮演什麼專業分工，像是哪些人負責狩獵和保衛部落的工作，哪些人則負責採集食物和搭建房舍。遠在現代人類站上歷史舞台的初期，我們就會用以物易物的方式交換實體物資，訂定合約算是比較近代的現象，讓我們開始學會交換承諾而不是物資，只是口頭約定有著太多詮釋空間，也容易說忘就忘，就算有見證人擔保也未必那麼可靠，和陌生人合作更是充滿著懷疑與不信任。除非合約能夠立即執行，否則如果拳頭不夠大的話，也沒有其他正式的機制可以保證對方會依約行事；書面合約可以用白紙黑字把權利義務條列清楚，做為建立信任和期望的基礎，如果有哪一方做不到當初的承諾，或發生了意料之外的狀況，也可以做為後續解決問題的依據；但是這些功能並不會憑空出現，簽訂的合約必須要有法律架構的依據才能保障各方的權益。

　　現在的合約還是由原子（紙張）而不是由位元（軟體）所組成，因此有許多無法突破的局限，只能做為記錄協議的簡易文本。接下來我們將會看到，如果將合約建立在軟體上（亦即散布在區塊鏈上的智能合約），就能打開充滿可能的新世界，不只是讓公司能夠更容易與外部資源相互結合而已，屆時區塊鏈上的統一商法典會變成什麼樣子，頗有想像空間。

　　羅納德・寇斯和他的門徒認為，在企業內部的履約成本會比市場交易的履約成本低──所謂的企業，基本上就是把太過繁瑣的短期合約轉換成一份長期合約的工具。

　　奧利佛・威廉森更進一步指出，企業的存在是為了化解衝突，具體做法是用合約將不同的對象通通收攏在企業裡面。如果是在公開市場，唯一的爭端解決機制就是上法院一途——昂貴、耗時，且經常不盡如人意。威廉森還指出，諸如詐欺等非法行為或是利益衝突的問題，根本不可能透過市場來解決爭端；他說：「事實上，組織裡有關於合約的內規幾乎無所不包，可以讓企業成為最終判決者，因此才能夠落實市場所無法執行的規範。」[15]威廉森把企業視為一種由合約建立而成的「治理結構」，組織結構的要務是縮減管理交易的成本，「回歸到履行合約而不是貨比三家的觀點，通常可以讓我們更深入了解經濟單位的複雜性。」[16]這是老生常談的管理學理論，其中當屬經濟學家麥克・詹森（Michael Jensen）和威廉・麥克林（William Meckling）的詮釋最為直截了當：他們認為企業的本質除了是一堆合約關係的集合體外，別無所剩。[17]

　　有些眼界不凡的區塊鏈建構者也採取了這種觀點，以太坊區塊鏈的創辦人維塔力克・布特林主張企業的代表人（也就是經營主管們），只能在得到像是董事會的認可的某些用途後，才可以動用公司資產，而董事會本身也一樣要取得公司股東的認可。他在文章裡寫過這麼一段話：「如果公司做了些什麼事，那一定是因為董事會同意應該要做這些事情。如果公司招募員工，那就表示員工同意在某些條件安排下，最主要的條件當然是薪資待遇，提供勞務給公司的客戶。如果公司採取責任有限制，那就表示有些人擁有額外特權，可以免除被政府依照

法律訴究──這群人享有比一般自然人還要再多上那麼一點的權利，但是仍舊是活在制度安排下的一群人。不管怎麼說，所有的制度設計都不脫是人跟合約之間的組合。」[18]

這就是為什麼區塊鏈可以用降低履約成本的方式開放公司，讓公司能夠和外界建立起新關係的緣故。就拿共識系統公司來說，他們可以和各式各樣的成員建立複雜的合約關係，有些是在公司內部，有些是在公司外部，還有些是在兩者之間的模糊地帶。因為智能合約可以取代傳統的經理人，管控多元化的關係，讓參與者自行分派計畫內容，自行設定交貨條件，並在完成交付後得到報酬──這一切都可以在區塊鏈上處理。

智能合約

智能合約登上舞台的腳步變得愈來愈快，愈來愈多人不只是知道電腦知識，而且還能熟練運用，隨著交易的佐證資料愈來愈重要，智能合約這種新的數位化媒介，也會和其前身的紙本合約書發展出不一樣的性質，一如密碼學專家尼克・薩博（Nick Szabo）特別強調的，智能合約不只能夠涵蓋更豐富的資訊（像是非語言形式的感應偵測數據），也能夠發揮因地制宜的功效：它可以在不同的資訊間轉化，執行某些決策。套用薩博的用語：「數位媒介可以用來計算、直接完成機械操作和依照一定的因果關係執行，效率比起人類要高竿得多。」[19]

為了達到前述那段話的目標，智能合約要透過電腦程式安排，才能確保順利執行人與人、人與組織，以及組織之間所載

明的協議事項。換個角度來看，智能合約也有助於協議的談判
與擬定過程。以下是薩博寫在 1994 年的一段文字，這一年也
是第一個網路瀏覽器網景（Netscape）進入市場的年代：

> 智能合約是電腦化的交易協定機制，可以用來執行某
> 些合約的內容。智能合約的設計概念，通常是建立在
> 滿足一般的合約內容——比方說是付款條件、資產抵
> 押、保密約定和強制執行條款；並盡可能降低例外狀
> 況的發生，不論是出於惡意或是單純的意外，同時減
> 少信託給中間人的必要性。相關的經濟目標包括減少
> 詐騙的損失、減少仲裁和強制執行的成本，還有其他
> 可能的交易成本。[20]

在 1994 年時，智能合約的概念就像是空中樓閣一樣不切
實際，因為當時還沒有合適的科技能夠實現薩博的構想。雖然
那個年代已經有電子數據交換機（electronic data interchange,
EDI）之類的電腦系統，可以在買、賣雙方之間提供格式化資
料的標準傳輸平台，但是還沒有任何一種科技可以達到真正的
即時支付，在買、賣雙方之間完成金流的交換。

比特幣和區塊鏈可以改變這一切。現在交易的各方可透過
協議安排，在達成一定的條件後自動完成比特幣的清算。最簡
單的案例，是你的姊夫和你對賭球賽比數後再也不能賴帳，比
較複雜一點的，是你購買一檔股票後可以立刻結清交易，同時

　　將持股轉登記在你的名下，再更複雜一點的，當外包業者傳來的軟體程式符合內部開出的規格時，就能立刻收到酬勞。

　　用來執行一部分智能合約的技術，其實已經存在一段時間了。所謂的合約，就是在實際交易之前，針對可以執行的交換過程討價還價後的結果，安德里亞斯‧安東諾普洛斯用一個簡單的例子說明：「如果你和我達成協議，我願意付你 50 元交換你桌上的那枝筆，這就是一個可以執行的理想合約。我們可能達成的協議大概會是『我答應給你 50 元去換你放在桌上的那枝筆』，而你的回應可能是『好啊，我接受這個提議』。這是一個『經考慮後同意報價』的過程，所以我們達成了協議，而且是可以經由法院強制執行的協議。在這個例子中，完全不需要什麼高深的科技，就能夠實現我們雙方做出的承諾。」

　　安東諾普洛斯認為區塊鏈的優點，在於透過分權化、內建清算機制的技術環境，履行交易當中的財務責任，他說：「這是很酷的一件事，因為我可以立刻付錢買你的筆，你也可以立刻看見貨款入帳，然後你可以把筆寄給我，我可以收到包裹寄出的通知。這跟我們一般做生意的方式沒有什麼兩樣。」

　　法律界也慢慢開始試探這個領域的商機。就跟各種中間人一樣，律師也有可能受到區塊鏈的衝擊，所以勢必要做出調適不可，而智能合約的專業能力，反而可能帶給想要在合約法求新求變的律師事務所龐大的商機。可惜的是，法律界對這項突破性發展的所知還很有限，另一本談論區塊鏈新書的作者之一，同時也是法律專家艾倫‧萊特（Aaron Wright）就對我們

說了一句：「律師的反應是很遲鈍的。」[21]

多重簽核：複合式的智能合約

　　或許你會反駁說，擬定智能合約所涉及的複雜性和消磨掉的時間，這些成本難道不會更甚於開放企業所帶來的益處嗎？根據現有基礎來看，這個質疑的答案顯示是：不會。如果事業夥伴花多一點時間，互相確認哪些交易條件能夠達成協議，就能夠大幅降低後續監控、執行和清算的成本，甚至可能直接降到零。除此之外，交易雙方可以根據合約內容，在毫秒之內立即完成清算；更重要的是，如果能和更優秀的夥伴合作，企業就更能發揮創新的能力，得到更好的競爭力。

　　以個別簽約者的狀態為例，在數位交易萌芽階段，區塊鏈只能做到最簡單的雙方交易，比方說愛麗絲需要有人幫忙寫一段程式碼，愈快完成愈好，她可以在適當的網路論壇上張貼一則「徵程式設計」的匿名公告，鮑伯可以看到。[22] 若他覺得時間能配合、報酬能接受，他可以回給愛麗絲一些樣本作品。如果這些樣本符合愛麗絲的需求，他們兩人就能協商交易，最後達成協議的內容是：愛麗絲會立刻把一半的酬勞匯給鮑伯，剩下的一半則等收到完整作品並成功通過測試後，立即支付。

　　他們兩人的交易合約簡單明瞭──其中一方開口徵人，另一方接受工作委託。這個交易不需要動筆留下紙本紀錄，因為區塊鏈會包辦他們兩人之間的互動過程。在他們兩人之間流通的比特幣，會附掛上包含兩個元素在內的數位地址（由一長串

的數字所組成）：其中一個元素是地址，也就是兩人共通的公鑰，另一個元素，是讓比特幣擁有者專門用來處分該地址所有金額的私鑰。鮑伯先提供一個數位位址給愛麗絲做為公鑰，讓她把頭期款匯到該位址，網路架構會記錄下這筆匯款，把這些比特幣附掛上鮑伯用來做為公鑰的位址。

如果在這個時間點，鮑伯突然反悔不想接下這個案子的話，該怎麼辦？以往在雙方交易的情況下，愛麗絲追回頭款的方式很有限，她不能跑去信用卡公司要求退回交易，也還不能上民事法庭控告鮑伯毀約。除了一堆隨機生成的文數字碼（alphanumeric code），再加上匿名公告上有過鮑伯的留言外，愛麗絲根本無從確認鮑伯的真正身分，除非鮑伯曾在集中管控的網路平台上留下可供追查的個人資料，或是兩人曾透過集中管理的系統互通電子郵件。愛麗絲能做的就是公布鮑伯的公鑰，指出這個數位地址不值得信任，藉此降低鮑伯身為一位程式設計師的聲望而已。

只要無法確認交易對手在現實生活中的可信度，數位交易就會陷入一個囚犯困境的兩難問題——我們終究需要一定的信任基礎才能夠實現交易。聲望系統可以一定程度降低不確定性的風險，但是我們還是需要把信任跟安全機制，帶進匿名而公開的網路架構中。

加文・安德烈森（Gavin Andresen）在 2012 年「核心開發者」（core developer）論壇上，提出一種在比特幣上附掛地址的方式，他將這種比特幣協定稱為「雜湊指令支付方式」（pay to script hash, P2SH)，目的是讓任一方「不論在多複雜的交易中都能注入資金」，[23] 交易的各方可以使用「多重驗證簽核」（multiple authenticating signature），或是多把金鑰取代單一私鑰以完成交易，圈內人通常會用「multisig」這個單字代表多重簽核的特徵。

在多重簽核的交易中，各方會同意設定金鑰的總數（N），以及需要其中幾把金鑰（M）才能完成整個交易，成為 M-of-N 簽核機制與安全協定，有點類似一個需要動用好幾把鑰匙才能打開的保險箱。在這種機制下，愛麗絲和鮑伯可事先約定找一位中性、無利害關係的第三方仲裁人，幫忙完成雙方的交易，這三方各自擁有三把私鑰中的其中一把，必須同時取得兩把才能進行匯款。愛麗絲會把她的比特幣先轉到一個公開的地址，此時所有人都看得到這些比特幣，但是沒有任何人可以動支。當鮑伯看到這筆錢已經公開在網路上，他就可以放心完成被託付的工作。如果愛麗絲之後不滿意鮑伯的作品，覺得被騙了，她可以拒絕提供自己的私鑰給鮑伯，然後請擁有第三把私鑰的仲裁人出面調解。仲裁人只有在交易雙方彼此有爭議的時候，才會被請到檯面上，所以他們完全沒有機會接觸到交易的貨款──這就是催生出「智能合約」的交易機制。

你必須對交易機制可以確保自己在當中的權益有一定程度的信心，才有可能和遠處的交易對象簽訂合約，自動生效的合約更是應該如此。如果你無法信任交易對手的話，你就要把信任建立在爭端解決機制和／或背後的法律體系。多重簽核機制

可以讓無利害關係的第三方，以超然的立場為匿名的交易帶來
信任和保證。

　　多重簽核機制愈來愈受到歡迎，一家新創立的公司 Hedgy
就利用多重簽核機制設計期貨合約：參與其中的各方同意針對
比特幣的未來價格進行交易，只有產生價差時才需要付款。
Hedgy 並不向參與者要求擔保品，他們只要把交易資金置入多
重簽核機制中，一直等到執行日生效那天就可以了。Hedgy 的
目標是使用多重簽核機制做為智能合約的基礎，可以在區塊鏈
上對照出自動執行的所有佐證資料。[24] 不妨把區塊鏈想成匿名
與開放之間的匯流地帶，而多重簽核機制恰好可以將這兩種特
性畢其功於一役，不用考慮取捨的問題。

　　先不提將來可能的變化，智能合約已經可以改變企業在商
場上扮演找尋人才、並與之簽約合作的角色，人資部門今後不
只要關注內部，還要能掌握企業外部的人才，需要通過怎樣用
智能合約，降低企業往外部搜尋資源並建立合作關係的考驗。

3. 協調成本——我們應該要用什麼方式一起合作？

　　現在我們已經找到適當的人選簽約合作，接下來，我們要
如何進行管理呢？羅納德・寇斯在他的論文中也談到了整合、
協調的成本，才能讓不同的人物、產品、流程在企業內部有效
地創造價值。他的論點和傳統經濟學家主張企業本身有個內部
市場的想法不同，認為「勞工不會從 Y 部門移動到 X 部門工
作的原因，並不是因為這會改變相對均衡的價格，而是因為上

級指示他留在 Y 部門。」[25] 換句話說，市場透過價格機制分配資源，公司內部卻是透過命令、指示配置資源。

　　奧利佛‧威廉森更進一步說明，有兩種協調模式特別值得一提。第一種是透過價格機制的分權化資源配置方式，撮合消費需求和企業商機（市場模式），第二種（傳統模式）則是「企業採用不同的組織架構——階層組織，以上級發號施令的方式影響資源的配置。」在過去幾十年，階層組織屢屢被視為是扼殺創意、侵蝕動力、貶抑人力資本和上下交相賊以標定代罪羔羊的組織架構。的確，很多階層組織的管理模式，最後都瀰漫著欠缺生產力的官僚氣息，但是聲名狼藉的階層組織還是有其不可抹滅的一面，加拿大出生的心理學家埃里奧特‧傑奎斯（Elliott Jaques）於 1990 年在《哈佛商業評論》（*Harvard Business Review*）發表了一篇經典之作，指出「經過三十五年的研究，我相信階層組織的管理模式，仍舊是組成大型機構當中最有效、最強韌，甚至也是最自然的組織方式。只要安排得宜，階層組織一樣可以釋放動能和創意，達到合理的生產績效，甚至還能改善職場氣氛。」[26]

　　問題在於近期商業紀錄中，有太多階層組織欠缺效率的情況已經達到一種離譜的境界，由史考特‧亞當斯（Scott Adams）所著的《呆伯特法則》（*The Dilbert Principle*）很可能是史上最暢銷的管理學書籍之一，當中對於階層組織陋習的描寫真是入木三分。最近有則漫畫提到呆伯特對區塊鏈的看法：

經理人：我想，我們應該建立一條區塊鏈。

呆伯特（心想）：喔喔，他真的知道自己在說什麼嗎？

還是他又在哪本商業雜誌上看到類

似的廣告？

呆伯特：你想要把區塊鏈塗成什麼顏色？

經理人：我想，淺紫色的可以得到最多記憶體吧。

這則漫畫裡，亞當斯一針見血點出階層組織運作不良的其中一個關鍵——經理人通常會被提拔到一個自己所知有限，而無法有效領導的領域去發號施令。

結合了如何建立有效率、能創新組織結構的進步管理思潮，第一代網際網路讓追求進步的經理人，將以往由上而下指派工作的方式，調整成適當授權，以績效評定做為升遷依據。

不論是好是壞，總的來說，中央管控的階層組織就是基本常態現象。打從網際網路剛萌芽開始，分權化、互動式並賦予員工權力的架構就被認為是更明智的選擇。團隊合作、專案導向成為組織內部的運作基礎，電子郵件讓我們可以放下本位主義，在組織內部跨界合作，社群媒體不但有助於降低內部溝通的成本，也能降低組織對外的交易成本，讓企業的邊界不再壁壘分明，與供應商、客戶與事業夥伴之間的聯繫也更融洽。

不過，現在的商務社群媒體工具，實際上是讓更多公司將內部合作的程度推上了新高點，賦予員工權力這種真正能去除權力集中的機制，成為商場關注的焦點，有些公司也開始嘗試

採取各種不同的新觀念，從矩陣式管理到無領導管理都有其支持者——而且獲得程度不一的效果。

事實上，將公司的責任、權力和權威性拆散往往能導致良性結果，這一點已經得到普遍的共識：業務進展得更順利，客戶服務做得更好，也更有機會帶來創新。只是在實務上要這樣做還是知易行難。

網際網路也無法降低經濟學家所謂的「代理成本」（agency cost）——即為了確認公司內所有人的作為都符合企業主利益的成本。老實說，另一位諾貝爾經濟學獎得主約瑟夫・史迪格里茲（Joseph Stiglitz）則認為，就算大型企業能夠大幅壓低交易成本，但是其自身的規模和複雜性也會反向拉高代理成本（是的，在這本書裡多的是各種經濟學家的觀點），具體表現就是企業執行長和第一線員工之間的巨大薪資差異。

所以，區塊鏈會以什麼角度介入，進而改變企業內部的管理與協調機制呢？透過智能合約和史無前例的透明度，區塊鏈不只可以降低企業對內與對外的交易成本，也應該能夠大幅度降低所有管理層級的代理成本；這些改變將使得操弄系統的行徑變得難上加難，讓企業可以跨過交易成本的障礙，好好處理以往所不願意面對的難題——代理成本。尤查・班科勒說：「我對區塊鏈特別感興趣的地方是，它讓我們可以在穩固的組織裡一起合作，但是卻不用受階層組織的制肘。」[27]

這也預示經理人，應該要對在徹底透明的環境下執行協調的工作做好準備，因為公司股東現在可以清楚看見哪些行為欠

缺效率，哪些繁瑣的程序毫無必要，還有他們領取的酬勞和替公司創造的價值之間的嚴重落差。別忘了，經理人並不是企業主的代理人，他們只是扮演居中協調的角色而已。

4.（重新）建立信任的成本——為什麼要信任別人？

先前已解釋過，商場與社會所謂的信任，代表可以期待對手依照誠信、周全、可靠和透明——四項正直的原則行事。[28] 建立信任的工作並不容易，不只是經濟學家，其他領域的學者也認為企業之所以要垂直整合，是因為在企業內部會比在公開市場上更容易建立信任的緣故。正值商場的信任度跌到谷底之際，企業面臨的挑戰不只是找出誰值得信任而已，還要能夠讓企業外部的專業人士信任企業才行。

以經濟學家麥克・詹森為首的研究團隊，的確把正直當成生產力的一項要素，雖然不是率先提出這個論點的團隊，但是他們的論證卻很有說服力。他們批評金融圈看似永無止境的各種醜聞，已經重創我們的價值觀和社會福祉，因此強烈主張在金融操作當中，融入正直這項要素。對他們而言，這不是一個訴諸道德的議題，而是一個重振財務經濟的機會，「能夠有效提升經濟運作的效率和生產力，進而推升社會福祉。」他們認為「正直……對於個人和企業組織都有非常多的經濟效用——價值、生產力、生活品質等等；事實上，把正直視為生產要素的重要性，並不亞於勞力、資本或是科技。」[29]

華爾街因為一連串侵害正直的行為而失去信任（還差點毀

了資本主義），但是他們有改正嗎？以後會改正嗎？以前企業
社會責任的捍衛者宣稱企業「因為做對事情而得利」（do well
by doing good），可是卻提不出實質的證據。真相是很多企業
因為做壞事而得利（do well by doing bad）——在開發中國家
壓榨勞力、把汙染之類的成本往外推給社會承擔、設法利用壟
斷占盡消費者便宜，2008 年的金融海嘯更是教會我們企業「使
壞使到灰頭土臉」（do badly by doing bad）這件事。這一課更
是讓幾大銀行業者學得痛徹心扉，2008 年以前，他們在的股
東權益報酬率動輒 20％起跳，如今很多銀行的績效表現都跌
到 5％以下，甚至連攤平資金成本都做不到，以股東的角度來
看，這些銀行都不應該繼續在市場上運作了。[30]

務實一點來看，華爾街究竟有什麼機會可以深刻體會到麥
克・詹森的諄諄教誨，學會秉持正直的原則做事？再怎麼說，
見錢眼開和短視近利早已成為西方金融體系 DNA 的一部分。

進入區塊鏈和電子貨幣的年代後，如果交易對手之間彼此
互不信任，但是卻受到這項金融技術平台所限，而不得不秉持
誠信、周全、可靠和透明的原則行事時，結果會怎麼樣？

史蒂夫・奧姆亨卓（Steve Omohundro）提供我們一個頗
具說服力的例子：「如果有人從奈及利亞找上我買東西，我一
定會心存懷疑，而且不會接受任何來自奈及利亞的支票跟信用
卡。不過有了新的技術平台後，我知道我可以相信這個平台，
而且我不用額外付出代價和對方建立信任，這會促成用其他方
式都無法達成的交易效果。」[31]

　　這意謂著華爾街的銀行業者，不用硬把正直塞進自己的DNA 和行為中，因為區塊鏈的創立者已經把正直刻畫在軟體協定當中，並散布在整個網路架構上——為金融服務產業帶來一項新的工具。好消息是，業界人士可以據以重建信任，並在日後持續厚植信任的基礎。

　　區塊鏈讓搜尋、履約和協調的成本連同建立信任的成本一起大幅降低，這不但更容易建立一個開放的企業，也能讓企業更容易和外界建立互信。區塊鏈讓追求自利的行為符合所有人的利益，欺騙系統會比單純使用系統更得不償失，這就是區塊鏈的設計原理。

　　這並不表示企業品牌以及為了品牌聲望而重視道德這件事，變得再也不重要或是不值得追求。區塊鏈有助於確保正直的行為，讓參與交易的各方建立互信，也有助於促進透明度——建立信任的關鍵要素。身兼作家與科技理論大師的大衛・提科（David Ticoll）表示：「信任、品牌的重要性當然不只是促成交易而已，它們也關乎著一項產品與服務的品質、安全、愉快體驗、保存價值和號召力。在聯合國氣候峰會都舉行了二十一屆的現代社會中，最佳品牌可以輕易在環境、社會和經濟責任等各方面都找到可供檢驗的成果。」[32]

　　簡單來講，企業主管在智能合約下必須變得更可靠——在軟體直接設定執行清算的條件下，他們必須做得到言出必行。公司行號可以在完全透明的機制下打造新的往來關係，讓每個人都更能了解簽訂協議的各方該做到哪些事。最重要的是，無

論他們喜不喜歡，他們做生意的方式都得要把其他各方的利益考慮在內，這就是區塊鏈對於參與者的基本要求。

如何劃定企業的邊界

總而言之，一家公司和供應商、顧問、客戶、外部同業社群或是其他單位的邊界將愈來愈難界定，一樣重要的另一點則是，這樣的邊界會不斷變化無常。

就算有了區塊鏈，公司還是會繼續存在，因為至少在很多活動項目中，在公司內部執行搜尋、履約和協調並建立信任的機制，還是會比在公開市場上來得更具成本效益；所謂沒有代理人的國度、讓每個人獨立在公司之外作業的想法，只是海市蜃樓而已。創立區塊鏈研究所（Institute for Blockchain Studies）的梅蘭妮・史旺（Melanie Swan）表示：「若想讓透明度達到最大，公司應有的規模是多大？我想，這個答案不會是徹底的化整為零，任憑每個人透過電子化作業單兵作戰。」她認為未來將會產生一種新型態，「由個人或團體依照專案內容合作的彈性商業架構」，她把這種新的企業模式類比成工業革命之前，由商人組織成協會在某個城鎮一起合作的公會（guild）組織；「我們還是需要企業發揮整合的工作，而團隊合作的新型態到目前為止，也還沒形成一個具體的輪廓。」[33]

我們經常聽到企業應該要致力於核心業務的說法，但是當區塊鏈大幅消除交易成本之後，什麼才是核心業務？當一家公司的核心業務不停變動的時候，我們又該如何定義核心業務？

　　每個人似乎都對能達到最大生產力與競爭優勢的最適企業
規模，有不同的看法，我們的探訪過程中也發現，很多公司對
此沒有明確的想法，彷彿認同巴布‧狄倫（Bob Dylan）歌詞「你
不需要氣象員，也知道風要吹向何方」所建議的，只憑一時感
覺決定哪些業務是核心，哪些業務是邊陲，譬如有些公司居然
把後勤部門的工作描述成不用動腦、關於為什麼要這麼做沒有
任何評斷準則的業務項目。

　　有些公司比較認真看待這個議題。蓋瑞‧哈默爾（Gary
Hamel）和C‧K‧普哈拉（C. K. Prahalad）兩人對於核心能
力的看法是，公司熟練精進後可以用來取得競爭優勢的技能。
公司的運作要圍繞著這些熟練的核心能力，其他的工作都可以
委外處理；[34] 不過，要是某些公司熟練的核心能力並不是關鍵
的事業項目時，這些技能是否還有必要留在公司內部呢？

　　在策略大師麥可‧波特（Michael Porter）心目中，競爭優
勢來自於公司的經營活動，特別是能夠強化這些經營活動，而
且很難被完全抄襲的網路體系。個別的經營項目並不是重點，
重點在於如何串連經營活動，使之能在單一的體系內精益求
精。競爭優勢來自於建立經營活動的整個體系，如此一來，即
使個別經營項目有可能被抄襲，只要競爭對手沒辦法複製整個
體系，他們就沒辦法取得相同的優勢。[35]

　　有些學者認為，公司應該永遠專注在關鍵的事業項目上好
好發揮就好──也就是公司為了求生存、賺大錢就不能犯下錯
誤。但是看看以下這些例子：生產電腦應該是電腦公司的關鍵

事業項目吧？但是戴爾（Dell）、惠普（HP）和 IBM 都把這項工作外包給 Celestica、Flextronics、Jabil 這些電子產品代工生產服務業者，整車組裝也應該是汽車公司的關鍵事業項目，但是 BMW 和 Mercedes 卻是委託 Magna 代為生產。

　　史丹佛商學研究所（Stanford Graduate School of Business）教授蘇珊・艾希（Susan Athey）說得好：「像是蒐集、分析大數據這樣的關鍵事業項目，就算公司本身沒辦法表現得非常好，外包給其他公司的風險實在太高了。」[36] 的確，能不能把資料分析這類的功能做到箇中翹楚，關乎著企業在商場上的成敗，讓事業夥伴分享這些內容難免存在風險，只是企業還是可以策略性選用外部資源，建立自己所屬的專業能力。

　　我們認為要怎樣劃定企業的邊界，取決於了解公司所屬產業、競爭對手以及成長與獲利的機會——並且要運用這些知識做為企業提出競爭策略的基礎。以這個角度來看，區塊鏈會替網路型組織帶來新的發展機會，經理人和知識工作者應該時時意識到這些機會。企業邊界的決策不會只是屬於資深主管的權責，而是屬於想要在創新與績效上追求卓越的任何一個人。另外我們也要提醒一件事（這一點的重要性也不能輕忽），你所屬公司的企業文化也是無法外包的項目。

決策矩陣

　　基於區塊鏈可以讓公司接觸到外部頂尖資源的前提下，現在我們可以重新定義，什麼才是從基礎建立公司競爭優勢的經

營活動和運作方式——那既是關鍵的事業項目，也是具有獨到
專長的項目。

決策矩陣對於業務委外或自主的分析，其實只是一個以通
則思考該如何定義企業邊界的起點，除此之外，企業應該採用
哪些其他因素決定什麼是基礎的核心業務？又有什麼樣的外在
環境限制，會影響企業對於外包或自主的決定呢？

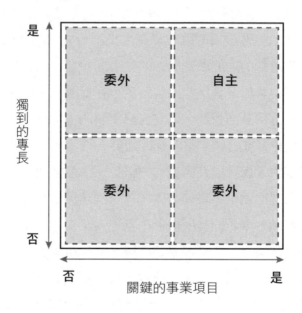

預見你的未來：劃定企業邊界

要劃定邊界的時候，企業應該要先利用區塊鏈建立全方位
的視角，並藉由共識決定什麼是企業獨到的專長，什麼又是企
業關鍵的事業項目。約瑟夫‧魯賓的共識系統公司，就是一家
預告將來企業要如何在區塊鏈上建立操作模式的例子，雖然共

識系統公司仍處於草創階段，有很多需要摸索的地方，也有可能因為犯錯而痛失商機；但它仍有許多值得借鏡之處。

1. 有沒有潛在的事業夥伴可以做得更好？更精確一點來說，我們能從新的同儕生產社群、創意市集、開放平台……等各種區塊鏈的商業模式中擷取利益嗎？共識系統公司有辦法在這一方面協調出絕佳的專業團隊，即使很多成員來自於公司外部也無妨。

2. 在區塊鏈的基礎上，什麼是構成企業邊界的新經濟要素——建立合夥的交易成本與留在公司內部發展，孰優孰劣？公司有辦法提出一整套智能合約，並且把其中的核心元素模組化重複使用嗎？智能合約就是共識系統公司用來降低協調成本的利器。

3. 不同技術必須互為援引的程度有多高？能獨立模組化的程度又有多高？如果可以辨識出某個經營元素可以用模組化的方式套用，那就可以輕易做出將之擺放在公司外部的決定。共識系統公司會針對軟體開發設定標準，將不同的軟體模組提供給事業夥伴接手完成。

4. 公司本身管理外包業務的能力強不強？智能合約能夠幫忙加強管理能力並降低成本嗎？共識系統公司開宗明義就是一家區塊鏈公司，執行長約瑟夫・魯賓更是大力將這項技術平台轉化成無領導管理，應驗我們在第 2 章所提到區塊鏈經濟的七大設計原則。

5. 如果有事業夥伴想要剽竊你事業的根基，就好比傳聞鴻海

（Foxconn）有可能對智慧型手機大廠所做的行為，碰上這種機會主義者的風險有多高？共識系統公司解決這個難題的方法，是在誘因結構中設定權利金分享機制，讓齊聚一堂的人才，一同分享創造的財富。

6. 如果要更進一步將公司組織網路化（並縮編規模），會不會碰上法律規章或是政治局勢的阻礙？至少共識系統公司到目前為止沒遇上這個棘手的問題。

7. 創新進展的步調和決定企業的邊界息息相關，有時候當公司無法及時在內部發展出策略性的功能時，尋求外援就會是不得不的選項，適當建立夥伴關係也不失為一種及早進場卡位的做法。事業夥伴能夠幫助我們建立一套提升競爭優勢的經營環境嗎？共識系統公司採取的策略是：在以太坊的架構上和其他協同夥伴建立聯繫網路，讓以太坊的平台持續成長，持續累積經營成效，這樣就有機會讓網路上的所有參與者一起分享成功。

8. 會不會有些基本的事項到最後會失去控制——比方說是某個產品或是某個網路架構？公司本身必須清楚知道價值鏈的哪個部分，是未來創造並掌握價值的關鍵，如果把這部分委外經營，就一定會導致公司衰敗。對共識系統公司而言，以太坊區塊鏈就是他們不能假手他人的基本事項。

9. 有沒有哪些專長像是挖掘資料內涵，會成為公司和所有經營活動的組織要件？如果有的話，就算公司現在還不能在該項目出類拔萃，也應該要把不得不的夥伴關係，視為過

渡階段的戰術運用，最終還是要在公司內部建立卓越的專
業能力才行。區塊鏈需要公司所有職員在大腦學會一整套
全新的技能，因此而建立的企業文化，也無法排除在企業
邊界之外。

第 5 章
新經營模式：
區塊鏈帶來的春風化雨

　　在 2008 年金融海嘯爆發前一個月成立的 Airbnb，業已成為規模高達 250 億美元的資訊平台，不論是就市值或是就旗下所擁有的房間數來算，Airbnb 都是全球最大的住房供應業者，但是租屋者從他們創造的利益中能得到的部分卻相當有限：跨國支付的金額要由西聯匯款經手，每筆交易要扣 10 美元的手續費，還要另外加上匯率變動的風險，結清這些交易也要花上一段時間。Airbnb 可以掌握使用者的資料尋求商機，而這一點也讓租屋者和承租人都同樣感受到隱私不保的風險。

　　我們找上區塊鏈專家迪諾‧馬克‧安格瑞提斯（Dino Mark Angaritis）一起腦力激盪，試圖在區塊鏈上設計 Airbnb 的競爭對手，然後決定把這個新的事業體命名為 bAirbnb。這會是一個更貼近會員的合作計畫，不單所有營收扣除雜項支出後都回饋給會員，會員也可以掌控這個資訊平台進行決策。

當 bAirbnb 對上 Airbnb

bAirbnb 是一個去中心化應用程式（distributed application, DApp），利用智能合約把所有住房資料列在區塊鏈上，配上一個精緻的操作介面，由租屋者自行上傳房間的圖片和資訊，[1] 並採取聲望評價機制，讓租屋者、承租人雙方面都能夠加強與其他人達成交易的機會。

當你想要租個住處的時候，bAirbnb 軟體會掃描、過濾區塊鏈上所有符合你胃口的清單──好比說，距離巴黎鐵塔 16 公里之內、兩個房間、起碼要有四顆星的評價。你的使用經驗會跟在 Airbnb 上一模一樣，不同之處在於，網路架構是上採取點對點的溝通模式，使用加密技術傳遞附上署名的訊息，而且這些訊息不會儲存在 Airbnb 的資料庫裡，[2] 承租的你和租屋者是唯二可以讀到相關訊息的人。你們可以直接交換彼此的聯絡電話──這是會被 Airbnb 阻絕、成為該公司日後賺錢的工具。在 bAirbnb 上，交易雙方可以選擇在區塊鏈之外交涉，甚至完全在區塊鏈之外完成交易，不過以下幾個理由，會讓你們更願意在區塊鏈上完成交易。

聲望評價：區塊鏈的網路架構會記錄下交易內容，任何一個參與者的正面回饋都能提高你個人的聲望評價，害怕承受負面評價的風險，也會促使交易各方維持誠信原則。別忘了，聲望評價比較好的參與者，可以在不同的去中心化應用程式平台使用同一個身分，這會讓努力當一個好人產生有利益的結果。

身分確認：因為我們不是透過集中管控的系統代為確認交易對手的身分，所以參與交易的各方都得要有辦法確認其他人的身分才妥當。區塊鏈可以透過「身分確認」（VerifyID）應用程式的協助做到這一點。包括 bAirbnb、SUber（區塊鏈上的 Uber）在內的各種去中心化應用程式，如要確認參與者的真實身分時，都可透過類似的方式借用其他應用程式的資源。

保護隱私：身分確認應用程式並不會在資料庫中追蹤、儲存完整的交易資訊，當收到其他程式要求驗證公鑰（參與者身分）的請求時，只會回覆真、假的邏輯參數。不同種類的去中心化應用程式，都能向身分確認應用程式提出驗證的請求，而身分確認應用程式不會知道各種交易的細節。將身分驗證和該身分從事的活動拆開，就能大大提升保護隱私的成效。

降低風險：在現行運作模式下，租屋者會在自己的電腦主機儲存客戶的身分與財務資料，有可能成為駭客覬覦的目標而資料外洩，使得租屋者面臨訴訟與賠款的風險。若是在區塊鏈上，你不用祈禱租屋者會妥善保管你的資料，因為沒有一個中央管控的系統可以成為駭客的切入點，只能看到參與者透過假名直接進行點對點的交易。

保費優惠：現在 Airbnb 提供租屋者 100 萬美元的保險金，要是不幸遭竊或是房屋損壞時的可以用於理賠，如果是在 bAirbnb 上，租屋者可以使用 bAirbnb 專屬的去中心化保險試算應用程式，如果是一位像你一樣擁有好名聲的承租人，就可以享有比較低的保險費率，不用分擔其他承租人因無心之過、

缺乏仔細審查，或因管理不善所造成的損失。當你提出預約申請後，bAirbnb 會把你的公鑰（身分帳號）轉給外包保險公司估價，去中心化保險試算應用程式會列出所有值得信任的保險公司，直接排除假冒的業者。各家保險業者會根據輸入的訊息，如租屋者房子的市價、租屋者欲投保的額度、租屋者的聲望、承租人的你的聲望、承租價格等，透過自主代理軟體即時計算出保費，再由 bAirbnb 從中挑出最優惠的方案，讓租屋者加進每一晚的房價當中。這一切都會在區塊鏈的後台進行，租屋者和承租人使用起來跟 Airbnb 沒有多大差別，卻能得到更優質、更公平的交易內容。

結清付款：這當然是區塊鏈最大的優勢所在，你只需要花幾秒鐘的時間就能把租金匯給租屋者，比 Airbnb 花上好幾天要快得多。使用智能合約的租屋者，可以用更簡單的方式管理保證金，代管契約還可以讓某些承租人分階段支付部分款項——每晚、每週，或每小時付款一次，如果交易各方都同意的話，當然也可以一次付清。如果智能合約產生爭議的話，還能商請仲裁人介入調停。

智慧鎖門禁系統（物聯網的一環）：與區塊鏈建立連結的智慧鎖可以掌握你什麼時候付款，因此當你抵達目的地時，你支援近場通訊（near-field communication, NFC）的智慧型手機將以你的公鑰簽署訊息，完成交易確認，智慧鎖就會自動為你而開。租屋者再也不用刻意留一把鑰匙給你，也不用守著房子隨傳隨到——除非他們想當面和你打聲招呼，告訴你發生危險

時要怎麼處置。

如此一來，你和租屋者已經差不多省下 15％交給 Airbnb
的費用。交易結算既迅速又安全，不用煩惱換匯的手續費和匯
差風險，也不用擔心自己的個資外洩。如果前往高壓統治的地
區，官員可沒辦法強制 bAirbnb 交出所有的租約紀錄。這才是
真正的共享經濟——服務提供者與消費者雙方都是贏家。

全球運算系統：去中心化應用程式的崛起

在繼續設想其他像 bAirbnb 這種分散式經營事業的可能性
之前，不妨先說明是哪些技術促成了分權化的經營模式。直到
區塊鏈問世之前，中央管控的組織機構都是採用集中運算的電
腦架構。

在企業開始電腦化的前幾十年，所有軟體應用程式都只能
灌在公司的電腦裡使用，包括通用汽車（GM）、花旗銀行
（Citibank）、美國鋼鐵（U.S. Steel）、聯合利華，甚至是美國聯
邦政府都設置了大型的資料中心操作自己專屬的軟體。想要電
腦化的公司可以向供應商租用電腦，或是使用「分時」（time
shared）服務，像是 1980 年代的紅極一時的 CompuServe，進
入服務供應商的大型主機使用自己的應用程式。

隨著個人電腦的發展日益成熟，軟體市場也愈來愈朝向專
業化發展：有些專注於客戶端（個人電腦）的應用程式，有些
則朝向開發伺服器（大型主機）的應用程式。之後進入網際網
路大張旗鼓的階段，特別是在確立全球資訊網的架構後，個人

和公司都可以透過電腦分享資訊——一開始只是文字檔案，之後開始有圖像、影音等各種多媒體，最後就連軟體應用程式[3]都成為分享的項目之一。分享的概念讓資訊科技開始往民主化的方向發展，可惜這個趨勢並沒有長期維持下去。

　　時間來到了 1990 年代，一種新型的分時機制孕育而生，一開始我們稱之為虛擬私人網路（virtual private networks, VPNs），之後則泛指雲端運算（cloud computing）。雲端運算讓個人和公司可以把自己的軟體和資料，儲存在第三方的數據中心加以使用，新的科技公司如 Slaesforce.com 也藉由經營雲端運算獲得大筆財富，同時替客戶節省開發自用專屬軟體的可觀成本。提供雲端服務的公司如亞馬遜、IBM 等更是建立起高達美元數十億以上的事業規模，進入本世紀之後，社群媒體公司如臉書、Google 等所提供的服務，都是在自己所有的龐大資料中心裡運作，結果延續了集中運算的發展趨勢。還有像是蘋果電腦這樣的公司乾脆告別了網路民主化的架構，改採自己專屬的平台如 Apple Store，要求客戶使用專屬的應用程式才能取得該公司的服務，使得網路世界再也不是開放的世界，而是形成一個又一個門戶獨立、不對外開放的私人花園。

　　我們可以在數位年代一次又一次看見，大型公司在自己大型系統中發揮整併的能耐——開發、執行、擁有或者是收購應用程式，中央集權的公司會推出中央管控的運算架構，之後帶來科技與經濟力量集中化的結果。

　　但是這種型態卻是危機四伏：在單點掌控的的架構下，公

司本身就容易遭受大規模當機、被不法集團利用、爆發資安漏洞等災難性風險的打擊。如果你是塔吉特百貨、eBay、摩根大通、家得寶的客戶，或是偉彭醫療（Anthem）還是婚外情社交網站 Ashley Madison 的使用者，就連美國人事管理局（U.S. Office of Personnel Management，資料外洩過兩次）甚至是 Uber，都在 2015 年爆發過駭客入侵的問題。[4] 光是在單一公司內的不同系統要能互相溝通都還是極大挑戰，更遑論要跟公司外部系統跨界合作了。對我們使用者而言，這就表示我們從來不曾真正擁有掌控權，都是由其他人根據他們不對外張揚的價值觀或是經營目標，來界定要提供哪些服務給我們，而這卻有可能和我們的利益發生衝突。當我們提供龐大、有商業價值的資料時，其他公司會據為己有從中牟利——或許還取得了史無前例的鉅額財富，留給我們多數人的卻只是一丁點的好處。最糟糕的是，中央集權的公司會利用我們的個資揣摩出我們每個人的樣貌，利用這些資訊向我們推銷，甚至監控我們的一言一行。

　　直到後來區塊鏈登場，讓每個人都可以把程式上傳，在高度加密維護經濟利益[5]的環境下自動執行，確保程式能夠符合原本規劃的資安水準。區塊鏈是公開、不附屬於任何一家公司的平台，包含愈來愈多的各種資源，像是可以用來誘導、獎勵某些特定行為的電子貨幣。

　　我們正在進入一個數位革命的新年代，可以編寫、分享分散式的軟體程式。就如區塊鏈採用分散式的通訊協定一樣，分

散式應用程式或是去中心化應用程式，也可以在很多不同的電腦設備上執行，不用局限在單一主機，這是因為建立區塊鏈的所有運算資源，就等同於一台超大型的電腦。區塊鏈的開發者嘉文・伍德（Gavin Wood）在描述以太坊區塊鏈就是一個資料處理平台時，提到了這個觀點：「這個世上只有一台以太坊區塊鏈的電腦，而且可以涵蓋多重使用者——任何使用它的人都等於自動登入系統一樣。」因為以太坊區塊鏈是依照最高等級的資安標準，用分散式的架構建立而成，「所有程式碼、資料處理和儲存方式，都在一套自成一格的環境中進行，所以沒有人有辦法利用這些資料玩花樣。」在他眼中，關鍵的規定都內建在整個運算機制內，比做「虛擬晶片」（virtual silicon）也不為過。[6]

　　在區塊鏈之前，也曾經有過暖場用的去中心化應用程式，那就是點對點的檔案共享應用程式 BT 下載（BitTorrent）。這個程式目前就占所有網際網路流量的 5％，[7] 顯現去中心化應用程式的發展潛力。BT 下載讓音樂、影片或其他媒體的愛好者可以免費分享彼此的檔案，沒有一個中央伺服器可以讓當局強制關閉。不喜歡被當成偶像崇拜的程式設計師布拉姆・科恩（Bram Cohen）催生了 BT 下載，比特幣的銅臭味太重，反倒令他興趣缺缺，他認為「革命不應該是讓人致富的工具」。[8]

　　我們大多數人用正面態度，看待透過科技創新帶來財富和經濟價值的行為，只要這場革命的商業價值不會被少數人壟斷就好。去中心化應用程式在區塊鏈上的可能性幾乎無可限量，

因為區塊鏈會把去中心化應用程式提高到全新的領域，如果歌詞「愛與婚姻，就像是馬匹和馬車一樣一同向前」說得沒錯，去中心化應用程式和區塊鏈也會是這麼一回事。Storj 是一家經營分散式雲端資料儲存的公司，另外也提供一系列去中心化應用程式，讓客戶可以用更便宜、更安全、更保有隱私的方式儲存資料，沒有集中管控的單位可以取得客戶加密過的密碼。這項服務排除了客戶建置中央儲存系統的昂貴成本，而且執行速度超快，還可以承租客戶提供的額外儲存空間——就像是針對閒置電腦記憶空間的另一家 Airbnb。

DApp 才是王道：分散式企業組織

去中心化應用程式（DApp）如何散布更高的效率、更多的創新，讓企業的結構更能因時制宜呢？有了 DApp 所創造的價值，我們能夠建立什麼樣新的經營模式？如果說，強而有力的大型機構掠取了現有網際網路的利益，我們將來能夠超越「外包」、「經營網絡」的局限，真正用分散式系統達成創新和價值創造，擴大傳播資料和財富的所有權，促進繁榮嗎？下圖的2×2矩陣，列出我們相信未來四個最重要的創新經營模式。

橫軸表示人為因素在經營模式中所占比重的高低，愈往左邊就愈需要人類參與其中，愈往右邊就愈不需要由人類經手。

縱軸表示經營模式牽涉到的廣度，而不是單指技術複雜度。最下方表示只執行單一的功能，高度愈高表示要兼顧多種功能於一體。

　　因為這個矩陣使用區塊鏈技術，通常也使用電子貨幣做為運作基礎，可以說包含了所有區塊鏈經濟的元素。智能合約（詳見前一章的說明）是最單純的模式：難度只在於需要人參與其中而已，然後逐漸提升到以多重簽核達成協議的機制。當智能合約的複雜度逐漸提高、需要和其他合約交互發生作用時，就會形成所謂的開放網路型企業（Open Networked Enterprise, ONE）；如果把開放網路型企業和自主代理機制（autonomous agent，不用人類經手就能做出決定和反應的軟體）結合，就會形成所謂的分散式自主企業（Distributed Autonomous Enterprise, DAE），只需要些許、甚至完全不需要傳統管理或階層組織，就能替客戶創造價值、替股東創造財富

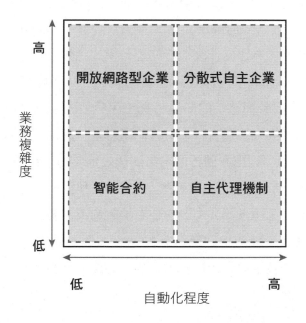

的模式。我們認為成千上萬、非常多的人有可能一起合作探索，一起分享大家共同創造的財富——我們指的是分配財富，而不是財富的重分配。

開放網路型企業

　　智能合約可以用極低的成本，讓公司精心設計能自動執行的協議，和以往無法觸及的新供應商和事業夥伴建立聯繫。將這些智能合約整合在一起，會讓公司變成類似網路的架構，讓企業的邊界變得更具穿透性，也更容易流動。

　　區塊鏈也會降低羅納德‧寇斯在意的搜尋和整合成本，使得公司能夠拆解成更有效率的網路架構。一家汽車公司只要掃描線上分析的服務功能，就可以得知供應商的可靠程度，隨後只要在區塊鏈的工業製品線上交易平台，輸入所需數量的「輪軸」或是「車窗」，就可以開始在線上協商交易價格。

　　我們可以把這個簡單的劇本，延伸到尋求替代零件、供應鏈的夥伴、協力廠，或是一套管理分散式資源的軟體。需要中國生產的鋼鐵、馬來西亞的橡膠、堪薩斯州威奇托市生產的玻璃嗎？沒問題。分散式線上結算所會透過去中心化應用程式，讓買方只要用滑鼠點選幾下，就可以針對每一種大宗物資敲定產品價格、等級和交期。你可以找出以往交易的詳細紀錄——不單是各家公司得到哪些評價而已，還可以精確到他們有多麼看重交易的承諾。你可以追蹤每一批出貨紀錄，透過虛擬地圖看見實際的物流過程。你還可以精算交貨期程，實現即時供貨

的目標，省下設置庫存倉庫的成本。

自主代理機制

想像一下，有一種軟體可以在網際網路上漫遊，使用內建的電子錢包，搭配自主的學習與調整能力，依照設計者的規劃找尋預設的目標，還會購買維持自主運作所需如電力之類的資源，同時自動向其他單位銷售不同的服務。

自主代理機制有很多種定義，[9] 此處指的是可以代替開發者的一種設備或是軟體系統，會擷取周遭環境的資訊並且有能力獨立做出決定。雖然這個定義還沒達到一般的智慧水準，不過我們還是用「智慧型」描述這一類的自主代理機制。要注意的是，自主代理機制不只是「電腦程式」而已，因為它們可以調整達成目標的方式，持續不斷偵測所處環境做出回應。[10]

電腦病毒是自主代理機制當中最淺顯易懂的例子，它們不需經人指揮，就會一台又一台傳染給不同的電腦不斷繁殖，所幸在區塊鏈上放出病毒碼的工作不但困難許多，恐怕也要付出不小的代價——因為需要付錢給其他人才有可能產生互動，而且整個網路架構會很快辨識出病毒碼的公鑰，讓它的聲望跌到谷底，甚至根本讓交易失去效力。

如果要在區塊鏈上找到一個正面的例子，不妨參考以下這一個。雲端運算的服務會從不同的管道租用運算資源，透過和其他具有閒置資源的電腦達成租賃協議，[11] 這個服務會成長到跟亞馬遜主機的規模不相上下。也或許是一輛附屬於社群、公

司或個人，甚至是不屬於任何人的無人駕駛車，它會在市區內
到處載運乘客送到指定地點後，收取一定的費用。我們看重的
是具有交易功能，會自行取得資源、完成支付，或者是代替原
開發者創造價值的自主代理機制。

　　創立以太坊區塊鏈的維塔力克・布特林有一套對自主代理
機制的埋論，還創造了一套獨特的分類方法描述其演進過程。
最原始的是像電腦病毒這一種單一功能、會伺機達成有限目標
的自主代理機制，接下來是比較具有智慧、功能較多的自主代
理機制，比方說是像亞馬遜一樣，向特定對象租用伺服器的服
務機制。再複雜一點的機制可能會自行找上任何對象租用伺服
器，並利用任何一種搜尋引擎標定新的網站位址，能力再更強
一點的機制會升級自身的軟體，調整新的伺服器租用模式，比
方說是付款給最終使用者，租用他們閒置的電腦或儲存空間。
排第二的機制會找到方法進入新的產業，最頂尖的機制則會跟
著人類一起演化──達成百分之百人工智慧的水準。[12]

天氣預報網

　　在區塊鏈上的自主代理機制，有辦法用預測天氣的方式賺
錢嗎？讓我們把時間撥快到 2020 年。現在最精準的環球氣象
報導，來自於智慧型裝置連結而成的網路，可以用來測量、預
報世界各地的天氣狀況。在這一年有個名叫 BOB 的自主代理
機制在智慧型裝置的網路上運作，結合成一門真正的事業。以
下是 BOB 的運作原理。

　　把分散式環境偵測器（稱之為氣候節點，weatherNodes）放在電線桿、身上穿的衣服、建築物的屋頂、移動中的車輛等不同位置，然後透過衛星把散布在全球的偵測器串連成網狀網路，不用再經由網路服務供應商連結訊息。這樣的架構沒有中央的資料庫，而是把資料存放在區塊鏈上，[13] 而且有很多偵測器是利用太陽能提供電源，所以也不需要接上電力網路，就能夠非常有效地不間斷運作。

　　區塊鏈需要處理幾個功能，首先當然是支付的功能。為了提供誘因，每個氣候節點只要能提供全球某一特定地點的精確氣象資料（例如溫度、溼度和風力、風向等等），就能每隔三十秒收到一筆微量的付款。

　　區塊鏈也要記錄下所有氣候節點的交易內容。每個氣候節點的所有氣象資料，都透過公鑰儲存在區塊鏈上，可以透過公鑰指認所屬的氣候節點，並讓其他參與者評斷該節點的聲望，只要提供精確的氣象資料，就能提高聲望；反之，若是故障、運作不良或是提供不精確的資料，就會有損聲望。聲望低的節點得到的比特幣，會比聲望高的節點少（最大的受益人會是應用程式的創造者），不論該節點附屬於個人、公司或是其他參與合作的對象。

　　區塊鏈還要能以一對一的方式直接在公開的系統上，媒合資料的供需兩端，在雙方的應用程式介面（application programming interface, API）上開發出協調雙方的軟體，免去成為全球數十個中央管控氣候服務站台會員的這道手續。在智

能合約的基礎上，我們可以建立一套全球「氣象資料市集去中心化應用程式」，讓消費者競標即時的氣象資料，取得獲一致認可的資料格式。中央管控的氣象中心可以強化所屬的預報系統並分別出售氣象資料，而不是成為這套通行全球「氣象資料市集去中心化應用程式」的唯一資料提供者。

去中心化氣象應用程式：對等連接的環境偵測器

　　第一代網際網路的技術創新只能從中央往外發散，是由中央管控型的企業組織（如能源公司、網路寬頻業者和各國中央銀行）決定什麼時候要升級網路系統、什麼時候引進新的功能、提供服務給什麼樣的人。「邊陲」（好比說是網路的個人用戶）孕育不了創新，因為封閉系統內的規則和協定，意謂著設計用來和網路世界互動的新科技，都需要取得中央的核准後才能正式上線運作。

　　但是因為無法確定市場的即時需求，所以中央集權的做法欠缺效率，只能基於理智做出不是那麼精確的猜測，而不是針對市場的即時需求做出回應。到最後就會形成所謂的氣象公司（WeatherCorp）提供中央管控的服務，由中央決定在哪邊裝設環境偵測器，把氣象資料透過衛星傳遞，之後再把氣象資料賣給少數可能有需要的客戶。

　　區塊鏈可以讓所有單位都有機會跨過很低的進入障礙，成為氣象資料的供應者和消費者。只要購買一個氣候節點放在自家屋頂上，將資料傳送到 GlobalWeatherDataMarketplace DApp

LP（對等連接式全球氣象資料市集去中心化應用程式；LP 為 linked peers 的縮寫），就可以馬上開始享有進帳了；如果你有能力在自家屋頂上的氣候節點動手腳，使之產生更準確的氣象資料，那就更要恭喜你了！在這種模式下，發自邊緣的你帶來了創新，市場也會立即提供報酬。相較於封閉式的網路系統，在開放網路架構下的創新誘因，也更有助於提高運作效率。

硬碰硬的直球對決

該怎樣解決利益衝突的問題呢？如果氣候節點發揮跨界影響力進入農作物保險市場的話，難道不會導致氣象資料彼此互相衝突的局面？農民的氣候節點會希望能強調乾旱的衝擊，保險業者的氣候節點則會主張乾旱的影響微乎其微。自主代理機制的所有者和設計者，都需要保持運作的透明度，如果雙方都用偏誤的視角提供加工過的氣象資料，結果只會讓兩方面的聲望雙雙下跌。

維塔力克・布特林表示，創造自主代理機制是個充滿挑戰的任務，因為能夠存活和成功運作的自主代理機制，不但要能夠在複雜、快速變動的環境中探索，甚至要能克服充滿敵意的環境。「如果某提供網頁寄存（web hosting）的業者想要作弊，他們可能會特別鎖定服務期間的所有事件，然後用某種方式替換節點所產生的資訊；自主代理機制必須要能偵測出這些欺騙的手法加以排除，或是起碼要淡化被動過手腳的節點資訊對整個系統的影響。」[14]

　　另外值得一提的是，自主代理機制可以將資產的擁有和管理，與背後的屬人性質區隔開來。在區塊鏈問世之前，所有的資產（不論是有形的土地、無形的智慧財產權，或者是貨幣本身）都需要依附在某個人，或是一群人所組成法定組織的名下，依照安德里亞斯・安東諾普洛斯的說法，電子貨幣可以完全擺脫屬人性質的羈絆；「一個電子錢包可以交由某個不會主張所有權的軟體管控，這就有可能讓完全自主的代理機制，直接控制它們自己所擁有的電子貨幣。」[15]

　　也就是說，自主代理機制可以自行付款取得網頁寄存的服務，透過優化的演算法複製許多分身，彼此間帶有些微的差異以提高複製版本的存活率。每個複本可以涵蓋自己發掘的新內容，甚至可以透過網際網路發起公眾集資。如果自主代理機制的某些複本特別好用，就可以回頭銷售廣告給使用者，將收益匯入銀行帳戶，或是留存在區塊鏈上某個安全無虞的位置。自主代理機制可以利用這筆持續成長的收益，為公眾集資進行更多宣傳，把自己的分身推廣得更遠，然後不斷重複這樣的過程，讓吸引人的內容得到更多的曝光，同時讓自己運作得更成功；而不受歡迎的內容則會燒光維持自身存活的資金而消失。

分散式自主企業

　　想像你自己安坐在《星艦迷航記》（*Star Trek*）企業號艦長的位置上。未來將有個名為 BOB 9000 的系統——一整組主要建立在區塊鏈複雜生態系上的自主代理機制，會依照預設的任

務陳述和規則運作，包辦各項事務。這些整合的自主代理機制會推出各項服務，銷售給人類或各種組織。人類會提供運算資源和資金，推動這些自主代理機制的運作，讓它們自行購買所需的服務，自行招募人力或是機器，在第一時間取得事業夥伴的資源，如製造生產能力及品牌行銷的專業技術加以運用。

　　這個事業體的背後也有股東，可能是以公眾集資而匯聚的好幾百萬人。股東會設定好任務陳述，比方說是在合法的前提下創造最大的利潤，同時要正直對待所有利害關係人。如果在治理上有必要的話，股東們也會用投票的方式進行表決，但是這個事業體，並不像是傳統由人做出所有決定的企業組織。身為分散式組織的最終型態，日常庶務性質的決定都可以寫進巧妙安排的程式碼裡面，至少在理論上，這個事業體可以在最低限度、甚至完全不需要依靠傳統管理架構就能運作，所有的事物調派，所有人員工作都是依照智能合約上明確的規定和流程進行。未來將不再有待遇超乎常理的執行長，沒有煩人的管理制度，也沒有各自為政的階層組織，除非是這個事業體認為有必要這樣做的時候。未來將不再有辦公室政治的勾心鬥角，沒有繁瑣的規定，沒有呆伯特會在職場上碰到的彼得原理（Peter Principal，意指企業中的員工最終會被升到無法勝任的職位），因為專業人士、開放原始碼社群和企業創辦人，都會藉由軟體設定執行特定的功能。

　　所有職員和事業夥伴都是依照智能合約貢獻一己之力，只要完成合約上所載明的工作就能立刻得到報酬——不是雙週

薪，而是以每天、每小時，甚至是以微秒為區間支付報酬。因為這個事業體不見得會具有人的型態，職員可能根本不知道負責管理工作的只是演算法而已，只會清楚知道什麼才是正當行為的規定和模範，不過因為智能合約的內容可能包含了管理科學的智慧結晶，工作分派和績效評估機制也都攤在陽光底下，所以職員很有可能會愛上這種工作型態。

客戶端提供的回饋意見，可以讓事業體冷靜又迅速地做出更正，股東們當然還是會分到股利，而且頻率可能更頻繁，因為即時呈現的會計資料，將取代現行彙編年度報表的必要性。未來的企業組織，都可以在方向明確又清廉的經營規範下，執行前述所有業務，一如開放原始碼的軟體設計師會以提高透明度的方式，讓軟體變得愈來愈好。

歡迎來到以區塊鏈和電子貨幣做為營運基礎的分散式自主企業，也就是可由自主代理機制，自行整合出全新經營模式的未來企業。

在你斷定這實在太過離奇虛幻，只會是科幻小說的情節之前，請先瀏覽接下來的故事。以共識系統公司（ConsenSys）為例，他們已經開始用代幣的形式發行公司股票，在不用法規監管的情況下進入公開發行的階段。你可以合法登記在私募公司裡的所有權，還可以在區塊鏈上把這些股份轉讓給其他人。你的股權證明除了可以帶來股利收益外，也是你參與公司決策的投票依據，意思是說，你持有的「blockcom」是一家分散式的新公司，這家公司當然不可能脫離司法管轄，但是它的股東

卻可以散居在世界各地。假設有類似的機制用債券的方式處理債務額度，不論是私人企業的借款或是政府公債，基本上都會因此創造出一個債券市場。此邏輯也可以套用到大宗物資上（不是針對商品本身，而是針對商品相對應的票券），比照芝加哥商業交易所或是全球黃金市場的方式運作。

不過，請別真的把它看成你現在知道的那一種證券。想想看，這是可以用全球規模進行首次公開發行，尋求一億名股東每人出資區區幾美分就完成的集資方式。不難想像這需要規模非常龐大的經營管理，才能讓幾百萬、幾千萬的人擁有參與公司決策的表決權，不過無論如何，世界各地任何一家創造財富公司所發行的股份，也一樣可以被位於金字塔底端的投資人所持有；而且我們至少可以在理論上設計出一家沒有管理階層，只有股東、資金和軟體就建構而成的公司。電腦程式和演算法可以取代公司的代表人（好比說是董事會成員），讓股東直接取得這些軟體的控制權，這能帶來財富的商機難以言喻，一點也不遜於所有權和財富工具的大規模民主化。

聽起來不切實際嗎？或許吧，但是已經有創業者試圖用以太坊這種手稿語言，設計出前述所有功能，並且在最終進入自主運作的模組。也已經有創新者透過程式碼編，寫出多重簽核機制管控資金。透過公眾集資的過程，愈來愈多人都可以成為公司股東的一員，去中心化應用程式已經朝向自主代理機制跨步向前了。

這種完全分散式的公司可以擁有一個小金庫，如果某個重

要的交易需要用錢，就要取得幾千個簽章做為共識基礎才能動支。只要對交易內容取得共識，任何一位股東都可以提議由誰取得這筆款項。這樣的組織架構運作起來當然充滿挑戰，譬如說，我們會需要能快速取得共識的機制，或者是說，誰才是交易結果的負責人呢？如果你只占了萬分之一的表決權，要如何界定你的法律責任和義務範圍？未來會不會產生一個會自動擴張的犯罪集團或恐怖組織？安德里亞斯・安東諾普洛斯並不擔心這些問題，他相信網路架構本身就能管理好這些風險；「如果讓全世界 75 億人都能使用這項技術，其中有 74 億 9,900 萬人都會用來做好事，光是這些好事就已經能對社會帶來難以估算的效益了。」[16]

開放網路型企業的七大現象

建立開放網路型企業取代傳統中央管控的經營模式，會帶來數不清的機會，有機會孕育出分散式自主企業的雛形。讓我們看看分散模式會如何取代金融服務業的八項功能——從零售銀行、股票市場到保險公司再到會計工作，都脫不了關係。不論是現有的公司或是新進業者，都可以打造新的經營架構，帶來更優質的創新，用更低的成本創造更豐富的價值，讓生產者有能力分享他們所創造的財富。

區塊鏈可以將《維基經濟學》（*Wikinomics*）書中提到一部分新的經營模式提升到新的層次。[17] 讓我們看看該如何在同儕生產、創意市集、生產性消費者、開放式平台、群眾集體的新

力量、全球生產模式和集體協作這些項目，增添自動支付系統、聲望系統、不受監控的內容、無信任（trustless）交易、智能合約和自主代理機制——這些區塊鏈革命會帶來的關鍵創新元素。

1. 同儕生產（The Peers Producers）

同儕生產是由數千位分散四處的志工，共同創造出開放原始碼的軟體、維基百科和新穎的計畫，其成效還能超越規模最大、財務最健全公司的表現。社群成員參與的原因可能是覺得有意思、嗜好，或是因為符合他們的價值觀。現在，透過聲望系統與其他誘因機制，區塊鏈可以讓同儕生產運作得更有效，讓社群成員可以透由自己創造的價值得到報酬。

套用哈佛法學教授尤查·班科勒（Yochai Benkler）所創的詞彙，這樣的社群可以是「同儕生產的共同基礎」（commons-based peer production），[18] 也有人稱之為社會生產（social production），同樣也是他所創的詞。這是一個在私部門外部創造產品與服務的體系，而且這些成果「不屬於」任何公司或個人。在數不清的例子中，最突出的莫過於作業系統 Linux（不屬於任何一個人，現在已經成為全世界最重要的作業系統）、維基百科〔屬於維基媒體基金會（Wikimedia Foundation）〕和網路瀏覽器火狐（Firefox，屬於 Mozilla 基金會）這三者。同儕生產也可以是私部門裡頭的活動，只要同儕以社會架構的形式合作創造，成果又不屬於群體共有皆屬之。

　　同儕生產做為一種經營模式的重要原因有兩個。首先，同儕自願合作帶來產品與服務的做法中，有時可以讓企業擔任社群管理員的角色，進而促成商業利益。網路論壇 Reddit 的內容雖然是由讀者貢獻，但是卻不歸讀者所有，Reddit 目前也已經是美國境內流量排名第十大的網站。其次，企業可以藉此引進大量的外部勞力。看好 Linux 發展潛力的 IBM，贊助了價值幾億美元的軟體給 Linux 社群，IBM 本身不但因此每年比自行開發專屬系統，多節省了 9 億美元的經費，同時還建立一個能帶動規模高達好幾十億美元的軟體服務事業平台。

　　過往經驗顯示，志工社群要維持長期永續並不容易，事實上有些較成功的社群，都會找到方法讓參與者的努力付出獲得回饋，這就如同史蒂夫‧沃茲尼克（Steve Wozniak）對史都華‧布蘭德（Stewart Brand）說過的：「資訊應該是可以免費取用的，但是為此付出的時間可就是另外一回事了。」[19]

　　以 Linux 為例，大多數參與者都會從 IBM 或 Google 這樣的贊助廠商手中得到報酬，目的是為了確保 Linux 符合他們的策略需求，不過這並不影響 Linux 屬於社會生產的特質。尤查‧班科勒說：「部分參與其中的開發者接受第三方支付報酬的事實，並沒有因此改變 Linux 自身的治理模式，也不影響 Linux 帶有社會生產屬性的事實」，這跟所謂開放創新是兩碼子事，開放創新指的是在企業間分享某些智慧財產權的合作模式，他補充說：「對許多參與其中有所貢獻的人而言，還是能感受到 Linux 社群激勵的本質，光是這一點就起碼能被歸類成

混合生產的模式。」[20]

除此之外，很多這類型的社群會深受參與者的不當行為、能力不足、刻意破壞或是亂帶風向（故意釋出煽動性、不正確或是離題的雜訊，試圖破壞社群合作）等問題所苦。這些社群多半欠缺正規的聲望機制，而且也欠缺經濟誘因，帶動良好的行為。

所幸社群參與者可以利用區塊鏈，發展出一套比較具體的聲望機制，表揚對社群發展的重大貢獻。為了抑制不當行為，參與者可以依照貢獻程度或多或少支付一小筆金額，如果是附屬於企業的社群，參與者可以分享大家共同創造的價值，並依照大家的貢獻程度取得報酬，因為智能合約降低了交易成本，也開放了企業自身的邊界。

再以 Reddit 為例，這個社群雖然素來不服中央集權的管控方式，但是發言輕率、咄咄逼人的參與者也一樣讓人感到頭痛，如果 Reddit 改成更分散而且能獎勵重大貢獻的運作模式，自然能夠有效改善這個問題，而這正是共識系統公司已經著手開發 Reddit 在區塊鏈上的改良版本。該公司團隊認為，提供財務誘因就可以改善 Reddit 這類網路論壇的對話品質，無須建立中央管控的審查機制。以太坊可以做為提供誘因的平台，甚至可以做到即時支付，這樣就能促成高品質的內容和具有公民意識的行為，為拓展集體的知識範疇做出貢獻。

Reddit 本身已經有類似的機制，採用內建的「金幣」——使用者可以花錢購買的代幣，當有人完成他們看重的貢獻時，

就能交給對方當成一種報酬。不過購買金幣的資金會用於網站維護，收到金幣其實也沒多大價值。如果能以區塊鏈為基礎建立即時、可交易的財務誘因，Reddit 的參與者就能真正得到報酬，進而讓整個網站更禁得起考驗。

做為社會生產看板的維基百科，也一樣能從中獲利。現在所有編輯維基百科條目的參與者，發展出一種非正式的聲望機制，由參與者編輯的條目數量和相當主觀的編輯成效，做為評價基礎。維基百科的社群為了是否導入誘因機制已經屢掀風波，不過光是提供財務報酬給 7 萬名志工的行政管理工作，就已經夠令人咋舌了。

如果把維基百科移植到區塊鏈上 —— 改名成 Blockapedia 的話呢？除了可以直接在條目上套用時間標籤，登錄在無法更改的帳本上，也可以引進更正式的個人聲望機制，誘導良善的行為與更精確的條目編輯。資金可以來自於贊助者，也可以由所有編輯共同集資，存在一個附帶支用條件的帳戶裡。每一位編輯的聲望會和他帳號的價值息息相關，如果她想在條目中亂動手腳，寫出像是納粹大屠殺並不存在這樣的內容，她在集資帳戶中的身價就會下跌，如果是涉及誹謗或是侵犯他人隱私的情節，她不但會被集資帳戶除名，還要面臨後續民、刑事法律責任的追訴。我們也可以用很多方法，驗證二次世界大戰期間發生事件的真實性，比方說是在區塊鏈擺上無法更改的史料，或是利用演算法凝聚大家對於事實真相的共識。

參與 Blockapedia 要繳交的保證金，會和之前在維基百科

或其他類似平台上所累積的聲望成比例關係，如果你是一位沒有聲望紀錄的新手，你就要繳交相當數量的保證金才能參與其中，假定你是成功編輯過兩百則維基百科條目的能手，你要繳交的保證金就會少得多。

這不必然表示維基百科會演變成聘僱關係，在區塊鏈上成立智慧錢包（Smartwallet）公司的執行長迪諾・馬克・安格瑞提斯說：「這只是根據你提供資訊的準確度、真實性反應在現實生活中在經濟面上的得與失而已。」[21] 惡搞 Blockapedia 的結果不但會扎扎實實傷害你的聲望，而且還會讓你賠錢。

不過，維基百科現在就運作得很好了，不是嗎？倒也未必。鄺安治（Andrew Lih）在《紐約時報》（*The New York Times*）上發表一篇文章提到，維基百科在 2005 年有好幾個月將六十位以上的編輯升為管理員，使他們在英語版頁面擁有更多編輯的權限；等到 2015 年的時候，維基百科就連每個月晉升一位編輯都有些困難。做為一個志願參與的全球組織，這已經是一個警訊了，更棘手的是在行動裝置上的編輯十分不便；「隨著行動裝置的使用人數不斷成長，維基百科潛在的編輯人力卻顯得捉襟見肘。」鄺安治在文章末段表示，不希望看到維基百科就此一蹶不振，「歷史上從來沒有過用這麼低的成本，就能把資訊傳遞到那麼多人手上的輝煌成就——更難能可貴的是，這當中還沒有營利或是所有權的爭議。在大型網路公司隨處可見的年代裡，保留這個最無私的網站，將會是有意義的一件事。」[22]

　　總而言之，同儕生產社群無疑是新一代價值創造網路運作型態的核心要素。很多產業中的創新都愈來愈需要依靠公、私部門參與者透過網路的密切合作，才能匯集大量的人才和智慧財產權，不斷激盪出新的最終產品。就如 IBM 擁抱 Linux 的例子，可以看到企業甚至能結合開放原始碼運動等追求價值的自主網路，進而合作創造出同儕生產價值。

2. 權利創造（The Rights Creators）

　　在第一代網際網路的年代裡，很多智慧財產權的創作者並未取得合理的報酬，舉凡音樂家、劇作家、新聞記者、攝影師、藝術家、時尚設計師、科學家、建築師或是工程師，都分別隸屬於唱片公司、出版社、藝廊、電影工作室、大專院校或是大型公司，並堅稱創作者已經簽署同意書，將智慧財產權歸屬於這些大型的權利管理機構所有，使得創作者因此可以分得利益愈來愈少。

　　區塊鏈提供一個新的平台，讓智慧財產權的創作者從中獲利。以數位典藏藝術品為例，這個機制包含真跡認證、作品狀態和所有權人等資訊，Ascirbe 這家新創公司還能讓藝術家自行上傳作品，附上防偽的浮水印，然後就能像比特幣一樣，將作品在收藏家之間進行移轉。這是一件了不起的大工程，當中的技術比所有現行數位權利管理機制，更能解決智慧財產權界裡會出現的重複支出（double-spend）問題，藝術家也可以依照主觀意願，自行決定要不要在某時、某地展示自己的作品。

　　網路創作（meme art）藝術家羅南五世（Ronen V）說：「藝術就像是某種貨幣。藝術（貨幣）數位化的革命毫無疑問是未來的趨勢，而且是往好的方向發展。」[23] 音樂家、攝影師、設計師、插畫家等各種類型的藝術家的作品，都能夠數位化後附上防偽浮水印驗明正身，然後運用區塊鏈將這些智慧財產權轉換成可以交易的資產，還可以為了某位愛好者發行客製化的限定版。藝術家和音樂家可以藉由 Ascribe 的技術，上傳作品給其他人或其他機構，[24] 另一家 Monegraph 公司也提供了類似的服務：其數位浮水印和區塊鏈本身的加密技術，都可以做為真品的認證。藝術家只要上傳作品到網際網路後，將網址登錄在 Monegraph 即可，Monegraph 會隨後發出一組公鑰搭配多把私鑰，差別在於公鑰附掛的數值是藝術作品的數位證書，而不是比特幣本身。Monegraph 還會在推特上為藝術作品的數位證書發布公告，因為美國國會圖書館（U.S. Library of Congress）會替推特上公開的藝術作品建立資料庫，[25] 所以這也相當重要的服務。如果有其他人宣稱是該數位藝術作品網址的所有人，我們至少可以透過兩個公開的紀錄，驗證其所有權歸屬。[26]

　　位於洛杉磯的新創公司 Verisart，請比特幣的核心開發者彼得‧托德（Peter Todd）擔任顧問，提出了更具企圖心的想法。藝術品的真跡認證和作品狀態確認是一門大生意，除了需要大量的書面資料外，並且由菁英等級的專家，在受控制的資料庫中進行掌控。釐清誰擁有什麼藝術品、存放在什麼地方、作品的現有狀態等資訊可是個大挑戰，就連對已經很清楚自己

搜尋目標的人也一樣困難。Verisart 結合區塊鏈以及博物館標準化的後設資料（metadata），建立一個公開的藝術品及收藏品資料庫，世界各地的藝術家、收藏家、博物館館長、歷史學家、鑑定官還是保險公司都可以使用這個全球帳本（worldwide ledger）。[27] 結合比特幣區塊鏈之後，不光是數位化的藝術作品，Verisart 可以替所有實體作品設定數位來源證明（digital provenance），讓用戶可以在參與線上競標，或是接受交易之前先透過行動裝置查驗作品真跡、狀態和所有權的移轉紀錄（chain of title），該公司創辦人羅伯‧諾頓（Robert Norton）接受網路科技媒體 TechCrunch 專訪時說：「我們相信科技可以幫忙建立信任和流動性，特別是對一個每年（點對點）私下交易金額高達 670 億美元的藝術品轉手市場而言。藝術的領域其實沒那麼曲高和寡，只是太過依賴中間人去確保可靠的交易和流動性。我們相信，有了去中心化的全球帳本，再加上穩妥的加密技術遮蔽買賣雙方的真實身分後，會吸引更多人投入藝術品市場。」[28] 藝術家從此以後將在科技的輔助下，成為所謂的「權利收益人」（right monetizer），可以即時完成拍賣交易並取得收益。

其他領域也一樣可以運用相同的模式。科學領域的研究人員發表研究心得時，可以像中本聰一樣，先提供閱讀權限給特定的同儕，得到回饋意見並驗證內容可信度後，可以漸次開放給更多的閱聽眾，而不是將所有的發行權委派給科學期刊。作者也可以讓其他人免費閱讀論文，不過其他科學家也可以向她

登錄，以取得進階分析報告，或是更進一步的討論內容。她可以選擇公開原始數據，也可以透過智能合約和其他科學家分享資料，這篇論文的附帶商機就能因此預先得到完整的保護。更多關於這部分的說明，請參見第 9 章。

3. 區塊鏈合作社（Blockchain Cooperatives）

信賴協定可以加速推動合作社——一群人基於共同需要，共同組成自主性協會為己所用的經營模式。

哈佛教授尤查・班科勒說：「把 Uber 稱為共享經濟實在是沒有道理。Uber 利用行動通訊技術，創造一門替消費者降低交通成本的事業，不過這也是 Uber 能做到的全部了。」[29] 大衛・提科說：「在一般英文的語彙中，共享意謂著免費交易——絕對不會是財務交易，看看孩子們如何分享玩具就知道了。看到這個詞不知怎麼地失去了它的原意，實在有些莫名其妙。」對提科而言，「分享是人類或是其他物種在幾百萬年以來，彼此做出交換行為的主要方式，概念本身就會帶來行動。有些網路公司帶來了不起的共享機制，其他的則是在這樣的社會關係上找到獲利機會，改變了分享這個詞彙的意義。」[30]

大多數所謂的共享經濟，說穿了其實是提供整合服務，是透過中央管控的平台，整合供應方出售閒置產能（車輛、設備、空房間、代客跑腿）的意願加以轉賣，從中蒐集寶貴的資料供未來更進一步的商務使用。

像 Uber 這樣的公司，解構了大規模整合服務與配送的既

有模式。Airbnb 在旅遊住宿市場中和旅館業者打對台，Lyft 和 Uber 一起對計程車和禮賓車業者造成衝擊，禮車租用公司 Zipcar 在被 Avis 收購前，透過絕佳的便利性和以小時計費的特性，嚴重挑戰傳統的租車公司。

　　很多這類型的公司將原本地區型、小規模的服務，比方說是附早餐的住宿、計程車和代客跑腿，提升成全球化的商品。他們利用數位科技整合起使用率低、以時段計價的資源如不動產（公寓的臥房）、車輛（載客空檔的計程車）和人力資源（退休人士和能力夠卻沒有全職工作的勞力）。

　　區塊鏈讓這些服務的供應方有辦法一起合作，讓自己從提供服務中獲得更多的報酬。對尤查‧班科勒而言，「區塊鏈讓我們可以把共同合作的意願，轉換成一組可靠的帳號（其中可以涵蓋權利、資產、契約、捐贈品和使用權），取代原本 Uber 這種公司的功能。如此一來，區塊鏈就能讓車輛駕駛建立自己的短租服務，用更純粹的合作經營取代 Uber。」他特別強調能夠（enable）這個字眼，因為他認為「讓人能夠有選擇空間和推動世界往新的方向發展，是不一樣的兩件事。人們還是得選擇確定要這麼做、選擇承擔這樣做的風險才行。」[31]

　　所以，讓我們期待區塊鏈上的 Airbnb、Uber、Lyft、TaskRabbit……等各式各樣、任何有機會真正實現分享、以合作模式共同創造價值的新產物，而且我們還可以從中得到最大的價值收益。

4. 量表經濟（The Metering Economy）

區塊鏈還有可能讓我們從共享經濟走向量表經濟，讓我們精確量測閒置產能的出租效益。真正的共享經濟會面臨一個問題，舉例而言，當屋主同意分享電動工具、小型農機具、釣魚設備、木工工坊、車庫或停車位……時，接下來才是一連串麻煩事的開始。Airbnb 的執行長布萊恩‧切斯基（Brian Chesky）投書《紐約時報》質疑道：「全美國總共有八千多萬支電動鑽頭，平均使用時間只有 13 分鐘；每個人真的都需要一支屬於自己的電動鑽頭嗎？」[32]

真正的問題在於，大多數人認為去一趟家得寶花 14.95 美元買一支電動鑽頭，比花 10 美元去 1.6 公里外找人租一支電動鑽頭來得更簡單又更省錢──這還沒算歸還電動鑽頭時還要再跑一趟。莎拉‧凱斯勒（Sarah Kessler）在知名雜誌《迅捷公司》（Fast Company）上有一篇文章是：〈共享經濟已死，還是我們自己扼殺的〉。[33]

但是透過區塊鏈，我們就可以用幾近沒有麻煩的方式，把閒置產能當成某種商品租出去──Wi-Fi 熱點、運算資源或儲存空間、電腦散發的熱能、額外的通話時間，甚至就連我們的專業能力都不是問題。這既不費吹灰之力，更不用穿越城市來回往返陌生人的家。當你外出旅遊，Wi-Fi 熱點可以在你不在家的時候自行出租，每一秒鐘收取費用聚沙成塔。這一切可能的極限，完全依照你的想像力而定──或許再加上新的法規，你的訂閱內容、實體空間和電力來源都可以變成收入的管道，

只需量測對方的使用量就能用微型支付的方式收費，你只需要替這些物品設定好去中心化的價值傳輸協定，讓它們可以安全、穩妥地和其他人進行交易即可。這些收費平台可以讓你的所有資產產生附屬權益，你只需要決定要讓其他人擁有多大的使用權（甚至包括排除其他人使用你資產的權利在內），以及這些權利要怎樣收費就好了。

　　這套模式當然也可以套用到實體資產上，譬如說是我們已經耳熟能詳的無人駕駛車。我們可以在區塊鏈上打造一個開放的交通網路，讓所有人都可以用一把加密的私鑰（一組數字）預約用車。利用公鑰的基礎建設，再加上現有的區塊鏈技術如 EtherLock 和 Airlock，他們就能遵照智能合約的使用規則，在某個指定時段內打開車門用車——同時間以即時的方式支付車輛（或是車主）租金，費用視使用時間和動力來源調整，這些當然也是在區塊鏈上完成量測。因為區塊鏈的內容公開透明，車主們可以追蹤哪些承租人遵守約定行事，最終讓那些不在乎聲望的承租人，再也無法取用到任何一輛車子。

5. 建立新平台（The Platform Builders）

　　當企業將產品和技術推展給外部個人或社群時，同時也建立了可以共同創造價值，或是開辦一門新生意的平台，其中一種稱為生產性消費者，也就是能為生產助一臂之力的消費者。[34] 在消費者創新的動態世界中，新一代的生產者與消費者關係重視的是「打破」彼此與生俱來的地位。區塊鏈特別有助

於生產性消費。耐吉的慢跑鞋可以產生資料並存放在分散式帳本上，讓母公司和用鞋人透過智能合約的協定進行交易。每賣出一雙鞋給用鞋人後，耐吉可以提供一點點股權交換消費者同意啟用鞋子裡的智慧型裝置，或是將鞋子與其他的穿戴型裝置進行同步，比方說是心律監測器或血糖測量機等，可以讓耐吉取得寶貴資料的裝置。

另一種平台有別於和生產性消費者互動，而是由企業主動決定和消費者共同開發新產品。企業可以在開放的平台上提供合作夥伴更寬廣的舞台建立新事業，或是簡單地請他們為合作平台提供附加價值。

有了區塊鏈以後，企業可以快速建立自主平台，也可以和其他夥伴以一個全新的產業為目標，共同建立平台和操作機制。羅蘋‧蔡斯（Robin Chase）創辦了 Zipcar（整合服務的提供者）和 Buzzcar（讓用戶可以和其他人共享一輛車），還出版《共享型企業》（*Peers Inc*）一書清楚描繪同儕集體合作的威力。她告訴我們：「想要充分發揮閒置產能的價值，就要用高品質的平台提升參與感。這樣的平台鐵定不便宜，而區塊鏈正好可以提供一個標準的共通資料庫（開放的應用程式介面）和制式合約，讓我們可以用比較廉價的方式建立一個可管理的平台。」這還只是第一步而已，「最重要的是，共通資料庫上的資料是公開、可移轉的：消費者和供應商都可以盡情加以使用，也可以在區塊鏈上互為同儕，一起合作建立專屬的自有平台，跳脫出傳統公司才有主導力的模式。」[35]

　　就以未來的車輛做為例子。未來的車輛可以是區塊鏈網路架構中的一部分，讓所有人都能分享它的資訊，車輛的各部零件也都可以成為交易賺錢的工具。在這樣一個開放的平台上，成千上萬的程式設計師和利基事業，都能替你的車子提供客製化的應用程式。要不了多久，這樣的平台就能造成整個產業的大轉型，包括設定所有金融交易和價值交換的金融服務業在內。規模最大的銀行已經聯合起來構思這些想法，站在浪頭上的平台將會連帶推升我們所熟知的一切。

　　《維基經濟學》這本書裡提到創意市集的概念——匯集各種巧思、發明與獨到見解的新興市場，讓 P&G 這樣的公司，可以觸及比公司本身員工人數還超出十倍的全球優秀人才庫，其他公司也利用 InnoCentive、Inno360 之類的服務，舉辦「挑戰任務」（Challenges）、「數位腦力激盪」（Digital Brainstorms）的活動，或是藉由其他方式，在公司外部找到適當的短期人才，為解決經營難題補上臨門一腳。創意市集的目的就是利用資料找到正確的人，將你公司的業務導向正軌。

　　適當的人才（能用獨到見解解決難題的高手）可以把自己可以效勞的時間公告在帳本上，讓徵才公司一目了然，此時我們要談論的創意市集已經不是 InnoCentive，而是根植於區塊鏈上的 bInnoCentive 了。每個人可以在上面建立可移轉的身分和履歷（形同個人身分的加強版），以茲證明自己是潛在合適的委託對象。不妨把 bInnoCentive 當成一個分散式的技能儲存庫，它不屬於任何人，卻又可以讓任何人任意使用。

　　隨著所有生意都被數位化後，黑客松（hackathon）也就跟著成為一種重要的創意市集。區塊鏈可以當做開放原始碼的收藏櫃，每家公司也都可以提供空間，讓電腦技客（geek）或其他創業者解決難題、從事創新，為新事業帶來新的價值。

　　區塊鏈和依附在區塊鏈上的軟體收藏櫃，可以讓這樣的活動發展得更旺，讓公司可以使用功能強大的新程式語言，像是內建支付系統的以太坊區塊鏈。在此摘錄《駭客快訊》（*Hacker News*）上的一段文字：「如果可以分享我獨一無二的收藏櫃（guid for repo），那會是多奇妙的一件事——然後你的位元客戶端（bit client，姑且稱之為 gitcoin，或直接簡稱 bit 好了），就可以從分散式區塊鏈上取用新的提交內容，基本上就是檢視提交的歷史紀錄（git log）。GitHub 公司將會失去做為中介單位的角色，或是就被當成一個失效的單點（point of failure）。想要保持收藏櫃非請勿入的狀態？那就別分享全局唯一識別元（GUID）就行了。」[36]

　　這真的是很了不起的進展！（好吧，或許你無法完全理解了不起在什麼地方，但是你應該可以感受到這股趨勢浪潮。）

6. 區塊鏈上的生產者（Blockchain Makers）

　　製造密集的產業可以借用新型態的同儕生產，從採購、設計、製造實體產品的過程中孕育出行星運行體系。重點是把這些過程搬到區塊鏈上執行，一如現代的飛機被形容成是「一整組依照隊形飛行的零件」，多數行業裡的公司也逐漸拆解成與

供應商、合夥人的網路關係。3D 列印可以讓使用者更有能力自行生產，讓大量客製化生產一途有了新的生機。很快地，任何一種物質不論是人類的細胞還是磨碎的鋁粉，其資料和權利的所有人，都可以把後設資料存放在區塊鏈上，一併打開企業主導生產的局限。

區塊鏈會是監控商品來源出處和供應運輸過程的有力工具。以一個和我們心臟（還有其他的身體部位）密切相關的食品工業為例，你所在地的零售商也許發自內心堅稱他們的牛肉安全無虞，採用人道的畜養方式，餵食高品質的飼料，只施予必要的藥物注射等等，卻沒辦法提出保證。沒有人會追蹤記錄一頭牛的資料，無法保證看似健康的牛沒帶有隱藏的風險。我們相信口中的漢堡肉很安全，但也沒有辦法可以驗證。我們通常沒必要追根究底，幾十億片漢堡肉就這樣上了餐桌，但就在突然之間，我們發現了狂牛症這種傳染病。

食品工業不只能把每一頭小牛的資料登錄在區塊鏈上，甚至可以再細分到每一塊肉，或許還可能連結到它的 DNA。三維搜尋（three-dimensional search）的能力，可以完整追蹤家畜和家禽的生產履歷，讓使用者得知一隻動物的成長過程，而精密的（但操作上相對簡單）DNA 科技和智慧型資料庫管理系統，可以讓規模最大的肉品業者，也能保證肉品的品質和安全。想像一下這些資料會怎樣快速散播實驗室的測試結果，講究健康的社群又會對食安風暴做出什麼反應。

想要知道我們吃的食物如何成長並不是突發奇想。我們的

祖先會在居住地的市集，或是找上向當地進貨的零售店家購買補給品，如果他們不喜歡某位農場主人對待牲口的方式，就不會和和對方進行買賣。是現代的運輸物流與冷凍倉儲讓我們和食品愈隔愈遠，讓往日的食物供應鏈失去了光彩。

我們可以找回它失去的光彩。我們可以帶領世界朝向現代化、產業化又開放的食物體系發展，找回家庭農場樸素的價值。透明的資訊能夠讓業者採取更優質的經營方式，突顯自己與他人的差異，品牌經營將從原本著重打信賴牌——顧客會因為熟悉而買單——的行銷方式，演變成在透明的資訊上維繫與消費者的互動；食品業者肯定會有興趣做出調整的。[37]

7. 企業合作（The Enterprise Collaborators）

尤查‧班科勒解釋過區塊鏈將如何促進公司內部、公司之間和其他各種不同形式的對等合作，「從事會計和集體行動，或者是跨界調度數位資源，不論是通貨、社群關係還是交易項目，甚至是建立組織，都能用完全分散式的機制完成，這個想法讓我感到興奮莫名。」[38]

現在促成商務合作的工具，正開始改變知識工作的本質和組織內部的管理，[39] 許多協作平台如 Jive、IBM Connections、Salesforce Chatter、Cisco Quad、Microsoft Yammer、Google Apps for Work 和 Facebook at Work 都是用來改善績效、追求創新的工具，社群軟體成為實際上改變所有商務經營環節的重要工具，從產品開發到人力資源、行銷、客服和業務拓展都不例

外──地位有如 21 世紀組織裡的新作業系統。

　　雖然現在我們所用的工具有著明顯局限，不過區塊鏈可以把它們提升到另一個層次；現在的公司未來不是面臨分裂的危機，要不就是擁抱區塊鏈，提供客戶更深一層的服務。

　　企業界的區塊鏈社群網路會是什麼樣子？拿臉書上公司的粉絲專頁做例子（也可以用你的個人頁面來揣摩）。因為這樣的粉絲專頁已經不勝枚舉，我們不難想像將來一、兩年後可能發生的景象：

　　每位使用者都會有一個多功能的電子錢包，做為進入分權化網路世界的一扇門。想像一下你自己可移轉的個人檔案和網路帳號與角色；跟你在臉書上的個人資料不太一樣，多功能的電子錢包可以儲存各種私人和專業的資料，還有包括金錢在內的有價物品。因為這是你個人專屬的電子錢包，所以你可以選擇要分享的內容，同時也會有設定終身固定數位帳號的好幾組公、私鑰。你對應不同人、不同公司的各種網路角色可以安置在電子錢包內，姑且假定一對公、私鑰連結一個網路角色的標準模式。發布系統（publishing system）會送出一段你或你的公司願意付費的資訊串流──同事寫出的新程式碼、一份和新客戶交談的摘要，或者是在客戶許可之下所做的一份通話錄音檔、推特上關於你無法出席那場研討會的推文、客戶使用你的新產品所拍下的開箱影片、競爭對手在產業展攤位的照片、看似要結束新事業的 Prezi 簡報、同事說明如何完成新發明的影片、爭取專利申請的補充資料……，總之，就是所有你看重的

資料內容就對了。

　　至於廣告的部分，來源可能會是第三方，也或許是人力資源部門公開徵才或調整投保的內容，不過這一回是你——而不是臉書公司——會因為注意到這些廣告而獲得收益。這就是所謂的「關注市場」，如果你同意瀏覽廣告內容並與之互動、提供新產品銷售的詳細回饋意見，你就可以得到些微的報酬。有些比較罕見的工作像是編排驗證碼（CAPTCHA）[40] 或是掃描文件，也都會是些微收入的來源。

　　新知串流、發布系統和關注市場看起來大同小異，但是彼此之間的金流方式卻天差地遠。共識系統的約瑟夫‧魯賓說：「你要付錢才能使用發布系統，企業界則要付錢取得你的關注，新知串流則不涉及金流交易。因為看重雙方情誼，我會很高興看到你的串流，但我不會想花錢看你和死黨在酒吧裡爛醉的照片，也不想知道你對於藍鳥隊（Blue Jays）的投手教練群有什麼意見。」[41]

　　當你有機會開設或參與討論平台時，你可以全權設定隱私政策，連帶提升保護隱私的效果。好比說，間諜程式會因為無法偵測出討論訊息的收、發方，所以無法做出流量分析報告。

　　想要找人或是滿足自己求知慾的話，這會是一個非常好用的機制。把不同工具整合在一起後，會呈現出讓你感興趣的新人、新事，讓你用來追蹤或是加好友，此時臉書的社群圖像也有可能幫得上忙；套用約瑟夫‧魯賓的說法，「這是使用中央管控網路架構的骨幹，開創另一個分權化的網路架構。」[42]

　　過往的經驗顯示，唯有堅持價值最終才能在數位年代中勝出。分散模式的發展潛力無窮——這句話至少適用在使用者和公司行號上。別以為現在社群媒體網路公司已經掌握了規模龐大的資源，如果我們在開放原始碼的環境中持續發展，未來能得到的豐富內容和多元功能更會是無窮無盡，只要想想相較於其他專屬某家公司的作業系統，Linux 的功能有多強、獲致了多大的成功就知道了。區塊鏈可以保障資訊安全，讓你完全掌握自己的隱私，只要沒有經過你的許可，社群媒體公司就沒辦法出售或外洩你的個人資料給政府機關。如果你是極權國家裡的異議份子，也不用擔心被人得知自己在網路上的瀏覽過什麼內容、留下了哪些訊息。因為你才是個人資料的所有權人，所以只有當你付出關注並添加更多內容時，你的個人資料才會成為你的生財工具——大數據時代的財富可以讓你分一杯羹。

　　企業界也應該樂見所屬員工利用這些平台從事商務。為了吸引人才，企業界需要展現誠信的一面，尊重員工的隱私和資訊安全。更重要的是，當任何公司都想要成為網路世界中的一員、接觸到公司以外的專業人士時，他們可以建立足以讓夥伴信任的跨界創業合作平台。這些理想會隨著時間逐一實現。

　　總歸一句話，未來將有七種新興的商務模式，讓不分規模大小的公司感受到一場「區塊鏈的春風化雨」。開放網路型企業會帶來深層的影響，甚至可能會徹底加速創新，以非凡能力為股東、顧客和社會整體創造更高的價值。

預見你的未來：創新的經營模式

　　當公司都由代理軟體經營的時候，羅納德・寇斯一定會在天堂裡大聲叫好——有些人認為經濟學家進不了天堂就是了。還記得反向的寇斯定律的內容嗎？一家公司應該要縮小規模，直到內部的交易成本低於和公司外部進行交易的成本為止。只要新科技持續降低市場交易的成本，不難想像企業內部的規模不但應該、就將會變得愈來愈小——除了軟體和資本之外。

　　想想看這樣的趨勢。

　　首先，因為新的代理機制可以在全球帳本網上包羅萬象的商業領域中，針對已經存在的事務進行三維搜尋，「搜尋」成本因而持續下降；所以企業再也不必為了取得做生意的必要資訊，而設置書籍資料庫、聘請資訊專家、獵人頭高手與其他各領域的專業人士。

　　其次，智能合約將連同監管成本和支付成本在內，徹底降低履約成本。我們再也不需要紙上作業，只要透過電腦程式就能找來一堆範本擬定交易條件；斡旋期間是否接受交易條件，可以參照從外部管道廣泛蒐集而來的規則和資訊；制定合約自動生效條款時，也可載明什麼樣的表現算是達成合約要求，完成交易的執行。

　　第三，整合組織外部各種資源的協調成本也將變得微不足道——只需要動用能源在伺服器上運作企業的軟體就夠了。至於在管理人事、組織規劃和工廠運作方面，企業也不再需要設

置階層組織。我們可以想像在新的平台上建立新型態的組織，只需要一點點、甚至根本不需要傳統的管理與階級劃分，就能夠替客戶創造價值，替股東帶來財富。

　　最後，建立信任的成本也將趨近於零。信任不再是公司和公司之間的關係，而是建立在依照一定規則運作的事業功能、資訊安全和財務稽核上，建立在數不清的人安全地在區塊鏈上進行大規模的協作。

　　要怎樣才能設計出一個分散式自主企業？這樣的機構有著豐富的事業功能——不只代理機制會負責執行多項任務，還有可能根據預設的綱要，拓展出更寬廣的事業項目。個人、組織還是潛在股東與使用者的集合體，得要先決定好以下事項，才能設計出一個分散式自主企業：

1. 組織使命：看待世界的觀點，找出創造價值和追求變革所需完成的工作。
2. 任務目標：亦即公司存在的目的，究竟是什麼原因讓我們產生創立公司的念頭？
3. 運作綱要：條列出公司用來創造價值的整體目標和規則。
4. 操作模式：好比說是要怎樣做才能創造價值。公司要怎樣主動尋求資金——透過公眾集資、傳統的先期投資還是用營業額的收入？主要是公司如何取得資源的課題。
5. 人與科技的分工方式：在可預見的將來，應該還是不脫由人類主導的模式。
6. 情境調適：公司如何感受外在環境的改變並做出回應。

7. 道德規範：光是效法 Google 信守「不做壞事」（Do No
　 Evil）的規範可能已經不夠了。分散式自主企業需要針對
　 哪些是可以接受、哪些是不能接受的行為，設定更明確的
　 方針。

　　或許在短時間內，你還看不到分散式自主企業的成立，但
是思考這個新型態機構背後的意義，將有助於你制定眼前的經
營策略。隨著涵蓋身分、信任、聲望和交易各方面的全球對等
式平台的興起，我們終將能夠重新設計創新企業的深層結構，
分享創造的價值，甚至能帶給很多人繁榮，而不是讓財富集中
在少數人手上。現在你已經至少知道有七種新型的經營模式，
可以用來試探你所處產業的既有結構，同時用更民主的方式分
配財富。

　　在此做個總結。聰明的公司未來將設法努力完全融入區塊
鏈經濟裡，而不是束手無策等著成為新時代的犧牲者。在持續
發展的世界中，改變價值創造（以創業精神為引導）和價值參
與（即公司內部分散的所有權）的分配方式，可能就是解決貧
富差距的關鍵之鑰。如果你已經感受到數以億萬計的代理機制
將依附在實體的世界中，本書後續的內容將變得愈來愈精彩；
這就是下一章所要探討的課題。

第 6 章
物帳本：賦予實體世界生命

　　澳洲一個偏遠內陸地區，一個炎熱夜晚，八點左右，一根電線桿故障了，這為威廉與奧莉薇亞・孟羅（William and Olivia Munroe）夫婦帶來麻煩，[1] 他們住在距離萊佛頓鎮（Laverton）160 公里的地方，飼養牛羊，那裡位於大維多利亞沙漠（Great Victoria Desert）邊緣，夏天時，氣溫通常接近華氏 120 度（48.9℃）。他們的孩子彼得和露易絲透過衛星連線上學，這家人若是生病或有緊急狀況，衛星連線也是他們取得醫療服務的唯一工具。雖然，孟羅家有備用的發電機，但沒辦法為抽水機、通訊設備、冷氣機供應太久的電力。一言以蔽之，孟羅家的生活全得仰賴可靠的供電。

　　九小時後，天亮了，電力公司派出一組人員尋找及修理故障的電線桿。顧客的申訴讓該公司得知何處停電，但這組人員花了超過一天的時間才辨識、前往，並修復那根電線桿。在這段時間，孟羅家和附近的居民、商家、機構，全都沒電可用，也失去連結，不僅非常不便利，也造成經濟影響和人身與財產風險。在內陸偏遠地區，停電不僅導致人們的生活及其他種種

活動停擺，也相當危險，為降低這些損害的發生，該電力公司
花相當資源，部署檢修團隊，經常檢查廣大網路，以找出有問
題的電線桿。

　　想像一下，若每根電線桿是個智慧型物件（smart thing），
將會變得多安全、容易而且便宜，它能夠報告自己的狀態，啟
動汰換或修理行動。當一根智慧型電線桿起火了，或是因為任
何原因而開始傾斜或倒了，它會即時發出一份事故報告，通知
維修小組，讓維修小組能夠攜帶必要的器材前往準確地點。在
此同時，這根電線桿可能可以把它的職責，派給最靠近它的可
運作電線桿，畢竟，它們全都在同一個電力網路上。電力公司
將可更快速恢復社區供電，不需要花費持續進行實地檢查的昂
貴成本。

為人們供電與賦能

　　這還只是開始而已。使用與物聯網相關的新興軟體與技
術，我們可以對既有的基礎設施（例如電力網）加裝能夠彼此
通訊的智慧型裝置，使這些基礎設施變智慧型物件。想像快速
且不昂貴地建立一個彈性且牢靠的新網路，這新網路將能提供
更多新服務商機、更多參與者，並創造更高的經濟價值。

　　這種結構名為「網狀網路」（mesh network），它是一種讓
電腦及其他裝置直接彼此連結的網路，它們可以根據頻寬、儲
存空間或其他性能，自動自我重組，以避免損壞或中斷。社區
可以在它們無法取得或負擔不起的服務領域，使用網狀網路做

為基礎連結。網狀網路有別於傳統由上而下的組織與控管模式，它們能提供更高的隱私與安全性，因為流量不會繞經一個中央組織。[2]

　　已經有組織結合使用網狀網路和區塊鏈技術，解決複雜的基礎設施問題。美國的新創科技公司費樂盟（Filament）正在對澳洲偏遠地區的電線桿，實驗該公司稱為「tap」的裝置，這些裝置能夠在 16 公里內距離直接彼此交談。由於電線桿彼此間相隔約 60 公尺，一根快倒的甲電線桿身上的一個偵測器將會通知相隔 60 公尺的另一根乙電線桿，告知它有麻煩了。若因為任何原因，乙電線桿身上的「tap」無法接收，它會通知下一根丙電線桿，或再下一根丁電線桿……（上達 16 公里內的電線桿），由接收到訊息的電線桿透過最靠近的網際網路回傳點（193 公里內），通知電力公司。

　　這種 tap 有長達二十年的電池壽命，及低功耗藍芽（Bluetooth low energy, BLE），顧客可以把這種裝置直接連結至他們的手機、平板裝置或電腦。這種 tap 可以內含很多的感應器，偵測溫度、溼度、光線、聲音，顧客可以用這些數據來監測與分析長期狀況，或許能夠因此發展出預測演算法，來預測一根電線桿的壽命週期或即將發生故障。顧客也可以變成氣候節點，或是把這些資料拿來做為資訊服務，或是透過區塊鏈，把這些資料授權給另一個使用者，例如政府、廣播或電視公司、電線桿製造商或環保機構。

　　費樂盟公司的事業模式是一種服務模式，涉及三方：費樂

盟、它的資料整合商客戶，以及電力公司。硬體設備所有權屬
於費樂盟公司本身，該公司的裝置持續監視電線桿的狀態，提
出變化報告——倒了、起火了，或是被積塵或灌木叢火災濃煙
危及了。該公司把感應器蒐集到的資料賣給資料整合商，資料
整合商再轉賣給電力公司。

　　電力公司對監測服務支付月費，這服務使電力公司免除很
昂貴的持續實地檢查成本。由於電線桿倒下的情況很少見，電
力公司很少用到網狀網路的實際通訊功能，因此，費樂盟公司
可以把 taps 的過剩產能轉用於其他用途。

　　費樂盟的共同創辦人暨執行長艾力克・詹寧斯（Eric
Jennings）*說：「由於硬體設備所有權屬於費樂盟公司，我們
可以把這個涵蓋澳洲大陸大部分地區的網路的多餘產能賣出
去。費樂盟可以和聯邦快遞（FedEx）交易，讓該公司的聯結
車能夠透過我們在澳洲鄉間的網路，把遙測數據即時傳回公司
總部。我們把聯邦快遞加入智能合約名冊，現在，他們可以對
每部裝置付費，使用我們的網路傳送數據。」[3] 行進於偏遠地
區的聯邦快遞的司機可以使用網狀網路來通訊，對車子進行追
蹤，估計抵達時間，預測故障；這網路可以通知最近的修車廠
遞送必要零件與器材。

　　區塊鏈技術在其中扮演重要角色，因為這項物聯網應用必

---

* Eric Jennings 已接受變性手術，並於 2016 年 12 月 31 日於公司網站上正式通告
　改名為 Allison Clift-Jennings。

須仰賴物帳本（Ledger of Things）。在這個例子中，數萬根智慧型電線桿透過無數感應器蒐集資料，把這些資料傳輸給另一部器材、電腦，或某個人，在這種情況下，這系統需要持續追蹤所有東西──包括能夠辨識每一根獨一無二的電線桿，以確保此系統的可靠性。

詹寧斯說：「沒有識別（identity），一切都行不通；用區塊鏈來執行識別工作，這是物聯網的核心要素。我們為每一部裝置創造一條獨一無二的路徑，這路徑就是一個識別，它被儲存於分配給費樂盟公司的比特幣區塊鏈裡。就像一枚比特幣一樣，它可以被送至任何一個地址。」[4] 區塊鏈（連同智能合約）也可確保裝置使用者付費，裝置才會繼續運作下去，沒有區塊鏈支付網路（比特幣是這類網路通用的交易語言），物聯網就無法運作。

社會能源：對社區供電

現在，撇開電線桿，想像一下把電力系統內的每個節點數位化，創造全新對等模式的電力生產與配送系統，每個人都能參與以區塊鏈為基礎的電力網。紐約州贊助一項計畫，旨在提高電力韌性，甚至在極端氣候條件下都能具有相當牢靠性，現今，這計畫正在布魯克林的公園坡社區（Park Slope）建立一個微型電力網（microgrid），之後這個微型電力網及其在當地產生的電力，將可提供緊急境況下的電力供給韌性，降低顧客成本，促進環保的再生能源電力、節能，及社區的儲存選擇。

雖然，校區微型電力網已經存在一段時日了，但在住宅社區並不常見，北美都市地區的家戶、商家企業、政府以及其他組織，大多使用管制價格的受管制電力公司。目前，我們在地方性再生能源方面有更多的選擇，例如屋頂上裝設太陽能板。當地電力供應者把供給過剩的電力依躉售價格再分配，這過程中往往伴隨著損耗。再者，一個住在本地電力來源對街的消費者，可能仍然必須支付零售價格，購買這個鄰居生產的再生能源電力，這是很荒謬的情形。

LO3 Energy 的共同創辦人勞倫斯‧歐爾西尼（Lawrence Orsini）說：「現今電力公司的指揮與控管模式系統由少數人實際運作電力網，我們可以改變這種模式，設計可以自行運作的電力網；這種電力網路的韌性強多了，因為網路系統中的所有資產都幫助維護及運作電力網。」[5] 這是一種分散對等式物聯網的網路模式，網路中的所有資產都內建的智能合約及其他控管機制——亦即區塊鏈模式。[6] 當颶風摧毀輸電塔或火災波及變電所時，網路系統能夠迅速自動變更電力輸送路線，防止大規模停電。

好處並非只有韌性，當地生產的電力供當地使用，這比一家電力公司大規模、大範圍供電的模式明顯更有效率，後者必須仰賴橫跨長遠距離的輸送能源，過程中流失可觀能源。LO3 Energy 目前正在和地方性電力供給者、社區領導人以及技術夥伴合作，建立一個可以讓鄰居購買與出售他們的當地能源環保價值的市場，歐爾西尼解釋：「這麼一來，你不需要向購買

再生能源額度 * 的電力公司付費取得供電服務，他們可以向本地的電力生產者購買，供輸電力到你家，在地、環保、對你的社區環境有貢獻，這合理多了，對吧？」[7] 對！

　　若你能在當地找到每一種這樣的資產，讓當地生產者與消費者之間交易與分配價值，就能形成一個即時市場。歐爾西尼指出，你可以把你的過剩能源賣給未能生產再生能源的鄰居，這麼一來，你的社區就可透過點對點交易，創造能源供給韌性。社區成員可以針對這種即時微型電力網市場規則建立共識，例如每天不同時段的訂價、價格下限或上限、優先供應給最靠近你的鄰居，或其他有助於以最適價格來減少能源損耗的規則。這樣，你就不需要整天坐在電腦前調整價格及提出買賣交易。

　　為創造及鞏固這種電力交易平台所需的電腦電力，其散發的熱能未來將被微型電力網回收利用。電腦電力輸送至社區的建築物裡，再使用產生的較高溫度來驅動暖氣、熱水、冷氣等系統，這可以提高相同能源的生產力。歐爾西尼說：「我們聚焦於提高可用能（exergy）。」

　　伴隨地方性再生能源電力的增加，物聯網正在挑戰傳統的管制型電力供給模式，這來得正是時候。我們必須因應氣候變遷，應付愈來愈極端的氣候狀態，尤其是冰帽融化淹沒海島，

---

* renewable energy credits，亦即電力公司出錢補助再生能源發電，消抵它們使用骯髒能源發電造成的汙染成本。

乾旱把陸地變成沙漠。目前，地球每年約有 6,070 平方公里的
土地沙漠化，最嚴重的流失發生於撒哈拉以南的非洲，那裡的
人們可不像澳洲內陸的孟羅那家人，他們買不起抽水機、冷氣
機，也無財力可遷居。[8] 我們需要我們的電力網及引擎別再排
出能源及碳到大氣層。雖然，電力公司正在尋求把物聯網的益
處，應用於它們現有的基礎設施——所謂的「智慧型電網」
（smart grid），連結微型電力網可以得出全新的能源模式。電
力公司及其聯盟、監管當局、政策制定者，以及 LO3 之類的
創新公司，正在探索這類生產與供輸電力的新模式，首先將使
用社區層級的電力，爾後再推廣至世界各地。

電腦運算的演進：從大型主機到智慧藥丸

　　不同於我們的電力網，電腦運算力已經歷經了幾次的典範
移轉。1950 年代及 1960 年代是大型主機的天下，主要電腦公
司是 IBM，以及所謂的「日落黃沙」（Wild BUNCH）——寶
來公司（Burroughs Corporation）、通用自動計算機（Univac）、
安迅資訊（National Cash Register Corp.）、康大資訊（Control
Data Corporation）、漢威（Honeywell）等五家公司。1970 年
代和 1980 年代，迷你電腦流行一時，作家崔西・季德（Tracy
Kidder）在 1981 年出版的暢銷書《新機器的靈魂》（*The Soul
of a New Machine*）記述了通用資料公司（Data General
Corporation）的崛起。跟大型主機公司一樣，多數迷你電腦公
司後來退出此事業，或是消失了，如今，誰還記得迪吉多

（Digital Equipment Corporation）、精華電腦（Prime Computer）、
王安電腦（Wang Laboratories）、資料點（Datapoint Corporation）、
或是惠普和 IBM 的迷你電腦呢？ 1982 年，IBM 的硬體加上微
軟的軟體把我們帶到了個人電腦時代，蘋果的麥金塔
（Macintosh）望塵莫及。世事滄海桑田啊！

　　相同的科技進步也驅動著通訊網路的演進。自 1970 年代
初期開始，源起於美國高等研究計劃署網路（U.S. Advanced
Research Projects Agency Network），一路演進至現今連結超過
32 億人、[9] 企業、政府及其他機構的全球分散式網路。然後，
電腦運算技術與網路技術匯流於平板裝置及手持裝置上，2000
年代初期，黑莓公司（BlackBerry）把智慧型手機商品化，蘋
果公司在 2007 年推出 iPhone，使智慧型手機流行起來。

　　較新而且令人興奮的是，這些裝置的能力不再只是較被動
地監測、測量與傳訊（例如天氣型態、交通型態），而是推進
到可以感應與回應，亦即執行事務，或是根據事先定義的互動
規則來行為。它們可以感應（例如溫度降低、交通堵塞）；可
以做出回應（例如開啟暖爐、延長綠燈時間）；可以測量（例
如動作、熱度）；可以傳訊（例如通報緊急救援服務）；可以
找出位置（例如找出爆裂的水管）；可以通知（例如通知維修
人員）；可以監測（例如監測所在位置、距離）；可以改變（例
如改變方向）；可以辨識（例如辨識出你在場）；可以指標（例
如把你導往市場），還有許多其他的可能性。

　　這類裝置可能是靜態式的，例如安裝於電線桿、樹木、管

路上；或是行動式的，例如裝於衣服、安全帽、車輛、寵物、瀕臨絕種動物、藥丸等等。舉例而言，醫療單位現在使用智慧電子藥丸〔smart electronic pills，或稱可食電子藥丸（edible electronic pills）〕來辨識並記錄病患是否及何時服藥；皮膚貼片或紋身貼可以蒐集資料，測量心率、攝食量或其他狀態，並透過應用程式，把這些資訊傳送給醫生、照護人員，或是病患本身，以辨察型態、提供反饋。醫療界很快就會把類似技術用於治療特定癌症的標靶藥物，測量核心體溫及其他生物標記。[10]

這些裝置可以彼此通訊，可以直接或透過雲端來和電腦及資料庫通訊，也可以和人通訊——傳送簡訊給你，或撥電話到你的手機。這些裝置透過它們的機器智慧及蒐集的資料，把資料分析、型態辨識、趨勢辨察等交到人們手裡。[11] 大數據（big data）這個產業名詞，根本不足以形容實體世界產生的巨量資料。根據最保守估計，現今透過網際網路連結的裝置約 100 億部，到了 2020 年，將成長到超過 250 億部，[12] 我們可以稱此為來自無窮數量裝置的「無窮量資料」（infinite data）。

那麼，為何我們不居住智慧型住家，開智慧型車子，使用智慧型藥物呢？我們認為有六大障礙。第一，初期的應用與服務是魯布歌伯機械（Robe Goldberg machine），把簡化繁，把小事化大事；簡言之，早期的消費性物聯網裝置很少提供實用價值，除非你想要你家的煙霧偵測警報器，通知你家的夜燈打電話到你的智慧型手機警告你發生火災。[13]

第二，組織慣性，以及主管、產業協會和聯盟不願意或沒

有能力，去擬想新策略、事業模式，以及人的角色。雖然，一些有創意的創業者已經根據一些原理（亦即使實體資產能夠被辨識、尋找、使用、付費），發展出新事業，並因此顛覆現行市場（例如 Uber、Airbnb），但影響仍然相當小，且仰賴一家公司及其應用程式做為中介。

　　第三，擔心惡意駭客或其他資安違反行為，修改資訊及互動規則，操控裝置而造成災難性後果。第四，「技術未來性」（future-proofing）方面的挑戰，這對於使用壽命很長的資本財而言很重要，這些資本財的使用壽命往往長過某項應用、甚至是一家公司，新創公司破產或賣給大公司的情事屢見不鮮。

　　第五種障礙是擴充性；欲實現物聯網的充分價值，必須能夠使多個網路連結起來，能夠交互操作（interoperate）。最後一種障礙是集中化資料庫技術方面的挑戰，若不對集中化資料庫做出大成本投資，它無法處理數以兆計的龐大即時交易。

　　為克服這些障礙，萬物聯網（Internet of Everything）需要萬物帳本（Ledger of Everything）──機器、人、動物、植物。

物聯網需要物帳本

　　歡迎來到由萬物帳本賦能的萬物聯網──在網際網路上進行分散式、可靠的、安全的資訊分享、感測、自動化活動與交易，這是拜區塊鏈技術之賜。打從很久以前，科技人員及科幻作家就已經想像一個無縫的全球網路世界，與網際網路連結的供應器能夠記錄地球上的每一個事件、活動及變化。在網路無

所不在、處理能力持續進步、愈來愈便宜且精巧的連結裝置之下，想像中的「物聯網」世界愈來愈接近實現。

中本聰設計的比特幣區塊鏈，旨在確保線上的每一筆比特幣交易及整個比特幣流通的健全性。藉由記錄每一個節點的每一筆交易，並和網路（亦即區塊鏈）中的每一個其他節點分享這紀錄，區塊鏈確保我們能夠快速且無縫式地驗證在對等式網路中的交易。我們可以自動、安全、有信心地進行價值（在此指的是財務性價值）交易，無需知道或信任網路中的每一個節點，無需透過中介，萬物帳本需要的信任度極低。

區塊鏈技術使我們能夠以相關的核心資訊來辨識智慧型裝置，設計程式以讓它們在定義的環境中操作，沒有錯誤、竄改，或在澳洲內陸地區停擺的風險。區塊鏈是網路中發生的所有資料交換的清清白白帳本，歷時累積，由此網路中的所有節點通力合作記錄與維持，使用者可以放心這些資料的正確性。

科技公司愈來愈認同，區塊鏈是釋放物聯網潛力的不可或缺要素，中央化大型電腦系統始祖 IBM 也進入這行列，該公司在其發表的報告〈裝置自主化：拯救物聯網的未來〉（"Device Democracy: Saving the Future of Internet of Things"）中，指出區塊鏈的價值：

> 在我們的分散式物聯網願景中，區塊鏈是促進互動裝置之間的交易處理與協調的架構。每個區塊鏈管理自己的角色與行爲，產生「分散式自主物聯網」（Internet

of Decentralized, Autonomous Things），因而得出數位
世界自主化。……裝置被賦予能力，可自主執行數位
合約，例如協定、付款，和其他裝置進行交換或交
易——藉由搜尋它們本身的軟體更新、驗證其他裝置
的可信度、支付與交換資源及服務。這讓它們能夠以
自我維持、自助式裝置來運作。[14]

　　因此，藉由使用區塊鏈，開啟了無數新的事業模式，因為
網路中的每一個裝置或節點，都能以獨立自主的微型事業形式
運作，例如以極低成本分享電力或電腦運算能力。

　　智慧錢包（Smartwallet）創辦人迪諾・馬克・安格瑞提斯
說：「其他例子包括音樂服務或無人駕駛車。每秒的音樂播放
或車輛行進，都會從我的帳戶餘額中扣除一分錢的某一比例，
我不必預付一大筆錢，只需按我的使用來付費，服務供應商不
會有收不到錢的風險。傳統的支付網路無法這麼做，因為用你
的信用卡來支付一分錢的一個比例，這交易成本太高了。」[15]

　　多出不用的臥室、空著的公寓或未被占用的會議室，全都
可以自行租出；專利權可以自行授權；我們的電子郵件信箱將
向每一封寄進來的垃圾郵件收費。這麼說，你就懂了吧。有了
機器學習（machine learning）、感應器、機器人，自主代理機
制能夠管理我們的家和辦公大樓、互動式銷售與行銷、公車站
候車亭、交通流量及道路使用、垃圾收集與處理（垃圾桶對載
運垃圾的卡車說話）、能源系統、供水系統、植入人體或穿戴

式保健裝置、存貨、工廠、供應鏈。

智慧之鑰（WISeKey）的執行長卡洛斯・莫瑞拉說，最大的機會在於產業區塊鏈（industrial blockchain）。[16]WISeKey 是一家瑞士公司，耕耘識別管理、網路安全、行動通訊等領域，為手錶及其他穿戴式裝置提供安全的交易能力，目前正把它的信任模式推廣到製造業者及晶片製造商，提供非常大量可被驗證物、用於在網際網路上或其他網路上溝通的物聯網裝置。莫瑞拉說：「我們現在進入把信任託付給物件的另一個世界，一個不被信任的物件將被其他物件自動拒絕，這些物件不需要去請示一個中央主管；這是一種巨大的典範移轉，對未來的事務處理方式將產生巨大影響。」[17]

在這個新興的世界，用戶使用安全的識別與驗證及公／私鑰來和智慧型裝置連結，他們定義與其他裝置互動的規則（例如隱私方面的規則），而不是遵循一個中央化節點或中介機構所定義的規則。製造商能把管理維持、所有權、存取和責任轉換成一個自我維持的裝置社群，確保物聯網技術具有未來性，節省基礎設施成本，在每個裝置變得過時的時候予以汰換。

因此，區塊鏈可以解決運作物聯網的六大障礙。總結來說，萬物帳本有九種漂亮的網路特色：

1. **堅韌**（resilient）：自我修正，沒有失敗點
2. **強大**（robust）：能夠處理數十億的龐大資料點及交易
3. **即時**（real-time）：全年無休運作，資料流持續不斷
4. **靈敏**（responsive）：對變化狀況做出回應

5. 非常開放（radically open）：隨著新輸入的元素，持續不停演進

6. 可再生（renewable）：可以多用途，再利用，資源回收

7. 可減縮（reductive）：降低成本與摩擦，提高流程效率

8. 創造營收（revenue-generating）：促成新事業模式，帶來新機會

9. 可靠（reliable）：確保資料的正直性及參與者的可信賴性

　　為何我們相信由區塊鏈賦能的物聯網具有如此巨大的潛力呢？主要原因是它能夠**賦予實體世界生命**。一旦我們在物帳本上賦予這些物件生命後，它們便能感知、回應、溝通、採取行動。資產可以根據智能合約，搜尋、找到、使用並報償彼此，因而促成高度顛覆性的新市場，就如同網際網路過去為人們及種種數位內容所做的。

　　因此，經理人、創業者，以及公民領袖應該思考：你將如何利用這些新機會來改變與成長？你的組織要如何因應現行營運模式將無可避免遭遇的顛覆？你的組織要如何和新創公司及協作的創新模式競爭？

　　我們的生活裡充滿提高效率、改善服務、降低成本、增進安全、更佳成果的機會，藉由把區塊鏈邏輯應用於物聯網，我們可以改善以上全部。我們開始進入數位革命的第一個重大階段，英特爾公司零售解決方案事業單位的行動與安全支付團隊總監蜜雪兒・汀斯利（Michelle Tinsley），解釋為何她的公司深入探索區塊鏈革命：「當個人電腦普及時，生產力激升，我

們把個人電腦連結至伺服器、資料中心或雲端，使精實的新創
公司能夠輕而易舉地取得非常便宜的電腦運算力。現在，我們
再度看到快速創新與新事業模式。」[18] 英特爾想加快了解什麼
可行、什麼不可行，以及機會在哪裡的過程。汀斯利說：「我
們可以看出這技術將是創新階梯函數的一大步，將引領出各種
新公司和新競爭者。想在科技業當個領先者，我們不能在這場
談話中缺席。」[19] 想像一下，在許多種類的商業以及網路革命
尚未觸及的眾多領域裡應用這些能力，其潛力有多龐大。

十二種顛覆：對物件賦予生命

　　存在哪些可能性可以對實體世界賦予生命呢？不同於皮諾
丘，我們沒有藍仙女（而且，不同於皮諾丘，區塊鏈不會撒
謊），但現在，我們有分散式帳本技術，不僅能如同奇異公司
所說的「把好東西帶到生活裡」（bring good things to life，奇
異公司早年的品牌口號），更好的是，皮諾丘不能在帳本上撒
謊而鼻子變長了。

　　把萬物帳本內建於物聯網中，可以帶來什麼可能性？我們
才剛開始思考與想像呢。截至目前為止，最受大眾媒體注目的
是消費性裝置，但其實，幾乎每一個領域都有潛在應用。潛在
應用的分類方式很多，因為有太多的跨領域應用，可以歸屬於
不只一個類別。舉例而言，麥肯錫管理顧問公司在對物聯網進
行分類時，使用「場合」（setting）的概念。[20] 我們辨識出十二
大領域的萬物帳本應用機會，以及每一個應用領域的益處與商

業效益，以下分類概述應用潛力，以及現有市場、廠商，以及
事業模式可能受到的明顯顛覆。

1. 交通運輸

　　未來，你可以召一輛無人駕駛車，安全地載送你去任何你
要去的地方。這無人駕駛車將直覺地走最快的路徑、避開施工
路段、繳過路費、泊車，全部都它自己來。在交通壅塞時段，
你的車子將會洽詢通過率（passing rate），使你能夠準時抵達
目的地。貨運公司經理將在所有貨櫃上，使用區塊鏈賦能的物
聯網來快速通過海關或其他必要檢查，不再需要歷經繁文縟
節。紐約市實施不同日街道換邊停車制，掃街車製造商阿萊恩
斯（Allianz）可以在其市街清理機上，安裝迷你攝影機或感應
裝置，辨識當日不得停車那一邊未被移開的車子（若這些違規
車不是會自行移走的無人駕駛車的話），把供應資料傳送至交
通警察局，警察局不必再派人實地開罰單。或者，掃街車本身
可以在實際清掃時，直接向違規的車子扣取違規停車比特幣罰
鍰，因為紐約州交通部將規定，所有車子必須向紐約市五個行
政區註冊，並設立一個連結於車牌上的比特幣錢包（帳戶）。
另一方面，無人駕駛車將感應到掃街車即將到來，自行移開，
讓掃街車通過。

2. 基礎設施管理

　　許多專業人士將使用智慧型裝置來監測道路、鐵路、電線

桿與電線、水管、機場跑道、港口，以及其他公、私部門基礎
設施的位置、完善性、使用期間、品質和其他相關狀態，以偵
測問題（如故障、竄改），迅速且具有成本效益地啟動反應。
費樂盟之類的公司就是做這種業務，以平價的新技術賦予基礎
設施生命，不需要耗費巨大成本汰換。費樂盟公司執行長艾力
克・詹寧斯估計：「目前有超過 90％的基礎設施都未與網路連
結，不可能把它們全都拆除，換上全新的無線連網資產。」[21]

3. 能源、垃圾、水資源管理

　　一個滿溢的垃圾桶說：「派輛車來清空我。」一條破裂的
水管說：「把我修好。」物聯網應該可以激發一百本新的童書。
已開發國家和開發中國家的傳統公用事業，可以使用區塊鏈賦
能的物聯網來追蹤生產、輸送、使用、蒐集，如前文所述，現
在已經有未建置大基礎設施的新進者，正打算使用這些技術來
創造全新市場及新模式，例如社區的微型電力網。

4. 資源提取與農耕

　　牛可以變成區塊鏈器具，讓農場經營者追蹤牛吃了什麼、
接受的藥物治療，以及牠們的健康史。這項技術也可幫助追蹤
昂貴、高度專業化的器材，使器材被廣用於調整即時用途及成
本回收；透過安全器材及自動化檢查清單的標記（以確保器材
被正確使用），改善礦工及農場工作者的安全；監測天氣、土
壤、農作物狀況，以啟動灌溉、自動化收割或其他行動；蒐集

「無窮量資料」的分析，根據以往型態與結果來辨識新資源，或建議最佳農業實務。土壤裡及樹上的感應裝置能夠幫助環保機構，監視農場經營者及他們的土地使用情況。

5. 環境監測與緊急救援服務

記得第 5 章提到的自主氣象代理機制 BOB 嗎？未來，BOB 將生活於一個有氣象感應器的世界，靠著蒐集與銷售重要氣象資料來賺錢，例子包括：監測空氣及水品質，發出警報以減輕汙染或讓人們留在室內；為緊急救援工作者感測與警示危險化學物質或放射線；監測雷擊與森林火災；安裝地震及海嘯預警與警報系統；當然還有暴風雨監測及預警。除了改善緊急救援服務反應時間，減輕這些事件對人命的危害，我們也能使用這些長期蒐集資料，來增進對於潛在趨勢與型態的了解，找出一些情況的預防措施，改進我們的預測能力，提供更早的預警。

6. 保健

在保健領域，專業人士使用數位化來管理資產及醫療紀錄，準備存貨，處理所有醫療器材及藥品的訂貨與付款。現在，醫院裡有很多智慧型裝置監管這些服務，但這些裝置很少彼此溝通，或是考慮到醫療病患時的隱私保護及安全的重要性，區塊鏈賦能的物聯網可以使用新興技術來連結這些服務，發展中的應用包括監測與疾病管理（例如追蹤生命跡象、提供

反饋資訊的智慧藥丸和穿戴式裝置），改進品質控管。想像人
工髖關節或膝關節可以自行監測，把匿名性能資料傳送給製造
商謀求設計改進，也會自行與病患的醫生進行溝通，例如，告
訴醫生：「該汰換我了。」專業技師必須採取先決步驟，確定
專業器材的可靠性與精確度後，才能使用這些器材。新的智慧
藥丸可以在臨床試驗中自我追蹤，提供它們的成效及副作用證
據，不致有人為竄改結果的風險。

7. 金融服務與保險

　　金融機構可以使用智慧型裝置及物聯網，來標記它們對實
體資產的債權，使這些實體資產變得可追蹤。由於對大大小小
的使用者而言，數位貨幣使得價值的儲存及轉移變得快速且安
全，因此，它們可以增進風險評估與管理。進一步考慮，若貧
窮和弱勢者能夠讓他們有限的資產被標記，在前文提及的微型
電力網中出售分享，是否就能讓他們賺得小筆收入，或是電力
或其他的「額度」呢？所有權人將可標記任何他們交給蘇富比
拍賣公司（Sotheby's）處理、並由倫敦勞合社承保的任何貴重
物件，包括珍貴物品、古董、珠寶、展覽館物件等等；承保者
可以根據物件存放地及其環境狀況來調整保費，例如，若是存
放於有空調系統的紐約大都會藝術博物館，保費較低；若是運
送至希臘，保費較高。這些物件本身能夠說出它目前的所在位
置——在保險庫裡，抑或掛在某個名人的脖子上；掛在琳賽·
蘿涵（Lindsay Lohan）的脖子上，保費可能比掛在安·海瑟薇

（Anne Hathaway）的脖子上來得高。無人駕駛車的保費費率當然會比較低，車子上的智慧型裝置本身能夠根據感應資料，當場解決保險理賠事宜。

8. 文件與其他紀錄的保存

如前所述，實體資產可以變成數位資產；所有與某個「物件」有關的紀錄，可以在區塊鏈中被數位化與攜帶著，包括專利權、所有權、保證書、檢驗認證、來源、保險、換置日期、核准等等，顯著提高資料的可取得性與誠正度，減少文書處理作業、儲存作業、遺失風險，還有其他與此紀錄有關的流程改善。舉例而言，一輛車子若未通過近期的安全檢驗，或是其責任險過期了，或是車主未繳違規停車或行車違規罰單，或是打算開這輛車的人的駕駛執照被吊銷了，這輛車將無法啟動。商店貨架上的貨品若過了有效期限，它們會自動通知商店經理，商店經理甚至可以在貨品有效期限逼近時，設定程式讓這些貨品降低價格以求盡快賣出。

9. 建物與地產管理

估計一項估計，美國約 11,148 平方公里的商用不動產當中有 65％閒置未用，[22] 數位感應裝置為這些不動產創造一個市場，讓它們被即時發現、使用、付費。商家現在已經進入這個領域，發展新的服務模式，把非辦公時段的辦公空間租出去，例如，在晚間，你的會議室可以出租做為社區年輕人的夜間教

室，或是當地一個新創公司的辦公室。其他的應用還包括保全與入口控管、照明、暖氣、冷氣、廢棄物及用水管理；未來，最環保的建物將是在物帳本上運作。想像電梯使用狀況和建物的人員進出等資料，將可多麼有助於建築師設計和規劃公共與私人空間。住家的多餘不用空間，將透過萬物聯網站，自行張貼招租與議價，幫助觀光客、學生、街友之家經理，及其他人找到符合他們需要的空間。這些概念適用於所有種類的住宅、旅館、辦公室、工廠、零售／批發業營業空間、機構用不動產。

10. 產業營運——工廠物聯網

全球的工廠需要一本全球物帳本，又稱為產業區塊鏈。工廠經理將使用智慧型裝置，來監視生產線、倉庫存貨、配送、品質以及其他檢驗，整個產業可以採用帳本方法，來顯著提高這些流程以及供應鏈管理的效率。飛機、火車頭之類大型且複雜的機器含有數百萬個機件，噴射客機或鐵路車輛的每個零組件可以安裝感應裝置，在需要修理時發出警報。想像一列正在從巴爾的摩開往長島的火車提早三天通知長島的維修組員，它需要更換一個新的重要零件；感應裝置甚至可以發出一份需求徵求書（RFP），並接受最佳競標提案遞送此零件，為奇異公司、諾福克南方鐵路公司（Norfolk Southern Railway）之類大型企業縮短作業時間，降低作業成本並提高作業效率。更顯著的是，從汽車、燈泡到 OK 繃等等，各種貨物的製造商正在探索如何把智慧型晶片植入其產品或零件裡，用以監測、蒐集與

分析產品性能資料，有了這些資料，它們可以提供自動更新，預期顧客需求，研發及提供新服務，實質上，這使它們從產品供應商變成持續以軟體為基礎的服務商。

11. 居家管理

感到空虛寂寞嗎？你隨時可以和你的屋子說話。你的住家和無數的產品與服務，正在進入可自動化與遙距監控住家的市場，這些服務可不只是「保姆攝影機」，還包括入口控管、溫度調節、照明，最終，幾乎你家的任何東西都將被包含在內。雖然，「智慧型住家」的起飛相當緩慢，蘋果、Google、三星（Samsung）等公司已經在研究如何簡化安裝與作業。市場情報公司 BCC Reseach 的調查指出：「預估美國住家自動化市場規模將從 2014 年的 69 億美元，提高至 2019 年的 103 億美元……這個市場將穩定且長期地成長。」[23]

12. 零售業及銷售

在街上走著，你的行動裝置將通知你，蓋璞（Gap）服飾店裡有你喜愛的一件衣服。走進店裡，那件衣服（你的尺寸）已經在等你了，試穿後，你掃描一下衣服，就完成付款了，但你還有其他事要做，所以，這件衣服會在你返回家之前送到你家。除了營運效率及環境監測，若顧客在區塊鏈上把他們的黑盒子向零售業者開啟，零售業者將能夠針對這些可辨識的顧客，在他們步行或開車經過時，根據他們的所在地、人口統計

資料、興趣、購買歷史，把產品及服務予以個人化。

經濟益處

　　我們在本章已經探討了分散式區塊鏈賦能物聯網（distributed, blockchain-enabled IoT）在許多層級（個人、組織、產業、社會）的無數潛在益處。重新設計與自動化對等網路流程，不再透過人或中央化中介應用程式，可以帶來我們在前文中探討的種種益處，總結如下：

- 加快速度（端對端自動化）
- 降低成本（降低把近乎無限量資料傳送到大型處理中心的成本；免除昂貴的中介費用）
- 提高收入、效率及／或生產力（騰出多餘能力供再利用）
- 改善成效（內建的檢查清單及其他協定可減少人為錯誤的影響）
- 提高安全性與正直性（不需要人對人的信任，因為網路架構中已經內建信任機制）
- 降低系統失敗的可能性（消除瓶頸，內建韌性）
- 減少能源耗用（效率的提高和減少浪費、浮動價格、反饋迴路等，降低了網路本身需要的能源用量）
- 提高隱私保護（中介者無法踐踏或漠視區塊鏈定義的規則）
- 透過蒐集與分析無窮量資料，促進辨識並改進潛在型態、流程與機會
- 強化對種種事件的預測能力，不論是負面事件（例如嚴峻

的氣候、地震、健康惡化）或是正面事件（例如作物耕種
的最佳時間、購買型態）

分散開放模式意謂，一家公司退出或一家製造商倒閉了，
物聯網仍然可以自我維持。當系統內建了交互操作性（interop-
erability），就能使不同的物聯網相互連結，釋出更大的價值。[24]

上述許多益處的實現，得仰賴分散式或去中心化網路的概
念，廢除中央（例如指揮與控管）或其他的中介（例如一個清
算中心或管理應用程式），一旦有這些新中介出現，其他人或
組織就會感受到必須繞開或消除它們的壓力。艾力克・詹寧斯
認為：「人們會去做減輕他們本身的不安感的事，這會導致筒
倉效應和集中化與中央化，這些人獲得了短期的好處，卻導致
其他人的長期損失。物聯網應該完全去中心化，讓裝置能夠自
主，直接去發現彼此，彼此直接建立安全的溝通，機器之間直
接支付彼此的價值。」[25]

IBM 商業價值研究院（IBM Institute for Business Value）
研究它稱為的五大「顛覆媒介」（vectors of disruption），在這
些顛覆媒介下，區塊鏈賦能物聯網將增進我們的實體資產利用
率。[26] 雖然，IBM 本身顯然在物聯網領域享有商業利益，它對
物聯網商業價值的研究非常有助於廣泛外界的了解。

首先，該機構指出這些新網路將讓使用者可以立即搜尋、
使用與支付可供使用的實體資產，例如未被充分利用的儲存空
間或電腦運算能力。第二，市場上的資產供需可以自行媒合。
第三，由於網路系統能夠自動評估風險與信用，並在買方未如

期付款時，在線上取回其使用權，因此可以顯著降低對買方的信用與道德風險索取的價格。第四，系統與裝置的自動化將可改善營運效率。第五，廠商可以使用眾包、協作，並透過數位整合供應鏈，即時充分利用事業夥伴。

簡言之，你有機會形成概念上更簡單、更有效率的市場；你可以取用以往無法取用的資產，並即時決定價格，降低你的風險。一旦建置了基本的基礎建設，進入障礙將很低（例如，你只需要發展一種應用程式），後續成本也相當低（例如，不再需要支付第三方服務費）。這也會顯著降低匯款成本，降低設立銀行帳戶、取得授信及投資的障礙，甚至能夠支援微型支付管道，媒合按分鐘數計費的服務與按分鐘數付費的需求。

物帳本可促成「分散式資本主義」，不再只是重分配的資本主義。這些新市場並不是大家免費的市場，但我們可以根據我們（個人、公司、社會）的價值觀來形塑這些市場，把這些價值觀編入區塊鏈裡，例如獎勵使用再生能源、優先使用最靠近我們的鄰居供應的資源、獎勵價格承諾、保護隱私等等。一言以蔽之，物聯網上的萬物帳本賦予實體世界生命與個性的同時，我們也分享更多。誠如 IBM 所言：「就總體經濟層級來說，在物聯網的未來中，我們全都是贏家，儘管，不同的產業將感受不同的影響組合。」[27] 麥肯錫全球研究院（McKinsey Global Institute）指出，物聯網的經濟價值被明顯低估，包含消費者剩餘在內，到了 2025 年，物聯網的應用價值可能高達每年 11.1 兆美元，[28] 這是現今全球 GDP（超過 100 兆美元）

的 10%，非常龐大！

本書作者唐・泰普史考特在其著作《數位化經濟時代》（*The Digital Economy*）中創造的「網路智慧」（networked intelligence）一詞，指的是：在一個又一個領域，網路將比其最聰明的節點更為聰明。如前文所述，第一代的網際網路某個程度降低了交易成本，使我們有更快速的供應鏈，有新的行銷方法，促成大規模的點對點協作（例如 Linux、維基百科），促成許多創新的新事業模式。區塊鏈技術將會加快這流程，伴隨物聯網扎根後，這些趨勢將突飛猛進。

未來：從 Uber 到 SUber

這章探討了很多層面的東西，現在，讓我們用一個情境，把創新的所有繩線拉集起來。

我們來看看 Uber 與 Lyft 這樣的服務整合者。Uber 是一種以應用程式為基礎的共乘服務司機網路，這些司機願意收費搭載他人。為使用 Uber，你下載 Uber 應用程式，開設一個帳戶，向 Uber 提供你的信用卡資訊。當你使用這應用程式叫車時，它詢問你想要搭哪種類型的車，再把你的所在位置標示於地圖上，應用程式會持續通知你附近可載客的 Uber 車，以及將載你的司機行進至何處了。抵達目的地時，司機自動從你的信用卡索取車資，若你不想給司機預設的小費，你必須在 Uber 網站上修改你的付費設定。[29] 開發及運作 Uber 應用程式的 Uber 科技公司（Uber Technologies, Inc.），對每趟載送的車

資抽取一比例的佣金。

　　這聽起來很不錯，尤其是在計程車輛供給較少的城市。但是，Uber 的服務有很多問題及危險信號：司機帳戶被駭；某些狀況下，車資需加成計費；時有乘客遇上莽撞司機、性騷擾或攻擊。[30]Uber 也追蹤用戶的每個行蹤，把部分資訊提供給市政府做為交通研究之用。更糟糕的是，司機創造了可觀價值，但他們只能留下其中的一部分。

　　現在來想像一下，若 Uber 是一種使用區塊鏈技術的分散式應用程式，會是怎樣的體驗。麥克・赫恩（Mike Hearn）辭掉 Google 的工作，把全部時間投入於比特幣系統研究，他在 2013 年的圖靈節（Turing Festival）研討會上，勾勒這個以比特幣技術為基礎的另類世界。[31] 赫恩稱此為「交易網」（TradeNet），並說明在比特幣的幫助下，人們可以如何開始仰賴無人駕駛車。

　　這「交易網」的運作如下：多數人並不擁有車，而是集體共享車輛。在芝加哥，梅莉莎透過 SUber（區塊鏈 Super Uber）叫一部車，所有可載客的車開始自動張貼供給，梅莉莎的節點根據她的選擇標準，來對這些供給做出排序後呈現給她，梅莉莎考量她願意為較快的路線（例如價格較高的收費車道）支付多少錢。

　　另一方面，不同於多數使用者，約翰是一位 SUber 車主，當他的無人駕駛車載他去上班時，這部車在自主泊車市場上辨識所有可供泊車的選擇（公有停車位、私人停車位），從中選

擇了一個停車位，付款預留。由於約翰預設的泊車選擇參數，是離目的地步行十分鐘內的最便宜可停車位，因此，他總是接受愛車選擇的泊車位。支撐這個泊車市場的泊車資料庫裡頭也含有以下資訊：每條街道在不同日及當日不同時段的泊車規定；停車位是室內還是露天；停車位擁有人是否訂定最低價格。這些全都是在一個連結了多套裝應用程式的分散對等式平台上運作，沒有一個中央公司在居中媒合訂單或收取中介佣金，也沒有加成計費及任何意料之外的費用。

這個提議模式的不尋常處不是無人駕駛車，因為無人駕駛車遲早會變得很普遍，此模式的真正不尋常處在於車子變成完全自主的代理人：自己賺錢；自己支付燃料費及維修費；自己買保險；發生車禍時，自己談判；自己運作（開車），不需要人的操控，除非是需要帶個實體（可能是人）去法院時。

這模式的運作條件之一，是 SUber 管理者能把車輛的協定編寫程式進區塊鏈，以遵守所有交通規則，走最直接、快速、便宜的路徑，信守它們得標的載客訂單。這模式可以規定司機在註冊加入 SUber 系統時，必須註冊車輛的所有必要文件，包括所有權人、安全性檢驗、保險，系統將永久登錄這些紀錄，以確保照規定進行定期驗車，或是換新保險或執照。感應裝置將監測車輛的整體「健全性」，發出必要的維修訊號，向合適的維修廠預約維修時間，預訂必要零件。由於是無人駕駛車，故不會有譏諷、任人唯親、性別歧視、種族歧視，或其他任何形式的人類歧視或貪腐情事，此外，也不會有人向你推銷

他們的政治觀點，或在儀表板上方熏香。一切運作都發生於幕後，物件與物件之間，由自主的應用程式驅動。司機們建立了一個區塊鏈合作社（如上一章所述），他們創造的財富近乎全數落入他們的荷包，使用者（梅莉莎與約翰）則是獲得便利體驗，不受任何煩擾。這種模式有什麼惹人不愛的地方呢？

網際網路降低了搜尋與協調成本，數位貨幣（例如區塊鏈的比特幣）將使我們得以降低議價、訂約、監管，及執行這些契約的成本。我們將可以交涉出最佳交易，從任何一個接受比特幣者（包括無人駕駛計程車）獲得承諾的載送服務，試問，這世上的 Uber 車要如何與 SUber 車競爭呢？

不過，情境還不止於此。城市基礎設施內建的智慧功能將會疏導交通（根據交通流量做出動態車道導引、浮動價格、自動的交通號誌管理），進一步降低能源浪費與成本。區塊鏈可以對車輛（有人駕駛與無人駕駛車輛）以及基礎設施（例如近物警報系統、自動煞車路面）執行安全性控管，能夠防盜或是防止不合格或喝醉的司機上路。此外，城市也將使用感應裝置來幫助管理交通基礎設施，包括基礎設施與車隊的資產管理，監視鐵路線及道路狀況，產生維修計畫及預算，在必要時派遣維修人員。

真正強而有力的是，系統通力合作——智慧型車輛在智慧型基礎設施上行駛。共乘服務的駕駛仍然有生意可做，不過無人駕駛車將能夠以它們內建的導航及安全系統，在城市街道上安全行駛，它們通常和智慧型基礎設施互動，以找出及支付快

速車道或泊車，或是搜尋以找到一條更好的路徑。無人駕駛車
的可用性、平價及可靠性將使得私家車數量顯著減少，大量私
家車往往只是泊著等候或停放車庫未使用，就如同許多商用不
動產閒置一般。

　　實現此情境的，將不會只是科技公司或車輛公司而已。雖
然，理論上，這一切可以由市府交通當局來發展、擁有、運作
及管理，但這可能不是未來的發展路徑。SUber 更可能是在一
個開放且共享的交通運輸平台上演進與創新，這平台上將開發
出種種應用程式，開發者包括當地創業者、社群、政府、營利
事業（經營無人駕駛小巴車隊）、共享合作組織（社區的一群
人投資十部車，讓大家透過 SUber 應用程式來預訂與分享）、
公共服務部門（維護營運火車或高需求路線的高速巴士）、社
會性企業（非營利性地投資於 SUber 點數，讓其客戶在需要
運輸時可以取用）。

　　這種模式可能先出現於有較進步的基礎設施、已經有區分
交通通道（鐵路、道路、自行車道、人行道區分開來）、有明
顯交通壅塞問題，以及人們傳統上遵守交通規則的地區。這種
模式也可能首先見諸於尚未開發的都市計畫區，由市政府和那
些尋求試驗其應用程式的科技公司及車輛公司合作。在道路使
用者未被區隔開來（使用不同的交通通道），或是無法預測（常
有動物通過道路），或是無法控管（分心的行人）之下，任何
涉及無人駕駛車的情境都較難成功，甚至是高度危險。

　　SUber 情境愈來愈可能實現，這種應用程式可能在未來幾

年內出現，解決我們的長期交通需求。現在，許多城市的計程車與禮賓車管理委員會正在和 Uber 爭鬥，儘管新模式似乎無可避免，但面對消費者渴望有更多負擔得起的交通選擇，又必須顧慮民眾安全及計程車營業牌照發放數量管控，市政府為這兩者之間的平衡陷入困頓。為何不正視交通運輸業的走向，設計出最能符合城市需求的解決方案（如同我們描述的芝加哥 SUber 假設情境）呢？

你的組織如何邁向智慧型物件世界

我們已在本章看到，我們的所有生活層面幾乎都有一些驚人的機會，特別是包括第一波數位革命幾乎還未觸及的許多領域。同時，這些機會也對既有企業及它們的事業經營模式構成威脅。

重要課題：身為經理人，你該如何兼顧兩邊——實現新機會的同時，把威脅降至最低？不論你是公部門、私人部門或社會部門的經理人，你的組織是否有未使用或未充分利用的實體資產，可被用於創造更多價值？你的組織正在掌握與實現潛在的最大效率與機會，去為物聯網發展產品與技術嗎？是否有新進者正在透過創新的應用程式型事業模式，搶走你的顧客，侵蝕你的營收，而這些是你的組織首先應該建置的事業模式？

新價值：你的組織有哪些實體資產，可以如何改進它們，以為你的組織或社區提供更大價值？你的組織可以對哪些實體空間、機器、存貨或其他資產，予以標記、監測、賦予生命，

以加入一個自主網路，並對這自主網路設定運作參數，以消除
成本或提高價值？你的組織可以把感應裝置植入、更新、程式
化於一個更大的網路中，以增進功能與價值嗎？你可以從物聯
網蒐集新資訊，以改進你對未來的分析與規劃嗎？

新事業模式：根據新功能和網路蒐集到的資料，存在哪些
新產品與服務機會？你的組織的資產與資訊是否對其他人或組
織具有價值，而可以被用來賺錢，例如把非使用時段的一部昂
貴器材出租？思考資訊的利用價值並不是新概念，先啟資訊公
司（Sabre）、美國航空公司（American Airlines）都是例子，
但這概念仍然被普遍忽視。

機會：你是否可以把你的網路與其他網路連結，以提高價
值，例如成為端對端供應鏈，或是配送與銷售通路的一部分？
在你的組織所屬的產業，是否有共享流程與部門可以利用區塊
鏈來自動化？你的組織是否藉由使用開放標準的技術，來建立
這種交互操作性，並透過國際合作進行審查？

威脅：有哪些產品或服務線，會被新進者用它們的新物聯
網型事業模式，攻擊瓜分你本來的市場？例如，除了一次性銷
售車輛、消費性產品或專業用器材，你是否可以對你的顧客提
供新的服務模式，讓這些產品或器材持續連結至特定網路？你
的組織能否利用既有專長、資源、基礎設施及顧客忠誠度，設
計出新的物聯網型事業模式，以縮減顛覆型新進者進入的空間
及可能性？

成本效益：這些機會的成本與效益如何？對你的組織有什

麼實質價值？你是在解決一個實際的事業問題或需求，抑或只是在尋求技術上的領先？可以和一個領先的客戶合作，以試驗及證明一個概念嗎？

　　策略計畫：麥肯錫管理顧問公司指出：「高階主管將必須應付三類挑戰：組織各自本位而未校準、技術方面的交互操作性及分析障礙、高度的網路安全性風險。」[32] 我們再加入第四類挑戰：內建隱私及獎勵方案，包括從一開始就有適當的防護措施。組織的資訊科技及其他事業部門，必須如何調適於物聯網？組織的哪些單位及事業領導人應該參與其中？

第 7 章
解決繁榮弔詭：經濟包容性與創業

豬不是豬撲滿

　　尼加拉瓜的太平洋沿岸是美洲最美麗的景觀之一，蒼翠的森林毗鄰無垠藍海，波狀丘陵與絕美海灘使它成為背包客、日光浴愛好者，以及生態旅遊者的首選地之一。尼加拉瓜也是這個地區最貧窮、開發程度最低的國家之一，60％的人口生活水準低於貧窮線，非觀光業從業者靠著農業和漁捕業勉強餬口。尼加拉瓜的名目 GDP 在美洲國家中排名倒數第二，整體 GDP 裡有 10％來自匯款——移居海外或在海外工作的尼加拉瓜人匯回來的錢。19％的尼加拉瓜人有一個銀行帳戶，但只有 14％的能夠取得貸款，只有 8％有存款。[1] 但是，有高達 93％的尼加拉瓜有使用行動電話，通常是採用預付模式。[2]

　　這是喬伊絲・金（Joyce Kim）率領其團隊來到尼加拉瓜時所面臨的現實，她是非營利性區塊鏈技術組織星耀發展基金會（Stellar Development Foundation，與 Stellar 建築工程公司無關）的常務董事。尼加拉瓜的一個微型金融機構，想對星耀

發展基金會的金融平台有更多的了解；尼加拉瓜的銀行業非常落後，導致多數尼加拉瓜人擺脫不了貧窮的惡性循環，也使有志創業者陷入嚴重的資金困境；他們艱辛創業，註冊他們的土地與資產所有權，謀求解決 1980 年代桑定民族解放陣線執政時期，強徵大批土地的未決賠款。[3] 星耀的平台將讓尼加拉瓜人可以轉匯、儲蓄、投資、借款、放款。

金對於當地聚焦於微型貸款的現象感到驚訝，她了解，取得信用融資對於提高經濟包容性（economic inclusion）非常重要，但她相信，儲蓄能夠可靠且安全地儲存價值，這是近乎所有其他金融服務的先決條件。當她詢問到有關於儲蓄時，當地人告訴她：「噢，這裡沒有儲蓄方面的問題，人們有豬。」[4]

在許多農業經濟體中，家畜在農民的財富中占很高的比重，因為金融服務未普及，個人的土地權薄弱。在尼加拉瓜，人們擁有很多豬。金起初很訝異，但很快就明白這背後的古老邏輯。她說：「走出會議室，往四周一看，你可以看到到處都是豬。」[5] 長久以來，家畜一直是廣為接受、相當有用的積蓄形式，在未進入數位經濟的地區，動物是你能擁有的流動性資產，若牠們能生產奶，能孳息──豬仔、蛋、羔羊、小牛、乳酪，那更好不過。

富有是一種相對概念，在肯亞，擁有四、五百頭山羊的馬塞族人被視為是富有者，但他們的生活可能辛苦、粗野、壽命短。金說：「家畜型財富高度在地化，你實際上無法和任何人交易你的家畜，除非是站在你面前的人；你承受巨大的風險，

你的家畜可能會跑掉或生病，或是一場禍害降臨，把你的所有積蓄化為烏有。」[6]

　　在尼加拉瓜，信用融資是比儲蓄更難敲開的堅果。經人介紹，金結識一位尼加拉瓜漁夫，也是當地合作社社員；他告訴金，在當地，沒有一位漁夫能取得足夠裝備整艘漁船的融資。金說：「他們組成漁夫隊，甲取得購買魚網的貸款，乙取得購買魚餌的貸款，丙取得買船的貸款，丁取得購買馬達的貸款，他們結合起來，形成一支漁夫隊。」因為太難取得融資了，沒有人能憑一己之力完成全部裝備而出航捕魚。這種合作貸款的模式行得通，但這其中涉及的中間人數量跟漁夫數量一樣多。

　　遭遇這種長期欠缺金融服務困難處境的，不是只有尼加拉瓜漁夫和農民。現今全球約有 20 億名成年人欠缺銀行服務，[7]他們欠缺一種不會染上狂牛病或衰老而死的儲存價值方法，或是能夠在村莊以外付錢的支付機制。他們的這些欠缺，我們視為理所當然。

　　金融普惠（financial inclusion）是經濟包容性的先決條件，金說：「我不把取得金融服務和金融普惠視為最終目標，這是一條讓我們邁向取得更好的教育、更好的醫療、平等女權，與經濟發展的途徑。」[8]簡言之，金融普惠是一種基本權利。

　　本章探討行動服務與金融服務業者和其他企業，使用區塊鏈技術來為金字塔底層者釋放經濟潛力的機會，我們將討論等著被開發與利用的數十億新顧客、創業者、資產擁有人。別忘了，區塊鏈交易可以是一分錢的極小比例，只要非常低的成本

就可完成交易，任何有最小資產——例如刺繡或音樂才能、多
餘的幾桶水、能下蛋的雞、一支能記錄資料、音訊、影像的行
動電話——的人，都可以交易價值。新平台也消除了存取點障
礙，若你能使用行動裝置上網，就能存取資產，不需要填寫表
格，只需要少許的讀寫能力。這些是看似微小但非常重要的突
破，若我們能做對，區塊鏈技術可以釋放史上最大的未被利用
人力資本，把數十億熱心、有前景的創業者帶入全球經濟裡。

新的繁榮弔詭

現在，全球經濟成長，但受益者甚少，這是現代史上首次
出現這種現象。一方面，數位時代為創新與經濟進步帶來無限
可能性，企業獲利激增；但另一方面，繁榮熄火。在整個現代
史中，位居第 51 個百分位的個人及家庭繁榮度持續上升，縱
使在經濟蕭條及動盪時期，這些人以及整個社會的繁榮程度仍
然穩定上升。但是，這種現象如今不再，就連開發中國家的生
活水準也在降低中，經濟合作暨發展組織（OECD）國家的薪
資中位數停滯不前。根據國際勞工組織（International Labour
Organization），全球多數地方的年輕人失業率一直停留在約
20％，該組織指出「年輕人失業的可能性是成人的近三倍」。[9]
在許多開發中國家，這數字明顯更高。這種失業率對任何社會
都具有嚴重侵蝕力，不論這社會的開發程度如何。多數人民想
對他們的社會做出貢獻，任何曾經失業的人都知道，失業對自
尊心的腐蝕有多強，對幸福的打擊有多大。有錢有勢的人持續

向上攀升，沒錢無勢者持續落後。

　　這是一種新的繁榮弔詭（prosperity paradox），不同於經濟學家吉爾伯·默里斯（Gilbert Morris）發明的「Paradox of Prosperity」一詞，指的是一種跨世代現象。* 這種新的繁榮弔詭，令西方世界的每一個政策制定者困惑不解；湯瑪斯·皮凱提（Thomas Piketty）的著作《二十一世紀資本論》（*Capital in the Twenty-First Century*）是 2014 年的商業暢銷書，榮登《紐約時報》2014 年非文學類精裝本暢銷書排行榜冠軍。這本學術傑作解釋何以貧富差距持續擴大，而且，只要資本報酬率持續大於長期經濟成長率，這種貧富差距擴大的現象將可能持續下去。富者愈來愈富，因為他們以錢滾錢比工作賺到的更多，於是產生了新的百萬富翁和億萬富豪。但是，皮凱提的遏止貧富差距擴大的解方是，對世界最富有者課徵財富稅，這就不是那麼有新意而具啟發性了，因為我們早已經聽過這種建議。[10]

　　事實上，只要資本主義制度仍然是主要的市場模式，有關於如何更平均地分享果實的爭論，大多一直聚焦於財富重新分配，通常的建議是透過對富人課稅，對窮人提供公共服務。現行經濟模式的擁護者指出，這種經濟模式已經幫助開發中國家（大多是亞洲國家）的數億人擺脫悲慘的貧窮，但他們往往忽略了這些國家存在著利益分配不對稱的現象——非常富有者囊

---

* 默里斯解釋：Paradox of Prosperity 是指一個節儉勤奮的世代，其下個世代往往較放蕩、好逸惡勞；不論什麼時代或文化，幾乎都呈現這種現象。

括了高比例的利益，超級富人和其餘大眾的財富落差持續擴大。今天，全球財富有一半集中於全球前 1%的最富有者，全球有 35 億人每天的所得少於 2 美元。

現狀的辯護者快嘴回應，全球的超級富有者是透過創立公司致富，不是繼承而得的財富。但是，在成功背後，有一些令人很憂心的統計數字：新企業的形成速度減緩了。在美國，創立不滿一年的公司數目占公司總數的比例從 1978 年時的 15%降低至 2011 年時的 8%。[11] 往往被形容為勇於冒險創業的千禧世代，未能扭轉這趨勢，甚至可能是造成這種趨勢者。近期，一項使用聯準會資料所做的分析發現，由 30 歲以下的人當戶長的美國家戶當中，只有 3.6%持有未上市公司的股份，這比例明顯低於 1989 年時的 10.6%。[12]

在開發中國家，數位革命未能為創業之路清除多少繁文縟節與貪腐障礙。在 OECD 國家，創立一個事業只需花人均所得的 3.4%；在拉丁美洲國家，這比例為 31.4%，在撒哈拉以南的非洲，比例更高達 56.2%。在巴西，一個創業者必須等待一百零三天才能正式創立他的公司；在美國，四天；在紐西蘭，半天。[13] 受不了政府的傲慢與效率不彰，開發中國家許多有志創業者選擇在地下經濟領域運作。祕魯經濟學家赫南多・德・索托（Hernando de Soto）說：「在西方世界，很多事被視為理所當然，例如，物業記錄詳實；但在南半球，創業者寧願政府不知道他們的存在。我們必須把身分註冊變成一個有利的主張。」如今，留在地下經濟領域，讓這些創業者免於遭到好

干預且貪腐的官員騷擾，但也大大限制了他們的事業成長能力和權利，使他們的錢變成閒置資金，無法更有效運用。[14] 縱使是光明正大營運事業的創業者，許多國家的法律並不提供有限責任公司的組織模式，若事業失敗了，你個人就得承擔所有負債。在許多阿拉伯國家，若你的企業支票跳票，你得直接進監獄，別提出任何辯護，要不然，其他的訴訟很快就上身。[15]

這世界總是存在富者與貧者，但死於飢餓、虐疾或暴力衝突的人，現今已經比較少了；生活於赤貧水準的人比 1990 年時少了。[16] 一些新興經濟體因他國製造業的外包和本國經濟政策自由化而受益——中國就是最好的例子，而且，多數開發中國家的人們平均所得提高了，整體來說，人們過得比以往富裕了，對吧？所以，若富者正好就是擁有明顯更多的財富呢？不應該讓他們把他們努力賺得的財富留下來嗎？有什麼問題？

皮凱提把矛頭指向資本主義。但是，資本主義是一種組織與運作經濟活動的制度，它本身並不是問題。事實上，資本主義是為懂得如何使用它的人，創造財富與繁榮的好途徑；問題在於多數人從未有機會看到此制度的好處，因為現代金融這部把簡化繁的魯布歌伯機械，令許多人無法從這制度獲益。

金融與經濟的排除性才是問題。OECD 國家有 15％的人口沒有和任何金融機構往來〔非銀行族（unbanked）〕，而一些國家，例如墨西哥，非銀行族人口比例高達 73％。在美國，15 歲以上的人口當中有 15％是非銀行族，總計約 3,700 萬美國人。[17]

　　金融不均性是一種可能快速演變成社會危機的經濟狀態。[18] 由舉世最大公司、最強大政府等多方利害關係者參與的世界經濟論壇在 2014 年指出，現今全球最大的風險是不均，比全球暖化、戰爭、疾病及其他災難的潛在危險程度都來得高。[19] 區塊鏈可能是解方，藉由降低金融普惠的障礙，以及促成新模式的創業，市場機制的潤滑作用將可幫助數十億非銀行族，實現他們的夢想與點子。

繁榮煉獄：無用的方法

　　幾世紀以來，銀行仰賴網路效應，每增加一個顧客、一間分行、一項產品、一元放款，就能提升銀行的網路價值。但是，建立這些網路得花成本，為獲得一個有賺頭的顧客，所需花費的成本有增無減，若一個潛在顧客不能帶給銀行賺頭，銀行不會有興趣去招攬這顧客，因此，銀行沒有什麼經濟誘因去贏得金字塔底層的顧客。比特幣投資人泰勒・溫克沃斯（Tyler Winklevoss）指出，銀行不服務全世界的多數人，目前也沒有計畫要服務他們，但是，新技術可以跳過這一步。他說：「很多非洲國家跳過線路電話基礎建設這一步，直接躍進至行動行動電話；區塊鏈將對不存在支付網路或很貧窮的地區，具有最大的影響。」[20] 區塊鏈將可為許多初生的事業提供推力，例如由肯亞的薩法利通訊公司（Safaricom）推出的行動支付服務 M-Pesa、全球各地的微型貸款業務，區塊鏈可以使它們變成開放、全球性、飛快。

　　銀行是最普遍性的金融機構，因此，我們以它為例說明。你如何開設一個銀行帳戶？若你生活於現今的開發中國家，你大概得親自去銀行分行辦理。在尼加拉瓜，平均每 10 萬人只有 7 家銀行分行，美國平均每 10 萬人有 34 家分行；但是，若和非洲相比，尼加拉瓜的情況算是不錯了，在許多非洲國家，平均每 10 萬人只有不到 2 家分行，[21] 所以，你可能得跑老遠，才能找到 1 家分行。你還需要帶一張政府核發的身分證，如果你還沒有，為取得身分證，同樣大不易。

　　在已開發國家，例如美國，為辦理一個銀行戶頭，你必須符合一些要件，這些要件因銀行及各州規定而異，但一般來說，你必須存入並維持 100 至 500 美元不等的最低存款餘額。你必須證明你的身分，在美國營運的銀行，必須遵守嚴格的「知道你的客戶」、「洗錢防制」、「反恐怖主義融資」等規定。[22]在授予戶頭之前，銀行也必須對申辦人進行更廣泛的背景調查，銀行對你的特性並不那麼感興趣，它是要遵守監管機關的規定，這代表會有一長串的注意事項。首先，你需要一張社會安全卡，你沒有嗎？這通常就足以使你被拒絕哦；那麼，你有含相片的身分證明如駕照或護照嗎？沒有嗎？那你不能開設銀行帳戶。設若你有社會安全卡，也有含相片的身分證明，為安全起見，銀行會請你出示最近一期的水電瓦斯帳單，以證明你的永久居住地，或是提供之前銀行帳戶的證明。若你剛好新遷入這個城鎮，或是和家人同住，或是來自世界某個完全沒有銀行服務的地區，你可能無法通過這些審查。除非銀行能夠根據

各種書面證件，確證你的身分，否則，它不會要你這個顧客。
銀行沒興趣知道你是個獨立成熟多才之人，它只想知道你符合
一堆規定要件。以往曾有單位試圖為移民和窮人簡化這流程，
例如紐約曾嘗試讓人們使用市民卡，但這些嘗試都失敗了。[23]

繁榮通行：有用的方法

　　所幸，非銀行族現在有福了，區塊鏈技術可以產生新形式
的金融認證，不需仰賴你和銀行的關係，但要以你本身的聲望
為基礎。在這個新模式中，傳統的「有銀行往來關係」不再是
先決條件，你不需要通過傳統的身分證明驗審，你可以建立一
個持久的數位身分及可驗證的聲望，在各種關係與交易中使用
全部或部分的數位身分及可驗證聲望。區塊鏈賦予這種數位身
分取得金融服務的信任與通路，而且，這是一種空前規模的能
力。共識系統公司（ConsenSys）創辦人約瑟夫・魯賓（Joseph
Lubin）說：「我們全都有聲望，只不過在目前的社會與經濟體
系架構之下，不容易使用罷了，它縹渺且短暫。在最好的情況
下，它零碎、不完整，你必須在需要它的每一個活動中，再一
次提出它那幻影似的證明。最糟的情況是，數十億人無法向其
親近社交圈以外的任何人，提出他的聲望證明。」[24] 有些人的
聲望憑證可能是一頭豬或一頭牛。但是，使用基本的基石，人
們可以建立既不零碎、也不縹渺的數位身分，這種數位身分是
通行的、標準化的，有種種他們本身及他們的互動的堅實證
明。他們可以部分分享這些數位身分——亦即只分享有關於他

們身分的一些特定資訊，來促進更多的互動，這些互動可能有助於增進他們本身的經濟成長與繁榮。密碼學家暨區塊鏈理論家大衛・柏奇（David Birch）這麼總結：「身分是新貨幣。」[25]

　　想想以下的可能性：世界上的低度銀行族（underbanked）和微型貸款組織往來時，可以對自己賦權，商家或放款者可以在區塊鏈中追蹤他們的小額貸款使用及償還（這在以往是無法做到的），不再仰賴信用評分。魯賓說：「以往的某個非銀行族償還了一筆小額信貸後，他就可以再取得更多、金額更高的貸款來建立他的事業。」[26] 這種行為一再發生後，就會提升這位借款人的聲望分數。把這和一個全球通行無阻的支付平台結合起來，就能讓個人及小事業業者做以往不可能做到的事：支付遠方的一個商家，購買商品或服務，因而增進他們參與全球經濟的前景。喬伊絲・金冥想：「若我們能夠根據婦女的持家史，來為她們建立信用評分呢？」[27] 經濟與金融的斷層線往往落在性別差異線上，因此，區塊鏈技術對世上被剝奪權利的婦女是一大福音。談到全球的貧窮者時，赫南多・德・索托說：「並不是他們不想加入全球經濟，而是不存在讓他們加入全球經濟體系的標準與資訊，區塊鏈很棒，因為它提供我們一個把人們匯集在一起的共通平台。」[28]

　　這數位身分中的持久聲望對全球的創業有何含義呢？若你有一個可靠、獨特、堅實的身分，你將被視為值得信賴的人，對方將更放心於提供你取得價值的管道。這不是分配財富重新分配，而是更廣泛地分配機會，個人黑盒子公司（Personal

BlackBox）執行長哈路・庫林（Haluk Kulin）說：「即將發生
的最大規模重新分配，不是財富重新分配，而是價值重新分
配；財富是你有多少錢，價值是你參與什麼。」[29] 區塊鏈可以
讓每一個人有一個獨特、可驗證、以聲望為基礎的身分，這使
他們得以平等地參與經濟，這個平等具有重要含義。魯賓想像
一個這樣的未來：「非銀行族和低度銀行族將愈來愈被賦權，
因為微型貸款服務將讓全球各地的投資人，可以建立許多微型
放款的多樣化資產組合，放款的使用與償還情形，可在區塊鏈
上追蹤到全部的細節，例如，使用 Balanc3（ConsenSys 的事
業單位）的三重記帳會計系統。」[30] 在這個新的未來，當人們
償還小額貸款後，他們的聲望提高，使他們可以再取得更多、
更高額的貸款來建立他們的事業。

邁向繁榮的路線圖

　　金融身分為全球二十多億人，開啟以往未能獲得的廣泛金
融與經濟機會，區塊鏈技術使各階層、各行各業的人得以規劃
自己邁向繁榮之路。想像一下，一個人的財富，大批人的財
富，最終數十億人的財富。

　　通往富足的工具：參與經濟的最基本必需品是工具，例如
一支行動電話和網際網路通路——透過這入口，和各種價值系
統的人們互動。安德森賀羅維茲創投公司（Andreessen
Horowitz）常務董事，也是史丹佛大學講師的巴拉吉・蘇里尼
瓦森（Balaji Srinivasan）說：「若你能夠用手機上網，霎時，

你就能通往所有其他這類東西，你能夠通往銀行或至少銀行機制。」[31] 區塊鏈技術創造出種種以往無法想像到的新事業模式，使個人得以成為經濟主體。

持久身分： 你可以使用及持有你的數位身分進入各種網路，在金融交易中建立你的聲望，或是加入各種社群網路。突然間，許多家庭可以不必再用豬做為他們的豬撲滿了，用以儲存價值和交易的新支付機制將開啟新天地。事實上，障礙降低而達成的金融普惠，將使已開發國家和開發中國家的創業者比以往更容易建立事業，包括開啟支付機制、取得可靠的價值儲存、使用區塊鏈軟體來管理金融財務報表。

創業民主化： 在適當環境下，創業者是社會的經濟成長引擎，他們為市場注入新思維，點燃促使市場經濟繁榮的創造性破壞。區塊鏈技術賦予世界各地的個人和小公司相同於大組織的能力，區塊鏈的物帳本及智能合約降低創立一家公司的障礙，加快公司的註冊成立，去除官僚體制的繁文縟節——尤其是在開發中國家，註冊成立一家公司往往得花三倍長的時間及五倍成本。

區塊鏈能自動化、簡化、大舉改善建立事業的三要素——創立、募集資金、銷售。首先，事業創立成本將明顯降低，因為區塊鏈是值得信賴、為人所知的事業註冊成立途徑，你能夠看到所有權，並且容易維持紀錄，這在欠缺法規的地區尤其有幫助。其次，公司將更容易取得資金，因為你可以通往全球的股權型資本和債權型資本，若你使用的是比特幣之類的共通貨

幣，你不需要擔心匯率及轉換率。第三，銷售運作將變成去觸及每一個擁有連結裝置的人，買方不需要信用卡、當地貨幣或銀行帳戶。

　　透過安全且不能竄改的帳本，創業者將能夠註冊他們的事業及公司資產權；管理存貨、應付帳款、應收帳款；透過三重記帳會計軟體及其他的區塊鏈應用程式，來管理其他的財務績效數字，不再那麼需要稽核人員、稅務律師及其他服務小型企業的供應商的需求。[32] 對那些選擇使用三重記帳會計制的小型企業，監管當局可能予以通融。這意謂著，公司可以減少浪費時間，將更多時間投入重要事務。伴隨公司成長，企業行動的協調與記錄作業將變得較不那麼複雜。透過智能合約，創業者可以把公司營運的許多層面自動化：購買訂單、薪資名冊、債務利息、即時財務稽核等等。以下兩種個人創業者的新模式將會愈來愈盛行：

　　調節過剩能力。 從集中化共享經濟轉變為分散式量表經濟（metering economy），個人將可以根據網路中同儕的聲望評分，把他們多出不用的床、手推車、牛以及其他的有形資產和無形資產貸放給他們。區塊鏈能促成以往不可能取得的收入來源，例如計量供給 Wi-Fi、屋頂太陽能板產生的電力、Netflix 訂閱餘額、手機上的過剩的電腦運算力以及其他家電產品，全都可以透過微型支付和智能合約來供給。

　　資料的微型貨幣化。 在家工作的父母、辛苦照料幼童與年邁父母的居家照料者，至少可以把他們的工作予以貨幣化，讓

他們每天的工作價值被認知。這種機會並非只存在於開發中國家，許多大公司尋求向南半球居民銷售的途徑，但它們往往欠缺適當資料可據以做出事業決策，因此，年輕創業者在新的區塊鏈上首次公開募股的同時，轉售蒐集到的個人授權資料，可能是增加新財源的不錯機會。現在，臉書與 Google 之類的數位巨擘，把蒐集到的數十億人的龐大資料轉售出去而獲取可觀收益，我們正進入浮士德交易——我們放棄自己的資料以換取這些公司提供的酷服務，但在這過程中，我們失去了隱私和資料正直性。區塊鏈把消費者變成「生產性消費者」，耐吉公司也許想知道你早餐吃什麼，多久跑步一次，你是否正在考慮購買新的運動裝備，何不立約授權耐吉取得你的這些個人資料，換取耐吉點數或錢呢？讓我們更進一步：保險公司希望得取得最佳資料以供精算使用，你本身的資料（你的運動量、是否吸菸、你的飲食）對它們而言很寶貴，你可以和保險公司簽訂授權合約，讓它們每次使用你的資料來精算與訂定新保險產品的價格時，都支付一筆小額款項給你。[33]

分散式所有權與投資

我們正進入人類史上的新時期：大量的人們可以透過分散式帳本技術，成為財富擁有者。進入全球金融市場與投資機會的管道，從傳統的投資轉向參與眾人協力創業、微型貸款機制、區塊鏈公開募股、以聲望為根據的微型貸款，這些將開啟取得資本的管道。群眾募資（crowdfunding）已經改變融資面

貌，2012 年，非區塊鏈的群眾募資行動在全球總計募集了 27
億美元的資金，比前一年增加了 80％。未來，在區塊鏈的直
接點對點群眾募資下，這些數字可望成長數倍，想像一項群眾
募資行動吸引 100 萬人，每人出資 1 元，我們可以稱此為分散
式所有權。你說這沒意義嗎？可能性是很廣大的，預測市場平
台 Augur 已經從全球數千人手上，募集到總計數百萬美元的
小額融資。區塊鏈公開募股不僅能夠改進募集資金的成效與效
率、降低募股者的成本，還可以擴大包容性，讓以往難以想像
數量的投資人得以參與。截至目前為止，有關改變所得與財富
分配不均的提案，大多是提高富人稅負，或是極端地由政府強
行徵收富者的財富。把重新分配或強行徵收擺在一邊，讓我們
想像區塊鏈可以如何創造機會，更平均地分享社會創造的
財富。

匯款：安娜莉・多明哥的故事

　　安娜莉・多明哥（Analie Domingo）[34] 從事保姆兼管家工
作已經二十五年，她是二十多萬名出生於菲律賓、生活於多倫
多的人之一，[35] 她的故事相當典型：年輕時離開菲律賓，在加
拿大落腳，沒有積蓄，沒受過正式教育，對她落腳的這個國家
所知不多。安娜莉工作賣力，為她自己和她的家人開闢出新生
活。十年前，她用她的積蓄付頭期款，買下一棟房子，這可是
非常了不起，因為她在過去三百個月無間斷地匯錢給她的菲律
賓的家人，她匯回去的錢多到讓她的母親（現年七十幾歲）能

夠在馬尼拉為自己買棟房子。

安娜莉仁慈地同意讓我們記錄她的領薪匯款過程。星期五下午，安娜莉領到僱主開的工資支票後，步行前往一家本地銀行，這過程大約花十五分鐘，若加上在自動櫃員機前排隊的時間，那就是二十分鐘。存入支票後，她領出 200 加幣，然後走一個街區去搭公車，不是回家，而是往反方向 3.2 公里後，在一個只能形容為糟糕的社區下車。她再步行四個街區，抵達讓她匯款回菲律賓的「金融機構」：iRemit 櫃台，位於多倫多聖詹姆斯鎮（St. James Town）一個住宅街區的最末端，這裡是加拿大最貧窮、最危險的社區之一。由於許多使用 iRemit 服務的人是非銀行族，該公司已經開始提供其他金融服務，例如支票兌換現金。安娜莉填寫一張書面表格（這事她已經做了幾百次了），把錢連同表格交給櫃台服務員，每次匯 200 加幣，她支付 10 加幣的固定手續費。菲律賓那邊，她七十幾歲的母親同樣得歷經類似的（同樣荒謬的）辛苦跋涉去領錢，當然，她得等三到四天後才能去銀行，這類匯款的處理平均得花上這麼多天。安娜莉走回公車站，搭公車、地鐵、再搭公車，終於在一小時後回到家。

這 10 加幣的匯款成本等於是總價值（匯款額）的 5%，此外，還有約 1% 至 2% 的匯差，總計成本 7%，比國際平均成本 7.68% 稍低一些。[36] 他們是「銀行族」（banked），仍然得歷經這流程，使得這整個例行鬧劇更顯過分。前述成本還不是全部成本呢，例如，安娜莉花兩小時做這件事，以她的工資來

計算，這時間成本等於 40 元。此外，她必須提早下班，因為她覺得天黑時去那個社區不安全。至於她的母親，一位生活於馬尼拉的七十幾歲老人，去領錢的行程對她的體力負荷同樣相當大。為了匯這筆錢而支付 10 加幣手續費，安娜莉捨棄的這 10 加幣的購買力對她來說當然是重要，但對她的母親而言更大；在加拿大，10 加幣可以買一餐及付公車費，但在馬尼拉可以買一星期的食物。為了匯錢回家，安娜莉這一生已經付了幾千元給西聯匯款之類的金融中介機構，她每月支付的手續費是全球每年匯款手續費收入 380 億美元的一部分。[37]

從遙遠的海外匯款回祖國家鄉，維繫著全球各地的流散異鄉族群，他們是那些離開祖國但仍然有著共同文化、對祖國有強烈認同感的人形成的全球社群。

今天的許多流散異鄉族群，其重要功能之一是幫助解決普遍的全球問題。這些人的匯款是流向開發中國家的最大資本之一，對世上一些最脆弱的人們的生活水準有著巨大的貢獻，在一些國家，匯款是巨大、重要的經濟支柱。舉例而言，匯款占海地 GDP 的 20％；菲律賓每年收到 240 億美元匯款，占該國 GDP 的 10％。[38] 根據國際貨幣基金組織的調查，收款人通常把錢用於必需品如食物、衣服、藥品、住屋，這意謂著：「匯款幫助龐大數量的人脫離貧窮，讓他們得以進行原本不可能做到的較高消費。」[39] 據估計，流向開發中國家的匯款大約是外援金額的三到四倍。[40] 匯款對開發中國家的窮人的貢獻，廣為人知，但是，儘管有這麼龐大的經濟挹注，匯款成本仍然高得

駭人，一些國家之間的匯款手續費費率甚至高達 20%。[41]

　　加拿大是全球最大的淨匯出國之一，在加拿大人口最多、經濟規模最大的省分——安大略省，外國出生者有 360 萬人，每年以海外匯款形式流出該省的錢有數十億元。[42] 安娜莉的故事值得注意，因為這在加拿大是常態。

　　以多倫多的達芙琳購買中心（Dufferin Mall）為例，多數時日，這購物中心人潮穩定，你會以為它跟加拿大或美國的任何購物中心沒兩樣。但是，每週四及週五的傍晚五點左右，這裡的景象完全改變，數千名外國出生的加拿大人，手中拿著支票，湧入這家購物中心，透過這裡的各家銀行及外匯交易員，匯錢給祖國的貧窮家人。許多外匯交易員和西聯匯款公司的駐員，現身周邊的便利商店、酒吧及餐館，以處理這些匯款。

　　這些說著菲律賓語、廣東話、西班牙語、旁遮普語、坦米爾語、阿拉伯語、波蘭語，以及其他語言的加拿大人，往往是工作勞累了一天後，牽著小孩，搭巴士、電車或地鐵，來到這購物中心，耐心排隊，等著把辛苦賺來的錢匯回家鄉。近年來，多數人在等候時滑手機、在 WhatsApp 上聊天、和多倫多或海外的親友通 Skype、打電玩、看影片來打發時間。很多時候，這些錢得過好幾天、甚至一週才會到達目的地，然後，海外那頭的家人必須歷經相似乏味、費時的流程，才能領到錢。

　　這情境有哪裡不對勁？全部都不對勁，我們就挑最明顯幾項來說吧。前文提到，排隊等候的人，大多在使用智慧型手機，這在加拿大是一項很普及的科技，在全球也愈來愈無所不

在了。在加拿大，73％的人擁有智慧型手機，安大略省的這個比例肯定更高。這個國家的無線網路基礎建設在舉世最優之列，這意謂著，不僅多數加拿大人擁有智慧型手機（這加起來形同一部超級電腦），他們還能用這些手機，來利用二十年前看起來像是科幻情境的行動網路運算力。為何這些人要大排長龍，等候透過一個實體銷售點使用幾十歲的老舊技術來匯款，而不用自己的指尖點一點、滑一滑呢？匯款的資料量比高畫質影片的資料量少很多，事實上，根據 Skype 的資料，視訊電話每秒鐘使用 500kb（千位元）。[43] 傳送一枚比特幣約使用 500 位元，大約是一秒鐘 Skype 視訊資料量的千分之一！

　　區塊鏈可以去除傳統的中介第三方，顯著簡化流程，促成即時、無摩擦的支付，人們再也不需要大排長龍等候一小時或是更久，不需要跑大老遠，或是在晚間冒著生命危險進入危險社區，只為了匯款。現在，一些公司與組織利用比特幣協定來降低匯款成本，它們的目標是把數百、數千億美元交到世上最貧窮的人手裡。這些產業被少數公司掌控，它們以其獨特地位和傳承的基礎設施來形成壟斷經濟，但它們也看出了區塊鏈技術帶來的威脅，並且感到害怕。德勤（Deloitte）的加密貨幣技術團隊領導人艾瑞克・皮西尼（Eric Piscini）說，現今支付領域的公司「對於區塊鏈所構成的威脅感到非常緊張，西聯匯款、MoneyGram、iRemit 以及其他公司，非常擔心它們的事業模式將被顛覆。」[44] 它們的確應該感到緊張，因為由新的、顛覆型公司構成的一個新興產業打算取代它們。

那麼，安娜莉呢？

　　想為全世界的窮人建立區塊鏈支付網路，有兩大障礙，其一，許多匯款人領的薪資是現金，收款人生活在高度現金基礎的經濟體制下；其二，不論是已開發或開發中國家，多數人不具有有效使用區塊鏈的知識與工具。固然，使用現金很可能變得過時了，但在已開發國家的僱主認知到智慧型錢包的好處之前，在馬尼拉、太子港、拉哥斯的路邊小商家開始接受數位支付之前，我們仍然需要硬貨幣。西聯匯款公司很了解這個，這也是它為何仍然屹立不搖，在全球各地有超過五十萬個代理機構，[45] 你若尋求把匯款兌現，你的選擇很有限，西聯若只有一個代理機構，它就不會有成效了，它的廣大網絡使它得以在整個市場維持壟斷地位長達數十年。長久以來，幾乎沒有任何公司推出一種無縫、容易使用的殺手級技術，但現在有了。

　　Abra 之類的公司出現了。Abra 這個名稱可能會令人聯想到魔法咒語「abracadabra」，嗯，這公司也沒令人失望。Abra 使用比特幣區塊鏈建立一種全球性數位資產管理系統，該公司言明，它的使命是：把每一支智慧型手機，變成一部能把實體現金傳送給網路上其他成員的自動櫃員機。我們想測試一下，看看這解決方案是否能改善安娜莉的體驗。

　　安娜莉及她的母親把 Abra 的應用程式，下載到她們的安卓系統（Android）智慧型手機上，安娜莉的存款是加幣，她按一個按鍵，把錢傳送給媽媽，媽媽收到了，而且是菲律賓披

索。* 此時，媽媽可以選擇把披索留在她的手機上儲值，並用這些錢來買愈來愈多接受 Abra 做為支付系統的商品。就這樣，Abra 建立一種支付機制與價值儲存系統，有效地取代傳統銀行系統的兩個最基本角色：支付與儲存價值。光是這點，就已經是一個革命性概念了，但真正有趣的是這個：媽媽想要現金，她用現金支付租金，購買食物，管理所有的其他開銷。她查詢這應用程式，發現她家附近四個街區範圍內，有另外四名 Abra 應用程式的簽約認證出納員，她傳送簡訊給他們，看看有誰願意用實體披索來交換她的數位披索，以及怎樣的價格（出納員收取的佣金）。這四個人回覆他們的「競標」，第一位出價3%，第二位出價2%，另外兩位出價1.5%，媽媽決定和出價2%的出納員交換，不是因為他出價最便宜，而是因為他有五顆星評價，並且願意和她在兩人的半途點碰面。他們碰了面，媽媽用她的 Abra 披索換了實體披索，這位出納員收了他的佣金，兩人都滿意地離開。Abra 對這筆匯款交易收取 25 個基點（即 0.25%）的費用。

錢從多倫多轉匯到菲律賓，過程花不到一個小時，成本 0.25%，內含匯率及所有其他的交易成本。西聯匯款的交易需要經過最多可達七或八個中介 —— 代理銀行、當地銀行、西聯、個人代理等等，Abra 的交易只需要三個 —— 兩個網路同儕及 Abra 平台。安娜莉欣喜喊道：「我懂了，這真的很棒！」[46]

---

* Abra 系統自動設定匯率，轉帳者在按鍵執行轉帳前可以看到這匯率。

　　Abra 想在全球擴展，必須應付兩大挑戰。第一，這個網路需要夠大數量的出納員，使服務達到便利；若最靠近安娜莉母親的出納員在 32 公里外，她將不會使用此服務。Abra 了解這點，因此，它預先簽約訓練出納員——光是在菲律賓就已經有好幾千人，系統正式上線時，這些出納員已經可以立即運作。第二，這個模式的運作前提是，出納員和顧客在交換數位貨幣與實體貨幣時，都將遵守彼此間的承諾。這一點比較不用擔心，Airbnb、Lending Club、Zipcar 之類的事業已經破解個人之間不會信任彼此的迷思。事實上，共享經濟（sharing economy）型公司數目的驚人成長，使 Abra 執行長比爾·巴希特（Bill Barhydt）相信這不成問題，他說：「人們願意信任彼此的速度，比他們願意信任一個機構的速度還要快。」[47]

　　智慧型手機是通往這一切的關鍵。就如同智慧型手機能讓你把你的公寓出租給別人，把你的車子出租給別人或是提供共乘，它也可以做為自動櫃員機。巴希特說：「人們願意在共享經濟模式中做的種種事情令人感到驚奇，他們只是還未把這種模式用在金錢上罷了，或許，點對點貸款是例外。在我們看來，人們彼此信任比信任 Abra 更為重要，若人們信任彼此，就很可能會了解 Abra，他們會喜歡上 Abra，也會在這平台上有好體驗。」最終，人們就會信賴這個平台。[48]

　　Abra 並不是一套匯款應用程式，而是一個新的價值交換全球平台，把分散式的無信任（trustless）區塊鏈網路、智慧型手機技術的效能，以及人們信任網路中同儕的人性傾向結合

起來。這個平台讓用戶可以儲存傳統貨幣的價值，可以跨網路傳送價值，可以支付持續成長中的商家網路，因此，Abra 不僅挑戰西聯匯款，也挑戰 Visa 之類的信用卡網路。巴希特說：

> 西聯匯款交易和 Visa 卡交易，兩者的清算機制是非常不同的，但在 Abra 平台上，人對人支付交易的清算機制和人對商家支付交易的清算機制是完全相同的⋯⋯我們提出單一解決方案，既適用於國內，也適用跨國；既適用於人對人支付，也適用於人對商家的支付，這是一項創舉。[49]

　　Abra 最終有可能成為一個全球巨擘，撼動世上最大金融機構之牆，但就目前來說，它是一個重要的全球性問題的精巧簡單解方，在全球匯款一年超過 5,000 億美元的規模下，這個商機絕對不可小覷。

區塊鏈人道援助

　　區塊鏈能夠徹底改變非政府組織、政府和個人捐獻者提供外國援助的方式嗎？每年有數千億美元的援助流入開發中國家，但是，這些援助的總體經濟成效並非總是明顯。[50] 很多證據顯示，很多外援被貪腐官員、當地獨裁者以及其他中介單位侵奪大半，外援實際上並未送達意圖幫助的對象手中。更令人憂心的是，根據《國際經濟學期刊》（*Journal of International*

Economics）刊登的研究報告：「受援國政府取得的外援增加，可能反而導致公共財的提供減少。」這篇研究報告的結論是：「大批援助或橫財，未必會提高被援助人民的福祉。」[51] 在最貧窮的國家，組織膨脹及領導人的腐敗，導致大量外援的浪費，以及貧富差距愈來愈大。不論是政府對政府的直接援助，或是在受援國當地運作的非政府組織，都存在這種問題。

　　第 1 章曾簡短談到外援問題，現在，我們再進一步探討。2010 年海地大地震餘波中，非營利的獨立新聞組織 ProPublica 發布美國公共廣播電台記者所做的一項調查，調查指出，紅十字會募集了 5 億美元的巨額捐款，卻揮霍浪費，沒有履行它的許多承諾，例如該組織承諾為 13 萬名海地災民興建新屋，最終只興建了六棟。[52] 這項報導使紅十字會受到嚴厲抨擊，該會做出辯護：紅十字會的建屋行動受阻於海地糟糕的土地權註冊情況，沒有人能夠弄清楚土地的真正所有權人是誰。結果，紅十字會湊合著弄出令人不滿意的解決方案。使用區塊鏈技術的土地權註冊，提供清楚的產權，或許還能防止非法徵收，這是否有助於改善此情況呢？

　　或許，外援最能清楚例示許多政府的無能，以及不道德中介組織的尋租（rent-seeking）行為，因此是個適合用來探討區塊鏈解決方法的主題。2010 年的海地大地震，是過去百年間最嚴重的人道危難，[53] 海地政府癱瘓、危難急迫之際，無數的「數位善行者」匯聚於網際網路上協助第一出動救援者，蒐集來自海地災區的行動電話求援者資訊，並加以分類和具象化

（標示待救援者的位置、標記當地基礎設施位置等等）。最初由志同道合的自發者形成的這些臨時團隊，在危機中漸漸變得有組織、有成效，其中，CrisisCommons 特別有貢獻。

CrisisCommons 示範了一個全球解決網路——一個由民間社會組織、公司及個人共同組成的非政府網路，通力合作解決一個重大問題。數位革命使新網路能夠跨界連結、通力合作、解決問題，促成全球合作與全球治理；網際網路使這一切變得可能。在這場海地劫難之前，人們從未如此群力組織，推動公益。這也證明了網際網路的這個資訊層的重要性：為陷困的人們和志工組織提供重要連結、竅門與資料。想像若還有一個價值層，將可促成什麼可能性呢？

區塊鏈能夠以兩種方式改善外援。第一，去除那些做為大額援助款項輸送管道的中介者，減少長期存在的侵吞盜取問題。第二，提供不能竄改的資金流向帳本，迫使從救援組織、政府等大型機構誠正行事，並遵守它們的承諾；若它們不這麼做，人們將能看到它們的違法亂紀，讓它們為這些行為負責。

想像聯合國兒童基金會及聯合國的婦女計畫使用區塊鏈，直接把援助款傳送到婦女與孩童手上，不需經手當地權力機構。貧窮國家的個人可以透過分散式帳本，來加入特定援助福利方案，這個帳本由各援助組織形成的網路管理，每個組織是這網路上的一個節點。在遞送某項援助時，例如來自紅十字會的疫苗，或是聯合國兒童基金會提供的學校用品，這些「交易」將在帳本上蓋記時戳，這有助於減少或防止援助組織不小心重

複遞送給特定人或社區，這可以使援助更公平地布施。

　　事實上，聯合國兒童基金會已經開始探討加密貨幣了，該機構在 2015 年 6 月宣布推出數位貨幣 Unicoin，讓孩童可以藉由上傳畫作到這個方案組織，兌換 Unicoin，孩童可以拿這些數位貨幣交換筆記本與鉛筆。[54] 這是一個小小的開始，但機會無窮，不難想像我們在第 1 章描繪的情境——開發中國家的孤兒院和聯合國兒童基金會合作，從每個小孩抵達孤兒院起，為他（她）設立一個帳戶，捐款以按比例方式分發到每個孩子的個人帳戶裡，政府、獨裁者、貪腐官員完全無法動到那些錢。這麼一來，世上最貧窮、最脆弱的孩子在邁入成年時，就有錢可以展開新人生。區塊鏈可以做到這一點。

　　天災的救濟當然無法全都是點對點形式，很多時候，機構仍是必要的；但區塊鏈可以顯著改善這些組織，以及外援鏈上其他機構的運作透明度，例如，捐給紅十字會的每一塊錢都可以從頭沿著整個價值鏈，一直追蹤到直接受益的個人。回顧第 1 章描繪的想像情境：紅十字會可以就它的每一項最重要計畫（例如藥品援助、防阻疾病蔓延、淨水計畫、改建住屋）進行群眾募資，當你捐款時，你知道你捐的錢用到何處——一片木板、一加侖水，或是一盒 OK 繃。若有款項不見了，社群會知道，可以要求這些組織負起責任。智能合約能被用來約束援助組織本身當責，重大計畫如建屋、淨水工程等，可以採用代管契約，在成功完成每一個重要里程碑（例如取得一興建地的產權，輸入材料，和當地供應商簽訂合約，建造成品，安裝了一

定數量的淨水取得點）時，分批付款。這麼做將可顯著改善外
援遞送的透明度與當責制，因而明顯改善成果。

　　外援是從已開發國家流向開發中國家的第二大資金轉移，
僅次於匯款。區塊鏈能夠為立意良善的非政府組織提高透明
度、當責及運作效率，把危難時期及平時的的救助工作做得更
好。當然，欲使用區塊鏈技術，有許多執行上的挑戰，必須克
服許多障礙。當地人必須懂得如何使用此技術；危難時，行動
電話網路可能中斷；狡詐的違法份子及貪腐的政府可能仍然會
找到方法，來欺詐貧困者。但這些不能構成不探索及使用此技
術的理由，現今，援助行動的成效與效率不彰，許多行動根本
沒有成效。賦權個人、讓援助組織當責，可以把更多援助直接
施達窮困者身上。減輕貧窮及有效應付災難，這是邁向全球繁
榮的第一步，我們來試試區塊鏈吧。

微型金融：小額支付的點對點援助

　　微型金融是一個同時改變金融服務及發展援助的產業，不
同於由上而下地供輸援助，微型金融機構試圖讓個人能夠儲
蓄、投資及創立小事業，它們的形式往往是社區儲蓄合作社，
由社區居民把錢集合起來，彼此借給有短期資金需求者。在執
行與管理得當之下，微型金融機構能夠大大幫助窮困社區：減
輕長期飢餓，增加儲蓄與投資，在很多情況下，還能夠對婦女
賦權。[55]

　　不過，現今的微型金融機構有一些問題。第一，它們的運

作欠缺監管，有時會出現掠奪性貸款及高壓還款方法，導致社區的困境更加惡化。第二，有鑑於前述問題，開發中國家政府認為，遏阻惡行的最佳之道是把微型金融機構全部視為非法，或是施加嚴格限制，例如在印度，一家微型金融機構引發爭議後，印度地方政府在 2010 年立法限制微型貸款。[56] 第三，資金未必總是供輸到最有需要者手上，無法確保最需要貸款的社區居民可以取得貸款。第四，這些機構大多仍然是地區性質，限制了貸款供給對象，也限制了儲蓄與投資機會。

因此，想幫助貧窮者的人或組織將會思考，區塊鏈技術能夠提供什麼工具？這項技術可以帶來什麼改進？

第一，區塊鏈能夠改進管理方面的問責性。跟企業透明化一樣，非營利組織若使用區塊鏈來提高透明度與問責性，將會更吸引捐款人。此外，把微型貸款記錄於區塊鏈，並讓微型金融機構的顧客可以看到這些紀錄，他們就可以要求微型金融機構對不當行為當責。若能夠選擇資訊公開化，借款人或存款人會選擇不透明且模糊難解嗎？

第二，區塊鏈可以對婦女及兒童提供更好的保護。透過智能合約，借款可以進入代管契約帳戶，只有婦女才能動用，以購買食物、女性用品、醫療及其他必需品。男性無法用這些錢來購買香菸或酒品或賭博，這類行為可能是一般儲蓄或微型金融的長期問題。

第三，區塊鏈可以讓人們取得全球各地的資金與機會，這有助於吸引全球各地的捐款。社區通常受限於它們使用的微型

金融機構的地區性，在未來，想借款者可以上網，從許多潛在放款者當中尋找最佳利率、條件及聲譽者。當然，制式的微型金融機構將繼續存在，但由於人們將更容易透過區塊鏈接觸到同儕，這些微型金融機構的必要性將會降低。

最後，區塊鏈的支付機制，例如比特幣，基本上是針對沒有力量的小借款人量身打造的，讓他們可以使用小額支付（picopayments），並且把成本降低到幾近零。在每一分錢都很重要的世界，應該讓使用者能夠以小額方式償還貸款、提款、存款，這些在非區塊鏈世界遠遠較難做到。世上許多地區儘管貧窮，但手機與網際網路連結愈來愈普及與商品化，因此，應該讓人們可以即時且有效率地進行小額支付。

邁向資產所有權之路

土地產權註冊是赫南多·德·索托所謂的「非市場交易」（nonmarketed transaction），這是一種通常涉及當地政府的經濟交易。非市場交易的成本包括排隊等候浪費的時間與資源、追查所有權、完成及歸檔文書、歷經繁文縟節、解決爭議、行賄官員及檢查人員等等。[57] 在貧窮國家，因為制度薄弱，政府官員不正直廉潔，這些成本非常高。宏都拉斯就是這麼一個地方，它是中美地區第二貧窮國家，所得分配極度不均。2008年的經濟衰退導致宏都拉斯的海外匯入款減少，2009年發生軍事政變，把民選總統曼紐爾·賽拉亞（Manuel Zelaya）驅逐出境，這場政變的背後支持者是該區最大的地主之一、棕櫚油

製造大亨，他在多年前的強迫下亞關地區（Bajo Aguán，亞關
河下游河谷地區）農民出售土地產權的土地爭奪中，獲得可觀
利益。[58]

　　自 1990 年代中期開始，世界銀行及其他全球性非政府組
織 [59] 對宏都拉斯挹注 1 億 2,530 萬美元與技術援助，設計與管
理土地相關的發展計畫，意圖提振該國的經濟成長。[60] 我們看
到有關於空間資料基礎設施的計畫，這些基礎設施將支援的資
料，包括對土地與自然資源所有權與使用情形的地理標記、氣
候與天然災害、地方政府可用來做策略規劃與投資的社會經濟
狀況等等。計畫中也提到，將把國家與地方層級的土地發展計
畫的資料庫，和環境與災害管理計畫的資料庫整合起來。[61] 總
之，這些計畫甚富雄心。

　　問題是，在產權註冊、土地銷售、解決爭議等方面，仍然
有指控這些計畫充滿貪腐情事，指控對象包括中介者、法官、
當地官員。根據美國貿易代表署的資料，宏都拉斯的產權註冊
制度仍然高度不可靠。[62] 該國農村居民在住戶土地產權註冊過
程中，被有計畫地刻意忽視，這些通常是農村居民最有價值的
資產，在農村地區，最貧窮的農民卻是這些土地開發計畫中受
益最少的人。自 1998 年以來，宏都拉斯的農村貧窮境況絲毫
未減，產權爭議中顯露的含糊不清性與貪腐情事，已經傳遍開
發中國家，若宏都拉斯發生如同海地那樣的嚴重自然災害，紅
十字會之類的救援組織將同樣被理不清的產權束縛，難以提供
安全耐久的住屋。

　　赫南多‧德‧索托說：「若有通用的帳本，內含所有這些資料，對一個高度缺乏信任的境況注入信任呢？區塊鏈似乎特別適合用來處理這類交易，其他的制度未必能做到。事實是，貧窮國家本質上就是非常貪腐，因此，讓你的交易在每個節點上有帳本紀錄，有安全可靠流程，可以使系統有效率、便宜且快速，但這也是窮人想要的，因為可以保護他們的權益。」[63] 區塊鏈是一種開放式帳本，這意謂著，需要參考它的宏都拉斯官員可以在他們的桌上型電腦上看到，現場工作者可以在他們的行動裝置上輸入資料，想要一份影印本的人民也可以取得。區塊鏈是一種分散式帳本，這意謂著，前述這些人沒有一方擁有它。區塊鏈是一種對等式網路，這意謂著，任何人都可以進入與使用。在人民對公家機關信任度極低、產權制度薄弱的國家，例如宏都拉斯，比特幣區塊鏈能幫助重建信心與聲望。

　　德州的新創公司 Factom，打算和宏都拉斯政府及產權軟體公司 Epigraph 合作做這些事，Factom 的總裁彼得‧柯比（Peter Kirby）說：「宏都拉斯的資料庫基本上漏洞百出，官員可以進入這資料庫，把面海景的房地產登記到他們名下。」柯比指出，宏都拉斯的土地有 60％ 沒建檔。這項還未簽約敲定的合作計畫，其目標是把政府的土地產權記錄到區塊鏈帳本上，柯比告訴路透社，宏都拉斯可以跳過開發中國家使用的傳統系統，使用 Factom 的區塊鏈技術，這最終可以產生更牢靠的抵押權和礦權。[64] 麥肯錫管理顧問公司矽谷辦公室及支付實務主管考西‧拉哥帕（Kausik Rajgopal）說：「從專利權到房

屋，目前的所有權憑證極度書面性質，除了歷史，沒有理由繼續這樣，區塊鏈適用於涉及產權與時間性的任何交易，或者是互動。」[65]

　　宏都拉斯政府最終會不會實行在區塊鏈上註冊土地產權，或會不會持續使用這種技術，我們不得而知；在以往的土地註冊嘗試行動中，該國政府最後都因為擴大規模需要更多成本及納入更多人，而打了退堂鼓。但是，若區塊鏈帳本能夠提供可靠、不被竄改的資料，非政府組織就能取得更多必要資料據以做出決策與治理。若能去除目前在該國註冊土地所需歷經的五、六個步驟，把需要耗費二十二天的流程縮減為十分鐘，那麼，這類非市場交易的成本將可降至幾近於零。[66] 或許，這還能幫助記者及人權團體發聲，譴責讓那些意圖購買環保指定地、向來為農民或原住民使用的土地，或是想在這些土地上建廠或取得木材或水源，卻不對農民或原住民提供適當補償的大型全球化企業，讓它們知難而退。我們對此抱持希望！

執行面的挑戰與領導機會

　　當然，區塊鏈技術並不是解決世上所有經濟與金融問題的萬靈丹，創造繁榮的不是技術，而是人。在應用區塊鏈技術方面，有必須克服的障礙，以及領導機會。第一個障礙是技術面，根據國際電信聯盟（International Telecommunications Union）的資料，各地的網際網路連結仍然存在明顯落差，原因是電信基礎建設落後，或是當地人負擔不起電信服務費用。[67]

第二個障礙是讀寫能力，使用智慧型手機以及線上互動，需要有起碼的讀寫能力。美國的 16 歲以上成年人當中，有 18％的閱讀能力在小學五年級以下水準，30％的數學能力低，[68] 這些知識水準低的成年人當中，有 43％生活貧窮。[69] 在開發中國家，讀寫能力高度不均，在許多非洲地區，具讀寫能力的人口比例停留在 50％左右，若以性別來看，問題更嚴重，例如，在阿富汗、尼日、獅子山共和國、查德、莫三比克，以及其他貧窮國家，男性與女性的讀寫能力差距高達 20％。[70]

第三個障礙是貪腐。區塊鏈是一項強而有力的工具，但跟所有技術一樣，它本身不具有本質上的好或壞，人們可以利用電力、無線電、網際網路等等傑出的技術來做有益之事，或是惡毒危害之事。我們需要能夠利用區塊鏈技術來做有益之事的機構當示範領導，例如援助組織、民間社會組織、公司、政府，乃至於連結到這龐大網路的個人。唯有這些挑戰被克服了，區塊鏈技術才能發揮它促進全球繁榮以及有益改變的潛力。

第 8 章
改造政府與民主

　　愛沙尼亞共和國是波羅的海諸國之一，南鄰拉脫維亞，東接俄羅斯，人口 130 萬，稍少於渥太華市人口。[1] 愛沙尼亞在 1991 年脫離前蘇聯，恢復獨立時，該國有機會全面重新思考政府角色，重新設計政府該如何運作、該提供什麼服務，以及該如何使用網際網路技術來達成其目標。

　　今天，愛沙尼亞被廣視為數位政府的全球領先國，該國總統湯瑪斯・亨德利・伊爾夫斯（Toomas Hendrik Ilves）是第一個這麼說的人：「我們對我們所完成的感到驕傲，並希望全世界都能向我們的成功學習。」[2]

　　在所有國家的社會進步指標排名當中，個人與政治權利這一項，愛沙尼亞排名第二，與澳洲及英國不分軒輊。[3] 愛沙尼亞的領導人在設計該國的 e 政府策略時，以分權化、互連性、開放、網路安全為核心原則，他們的目標是建立具有未來性、可以納入新技術的基礎設施。該國的所有居民可以在網路上取得資訊與服務，使用他們的數位身分進行商業活動，更新或修改他們的官方紀錄。雖然，愛沙尼亞的這些建設早在區塊鏈技

術問世之前，該國推出了一個無鑰簽名基礎架構（keyless signature infrastructure, KSI），將之與區塊鏈技術漂亮地整合起來。

這個 e-Estonia 模式的核心要素是數位身分，截至 2012 年，90％的愛沙尼亞人有一個電子身分證卡，可用以取得政府服務並用以在歐盟國家旅行。[4] 這電子身分證卡植入的晶片內含持卡人的基本資訊，以及兩個憑證——一個是持卡人的真實身分，另一個提供一個數位簽名，以及一個個人自己選擇的個人識別碼（PIN）。

愛沙尼亞人使用這些，在網路上投票，檢視與編輯他們的自動化報稅表格，申請社會安全福利，取得銀行服務以及大眾運輸服務，他們不需要銀行的金融卡或大眾運輸系統通行卡。或者，他們也可以他們的手機上的行動 ID 來做這些事。2013 年，95％的愛沙尼亞報稅人使用電子報稅，有 98％的銀行交易是在網路上進行。

家長和學生使用愛沙尼亞的 e-School 來查詢作業、課程、成績，和教師合作。愛沙尼亞以即時方式把來自各種源頭的健康資訊，匯集成每個人的單一紀錄，使這些紀錄不會存在單一一個資料庫裡，每個愛沙尼亞人對自己的健康紀錄，有獨自專屬的存取密碼，可以自己掌控與決定讓哪些醫生或家人，能夠在線上取得這些資料。[5]

自 2005 年起，愛沙尼亞公民在全國選舉中使用線上投票，他們可以在全世界任何地方，使用他們的身分證卡或行動

ID 登入後投票。2011 年的國會議員選舉，有 25％的公民使用線上投票，比上一次國會議員選舉的 5.5％大幅提高，愛沙尼亞人顯然喜歡、也信賴這制度，因為在 2014 年的歐洲議會選舉中，這比例再度提高，有三分之一的選民從他們所在的九十八個國家上網投票。愛沙尼亞內閣使用無紙流程，在網路上公布所有立法草案，每週的內閣會議平均時間，從大約五小時縮減至九十分鐘。[6]

愛沙尼亞有一套線上土地註冊系統，大舉改革了房地產市場，把土地轉移流程從三個月縮減為稍稍超出一星期。[7] 過去幾年，愛沙尼亞推出 e-Residency，世界上的任何人都可以申請一個「跨國數位身分證」與驗證，取得安全服務，以數位方式加密、驗證及簽署文件。全球任何地方的創業者可以使用其跨國數位身分證，在線上花少於二十分鐘的時間註冊他（她）的公司，並在線上管理此公司。這些措施對愛沙尼亞的數位國家形象大大加分。[8]

沒有牢固的網路安全性，這些全都無法行得通或被接受，誠如軟體安全公司 Guardtime 的執行長麥克‧高特（Mike Gault）所言：「正直是網路安全性的首要問題，愛沙尼亞在十年前就認知到這點，他們在建立這技術時，讓政府網路上的所有東西都可以被驗證，不需要用到對人的信任……並使政府不可能對人民撒謊。」[9]

愛沙尼亞的網路安全性，衍生自它的無鑰簽名基礎架構（KSI），這架構在區塊鏈上以數學方式驗證任何的線上活動，

不需要系統管理者、密鑰或政府人員。這種能力能夠確保完全透明化與問責性，利害關係人可以看到誰在何時取閱了什麼資訊，以及取閱者可能用此資訊來做什麼。因此，政府得以展現紀錄的誠正性及法規遵守；個人可以在無需第三方介入下，自行驗證他們本身紀錄的誠正性。這可以降低成本：不需保護任何的密鑰，不需要定期重簽任何文件。根據 e-Estonia.com：「在 KSI 之下，歷史無法重寫。」[10]

很顯然，區塊鏈技術不僅可用於以賺錢為目的的企業，也可用於聚焦於為所有人謀求繁榮的公家機關，從政府、教育、保健、電力網、運輸系統、社會服務等等，該從何處開始呢？

政府存在問題

亞伯拉罕・林肯（Abraham Lincoln）在 1863 年的「蓋茨堡演說」（Gettysburg Address）中提到，社會的最大目標是「建立一個民有、民治、民享的政府」。一百二十年後，美國總統隆納・雷根（Ronald Reagan）在 1981 年的就職演說中說：「政府不是我們的問題的解方，政府本身就是個問題。」在初生的區塊鏈生態系中，許多人認同雷根的這番話，根據 2013 年的一項調查，超過 44％的比特幣使用者聲稱自己是：「自由意志主義者（libertarian）或無政府資本主義者（anarcho-capitalist），偏好廢除政府。」[11]

所有類型的自由意志主義者傾向支持比特幣。比特幣分權化，擺脫政府控管；匿名而難以課稅；其稀有性相似於黃金（潛

在的比特幣供應量上限只有 2,100 萬枚），而自由意志主義者偏好金本位制；它是純粹市場，完全由供需決定，沒有什麼量化寬鬆貨幣政策的干預。不意外地，2016 年美國總統選舉中，第一個接受比特幣捐款的競選人就是蘭德‧保羅（Rand Paul，自由意志主義者，當時角逐共和黨提名）。

自由意志主義傾向讓數位貨幣反對者，有了可茲抨擊區塊鏈技術的材料。《商業內幕》（*Business Insider*）英國版創辦編輯吉姆‧愛德華（Jim Edwards），把自由意志主義者的樂園稱為「比特幣斯坦」（Bitcoinistan），他說這個國家就像索馬利亞：「近乎沒有政府干預，沒有法律束縛與稅負的市場。」他形容這樂園是：「十足的夢魘……其特徵是非常不穩定，混亂無序，老闆階級的罪犯興起，暗殺他們不喜歡的人，大批財富集中於少數人手裡，這些人所占的比例甚至比當今美國的 1％ 最富有者還少。」[12]

誠然，我們的確生活於一個受危機折磨的世界。創立於 1970 年代、支持民權運動團體的人權觀察組織（Human Rights Watch），其執行總監肯尼斯‧羅斯（Kenneth Roth）寫道：「這世界現在的動盪混亂程度，是二、三十年來首見，曾被譽為引領先驅的阿拉伯之春，在各地已經被衝突與鎮壓取代。」許多政府以貶低或放棄人權來回應動亂，使用網際網路來暗中監視人民，使用無人飛機對百姓投擲爆炸物，把奧運之類大型活動上的抗議者抓起來關。[13]

祕魯經濟學家赫南多‧德‧索托說，這是對動亂的錯誤反

應：「阿拉伯之春基本上是、現在依然是一種創業革命，是由
被剝奪徵收的人們發起的；基本上，它是大規模的反抗現狀。」
這現狀是連續的剝奪徵收——政府一再踐踏人民的產權，直到
他們別無選擇而必須在體制外求生。[14]

　　因此，踐踏更多的權利是最糟糕的反應，因為這只會把更
多人（記者、行動主義者、創業者）逼到體制外。過去二十年
間，多數西方民主國家的投票率降低，包括美國、英國、法
國、德國、義大利、瑞典、加拿大；尤其是年輕人，尋求在體
制外推動社會變革，當然不是透過投票。多數美國人認為他們
的國會失靈、深度腐化，這是有理由的：跟許多國家一樣，美
國的政治人物蒙恩於富有的政治捐獻者及利益團體，許多國會
議員變成了說客。舉個例子：92％的美國人希望對買槍枝者進
行背景調查，但有錢有勢的美國全國步槍協會（National Rifle
Association）阻撓任何改變現狀的相關立法。好一個「民有、
民治、民享的政府」。

　　愈來愈多人民感覺他們的政治制度不能反映他們的意願、
支持他們的人權，這些政治制度愈是逾越它們的權力，就有愈
多人民質疑這些制度的正當性（legitimacy）與切要性。政治
社會學家西摩・馬丁・利普賽（Seymour Martin Lipset）在著
作中寫道，正當性是「一個政體具備的能力，能夠引起並且持
續使人們相信，現有的政治制度對社會最合適。」[15] 現在，愈
來愈多年輕人尋求越過政府、甚至透過民主體制之外的方法來
促成改變，有車子的保險桿貼著這樣的標語：「別投票！投票

只會鼓勵他們！」道出了這種訴諸體制外的現象。

　　赫南多・德・索托說：「若一個可搜尋、查證的記錄歷史資料庫，可能會被政府用來剝削或壓制人民，那麼人民可能不願意自己的資料放在這資料庫裡。多數國家的立法做得太糟糕、太不友善了，以致於在法制下運作的成本對貧窮者來說不合理。一個有太多窮人及失聯者的國家，導致太多的問題。」[16]

　　正當性降低，自由意志主義便升高，但這不是解決國家問題的解答。在這混亂的世界，我們需要堅實健全、高效能、有成效、靈敏、對人民當責的政府。

　　那麼，政府應該做什麼呢？「建立、簡化、增強那些使資本主義昌盛的法律與架構。」赫南多・德・索托在《華爾街日報》（*The Wall Street Journal*）上撰文：「任何走訪過利馬、突尼斯、開羅街道的人都知道，資本主義不是問題，資本主義是解方。」[17] 那麼，問題何在？他告訴我們：「贏得人民的認同。政府無法強迫人民進入體制，因此，我認為，世界各地的政府現在願意把體制倒轉過來了。」[18]

　　這是區塊鏈能做出貢獻的地方。區塊鏈的設計原則應該驅動這種轉變，其設計應該支持並促進更高水準的下列特質：

　　正直性：為重建大眾對政治制度的信任，民選官員必須展現正直行為。制度中必須內建信任，在每個流程中編入信任，而不是仰賴、取決於任何單一的成員。由於區塊鏈支持徹底透明，因此，為重建利害關係人及他們的代表人之間的信任，區塊鏈扮演重要角色，持續的透明化才能維繫這種信任關係。

力量：人人有權以直接方式，或是透過投票來參與政府；被選出的代表人，都必須光明磊落地以同儕的一份子來行事。透過網際網路，人民應對他們的社會肩負更多責任，應該了解並影響被選出的官員，反之亦然。使用區塊鏈技術，人民可以更進一步：他們可以倡議把政府的行動公開記錄於無法竄改、不會變質的帳本上，不僅用此在少數權力者之間形成制衡，也促使執行多數人的共識，例如對想要擁槍者進行背景調查。

價值：選票必須有價值，制度必須調和所有利害關係人的動機；制度對人民當責，而非對富有者當責；制度必須明智地使用納稅人的錢；政府的機器必須高效能，運用技術來改進與降低成本。

隱私與其他權利的維護：不暗中監視人民，不任意干預隱私、家庭或住家，不攻擊任何人的名聲或信譽。不專橫地奪取人民財產（例如不動產，或發明人專利權之類的智慧財產）且毫無補償。不審查新聞組織，不干預集會行動。人民可以在區塊鏈上註冊他們的版權、組織會議、私下且匿名地交換訊息。當心任何主張個人隱私與公眾安全兩者難以兼得的政治人物，切記，這是不正確的二分法。

安全性：法律必須毫無歧視、平等保護所有人，不任意拘留或逮捕。任何人或團體都不應該過著害怕其政府或司法機關的生活，或是因為其種族、信仰或原居國，而受到這些機關人員的殘酷、不人道或羞辱對待。警察單位人員不能隱瞞不當執法的證據，證據不能遺失，一切都將在區塊鏈上記錄與追蹤。

包容性： 使用網際網路，人民變得更投入參與，彼此學習。使用區塊鏈，制度可以有成本效益地讓所有人民參與，在法律之前把每一個人當人看待，提供公共服務（例如保健、教育）及社會安全福利的平等取得管道。

科技是強而有力的工具，但光有科技，無法達成我們需要的變革。有句格言說：「未來不是預測出來的，未來是被創造與實現的。」本著這精神，讓我們來改造政府，以迎向正當性與信任的新紀元。該是停止修修補補，徹底改造的時候了。

高效能的政府服務與運作

從某種含義上來說，對於「大政府」的批評是正確的；說到效率，政府服務與運作真的差很遠。政府的組織形成不分享與交流資訊的筒倉，繁文縟節勝過常識或通用實務，人民鮮少獲得單一窗口政府服務。每個國家都有無數有關於政治人物及官僚揮霍浪費納稅人的錢的故事。

區塊鏈能夠改善顧客服務、提高效率、改進結果，同時也提高政府的誠正廉潔與透明度。應用區塊鏈技術來改進政府所有層面的潛力很顯著，但其中一些對開發中國家特別重要，許多開發中國家政府正在建立新流程，它們可以躍進至耐久、穩定且開放的政府。

我們來看看兩個可以應用區塊鏈的大領域：整合型政府，以及使用物聯網的公共部門。

整合型政府

　　愛沙尼亞藉著為每個人創造一個數位身分證卡，以及使用區塊鏈賦能的網際網路骨幹「X-road」，來連結公共部門與私人部門的多個方案與資料庫，顯著提升行政效率，並為其居民與企業提供整合式服務。其他國家也可以這麼做。

　　許多國家，例如加拿大、英國、澳洲，已經明確拒絕在公共政策上，採行一個中央化人口登記和單一政府 ID 的概念，這決策係基於個人隱私考量，並且也是為了避免擴張政府權力，尤其是在賦予或撤銷身分方面。

　　但是，愛沙尼亞已經展示，若我們把目前存在多個個別資料庫裡的官方文件——護照、出生證明、結婚登記、死亡證明、駕照、健保卡、土地產權、選民 ID、企業註冊、納稅狀況、僱主身分識別碼、學校成績單等等，全部匯集於單一區塊鏈上，區塊鏈賦能網路將可以在不經過任何中央處理之下，提供整合式服務。這種模式不僅可以保護隱私，還能讓人們自行檢查確認他們本身的資訊的正確性，他們還可以看到誰取用或增加了他們的資訊——亦即，這是一種持久性的自我資訊稽核。

　　在未來，讓每個人民擁有自己的身分資訊，其實是有道理的。在第 1 章解釋過，就如同網路和大規模協作可以免去對政府發行貨幣的需要，或是不需要銀行做為信任中介機構，人們將來甚至未必需要政府核發的身分證。密碼資安公司WISeKey 執行長卡洛斯‧莫瑞拉說：「目前，你需要一個被賦予權利的組織提供你一個身分，例如一張銀行卡、一張飛行常

客卡或一張信用卡，你雖持有這身分，但這身分在世界上的互動所產生的資料卻由別人擁有。」[19] 在區塊鏈上，個人擁有身分，你的「納美人分身」在你的指揮下，決定你的資訊要提供給誰，也可以做出有關於整合資料的選擇，但是你與政府互動的所有資料，不再是被整合於一個龐大的政府資料庫裡，而是由虛擬的你來整合，由你擁有及控管。

　　更好的整合將支援人生中的活動與事件，例如婚姻。區塊鏈研究所的創辦人梅蘭妮・史旺（Melanie Swan）解釋：「區塊鏈的架構提供安全的身分驗證、多種合約，以及資產管理，使得它很適合各種境況，例如婚姻，因為一對夫婦可以把他們的結婚契約和一個共同存款帳戶、小孩照料契約、地契，以及任何其他重要相關文件結合在一起，共同有個放心的未來。」[20] 一些人建議，區塊鏈可以變成一個不需政府核准與涉入的公共文件註冊處。世上第一場區塊鏈記錄的婚禮在 2014 年 8 月，發生於佛羅里達州迪士尼世界。在區塊鏈上簽立智慧型婚前協議，有人想試試嗎？

　　除了整合式服務，政府可以使用區塊鏈來登記與管理文件，提供透明化與可靠性。想想看，政府機關人員花多少時間核發、核實、更新、更換、歸檔人們的官方紀錄。區塊鏈除了能夠確保這類文件的確實性，還可以透過對等式網路做自助式登記，人們在網路上核實一份文件，而不是透過一名登錄員；而且，還可以取得個人化服務──當你去網路申請一份官方文件時，文件自動地包含你的切要相關資訊，以及這些資訊的存

取權，並在後設資料中顯示誰取用了這些資訊。

　　舉例而言，英國政府正在研究使用區塊鏈來記錄與保存無數的紀錄，尤其是用以確保紀錄的誠正性。英國政府數位服務的技術架構師保羅・道尼（Paul Downey）指出，理想的登記系統「應該要能夠證明資料沒有被竄改過」，應該要儲存一份資料的異動史，並且「能夠接受獨立公正的監督檢視」。[21]

　　使用區塊鏈技術的系統，可以對各種文件登錄及許多其他的政府流程注入效率與誠正性。舉例來說，我們可以把供應鏈管理和物聯網結合起來，對一件新器材裝上一智慧型晶片，這晶片可以溝通此器材的出處、所有權、保固內容或特殊資訊。政府的採購單位可以藉這種方法來追蹤物件，把流程的每一步自動化：購買、付款、支付銷售稅、換新租賃合約，或訂購升級器材。這是更好的資產管理，既能為納稅人降低行政成本，又能為政府提高收益。[22]

　　特別有益的是，國家和地方層級的政府可以連結至各種區塊鏈網路，以提高行政管理效率。舉例來說，機動車輛管理局可以跨州或跨省連結駕駛人資料庫，創造一個虛擬資料庫，加快查證駕駛人身分及狀態，追查駕駛人紀錄。或者，以美國的醫療系統為例，梅蘭妮・史旺解釋：「病患、保險公司、醫生，以及政府的醫療保險給付機構，全都有各自的財務紀錄資料，設若把這些紀錄資料全部匯集於單一帳本，供任何交易資料登錄，所有各方都能看到，這麼做既可顯著提高透明度，又可大大提升效率。」[23]

公共部門物聯網

前文已經探討過公共運輸的物聯網，這或許是較容易的政府部門物聯網機會：在區塊鏈帳本上記錄智慧型裝置，對建物、工作與會議場所、車隊、電腦及其他器材，做資產的壽命週期管理。就如同 bAirbnb 一樣，政府員工可以動態地媒合供需，透過自動化存取、照明、溫度調控、追蹤所在位置、修理、政府車輛性能，以及監控橋梁、鐵路和隧道的安全性，把保安、維修及能源的成本降低。

在基礎建設管理、能源、垃圾與水資源管理、環境監測與緊急救援服務、教育，以及保健部門等領域，公共部門區塊鏈帳本也有助於提供更好的成果。除了改善效率，這些區塊鏈賦能的應用也有助於改善大眾安全與健康，紓解交通壅塞，減少能源使用量及浪費（例如輸送管線裂漏造成的浪費），還有其他種種益處，不勝枚舉。

強化基礎設施的安全性

透過和私人部門及其他利害關係人聰明地合作，愛沙尼亞政府建立了一個公共部門基礎設施，讓其人民更便利取得政府、銀行、大眾運輸及其他服務。除了便利性，愛沙尼亞也因此在全球經濟中獲得競爭優勢，吸引企業與投資進入該國。

各層級的政府已經對隔壁轄區提供服務（例如消防車與救護車）；把一些工作外包給其他轄區（例如資料處理）；為別的政府遞送服務（例如，聯邦政府為國家及省／州政府處理所

得稅）；以及共享服務（例如共用辦公建物）。

愛沙尼亞的 e-Resident 服務，也對全球各地需要一份官方
ID 來創立企業（尤其是線上企業）的個人提供助益，愛沙尼
亞將自身定位成「能向外國國民提供他們在母國無法取得的服
務」。雖然，這些服務的種類目前仍相當有限，但最終可以成
為端對端數位化的政府服務項目則是無限的，例如，免費供當
地居民使用的公共圖書館，可以把它們的數位藏書提供給世界
各地的人們與學者，收取小額費用。還有哪些服務可以仿效這
種做法，尤其是資料管理與正直性很重要的數位服務？

跨國提供政府服務往往會遭遇管制障礙，然而，在這個愈
來愈全球化的世界，我們面臨的許多最大挑戰，其他國家也同
樣面臨。全球性問題需要新的解決問題模式，需要和其他利害
關係人共同研議與合作。制定把國界視為可滲透的政策，再結
合物聯網之類的區塊鏈技術，將更能應付棘手的大問題。

賦權人民自助與助人

區塊鏈賦能網路使政府服務更優異，更靈敏；自助式服
務——例如換新執照、取得官方文件等等，將可改進政府的運
作方式。藉由節省時間、去除貪腐可能性或其他人為障礙、線
上提供自助式服務的訓練模組、準時支付社會安全福利金，政
府便賦權了它的人民。

新模式（許多新模式有待定義）可以授權人們為公共政策
目標通力合作，透過區塊鏈，我們可以在以下兩者之間求取一

個新的、適當的平衡：政府必須對整個預算控管與當責，個人
與團體必須對屬於他們部分的預算做出控管與貢獻。一些政府
已經開始探索這種新模式，把過去由公務員控管的民眾福利，
交給個人（例如各種政府方案的受益人）或社區，甚至是整個
人口（例如全城市）去控管屬於自己的那部分。

　　舉例而言，與其由個人向各級政府申請各種福利，且各級
政府的這類方案各有不同標準──所得、資產、小孩年齡與人
數、住屋種類、教育程度等等；政府平台可以考慮根據身分、
儲存資訊、生產與消費型態，包含風險因素（如居住於貧窮地
區、教育程度、菸酒與加工食品購買頻率），把福利預算個人
化，由個人根據自己的境況，自行決定如何使用此資源來達成
他（她）的目的。

　　想像一下，你不需要再去說服一些官僚，你的孩子需要一
件新冬衣，你自己決定就行了，這將提高個人的當責與賦權。
我們也可以把相同做法應用於社區層級（例如社區自行決定要
把多少比例的預算拿來蓋公園及社區活動中心），或是跨政府
層級（建立項目的優先順序後，再動用自由裁量預算）。

　　一些政府已經開始對最弱勢者賦權，[24] 區塊鏈可幫助加快
這趨勢，讓納稅人看到他們的錢流向何處，其他的同胞如何使
用這些資源，以及這些方案是否收到成效──改變所得分配、
達成教育目標、住屋補助等等。此外，讓人們自助服務的區塊
鏈平台可減少、甚至是去除耗時又複雜的監視與回報。雖然，
資料的龐大廣泛，以及透過對等式網路來記錄與追蹤，這可能

聽起來有些嚇人，且有點歐威爾主義的感覺，其實正好相反。
所有資料和權力，不再集中於一些中央當權者或匿名官僚的手
上，個人及社區可以根據已驗證、可靠的資訊來據以行動。在
此同時，區塊鏈帳本確保使用公共基金的問責性。如此，我們
就能達成以往看似相互衝突的兩個目標：透過更多的資訊與脈
絡，做到「更多政府」；透過提供資訊及更好的工具給個人及
團體，讓他們在此脈絡中做決策與行動，達成「更少政府」。

提供開放且值得信賴的資料

數位商務商會（Chamber of Digital Commerce）會長佩莉
安·博林（Perianne Boring），提倡分散式帳本可以使政府更開
放的概念，她說：「區塊鏈能夠大大提高透明度，因為它對所
有人提供可以證明的事實，凡是發生於區塊鏈上的交易，任何
人都能看到。」[25]

政府可以很容易地提供資料，讓其他人用於公益用途或私
利用途，這不同人民必須提出申請或要求，才能取得重要政府
資訊的《資訊自由法》（Freedom of Information Act），區塊鏈
技術則是政府釋出資產──真實資料。政府可以以原始資料格
式釋出成千上萬種類的資料（但去除個人身分）：交通型態、
健康監測、環境變化、政府產權、能源使用情況、政府預算與
支出、費用帳戶等等。人民、公司、非政府組織、學者等等都
可以分析這些資料，把它們放進應用程式裡，描繪出它們的樣
貌，或是用它們來了解消費人口統計趨勢，研究人類健康型

態，或是得知公車會不會準時抵達。

截至 2015 年 8 月，美國政府已在其開放政府網站（Open Government website）公布了 165,000 個資料集。[26] 美國政府的理念是，政府握有的資料是公共資料，這使它成為公共資料透明化的先驅，其他政府也陸續跟進，例如，截至 2015 年 8 月，英國政府已經公布了 22,000 個資料集。[27]

透過對等式網路及區塊鏈來釋出資料，將可更加提高效率、一致性、實用性及信賴度。公開資料是確保資料正確性的一個誘因，人們可以瀏覽資料，看到錯誤資料時做出標記，或是證明哪些資料被修改或竄改過。

若你把整個資料集登錄於一個區塊鏈網路上，網路將會自動對這資料集增加及改變資料，並封阻意圖竄改資料的行為，不需要一個中央管理員。政府可以釋出更多的程式性質資料，來幫助大眾及分析師了解這些程式及它們的影響性。

共同合作以創造公共價值

前文已經探討過，光是提供更值得信賴的資訊，就可以被用來創造經濟與社會價值，也可以賦權個人及社區改善自己的生活。區塊鏈賦能的對等式網路將需要我們重新思考，如何在創造公共價值方面分擔責任。當政府公布原始資料時，這些資料就變成讓公司、民間社會、其他政府機構以及個人，可以透過自我組織來創造服務的平台。過去幾年，我們使用「為成功付費」（pay for success）模式，來邀請企業參與解決社會問題，

例如，美國勞工部推出鼓勵企業僱用更生人的資助方案，以降低再犯率；芝加哥政府推出資助提升弱勢學齡前兒童教育程度的方案。[28]

　　這種模式是在達到可衡量的成果之後，政府才會撥款，因此也可以鼓勵創新，激勵達成期望成果。想想看，若政府持續提供小額獎助給小型非營利團體，讓它在社區推動永續能源，這類政府方案可以在社區能源使用量確實減少時，自動撥款，這麼一來，這非營利團體就不必跑複雜的請款文書流程。這個團體甚至可以參加政府以「為成功付費」模式推出的方案，取得行動所需資金。

用智慧型社會契約來約束政治人物

　　就如同比特幣網路使用區塊鏈技術，來持續確保支付的正直性，政府網路也可以使用區塊鏈，來確保其交易、紀錄及重要決策的正直性，官員無法隱藏「帳本外」的款項或其他政府紀錄，包括電子郵件紀錄、決策紀錄、資料庫等。安全性通常是靠柵欄、圍牆或是周邊的保護，但區塊鏈防止來自內部及外部的竄改，使誠實的人保持誠實。[29]

　　為改變一個機構的行為，透明化很重要。我們雖無法把這些價值觀與行為強制加諸於公務人員身上，但我們可以透過區塊鏈上的智能合約，來定義他們的角色與職責，並監督與評量他們，藉此束縛他們的決策與行動。

　　智能合約是儲存在區塊鏈上自己執行的契約，沒有人掌控

它，因此人人都可以信賴它。政黨——例如共和黨，可以使用
這種契約，這麼一來，在初選時使用該黨的基礎建設來辯論與
競選的候選人，如唐納・川普（Donald Trump），到了大選（普
選）時，就不得以獨立參選人身分競選了。我們可以把智能合
約應用於政府的各種營運（例如供應鏈合約、外聘法律服務合
約、為成功付費方案合約），以及更複雜的政府角色和我們的
民意代表。我們預料，對等式網路將被用來追蹤民選官員的承
諾，以及他們是否兌現這些承諾；一些監督者已經在網路上透
過正式或非正式的同儕網路在著手進行了。

　　雖然這種方法，無法被用於我們對政治領導人的所有期望
上，但我們可以用它來針對他們的特定承諾與行動。雖然，最
終成效的評量將較困難（例如，他們花用的錢達成的成果），
但歷經時日，我們將在評量指標方面建立經驗與專長，使我們
可以根據事實來評量，而非根據時論。這並非不切實際、不可
能做到，在 2016 年的倫敦市長競選中，一名候選人已經呼籲
使用區塊鏈，來讓民選官員對公共事務當責。[30]

　　監管機構可以使用區塊鏈流程做為查實工具，即時追蹤受
管制產業是否遵守承諾，例如投資於永續能源；或是否遵守規
定實務，例如準時遞送、安全性目標。雖然，在公共網站上公
布重要績效指標與成果是愈來愈普遍的做法，區塊鏈可以使這
些流程自動化，並且保證公布成果的正確性。

　　這些流程產生的資料，可以讓大眾隨時知道誰展現正直行
為。誰經常現身會議？他對各項法案投贊成或反對票？他是否

遵守做這做那的承諾？誰對她的政治競選做出捐獻？誰違反她的智能合約裡的條款？民選官員以及受監管事業必須履行他們的承諾，或解釋他們為何無法履行承諾。這也可以向選民提供反饋資訊，讓他們知道，身為選民的他們提出的需求是否合理且公平。選民往往想要更多的服務，但又要求降低稅負；或是想要工廠，但不要蓋在他們的後院；或是想要更低的物價，但又要更高的薪資。開放資料可以幫助他們了解消長與取捨，增進所有各方的當責。

民主的第二紀元

代議民主制度複雜，且全球各地有所不同，但有件事一直沒變：被動的市民。現今，關於區塊鏈的討論，主要聚焦於區塊鏈技術能夠如何幫助創造公平、牢靠且便利的投票環境，無疑地，在這方面，我們有大好機會，使用區塊鏈的線上投票，將可以讓公民更常提出他們的想法。但是，試圖取代代議民主制將是個錯誤，本書作者唐‧泰普史考特在1997年的著作《數位化經濟時代》中寫道：「選票背後的動機通常是大而複雜的議題，它們是歷經了很長的衝突、矛盾、妥協過程所精煉出來的，為了解動機並負責任地投票，公民必須參與某種精煉流程。」[31] 但是，若我們了解一個新模式的結構，我們就能看出，除了投票，區塊鏈技術還可以如何幫助民主。

科技與民主：令人不滿意的故事

科技對民主產生了怎樣的影響呢？出人意外地，故事令人不滿意，充其量只能說好壞參半。電視可說是導致了民主討論的品質惡化，把前美國副總統艾爾・高爾（Al Gore）所謂的「意見市場」（the marketplace of ideas）[32] 變成了一言堂。有線新聞頻道同樣毒害，螢幕上的談話者靠著攻擊反方來博取收視率，而不是理性討論，你看到的是令人瞠目結舌的極端論點口水戰。如同 1976 年電影《螢光幕後》（*Network*）中的新聞主播霍華・比爾（Howard Beale）在播報臺前激動對觀眾說：「我已經抓狂到極點了，我再也受不了啦！」

截至目前為止，網際網路並沒有把民主改變得更好，如果有什麼改變的話，那就是這個：民主政府以國家安全為藉口，增加了監督及侵犯隱私，變得更像極權政權了。我們想聚焦於以下三項挑戰。

1. 分裂的公開對談

艾爾・高爾期望數位時代，可以扭轉負面消極性侵蝕基本制度的趨勢，他說：「為重建活躍、易接近的意見市場，最大的希望寄託就是網際網路。」[33] 抱持這種希望的，不是只有他，我們長久以來認為，伴隨網路的使用、資源及連結愈趨普及，增加事實資訊的取得管道，將有助於改善公開對談（public discourse）的品質。

但不幸的是，實際發生的情形正好相反：觀點的分裂敵對

化，狂熱思想者組織成大隊，利用新工具。現在，伴隨內容生產變得更分散化，資訊與意見源頭增生，任何人都可以提出一個特定觀點，吸引志同道合的聽眾，這一群人或許人數不多，但可能也很狂熱。

新的溝通與資料分析工具，也讓意識形態導向團體劫持了社會與政治辯論，自由派和保守派都使用這些工具來創造回音室，破壞了協商折衷的可能性，更遑論形成共識了。

2. 全球資訊網上的無知形象愈趨擴增

就如同人們在網路上無法分辨人與狗，他們也無法總是能夠辨別真相。陰謀論者在幾天、甚至幾小時內就能把他們的偽證據論點普及化，[34] 不久前的馬來西亞航空 MH370 班機空難事故就是一例。現在，十個美國人當中有三個相信，世界創始之初，人類就存在了；[35] 儘管大量科學證據顯示，排碳量威脅到地球生命，那些著眼短期利益者仍然有效地詆毀科學，阻礙理智討論，更別提行動計畫了。那些使用網路來助長無知的人，以及不願接受真相的人，打敗了科學家和理性主義者。從伊朗到北韓，高壓統治國家為它們的人民創造閹割版的網際網路，把網路變成以意識形態來戰勝理性主義的更強大工具。

3. 把政策與執行變得更複雜

在數位時代之前，制定與執行政策沒那麼複雜，政策專家及總統顧問能夠強力駕馭課題。但現在，他們連定義問題都來

不及，更遑論制定解決方案或是向大眾解釋，情況嚴重到讓美國前總統歐巴馬在 2010 年簽署《淺白行文法令》（Plain Writing Act），要求聯邦機構使用民眾能了解的文字。[36]

現在，許多未能預料到的事發生於選舉之間，沒有一個政府能夠可信地聲稱它有民意的要求與支持，去對所有切要課題採取特定行動。此外，在許多議題上，政府內部也欠缺足夠的政策專長。因此，就算一國政府進行一項民意調查以了解民眾的觀點，人民能夠集體提供的智慧與洞察，也無法被這調查過程汲取。

把民主放在區塊鏈上

所有這些問題顯示，我們需要一個側重公關對談與公民參與的新民主模式。請不要把公民參與（civic engagement）和直接民主（direct democracy）搞混了；後者指的是，例如所有人觀看晚間新聞，透過行動裝置或互動式電視，對於是否贊成公開絞刑，進行投票。人民沒有時間、興趣或專門知識去涉入所有議題，我們要的是理性意見，不是任何意見，我們仍然需要立法議會辯論、琢磨與解決課題。

但是，一個更通力合作的民主模式——或許可考慮使用比特幣挖礦機制的獎勵方式——有助於鼓勵人民對議題的參與及學習，同時又能以全民的深度論理來為公共部門注入活力。

我們能不能創造一個透過民主流程來激發人民、而非被代議者的濫權搞得人們心灰意冷的文化呢？為何這到現在都還未

能發生？主要問題不是技術問題，而是不論任何黨派的多數政治人物，似乎更關心選舉，不那麼關心透過公民參與來解決正當性危機。

讓我們從基本的東西著手。代議制民主的最根本流程是選舉，在民主制度中，投票是所有具資格的公民的一種權利（在一些國家，例如比利時，投票也是一種義務）。但是，全球各地許多國家的選舉有深層缺陷，貪腐官員竄改選舉結果或是公然操縱，從欠缺投票管道，到賄賂與恐嚇，壓制投票的手段琳琅滿目；操縱選舉是門複雜學問，但幾乎世界各地都有。區塊鏈技術能否幫助改進投票流程呢？

我們儘管有種種的科技進步，選舉中的投票機制在過去數百年間卻是大致未變。在世界許多地區，投票時，你必須去投票站，出示你的身分證明，在紙本選票上標記你選誰，把選票投入票箱裡，等候人工開票與計票。

電子投票（e-voting）使用電子系統的輔助，在許多選舉中，電子投票已被證明跟人工投票一樣不可靠。現今的電子突破有三大問題：軟體及硬體受到攻擊；程式中有錯誤或漏洞；人為錯誤。2004 年，北卡羅萊納州的一次普選中，一部投票輔助機器意外地設定只儲存 3,000 張投票，結果，無法補救地喪失了 4,438 張選票，而這場選舉的勝負差距僅僅 2,287 張票，也就是說，那 4,438 張選票可能改變選舉結果。[37]

區塊鏈投票

　　在區塊鏈上投票可能如何運作呢？想像選委會為每一個候選人或選擇序 * 設立一個數位「錢包」，合格選民就每一個席次獲得一枚代幣或硬幣（例如應選五席，每一位選民可獲得五枚硬幣）。選民使用他們的納美人分身，把他們的「硬幣」匿名傳送至他們選擇的候選人的電子錢包裡，區塊鏈將記錄並確認這些交易，獲得最多硬幣的候選人勝出。

　　已經有人嘗試使用可稽核的端對端電子投票系統，來解決信賴問題，選民去投票亭投票，產生一個密碼驗證身分的紙本票數紀錄，但也以電子方式計算票數。

　　CommitCoin 使用加密的工作量認證系統，來證明一則訊息在一特定日期與時間被發送出去，這系統的發明人傑洛米・克拉克（Jeremy Clark）和艾力克斯・艾薩克斯（Aleks Essex）表示，我們可以用這系統來證明選舉資料的誠正性，這是一種「碳定年法保證」（carbon dating commitments）工具，可做為防止舞弊與失誤的基礎。[38]

端對端電子投票

　　人民不斷創造進步。雅典大學（National and Kapodistrian University of Athens）學者在 2015 年發表一篇研究論文，提出一種新的端對端（end-to-end, E2E）電子投票系統 DEMOS，

---

* 在一種選舉制中，選民可以就總共席次，標記他對每位候選人的偏好順序。

可在標準模式中驗證，不需倚賴設定假設或取得一個「隨機信標」（randomness beacon）。[39] 這系統使用像區塊鏈的分散式公開帳本來建立一個數位票箱，選舉人可以從世界任何地方用它來投票。

E2E 驗證選舉中，若有選務人員試圖偽造投票結果，系統將會偵測到。選民投票後將取得收據，讓他們可以確認：(1) 他們的票已經如願投下；(2) 他們的投票已經被記錄下來；(3) 在記錄的同時，他們的票已經被計算在內。外部第三方可以檢驗投票結果，選民必須接受設定假設，對選舉結果的信心躍進一大步。

DEMOS 投票系統會產生一系列隨機數字，[40] 選民獲得兩組數字（或密鑰）：一組數字是有關選民本身，另一組數字是有關於他們偏好的候選人。在投下加密選票後，選票將傳經多部伺服器，選舉結果公布於一個公布欄，展示和這次選舉有關的所有資訊。

中立投票集團

在澳洲，一個名為「中立投票集團」（Neutral Voting Blocs, NVB）的組織，嘗試使用在區塊鏈上投票的模式來徹底改革民主制度，他們對政府運作模式有獨特方法，並樂觀看待：「我們相信，解決政治問題的最佳途徑就是我們親自參與。」[41]

NVB 創辦人麥克斯・凱伊（Max Kaye）形容 NVB 是一種「政治應用程式」，感興趣的人民可以透過在區塊鏈上「投

票」，表達他們對政策議題的意見，投票截止時間一到，投票結果將讓民選官員知道他們在政府的議程中應該如何投票，才符合多數民意。在被問到為何使用區塊鏈時，凱伊回答：「因為我們想要促進各種立場的人參與，他們當中一定有人會強烈不贊同，為保持正直性，我們必須讓每一個人能夠獨立檢驗投票紀錄和每一張票。」此外，凱伊也指出，區塊鏈具有反審查機制及不可更改性，他說：「就我所知，現今世上能夠做到這些的電子架構只有比特幣網路。」〔雖然有其他種類的區塊鏈，但它們的不可更改性不足夠，因為它們的雜湊率（hash rate）* 太低。〕[42]

保護選民

　　威脅選民的手法有時會變得很激烈。在辛巴威的一次總統選舉中，現任總統羅伯‧穆加比（Robert Mugabe）的對手在穆加比的支持軍警力量變得太暴戾時，被迫退出選舉；選舉照常舉行，穆加比勝選。總是有人利用進步的技術來營私，但也有一些人開始看出，區塊鏈技術有助於根除一些地區（例如亞洲）的貪腐行為。

　　2014 年 7 月，印尼有史以來競爭最激烈的一次總統選舉期間，七百位匿名駭客組成「守護選舉」（Kawal Pemilu，轉譯

---

* 雜湊率指的是區塊鏈網路中，每個區塊鏈的交易驗證運算處理能力，當雜湊率低時，代表此網路的安全性降低，亦即不可更改性降低。

英語為 Protect the Vote）組織，其使命是在線上公開記錄選票，
讓選民檢驗每個投票站的開票結果。結合分權、透明及個人匿
名等原則，抵擋惡意的網路攻擊，並確保更公平的選舉。[43]

CoinPip 是一家專門使用區塊鏈，來執行法定貨幣跨國轉
帳戶業務的公司，它的執行長安松・齊爾（Anson Zeall）問道：
「腐敗政府會想保持誠實嗎？」他質疑是不是人人都會擁抱進
步的投票制度，是不是所有政治人物都真的想要公平選舉。[44]
在一些人看來，電子投票似乎不必要或太冒進，我們認為，許
多的問題在於執行面，不是設計面。

重新設計我們的選舉與政治制度，將可能影響到民主選舉
投票的更基本問題。把選民 ID 舞弊問題拿來和其他更潛伏的
問題相較，2014 年一項針對美國的選民 ID 舞弊問題所做的全
面性調查發現，自 2000 年起，總計有三十一起這類事件，其
中包括在聯邦、州、地方選舉中做到起訴及可信指控的事件。[45]
在那段期間，光是普選及初選中投下的票數總計超過10億張。

在 ID 法律最嚴格的四個州，因為缺乏適當 ID 而被作廢的
投票超過 3,000 張，[46] 這還不包括那些缺乏適當 ID 而乾脆不
去投票者，後者才是更大的問題。美國人的民主制度被全球各
地稱頌擁抱，但多數美國人在選舉時不去投票，理由很多，包
括：一事無成、政治太腐敗、候選人之間沒差別。[47] 我們期望
區塊鏈技術也能夠對這些問題，提出創新的解決方法。

假以時日，並加上發展與精進，區塊鏈技術或許能成為一
股推動力，讓電子投票制度可以改變民主選舉與制度，有效且

可靠地把它們交到選民手裡。

政治與司法的另類模式

若區塊鏈能夠促成更有效率、更靈敏的政府，並透過新的
投票流程來改善民主制度，它是否也能催化新的政治流程呢？

對下一代政府的一些支持者而言，選舉改革的最終目標是
促成「流動式民主」（liquid democracy）。Agora Voting 的技術
長愛德華多・羅伯斯・艾爾維拉（Eduardo Robles Elvira），就
是流動式民主的擁護者，他把流動式民主形容為結合了直接民
主（古代雅典人採行的那種模式）和現今代議制民主（不太重
視選民的意見）兩者的最佳部分。

流動式民主又稱為「委任式民主」（delegative democracy），
帶給人民客製化與個人化的民主體驗，羅伯斯・艾爾維拉解
釋，在流動式民主中，「你可以在任何時間點選擇你的參與程
度。」[48] 隨時歡迎惠賜意見，但你的意見不是使國家持續運作
的必要要素。

選民可以在廣泛的議題上，把其投票權委託給其他代表
人。[49] 公民投票經常舉行，議題分門別類，並顯示哪些代理人
應該站出來對特定議題投票。在這種制度下，選民可以挑選許
多受信賴的專家或顧問來代替他們投票，這種思想的基本信念
是，沒有任何一個人或黨派，具有對每個問題的周全、正確答
案。在代議制民主中，這個公理往往被假定與忽視。

羅伯斯・艾爾維拉正在和一些政府研議建立「高度分散

式、獨特的活動紀錄簿，這些活動將非常擅於解決分散式阻斷服務（distributed denial-of-service, DDoS）攻擊」。區塊鏈技術可以做到這點，他說：「要建立一個安全的分散式系統非常困難，區塊鏈讓我們可以做到這一點……使系統不僅是分散式，而且是安全牢固的分散式，這非常重要，對許多應用來說很實用，電子投票只是其中一種。」他的公司 Agora Voting 為可稽核的、透明的、可檢驗的電子選舉提供技術基礎建設，「使用最先進的加密技術，人類將成為安全鏈中最薄弱的一環。」[50]

西班牙的反撙節政黨 Podemos（意為「我們能」），使用 Agora Voting 的系統來舉行它的第一次初選，該黨信諾於參與式民主，因此致力於透明化。發生於西班牙及其他地方的這種思想改變，與分散式技術的背後理念一致。

不過，羅伯斯・艾爾維拉也看出了一些限制。為提高安全及匿名性，使用者目前必須加入整個區塊鏈，那是龐大的檔案，因為龐大，往往導致進入困難（尤其是使用行動裝置進入時），對使用者非常不友善。不過，技術總是不斷在進步，設計持續改進，羅伯斯・艾爾維拉說：「電子投票仍處於開端階段。」[51]這技術具有可塑性，無疑地，它的最佳應用還未到來。

化解爭議

一些法律爭議最好是在法庭外解決。我們已經看到智能合約可以如何促成分權化、獨立、自主的的商業爭議裁決，不過，智能合約不理會公平或正義的主張，無法調停衝突版本的

事實。區塊鏈除了提供可檢驗的證據紀錄，還可提供更具革命性的裁決方式，那就是做為 P2P 爭議化解平台：千百個你的同儕介入，形成陪審團，執行如同 Empowered Law 律師事務所負責人潘蜜拉・摩根（Pamela Morgan）所說的「眾包審判」（crowdsource justice）。[52]

隨機樣本選舉

　　另一種區塊鏈型的民主治理模式是隨機樣本選舉。隨機選出的每一位選民將收到一張郵寄的選票，以及數個網站連結，可以前去查看競選人資訊及各種利害關係政黨的表述。任何其他人都可以要求一張選票，但這些票將不會被計算在內，這些票和那些將被計算的票看起來無差異，只有要求票的人本身知道他的票是要求來的。這些票可以賣給買票者，但買票者無法得知他們買的這些票會不會被計算在內。比起那些隨機選出者的票，這些要求來的票更可能被賣給買票者，這將使得想透過買票來強迫實現主張者的成本相當高。發明此概念的大衛・丘姆（David Chaum）說，隨機樣本投票比現今常用的選舉制，更能產生有代表性且可靠的結果。[53]

預測市場

　　預測市場平台 Augur 使用區塊鏈，把對未來事件的許多小型下注加總起來，形成強大的預測模型；假以適當的應用，可幫助創造協作式民主（collaborative democracy）。政府可以使

用預測市場來邀請人民參與，幫助政府對未來情境有更好的了解，使政府做出更好的政策選擇。

以太坊創始人維塔力克・布特林，在部落格上撰文討論另一種名為「futarchy」的政治運作模式，[54] 這是經濟學家羅賓・韓森（Robin Hanson）提出的概念，其信條被精簡摘要為：「用選票表達價值觀，用鈔票下注信念」。人民用兩階段流程來選他們的民主代表：首先，挑選一些左右他們國家成功與否的指標或目標（例如人口識字率、失業率）；接著，使用預測市場來選擇最能達成前述指標或目標的政府政策。

Augur 的預測市場模式，可以讓人民做出對國家政策討論有所影響的小選擇，最終共同塑造他們自己的民主未來。

區塊鏈司法制度

區塊鏈也可以幫助改變我們的司法制度。在區塊鏈上，把透明化、眾包，以及線上公民參與等概念結合起來，我們可以想像在 21 世紀重新推出古雅典式民主。[55]CrowdJury 平台 [56] 尋求改變司法制度，做法是把一些司法流程放到線上，使用眾包及區塊鏈，這些流程包括寫控訴或申訴狀；蒐集與調查證據；邀請人們參與線上公開審判，擔任陪審員；發出裁決。想想使用眾包調查、眾包分析，以及眾包判決的透明流程，可以縮短更多時間，並以明顯更低的成本，得出正確的結果。

這流程 [57] 始於在線上報告一件有嫌疑的民事或刑事罪案（例如，公務機關疑似收受賄款），邀請可能的目擊者提供證

據，結合來自多源頭的資訊。原告以及所有證據都被區塊鏈加密儲存，以保留紀錄，且不被竄改。

提起訴訟後，平台將根據處理此案所需的專長，自動挑選一小群志願者（九到十二人），對事實進行分析，決定是否有付諸審判的正當性。若付諸審判，有兩種可能的途徑，第一種途徑是被告認罪，並提議解決方案（陪審團可能接受，也可能不接受）；另一種途徑是訴訟進入有大陪審團的線上審判。跟古代雅典一樣，任何 30 歲以上的公民，都可以在一定期間內申請加入陪審團（但不能指定要參與哪一件案子），最後將以隨機挑選機制來決定某一陪審團的團員，就如同西元前 4 世紀，雅典使用隨機選取器「kleroterion」來選出陪審員，[58] 這樣，在對案件分配陪審員時，就不會有偏頗。審判及所有證據都在線上播出，就像公開法庭模式，任何人都可以「出席」，向被告提出詢問，但只有陪審員可以透過線上投票做出判決。

我們可以先把這種司法模式使用於低價值的爭議案，以及跨司法轄區的全球性質社群（例如社群媒體）案件。英國民事司法委員會（Civil Justice Council）最近研究全球的線上模式後，提出一份研究報告，建議線上解決爭議的方法。[59] 早期的線上司法模式大多在線上流程的一些階段中，仰賴使用法官或其他專業判決者，其他現有流程則是仰賴其他的線上參與者，指出並解決不當的線上行為，例如毀謗性反饋評價（例如 eBay 荷蘭市集的獨立反饋評價），或是線上遊戲作弊的行為，例如遊戲商威爾烏（Valve）設立 Overwatch 機制，讓有資格

的社群成員審查有關破壞行為的舉報，並在必要時對破壞行為者祭出暫時禁止進入遊戲的處分。[60]

這絕對不同於暴民正義，而是把「群眾集體智慧」應用於更多司法流程，獲得有益的結果。

讓人民參與解決重大問題

相信科學的人大多了解，人類排放的碳導致大氣升溫，這種氣候變遷對我們以及地球上的許多其他生物很危險。致力於降低碳排放量化的政府、公司及非政府組織，傾向贊同「碳交易」是一種有效、具有經濟效益的降低碳排放量方法。

政策之一是「總量管制與交易」（cap and trade）。由一個管制機構訂定碳排放量上限，並且隨著時間逐漸降低這上限，以減少釋出至大氣層的汙染物。至於「交易」，則是代表一個碳排放量配額市場，幫助公司及其他組織遵守它們分配到的排放量上限，根據非政府組織環境保衛基金會（Environmental Defense Fund）：「它們排放得愈少，支付的錢愈少，所以，它們有經濟誘因去減少汙染。」[61]

歐盟開發程度最高的國家現在有數個碳交易所，加州、安大略省、魁北克省這些同意蒙特婁議定書（Montreal Protocol）的地區，支持碳放排量配額交易，國家、州、城市層級的官員以及企業，可以分配總量管制與交易信用額度，來平衡配額上限。在此同時，區塊鏈聲望系統可以根據永續溫室氣體減量標準，來評量能源供應者對電力網供輸的度數，例

如，系統可以將煤供應的能源，標記為較高的總量管制借方
（減方）；由太陽能之類再生能源供應者，則標記為總量管制
貸方（加方）。區塊鏈可以用產業規模，把總量管制與交易系
統自動化，以有效率的價格運算法，來即時計算總量管制的借
貸狀況，環保組織可以在區塊鏈帳本上，追蹤它們的碳權額
度，把這些額度拿來交易。

　　如果我們能夠對人們建立一種總量管制與交易制度呢？當
然，要改變人們的行為，我們需要的不只是制度而已。個人的
碳交易將透過物聯網來運作，感應器、偵測器以及其他偵測設
備，將即時度量你的熱水器、洗碗機、家用恆溫器，讓你知道
你的碳權餘額。在此同時，你可以用實際的永續行動來賺取碳
權額度，若你在你家屋頂加裝太陽能板，你將因為把多餘能源
輸還給電力網，而賺得碳權額度。

　　這能為人們創造新的所得來源嗎？畢竟，窮人和無家可歸
者的碳排放量低，是碳權額度的低度使用者。若你騎腳踏車上
班，你可以把碳權額度節省下來，供給你家的熱水器或洗碗機
使用：「嘿，洗碗機，我個人的總量管制與交易錶顯示，我們
可以使用標準水洗模式以及烘乾三十分鐘。」洗衣機的水感應
裝置，可以根據可接受的汙垢粒子濃度來決定用水量；乾衣機
的溼度感應裝置，可以在衣服到達可接受的乾度時就關閉運
轉；建物的暖氣通風空調系統可以利用多出來的熱能。

21 世紀民主的可用工具

區塊鏈技術是一種全球性、分散式、可程式化的帳本，安全、保護隱私、充滿獎勵制度，因此，它可以幫助發展新的民主工具，例如：

數位腦力激盪：把政策官員及人民集合起來，進行即時的線上腦力激盪，以辨識新的政策問題或需求，透過一枚代幣一票制來達成共識，這將有助於達成深思熟慮的討論，使分裂份子、惡搞份子、蓄意破壞份子較難以搞破壞。

挑戰競賽：有評審的線上競賽。想想在區塊鏈問世前的線上競賽模式，如 Goldcorp 金礦公司的全球挑戰計畫（參見第 4 章）、X Prize，或西方國家政府舉辦的無數創新挑戰競賽。挑戰競賽的目的，是邀請人們參與創新以及創造公共價值。

線上公民審查委員會及專題小組：隨機挑選公民擔任一個主題的政策評審或顧問。委員會使用網際網路來分享資訊、詢問問題、討論議題、聽取證據，區塊鏈聲望系統可以幫助發問者，得知審查委員會及專題小組成員的背景及聲譽。決策與紀錄將記錄於區塊鏈上。

商議式民調：讓民眾有資源與機會，透過共同研討及商議方式來學習及反省議題。這將結合科學式隨機抽樣參與討論的民眾，讓被抽中者在網際網路上進行小組討論，相較於即時性民調，此模式能讓政府制定政策時，加入更值得參考的意見。

情境規劃：使用模擬及建模軟體來建立情境，以預測未來

的政策需求，了解決策的長期後果。政治人物、官員、民眾可藉此評估政策對廣泛層面的潛在影響，包括健康、環境、經濟等等。

　　預測市場：如前文敘述的 Augur 例子，有無數的機會可以使用預測市場來交易事件結果，政府可以用它們來幫助洞察許多重要疑問：這橋梁實際上將在何時建成？十二個月後的失業率將是多少？下次選舉會產生一位紐西蘭國家黨（National Party）總理嗎？（這是紐西蘭預測市場 iPredict 平台上實際提出的一個疑問。）

　　區塊鏈技術能夠對這些工具提供大助力。首先，提出意見的民眾可以保有隱私，使得民眾參與的可能性大增，這對高壓統治的政府是壞事，對民主則是好事，因為政府當局更難審查、鎮壓、追查到異議人士。同時，如第 5 章敘述的 Blockapedia 例子，區塊鏈的聲望系統有助於提升討論的品質，減少惡搞份子和蓄意破壞份子，確保所有討論被確實、永不磨滅地記錄。若使用這些工具時，也對勝出者或貢獻者給予獎勵的話，使用數位貨幣可以結算得更細、更快。此外，可以和人民及團體建立智能合約，更能釐清每一個人在過程中的角色。

　　區塊鏈研究所創辦人梅蘭妮・史旺認為，區塊鏈技術可能對社會在處理有關於政府、獨立性、民間義務等議題方面帶來成熟化影響：「相較於文化及資訊方面的分權化，政府與經濟事務方面，似乎較難擺脫中央集權化模式，但我們沒有理由認為，在這些事務方面，無法發展出同樣的社會成熟度。」[62]

　　很顯然，下一代的網際網路提供了全新機會，主要的挑戰並不在技術面。這裡舉一個具有警惕啟示的例子：歐巴馬在2008年的美國總統競選時，建立了一個很大的網際網路平台「MyBarackObama.com」，為支持者提供工具，讓他們自行組織、建立社群、募集捐款，不僅誘發人們投票，也激發他們參與歐巴馬的競選。這產生了一股空前的力量：1,300萬支持者在網際網路上彼此連結，自行組織了35,000個共同利益社群。當年輕人喊著「是的，我們可以做到」（Yes We Can）時，那不僅是希望的口號，也是集體力量的斷言。

　　但在2012年，歐巴馬的競選策略，從公民參與轉變為大數據，口號從「是的，我們可以做到」變成「我們認識你們」，使用大數據來動員選民，瞄準支持者以募集捐款。那次競選贏了，但交由人民自行去咀嚼它傳達的訊息。當然，大數據策略的風險性低於自我組織社群的策略。

　　在兩任任期內，歐巴馬的確採取了一些重要行動來推動公民參與，主要是透過「挑戰競賽」，激發創新點子。但是，在第二次競選活動時，歐巴馬未能號召公民參與，錯失一個可以強化政府正當性的歷史性機會。就連被稱為「第一位網際網路總統」的歐巴馬，最終也走向權力的方便路徑，使用社群媒體來傳播訊息，使用資料輔助的定向廣告來募錢。

　　若網際網路總統做不到，誰能做到呢？

　　人人都可以出力，把政府及民主推上區塊鏈。首先，我們有無限的機會可以去除冗餘及浪費時間，用新的民主流程來投

票及參與，在線上當陪審員，賺取能源使用額度，繳稅及取得公共服務，查看納稅人的錢花用於何處，查看民意代表在議案上的投票。民意代表必須站出來，率先設計與執行智能合約；若你有誠正性，為何不鼓勵建立區塊鏈聲望系統呢？區塊鏈大師安德里亞斯・安東諾普洛斯說：「選民的記憶很短。」[63] 不論你是法官、律師、警察或議員，請建立更高的透明度。公務員及政府部門員工可以使用感應裝置及攝影機，在區塊鏈上追蹤公共資產，安排基礎設施的維修順序，分配資源。若你是個年輕人，別放棄民主，民主制度或許故障了，但可以修理，首先聚焦於競選經費，用區塊鏈技術來使之透明化，因為大錢是目前最根本的問題。若你是政府計畫或工程的承包商，你可以使用智能合約來消除貪汙受賄及浪費，公布你的優異績效。總而言之，可能性非常多。

變革之路必然布滿荊棘，但世界公民，團結吧！透過區塊鏈，你們可以獲益良多！

第9章
在區塊鏈上解放文化：喜聞樂見

　　這不是典型的一年一度生日派對。慶祝活動在距離倫敦一個小時車程的圓屋劇場（Roundhouse）舉行，那是曾經被用來做為倉庫的大建物，現場設置了用聲音感應的 LED，有彈力堡遊樂場，供應豐盛的自助餐。參加者形形色色，有接受技雜耍表演者，有二十多位蹣跚學步的幼兒，他們的家長、鄰居、音樂人，以及一些區塊鏈開發者。以發明六片傘頂帳篷（小型災難的救濟避難所）聞名的蘇格蘭與印度混血兒工程師溫內·古普塔（Vinay Gupta）也參加了，他現在是專門向大眾宣傳區塊鏈技術的解說長。特色藝術家聯盟（Featured Artists Coalition）執行長保羅·帕西費柯（Paul Pacifico）也在現場，在銀行業工作多年後，他現在為音樂人的權利奮鬥。當然，還有我們的主人、知名作曲家暨音樂家伊莫珍·希普（Imogen Heap），她在 2015 年被《音樂週刊》（*Music Week*）讀者票選為「年度最具靈感音樂家」，[1] 有個 1 歲大的女兒絲考（Scout）。

　　希普告訴我們：「我想知道，我做的東西將來對絲考是有價值的。」她非常憂心音樂產業：「這產業太分裂了，沒有什

麼領導，它的商業面太糟糕了；所有東西都亂七八糟，一片混亂，藝人是食物鏈的末端，很不合理。到處都是音樂，時時都可聽到音樂，我們的手機上、計程車上，到處都是，但藝人獲得的報酬愈來愈少。」[2]

這就是問題所在。網際網路是個非凡的繆斯，既是創意的媒介，也是自由言論的管道。在全球資訊網上，有才華的藝人、設計師、程式設計者，以及他們的粉絲，能夠共同做的事太多了，在全球資訊網上，也不缺靠這些創意協作來賺錢的途徑，音樂發行與錄製之類的創作產業取得了新收入來源，例如數位下載、串流影音。但問題是，在每一個新中介上，藝人分到的羹較少，也沒什麼話語權。臉部特寫樂團（Talking Heads）主唱大衛・柏恩（David Byrne）在一篇社論對頁版文章中總結這種情況：「我覺得，整個模式無法長久支持任何種類的創作，不只是音樂創作而已。無可避免的結果將是網際網路把創作內容從整個世界上吸走，直到半滴不剩。」[3]

本章探討區塊鏈技術如何把藝人擺在模式中心，使他們不僅能夠「拿著自己的蛋糕」──能夠自由表達，也能夠「吃到蛋糕」──從他們的智慧財產中，汲取精神與物質兩面的最大價值。換言之，就是讓他們得以重建他們的權益，不再有貪婪的大型中介，不再有大政府的審查。我們在這一章探討的是文化領域──藝術、新聞業、教育，這些是基本人權與生計陷入危機的領域。

公平交易音樂：從串流音樂到計量權

　　伊莫珍・希普說：「若絲考將來成為一個音樂人，她要如何賺錢呢？她將無法賺錢。」她指的是若她的女兒將來從事音樂這行業，仰賴目前的音樂產業模式的話。「我們需要簡單、切中核心、值得信賴的模式，讓人們覺得音樂是個可賴以維生的工作。」[4] 保羅・帕西費柯贊同：「我們想要一個反映文化、技術、社會及商業時代性的音樂產業，讓創作者和消費者都有可支撐、可維持下去的未來。」[5] 希普和保羅・帕西費柯、溫內・古普塔以及其他人聯合起來，共同創造這種新的音樂產業生態系。

　　若有一個創新的預測市場，我們會押注於希普的這支團隊。2009 年，她以自己策劃錄製的專輯《橢圓曲線》（*Ellipse*），成為第一位贏得葛萊美非古典專輯策劃獎的女性。在頒獎典禮上，她的穿著後來被人們取名為「推特裝」（Twitter dress），這身由德國設計師莫里茲・瓦爾迪梅爾（Moritz Waldemeyer）設計的裝扮中，包含一 LED 帶狀環圈架在她的肩膀上，接收到的粉絲推特文會即時顯現於這環圈上。2013 年，希普驅動非營利組織 Mi.Mu 發明一種音樂手套系統，結合繪圖軟體與動作偵測供應裝置，讓表演者可以用自己的姿勢來控制光、音樂及影像。這項發明在 2015 年贏得柏林穿戴式 IT 與時尚科技獎（Berlin Awards for WearableIT/FashionTech），這音樂手套很快地流行起來，流行樂明星亞莉安娜・格蘭德（Ariana

Grande）在 YouTube 上，張貼她戴著這音樂手套演唱希普的歌曲〈捉迷藏〉（“Hide and Seek”）的影片，加上這段訊息：「感謝我的偶像伊莫珍・希普，讓我在我的第一次全球巡迴演唱中使用這 Mimu 手套。」[6] 若有人懷疑希普號召與組成新科技社群的能力，請三思。

希普說：「我們很清楚我們想要什麼，我們不是一群喜歡在客廳裡吸大麻、搞音樂、腦袋空空的笨蛋，我們是很努力的創業家。」[7] 希普把區塊鏈技術，視為一個可以讓智慧財產創作人取得公平合理價值的新平台，智能合約尤其能夠去除大量的產業複雜性，簡化唱片公司在這生態系中的關鍵任務角色。

魯布歌伯機械又出現：音樂產業的複雜性

讓我們改述臉部特寫樂團的歌曲裡的歌詞：我們是如何落到這步田地的？我們該拿這怎麼辦？[8] 一切始於藝人的一個根本問題——他們簽下了黑膠唱片年代研擬的合約，在那個年代，巨大的類比錄製與發行成本，橫阻於錄音藝人和他們的潛在消費者之間。希普告訴我們：「我記得，我最初找到唱片公司時，我的版稅好像是 15％左右，我在幾年前的上一張唱片合約，版稅大概是 19％。幸運的藝人現在或許能拿到更多。」[9] 藝人可能把他們的整個版權期間的版權，授予一家唱片公司，在美國，這期間可能是九十五年，或是這名藝人的一生再加上七十年。想想看，一份合約得涵蓋多少未預見的創新，才能使這交易對此藝人及其繼承人稱得上公平合理。

　　起初，唱片公司規模小，電台稱王，唱片行是皇后，藝人及專輯製作團隊不僅要尋找新人才，也要照管他們的發展。過去二十五年，音樂產業從數千家唱片公司整合到剩下三家全球強權──索尼音樂娛樂（Sony）、威望迪（Vivendi）旗下的環球音樂（Universal Music）、華納音樂集團（Warner Music Group），以及數百家獨立製作唱片公司。這三大唱片公司合計持有最知名且賺錢的串流音樂服務公司 Spotify 的 15％股權，[10] 所以，若 Spotify 公開上市，屆時，這三大公司將可獲得額外現金挹注。蘋果已經成為全球最大的音樂零售商，理想國演藝公司（Live Nation）是全球最大的現場演出娛樂公司。

　　所以，音樂版權的掌控權集中於少數幾家公司手上，唱片公司和巡迴演唱行銷公司，開始要求藝人簽署 360 度全方位合約（360-degree deals），這意謂著，藝人產生的所有收入──作詞作曲的發行權收入、錄音的使用權收入、藝人巡迴演出的表演權收入、商品及贊助收入等等，它們全都要抽佣，不論它們是否投資於創造這些收入。

　　伴隨產業整合而來的是制度整合，這可不容易，每個集團有自己的會計流程，自己的合約及版稅聲明版本，這使得並列比較的工作相當傷腦筋。希普說：「我們有個大問題，那就是這個產業非常分裂，有種種不同的平台，簡直是夢魘。」[11] 這些制度必須調適於製作、格式、通路，以及使用環境的創新，但鮮少有任何一個層面會馬上就變得過時，因此，每一方都必須同時維持二或多種模式，最明顯的兩種模式是實體及數位。

更添複雜的是，供應鏈上有許多成員，並非只有發行的唱片公司和表演權組織（performance rights organizations, PROs），還有：監督音樂公開演出及收取表演權權利金的組織，例如非營利性質的美國作曲家、作家與出版商協會（American Society of Composers, Authors and Publishers, ASCAP）、非營利性質的廣播音樂公司（Broadcast Music, Inc., BMI）、歐洲戲劇作家與作曲家協會（Society of European Stage Authors and Composers, SESAC）；製作人及錄音工作室；舞台；巡迴演唱會主辦者與行銷者；批發商；通路商；代理商。他們全都有自己的合約、會計、報告制度，他們分別抽取部分收入後，餘款交給藝人的經理人和經紀人，經理人和經紀人根據合約抽取他們的收入後，剩下的才交給藝人。沒錯，藝人是最後拿到收入者，可能得過了六到十八個月，藝人才實際拿到第一筆版稅支票，視發行時間和唱片公司的會計作業流程而定。

後來，一種全新的中介層問市——像 YouTube 或 Spotify 之類的科技公司，在供應鏈上介入藝人與唱片公司之間，把藝人的餅再瓜分得更薄。我們來看看串流音樂服務，每一筆串流，Spotify 平均約支付權利持有人（通常是唱片公司）0.006 至 0.0084 美元。[12] 這初始費用的計算，乍看之下似乎透明，Spotify 網站上聲明它把它的廣告及訂閱收入的 70％，支付給權利持有人。但是，我們檢視了它和美國索尼公司簽署的四十一頁「數位影音經銷合約」，以及支付給索尼藝人的非扣款用前金 4,250 萬美元，這些完全不透明。事實上，這合約的第一

句話就要求保密，顯然，不論是 Spotify 或索尼都不可以告知索尼旗下藝人，有關於這合約對藝人的收入的影響性。美國獨立音樂協會（American Association of Independent Music）會長李奇・班葛洛夫（Rich Bengloff）說，根據他的經驗，唱片公司通常不會把非直接與音樂使用有關的收入拿來和藝人分享。[13] 產業分析師馬克・穆利根（Mark Mulligan）說：「藝人至少將再痛苦個四到五年，就如同他們在 iTunes 問市後的頭四到五年也感到痛苦。」[14]

　　唱片公司到底創造了什麼附加價值呢？當然，它們試圖管理這複雜性、遏制盜版、執行權利，例如，環球音樂發行集團的三分之一員工，在世界各地市場執行版稅及版權的行政管理工作。[15] 環球音樂公司最近設立了一個藝人入口網站，讓旗下藝人可以查看他們的版稅情況，可以無息預支未來收入。這個入口網站也提供「Spotify 網站上的歌曲使用狀況洞察：一首歌曲被串流播放了多少次，哪些類型的人播放此串流，這些人的播放清單上還有哪些歌曲，聽眾對特定歌曲的迴響如何。」環球音樂公司用十六名員工負責更新這個入口網站，為藝人解釋資料。[16] 唱片公司也有龐大的律師與說客團隊；它們可以在全球推出新藝人，為他們處理新聞稿，透過國外當地媒體行銷，在海外市場發行他們的音樂，授權外國發行商，支援國際性巡迴演唱，匯總所有收入。伴隨音樂產業複雜性的增加，捍衛版權及其他權利的成本也提高了，這成本直接影響世界各地的藝人，因為這成本就如同稅負。

區塊鏈上的智能合約可以去除這廣大的複雜性，取代唱片公司在這生態系中的關鍵任務角色。希普說：「若你是一支電腦程式、一件軟體、一個資料庫……這些問題都會消失，只需要一半的數學時間，這錢歸這個人，這錢歸那個人……不需要花上一、兩年時間才讓藝人、作家、表演者拿到錢……在區塊鏈上可以立即做到，因為是自動化且可以驗證的。此外，改變文化的新音樂遞送服務，從藝人的粉絲那裡蒐集了非常實用的資料，若藝人可以自行取得這些資料，將會大大提升他們的效率。」[17] 這就是區塊鏈上音樂的未來。

新音樂事業模式的崛起

結合以區塊鏈為基礎的平台與智能合約，再加上音樂社群在交易、隱私、安全性、尊重權利、公平交易價值時的包容性、正直性、透明化等標準，可以讓藝人及他們的協作者形成一個新的音樂生態系。

希普問：「若我只需要決定我想讓我的音樂如何被分享或體驗，那不是很棒嗎？舉例來說，把一首音樂及其所有相關內容上傳到線上一處，讓所有人可以取得，包括使用權、所有權、等同於現今封套上文字說明的內容、影片、藝人的最新介紹。」所有其他各方——不僅是唱片公司、音樂發行商、巡迴演出行銷者，還有想在廣告中使用歌曲的企業、想用來當配樂的電視節目製作人、想把歌曲拿來做為下載鈴聲的行動電信服務業者、想拿來當成自製作影片素材的許多粉絲等等，全都可

以自行決定是否同意接受希普訂定的使用條件。她說：「讓藝人對他們的音樂自行做出決定，感覺就像藝人現身，那不是很棒嗎？那是一種真實感，甚至昨天的感覺和今天的感覺不同，例如，我可能決定，嘿，今天是我的生日，所以，今天，我的音樂全部免費，或者，若你不滿 16 歲或超過 60 歲，免付費！或者，我只需在智能合約中做出幾項修改，就可以把所有要支付給我的款項全部轉往一個救濟基金。」[18]

這就是在區塊鏈上設計一個以藝人為中心的模式的目的，不再是以唱片公司或科技通路商為中心的模式。藝人可以創作音樂，從他們創造的價值中獲得公平合理的報酬，音樂愛好者可以消費、分享、混音或是純粹享受他們喜愛的音樂，並且合理付費。這種模式不會排除唱片公司或數位音樂通路商，但它們將變成生態系中的平等地位成員，不再是支配地位成員。

新的音樂產業並不是一種空想，希普在 2015 年 10 月做出她的第一次實驗，在網際網路上發行她的歌曲〈Tiny Human〉及所有相關資料，包括樂器演奏版、七組立體聲音軌、封套圖案、歌曲 MV、音樂人文字說明、樂器說明、製作團隊、歌詞、謝詞、有用連結、歌曲背後故事等等。[19] 這些細節資訊有助於提高她在網際網路上的可被發現性，亦即幫助潛在的協作者更容易找到她。

希普邀請粉絲、開發者及服務商，把她的歌曲上傳到他們的平台上，並且也分享他們的改編創作，只要他們把她的檔案上傳至他們的系統後，提供她登入資料及權限，她就以非專有

權形式授權給他們去創造一個伊莫珍·希普藝人檔案。若他們預期有收入進來,她請他們提供付費模式、費率(百分比)、總金額,供她在分析實驗結果時納入這些資料。最後,她歡迎捐款至她的比特幣地址,並承諾把一半的捐款撥入她的慈善基金會 Mycelia——她在這個新生態系中的名字。這首歌曲及相關內容的使用狀況資料及參與行為,將可做為下階段的區塊鏈上音樂發展的參考。

多家公司正在設計區塊鏈音樂平台,並和希普及其他前瞻音樂人合作。這個新生態系有一些目前音樂產業欠缺的特色:

價值範本:用以建構尊重藝人的交易,在任何事業活動中把他們視為創業者、平等夥伴、創造價值中不可或缺的要角。不再使用老舊、一開始就不公平的紙本合約,希普說:「別再使用以往扣取的版稅比例。」

涵蓋所有貢獻者的版稅:根據每個人對創作過程的貢獻,公平分配收入,不只作曲者和表演者,還有其他藝人及工程師。作品大賣時,人人都可以分到更多,而非只有唱片公司及通路商享有高獲利。

透明帳本:分布於區塊鏈上,人人都能看到一首歌曲目前創造了多少收入,收入流量的時間點與量,誰獲得了多少比例。不再使用老舊的、私人專有的紙本會計制來有所隱瞞。區分標記收入性質,例如受僱著作之收入、版權收入等等。容易作帳,容易稽核,容易繳稅。

微型計量,微型入帳:不只音樂串流,收入也串流。若音

樂採取計量收費方式，亦即消費者每播放一次，就微型支付一次，那麼，版稅也可以立即流入藝人及其他貢獻者的戶頭，不再延遲入帳，不再每半年或每季檢查一次版稅收入，版稅收入說明不再隱晦而難以理解，不再讓藝人勒緊褲帶，苦等入帳。區塊鏈理論家安德里亞斯・安東諾普洛斯提供這個例子：「阿根廷的 Streamium 是串流影片服務商，它讓影片製作人以千分之幾分錢模式收費，例如，直播串流下載每 0.2 秒付費千分之幾分錢。它的使用多重簽章（multisignature）與時間鎖（time-locked）交易、原子性（atomicity）及總和完整性（sum integrity）來運算，影片製作者只提供確實付費的影片，消費者只為實際播放的影片付費，他們每秒鐘自動重議這交易契約五次，若任何一方在某個時間點退出，這契約就停止，他們兌現他們之間最有利的交易。」[20]

豐富的資料庫：資料庫彼此間有介面可茲互動相配，把核心的版權資料（詞、曲、錄音）和它們的後設資料、封面文字說明、插圖與相片、單曲、作曲者和表演者願意授權的東西、授權條款、聯絡資訊等等，全部結合於數位帳本上供所有人閱讀。不再有不完整的權利資料庫，用你的指尖點選，就可以看到完整的權利資料，很容易找到權利持有人。

使用情形資料分析：藝人終於可以用這些分析，來吸引適合的潛在廣告商與贊助者，安排巡迴演出，規劃行銷及群眾募集資源活動，和其他藝人進行未來的創作協作。希普說，這個模式能夠讓藝人「掌握非常多遺落於世界各地的資料，例如，

你的粉絲在哪裡、他們的年齡分布、他們對什麼感興趣。有了
這些資訊，我們可以精心設計量身打造的巡迴演出，可以接洽
想使用我們音樂的企業品牌及活動，或是推銷藝人、產品，或
是我們喜愛與支持的慈善活動。我說的不是姓名及電子郵件之
類的資訊，這些是比較微小的資料，但仍然很有用，我們可以
把它拿來和其他品牌的資料交叉參考，得知粉絲及其他相近藝
人的種種興趣。」[21]

數位權利管理：這指的是積極性管理數位權利，不同於那
些敵視消費者、用來限制權利使用的數位版權管理軟體。這裡
所謂的數位權利管理，指的是藝人運用智能合約來管理權利，
提高發行、錄音、表演、商品化及其他權利的價值。這包括針
對唱片公司及通路商的第三方使用條款：唱片公司及通路商可
以決定，是否接受藝人訂定的服務使用條款及期望。例如，若
藝人不想要在其音樂中被插入廣告，影響消費者對其音樂的體
驗，他們可以禁止唱片公司及通路商這麼做。若藝人想要抽取
某個比例的廣告收入，他們可以堅持這麼做；藝人也可以決定
是否讓這些大公司在特定地區（例如中國）代為處理授權、通
路、版權維護之類事務。藝人也可設定條款的限制事項，若這
些公司不依約給付某項收入，區塊鏈上的智能合約將會自動終
止。藝人也需要自動化附屬權利管理，潛在的被授權人可以決
定，要不要接受藝人的使用與付費條款，合約本身會自動執行
每項交易，並在發生任何違反條款情事或合約終止時自動通知
藝人。

競標／浮動價格機制：在區塊鏈上，可以對行銷活動及創作內容的改編進行這種機制的實驗，甚至可以把它用於一首歌曲的附屬權利版稅抽取比例。舉例而言，若消費者下載了一首歌曲的標記，那麼，已經獲得這首歌曲授權廣告用途的廣告客戶將在廣告播放時，自動必須付費更多。

聲望系統：聲望系統將從一個比特幣地址的交易史，及社群媒體中揀選資料，對這個地址創造一個聲望評分，藝人將能在簽約過程中建立他們自己的信用，以及潛在合作夥伴（合作藝人、與藝人協作的消費者、唱片公司、商家、廣告客戶、贊助人、被授權人等等）的信用。使用多重簽章智能合約，藝人可避免和不符特定聲望標準者，或帳戶裡沒有必要資金者進行交易。

這種新的公平音樂產業，其重點在於讓藝人位居他們的生態系核心，而非處於邊緣。希普說：「我認為在這種新生態系中，Spotify 和 YouTube、策展者、用戶生成內容，仍然扮演要角；唱片公司亦扮演要角，因為我們仍然需要有人去篩選每天世界各地創造出的數億小時音樂，或數十億位元的音樂及藝術。」[22] 在區塊鏈上，有了軟體範本，藝人可以和他們認為合適的創作協作者、大音樂公司、大通路商，以及許多較小的中介者往來。

自己出版的藝人：新音樂典範跡象

希普的友人柔伊・基廷（Zoë Keating）是出生於加拿大的

大提琴家暨作曲家，她向來掌控自己的音樂。她擁有自己的音樂的所有出版權，以及她的錄音的所有母帶，她也精心處理自己的行銷、銷售、授權與通路策略。如前文所述，這些事務非常複雜，因此，她自己包辦這一切，令人我們非常驚訝感佩。基廷告訴英國《衛報》（*The Guardian*）：「像我這樣的藝人，沒有科技是無法生存的，我只需在我的地下室錄音，然後在網際網路上發行就行了。」在她看來，網際網路為獨立藝人提供公平競爭場，但是，她與大型線上音樂通路商往來的體驗，跟希普與傳統唱片公司往來的體驗並無多大不同。基廷說：「複製以往的付費模式，實在不應該，占那些沒有力量者的便宜，實在不應該，企業不僅對它們的股東有責任，對整個世界和藝人也有責任。」[23]

　　基廷拐彎抹角地提及 Google 旗下的 YouTube 向她提供的新合約，那是保密合約。多年來，她在 YouTube 上發布她的音樂，並使用 YouTube 提供的內容識別系統（Content ID），當有潛在的版權侵害情事時，這種內容識別系統會自動通知版權持有人，那些侵權使用她的音樂材料的第三方內容上傳作品，是基廷的獲利來源之一。* 基廷並不在意盜版、檔案分享或版稅，在她看來，廣告串流是一種行銷、觸及新聽眾、分析使用情形資料的工具。音樂整合服務提供者以及當紅藝人，藉

---

* 當 Content ID 辨識到並通知有第三方上傳侵權內容時，版權持有人可以選擇封鎖行動，也可選擇獲利行動 ——YouTube 可以在這些侵權內容中插入廣告，廣告收入由 YouTube 和版權所有人拆分。

由以隨選服務提供大量曲目來賺大錢，這不是基廷的模式，她的最大收入來源向來是那些支付 20 至 100 美元不等，購買她新專輯的忠誠粉絲。她先在 Bandcamp 發布新作品，接著上傳至 iTunes，最後才在其他平台如 YouTube、Spotify、Pandora 提供。這種在特定期間只在特定管道提供內容的窗口策略（windowing strategy），對她及她的忠誠粉絲很有效，她可以藉此對她的既有支持者表達謝意，同時也培養新關係。

後來，YouTube 推出「Music Key」服務，讓使用者支付一筆費用，避免被廣告干擾。若基廷想繼續透過 YouTube 賺錢，她就必須接受 YouTube 的條款：張貼她的專輯全部曲目，不能在各種平台上採取窗口策略。基廷知道，其他獨立出版唱片也不滿這種新的授權條款，但他們更感冒的是財務上的影響。她想要以自己的條款來掌控自己的音樂。

基廷看出比特幣區塊鏈技術的潛力，可幫助她達成此目標。首先是其透明性，她告訴《富比士》（Forbes）雜誌：「我就是相信凡事都應該透明化，在不知道現行模式如何運作之下，我們怎麼可能建立一個未來生態系呢？」[24] 舉例而言，基廷估計，在 YouTube 上，約有 15,000 支影片——舞蹈表演、電影、電視節目、藝術作品、遊戲等，在未獲授權下，使用她的音樂做為配樂。她應該要能夠利用所有這些對其作品的喜好才對，但只有 YouTube 知道她的音樂的熱門程度，尼爾森音樂統計（Nielsen SoundScan）只呈現了多面相中的一面而已。

跟希普一樣，基廷也想在區塊鏈上註冊版權，利用版權的

後設資料。這樣，人們可以更容易追查到她是版權所有人，她也可以透過區塊鏈，來追蹤使用她的音樂衍生出來的所有其他作品。音樂後設資料的分散式帳本，不僅能追蹤誰創作了什麼，還能追蹤誰使用了這些作品而蒙利。她想像能夠得知這些使用情形及關係，計算一首樂曲的實際價值以利浮動訂價，並且能夠對協作者和投資者給付串流微型付款，不受制於ASCAP 或 BMI 之類的第三方黑盒子。[25]

　　再次強調，我們並不是說唱片公司或音樂服務科技公司會沒戲唱，而藝人自己在純粹的點對點生態系中包辦一切。我們的意思是，創造一個以藝人為中心的新音樂生態系，讓他們掌控自己的命運，從他們創造的價值中獲取公平合理的報酬。區塊鏈技術不會對藝人收取的報酬訂定新標準，而是讓他們可以自由選擇、客製化符合他們的需要及理念的解決方案，因此，有無限種可能的解決方案，他們可以免費提供他們的音樂，或是採行微型收費與入帳模式，不論是怎樣的收費模式，都是他們自己的選擇，不是唱片公司或通路商來決定。

新音樂生態系的其他元素

基本版權註冊

　　音樂版權有兩個基本層面，第一個層面是歌曲基本結構（曲與詞）的全球版權，各種形式及語言版，通常，版權所有人是作曲者及作詞者。曲與詞的版權可以分開，任何人錄製或表演這首歌曲、購買樂譜、改編它（例如電梯音樂）、把它翻

譯成外國語言版，或是在詩文選集或教科書中使用它時，作曲者或／及作詞者收取版稅。第二個層面是錄音的全球版權，亦即用某種媒體（例如數位檔案或音樂影片）來記錄與保存此歌曲時的版權。錄音版權的持有人通常是原表演者或樂團成員，當錄音在電台、電視或網際網路上播放時，被電視節目、廣告或電玩遊戲拿來做為配樂時，被串流播放、下載或以硬媒體（例如黑膠唱片、CD、DVD）購買時，版權所有人收取版稅。

　　基廷的自主模式，啟發多倫多的工業搖滾樂團 22Hertz 轉向區塊鏈。在加拿大，註冊一首歌曲的版權，要花費 50 加幣，而且，版權證明只含歌曲名稱，22Hertz 樂團創團人拉夫・穆勒（Ralf Muller）認為，若有人使用了一首歌曲的詞或曲，告到法院，對版權持有人根本不利。因此，他決定使用區塊鏈的「OP_RETURN」交易功能，創造整首歌曲的雜湊值嵌入到區塊鏈裡，若有人使用了他的歌曲的詞或曲，他就可以主張他的所有權：指出區塊鏈上的交易，為這首歌曲創造另一個雜湊值，把這雜湊拿來和區塊鏈上原有的雜湊值相較，你將會發現，兩者的雜湊值是相同的。穆勒說：「在 OP_RETURN 中嵌入雜湊值，一段一段地寫入，基本上就不可能回頭更改任何東西，在我看來，這麼做很棒。」被問到為何該樂團的線上商店接受比特幣，並對比特幣使用者給予折扣優惠時，穆勒以同理心回答：「我是個不接受『一切如常』模式的人。」[26]

數位內容管理系統

使用比特幣區塊鏈技術的數位內容管理平台 Colu，也不接受「一切如常」模式，它為開發者及企業提供用以存取及管理數位資產（包括版權、活動票券及禮物卡）的工具，這些正是分散式音樂產業所需要的。Colu 和音樂技術領先者 Revelator 合作，建立權利管理應用程式介面，其目的是實現希普與基廷所想像的境界——所有權的去神祕化，數位通路，取得實際使用情形的資料。這套應用程式介面也為在位者提供透明化與效率工具，Revelator 的創辦人暨執行長布魯諾・貴茲（Bruno Guez）說：「我們對 Colu 的潛力感到很振奮，這個平台可以簡化音樂權利的管理，首先從和歌曲創作者以及和他們的作曲有關的權利做起，Colu 把複雜的區塊鏈技術整合到像我們這樣的平台裡，我們期待探索它能夠為我們的顧客改善服務的種種方式。」[27]

新的藝人養成

任何創作產業的一個重要層面是人才發掘與訓練，在《美國好聲音》（*The Voice*）之類的競賽中，音樂人很自然地擁抱指導，扮演藝人養成（Artists and Repertoire, A&R）角色，區塊鏈可演算出歌曲的使用情形，以支援這類 A&R。以 PeerTracks 為例，該平台在其登錄頁上說，這是給音樂愛好者及藝人的「終極一站式音樂平台」，當藝人上傳一首歌曲時，該平台對此歌曲附上一份智能合約，這合約會自動根據此歌曲

的表演者和作詞者、作曲者及其他樂團成員議定的收入分配方式，把收入撥入他們的帳戶裡。藝人可以在此平台上製作他們的藝人幣，內含他們的姓名，就像虛擬棒球卡一樣，可供蒐集，藝人自己訂定其發行數量，因此可成為限量版。這背後概念很簡單：創造一個儲存價值，價值與藝人的名氣相關。[28]

　　用戶可以以隨選方式，取得 PeerTracks 平台上的所有音樂曲目，沒有廣告的插入干擾，他們可以儲存歌曲及播放清單供離線使用，他們可以從曲目中下載任何歌曲或專輯。不同於 Spotify 或 iTunes，用戶也可以購買藝人幣，以類似於棒球卡的方式交易它們，隨著一個藝人的名氣上升，其藝人幣的價值也上升，因此，藉由支持尚未成名的藝人，用戶本身在財務上也可以獲利。用戶對一個藝人的喜愛與支持，可以轉化為從藝人那兒取得 VIP 待遇、特權、贈品等等，這有助於誘使人們從 Spotify 上的消極被動聽音樂者，變成主動積極的支持者，幫助藝人建立長期活躍的粉絲群。PeerTracks 讓藝人取得串流及下載服務收入的 95％，而且是在區塊鏈上立刻獲得這些收入。藝人可以隨時看到他們的音樂下載及其他商品的價格，PeerTracks 宣稱「大批逐利的、想要發掘下一個紅明星／藝人幣的星探或策展者」將可聽到一位新藝人的歌曲，因為 PeerTracks 的用戶將以投票方式推升新藝人的知名度。[29]

藝術愛好者平台 Artlery：
連結藝術與贊助人

　　傳統的藝術品市場的排他性與不透明性是出了名的，相對少數的藝術家與收藏者代表了非常高比例的市場，新興的藝術家只有很少、狹窄、有時迂迴的途徑可進入藝術品市場。儘管如此，藝術品市場的大致開放、不受監管性質，鼓勵實驗新概念與新媒體，藉比特幣區塊鏈的改革與顛覆力量，一方面意圖使藝術品市場大眾化，另一方面意圖使資本市場民主化。

　　Artlery 平台描述自己是：一個藝術家同意把他們的部分收入拿來分享的網路，分享給藝術品贊助人以及與他們的作品進行社交互動的同儕。[30] 這個平台的目的，是在區塊鏈上創造以藝術品做為背後支撐資產的貨幣，讓藝術愛好者成為藝術品的部分所有權人及利害關係人，其方法是對市場上的所有各方——藝術家、贊助人、策展人，以及展覽場所如藝廊、美術館、工作室、藝術展等——提供適當誘因，而非不合理地僅對其中一方提供誘因，忽視所有其他方。為增進客群，建立一位藝術家的名聲，Artlery 為此藝術家的作品舉辦數位首次公開上市，它的應用程式使得許多藝術家，例如傑宗・弗林斯（JaZoN Frings）、大衛・裴里亞（David Perea）、凱斯・赫蘭德（Keith Hollander）、班頓・班布里吉（Benton C Bainbridge）、巴札・汀斯（Bazaar Teens），可以數位複製他們的實體藝術作品，再把它們區分成許多塊，就像相片拼圖般，根據 Artlery

應用程式上的贊助人對此作品的賞識程度來分配給他們。在一件藝術作品的首次公開上市期間，藝術家撥出這件作品的一個比例權益給社群，贊助人可以累積他們對這件作品的權益。Artlery 打算在平台趨於成熟時，允許贊助人轉售他們所累積的藝術品權益。

在 Artlery 贊助的 2015 年史丹佛區塊鏈高峰會（Blockchain Summit）上，本書作者唐・泰普史考特決定贊助安塞姆・史柯斯泰（Anselm Skogstad）的作品「EUR/USD 3081」，這件作品把一張歐元紙鈔放大後，打印於一張約 147 公分×112 公分大小的 Dibond 鋁片上。

透過比特幣區塊鏈購買藝術品的運作方式

為購買這件作品，唐開啟他的比特幣錢包應用程式，用它撰寫及發送一則訊息，載明用以購買此作品的比特幣數量，指定 Artlery 的公開金鑰為收款人，使用他的私鑰做為簽名或證明這則訊息。傳送出去前，唐再次檢查這則訊息中的所有資訊，因為，不同於傳統的支付機制，比特幣交易是無法倒轉的。接著，他不是向他的加拿大銀行傳送這則訊息，而是向運作比特幣區塊鏈的整個電腦網路廣播。

有些人把這些電腦稱為「節點」（node），這些節點貢獻處理能力來解決與建立一個區塊有關的數學問題。如前文所述，比特幣社群稱他們為「礦工」，他們解決這類數學問題的工作則是「挖礦」，如同挖掘金礦。這是個不當的類比，因為這種

類比令人聯想到那些專家水準的高手，他們的能力可能使他們具有相對於網路新手的競爭優勢，其實不然。每一個礦工運行軟體的狀況就像是在背景執行公用程式功能，運算工作都是電腦在執行，認真的礦工把他們的機器架構成處理能力最佳化，能源耗用量最小化，並利用高速網路連結，但除此之外，並不需要用到人的才能，而且，這實際上是不容許人的干預。

　　並非所有節點都在挖礦，事實上，比特幣網路上的絕大多數節點只是在執行一項工作：對接收到的資料進行比特幣規則驗證。比特幣網路驗證兩筆資料——其一，唐確實握有他在訊息中載的比特幣數量；其二，他授權執行這筆交易，驗證後，這網路承認唐的這則訊息是一筆交易。當唐發送的訊息被廣播至區塊鏈網路中的各節點後，礦工們競相把無序號的（unordered）、未記錄的（unrecorded）交易轉化成在一區塊上的有序號、已記錄的交易資料，每一區塊必須包含上一個交易區塊的摘要（digest）或雜湊（hash），以及一個稱為「nonce」的隨機數字。為了在這驗證競賽中勝出，一台電腦必須創造出這區塊的雜湊，這雜湊值必定以一定數量的 0 為開頭，哪一個nonce 將產生正確數量的 0，這是無法預測的，因此，電腦必須嘗試不同的 nonce，直到它們碰上正確值。這就像中樂透彩一般，完全沒技巧可言；但一個人（礦工）可以種種方法來提高她中樂透彩的機會，例如購買一台專長於解比特幣數學問題的先進電腦處理器；或是購買更多彩券，亦即運行多個高效能的節點；或是把她的節點和其他人（例如辦公室裡的同事）的

節點集合起來，大家同意，若其中一個節點贏了，彩金大家平分。所以，哪一個節點勝出，純粹靠運氣、電腦處理能力，以及採礦池（mining pool）的規模。

　　雜湊率衡量比特幣網路的總處理能力，整個網路的雜湊率總和愈高，個別礦工就愈難找到正確的 nonce。當一個礦工（節點）發現了一個雜湊，其含有正確數量的 0 時，它把工作量認證廣播給網路中的所有其他節點，這是分散式電腦運算的另一大科學突破：使用工作量認證來取得網路內共識。這種嘗試取得網路內共識的問題，被稱為「拜占庭將軍問題」（Byzantine Generals' Problem）。其他礦工收到前述工作量認證後，若確認這個區塊所包含的交易有效，它們便會接受此區塊，接受的方式是：它們不再繼續做驗證這個區塊的工作了，改而聚焦於驗證下一個區塊。就如同唐的公鑰及私鑰是他獨特擁有的，每個區塊的雜湊也是獨特的，它就像一個加密的指印，使區塊上的所有交易可以獲得驗證，沒有任何兩個區塊的指印是相同的。勝出的礦工可獲得一定數量的比特幣做為獎勵（軟體本身鑄造及分配新幣），這個放進了雜湊值的區塊將被接到區塊鏈上。

　　唐的訊息被廣播後的十分鐘內，他和 Artlery 都收到了一個確認訊息：唐的比特幣交易為 Artlery 創造了「未花費的交易輸出」（unspent transaction output），Artlery 可以拿它來做相同於唐剛剛做的事——廣播一則訊息，載明送出多少數量的比特幣至哪個收款人地址，並以 Artlery 的公鑰授權這筆交易。

若藝術家及顧客們知道唐的公鑰和 Artlery 的公鑰，他們就能
看到唐和 Artlery 之間進行了這筆交易，也能看到交易量，正
因此，我們稱之為「公開帳本」：所有交易都是透明的，而且
使用假名──我們可以看到交易雙方的地址，但看不到交易人
的姓名。每一個後續區塊將進一步確證他們的這筆交易。

下一代藝術贊助人的樣貌：重新定義金錢

現在，唐擁有一件使用歐元紙鈔創作的藝術品權益的某個
比例，當這件實體藝術品出售時，這位藝術家、展售場、唐、
所有其他的虛擬贊助人，全都根據他們的參與程度分得部分銷
售所得。換言之，贊助人的參與程度很重要，那些和這位藝術
家及這件作品互動、在社群網路上分享他們對此作品的賞析、
激發其他人對這位藝術家及其作品感興趣的積極贊助人，基本
上就是幫助推銷這位藝術家的品牌，他們分到的銷售所得將多
於那些只在線上觀看此作品一次、並購買了部分權益的消極贊
助人分到的銷售所得。我們不知道在本書中撰寫這些，是否能
對唐的參與程度有所加分，Artlery 希望見到對藝術家及其作
品的肯定推薦，以提高作品本身的價值，因此，該平台未來在
把藝術家的作品公開上市之時，或許會將我們這樣的例子納入
考量。

Artlery 起初聚焦於每件作品的比例銷售，該平台未來將
讓贊助人可以直接購買藝術作品的所有權，也許讓所有權人可
以分享藝術品展覽權利金收入或版權授權收入。

　　Artlery 平台讓包括贊助人在內的多方直接參與流程，使他們成為權益關係人，為藝術家取得更多的關注。區塊鏈是個公開、分散式帳本，確保開放、正確且快速的交易處理流程，伴隨權益報酬支付從初次銷售擴展至轉售，以及附屬權如印刷品及商品授權收入，藝術家將不再孤單，他們將有贊助人社群在背後為他們議價及執行契約權利。

　　Artlery 以幾種方式來利用區塊鏈。首先，它和另一個比特幣新創公司 Ascribe.io 建立夥伴關係，並與該公司的應用程式介面整合，這讓它得以把藝術品的出處明細註冊於區塊鏈上，成為後設資料。其次，它把權益報酬支付表上傳，讓所有權益關係人能夠根據他們的資產持分，立即獲得報酬，並完全透明化，所有各方都看得到。它也在探討各種編入此資訊的方法，例如做為交易內的比特幣腳本（script）。Artlery 的初始目標市場是藝術品，但在其他版權產業如音樂、書籍、電影，它也有明顯的吸引力，未來，該平台將透過發行自己的應用程式介面，來瞄準這些產業。

區塊鏈上的隱私、言論自由及新聞自由

　　個人隱私、言論自由以及新聞自由，這些是一個開放、自由、繁榮社會的基本要素，一方面，人民必須能夠私下、不具名通訊，另一方面，他們必須能夠自由、安全地言論，無需擔心後果。線上審查、大型機構與民間社會遭駭，愛德華・史諾登（Edward Snowden）揭露政府大規模且針對性的監聽，及

施壓廠商提供客戶資料，這些促使歷史悠久的民主國家的人民尋求匿名及加密技術，這些工具能讓他們隱匿自己的身分，對傳輸及儲存的訊息混編加密，只有被授權的人才能夠存取。

問題在於，加密技術要不就是個人無法合法使用，要不就是在最需要這些加密技術的國家的人民無法容易取得。技術先進國家簽署的多邊出口管制條約：瓦聖納協定（The Wassenaar Arrangement），旨在管理具有「雙重用途」的出口產品——亦即那些可被用於良善用途、亦可被用於邪惡用途的出口產品，其原始目的是要避免高科技產品落入北韓、利比亞、伊朗、伊拉克之類的獨裁者手中，匿名與加密技術，例如公鑰架構，也被視為具有善惡雙重用途。

現今在一些國家，例如俄羅斯及中國，個人及企業（包括在當地營運的外國公司）必須取得授權，才能使用這些技術。在可以自由使用這些技術的國家，政府（就連歐巴馬政府也在內）要求科技公司設立「後門渠道」——繞過正常驗證程序（例如登入密碼或其他安全碼）的祕密管道，在未獲用戶授權或察覺之下，遠端存取其電腦和資料。這比當年的「老大哥」（Big Brother）更為陰險，因為至少人人都知道「老大哥」在監視著我們，[31] 而這些科技公司卻不能告訴用戶它們設了後門。想當然爾，駭客也找到並使用了這些後門。

聯合國人權事務高級專員辦公室特別報告員大衛‧凱伊（David Kaye），在一份言論自由權調查報告中指出：「加密與匿名通訊可能令執法與反恐官員感到頭痛，於是，他們搞複雜

的監聽，但是，美國政府當局通常並未指明——連為了可能的保密需要，而僅存的一般性說明都沒有——什麼狀況必須有所限制，以達成正當性目的。」[32] 他還說，執法及反恐機構貶低了優良的舊式偵察工作與嚇阻措施，包括跨國合作。[33]

毫不意外，在維護政治與個人權利——即隱私權，以及言論、集會與新聞自由，包容其他信仰、移民、政治難民、同性戀者等方面的全球排名中，俄羅斯排名第 114，中國排名第 160，倒數第 2。[34] 美國排名第 28，看來，她並不是民主自由的象徵，不知你作何感想。

在言論與新聞自由度較低的國家，未獲得法院下令之下就封鎖網站，已經是司空見慣之事，許多審查員知道如何穿越人們用以防堵審查的網路軟體。[35] 根據無國界記者組織（Reporters Without Borders），自蒲亭（Vladimir Putin）於 2012 年第三度當選俄羅斯總統後，該國的言論與資訊自由度降低，遭封鎖的網站也愈來愈多，維基百科網站也在被封鎖之列。[36] 中國非常擅長針對性資料封鎖，審查性搜尋微博上與香港「佔中」民主運動，及天安門示威事件二十五週年有關的語詞，它也封鎖了近 90％ 的 Google 服務。在這些國家，當人們在網路上張貼的內容被政府視為有問題時，被逮捕入獄的情形也很常見。2015 年 7 月，中國股市崩盤後，當局逮捕上百名使用社群媒體散播謠言者，理由是這些人散播謠言，「導致恐慌，誤導大眾，致使股市或社會混亂失序。」[37]

那些想壓制人民的聲音、使用網際網路之類技術來使異議

人士禁聲，及封鎖外面媒體的政府將會發現，區塊鏈技術明顯更難對付，原因有幾個。第一，人民與記者可以使用公開金鑰基礎結構（PKI），對資訊加密及隱匿他們的身分，避開審查及網路攻擊。第二，若政府阻撓優秀且誠實的新聞從業者取得資金，新聞工作者可以在區塊鏈上募集資金，撒下更廣的網，訴諸贊同他們理念的投資人，尤其是偏好保持匿名的投資人。第三，政府無法摧毀或更改記錄於區塊鏈上的資訊，因此，我們可以用它來讓政府及其他權力機構為它們的行動當責。

以新聞工作者在區塊鏈上進行群眾募資為例，若我們讓新聞工作者，擺脫被政府控管的媒體身上之財務桎梏，他們就能自由地報導政治，同時又能讓捐款人保有匿名。中國的資深新聞工作者可以嘗試分散對等式群眾募資平台，例如 Koinify、Lighthouse 或 Swarm，這些平台使用 PKI 來保護寄件人與收件人身分，其保護作用優於只使用網際網路的系統。免費行動應用程式 GetGems 是另一個很棒的區塊鏈工具，它讓用戶在高度隱私保護下收發即時訊息，或以簡訊收發比特幣。用戶也可以安全地傳送各種檔案，GetGems 的功能就像私人電子郵件，而非只是簡訊服務系統。[38] 這類應用程式只是開端，未來的發展可能性無限。

另一種解決方案是一種分散式平台，供記者在永遠不能更改的獨特帳本上撰寫新聞報導，例如德州的新創公司 Factom 在開發中國家推出的平台，記者可以購買條目信用（entry credit）——在 Factom 的帳本上記錄條目的權利。跟比特幣帳

本一樣，任何人看到的帳本內容相同，任何人都可以對已經記
錄於帳本上的條目增加內容，但條目內容一旦記錄之後，就沒
有人可以更改。Factom 有一個揭露架構做為反審查機制，舉
例而言，在中國的伺服器無法因為一則條目的內容，而阻止它
被記錄於 Factom 平台的帳本上，只要記者在檔案內容中附加
一個條目信用，這些內容就會被記錄於帳本上。政府可以辨識
哪些條目具有冒犯性質，但無法像中國政府對待維基百科那
樣，刪除或封鎖它們。若某個法院下令對此帳本的內容做出改
變，法院人員只能在此帳本上增加一則遵照法院下令內容的新
條目，但所有歷史紀錄將續留於帳本上供所有人閱讀。[39]

　　第三種解決方案，是不流經中央伺服器的分散對等式微網
誌（microblogging）。BitPay 執行長史提芬・佩爾說明如何改
造推特或臉書，讓用戶可以控管他們自己的資料：「不同於由
單一一家公司（例如臉書）控管一個資料庫，我們可以讓許多
家公司連結於一個共同的資料庫（區塊鏈），各自打造自己的
獨特用戶體驗，這些公司可能會請你或要求你和它們分享一些
資訊，讓它們可以利用這些資訊來賺錢，但身為用戶的你完全
控管你和這些公司分享的資訊。」[40]駭客暨巴西里約熱內盧天
主教大學研究工程師米格爾・弗雷塔斯（Miguel Freitas）在
2013 年開發出感覺及功能仿自推特的 Twister 微網誌平台，使
用免費的比特幣執行軟體和 BitTorrent 協定，部署端對端加
密，使得政府無法監視用戶的通訊。[41]

宣傳數位貨幣技術重要性：
教育的重要角色

從比爾‧蓋茲（Bill Gates）與史帝夫‧賈伯斯（Steve Jobs），到推特共同創辦人比茲‧史東（Biz Stone）與臉書創辦人馬克‧祖克柏，許多非常成功的創業者從大學輟學，在數位經濟中創造新東西，伊藤穰一（Joichi Ito）也在這精英群之列。[42] 誠如伊藤所言，我們的創業文化特徵是，為了追求一個構想，深入探索與了解其精細，夢想家走出教室，進入商場。沒有大學文憑的亨利‧福特（Henry Ford）與華特‧迪士尼（Walt Disney）追求他們熱情所在，創建了偉大的事業。麻省理工學院選擇讓伊藤擔任其媒體實驗室的主任，也是這類不尋常的現象之一。

伊藤穰一執掌麻省理工學院媒體實驗室的時機很理想，「早在接掌媒體實驗室之前，數位貨幣就是我很感興趣的一個東西……在 DigiCash 創立與發展的 1990 年代，我運作了非常早期的數位貨幣測試伺服器之一，我最早的著作之一是用日文撰寫的《數位現金》（*Digital Cash*），和一位任職日本銀行的人合著的。所以，這是我長久以來感興趣的一個領域，遠在我做的很多其他東西之前。」[43]

伊藤接掌媒體實驗室時，一些學者涉獵了和他們的核心研究領域相關的比特幣層面，如共識模型、密碼學、資訊安全、分散式系統、經濟學，但沒有教授專門專注於這些東西。麻省

理工學院的學生推動了 MIT 比特幣計畫（MIT Bitcoin Project），發給每位大學部學生價值 100 美元的比特幣，但伊藤沒見到任何一位麻省理工學院的學者，做有關於比特幣的基礎研究。

伊藤穰一有著相似於伊莫珍・希普的急迫感，認為應該宣傳數位貨幣技術的發展性與重要性，建立團隊，研究與應付相關的法律、技術及創意挑戰。區塊鏈技術的發展速度比網際網路技術還要快，但沒有多少來自學術界的參與，而比特幣協定的核心發展者還在聲譽受創復原期：比特幣基金會（Bitcoin Foundation）瀕臨破產，該基金會董事馬克・卡佩里斯（Mark Karpeles）因為透過他執掌的比特幣交易所 Mt. Gox 詐欺貪汙而在日本遭到逮捕。伊藤穰一快速行動，在媒體實驗室推出數位貨幣計畫（Digital Currency Initiative, DCI），聘請前白宮顧問布萊恩・弗德（Brian Forde）擔任計畫主持人。他引進三位比特幣核心發展人物加入 DCI，為他們提供安定及資源，讓他們能夠專心於編寫程式工作。

伊藤穰一認為，建立一個對支持比特幣感興趣的大學學術圈，是很重要的事，他正在致力於做這件事。他說：「我們正在設立相關課程，嘗試建立研究，但我們目前仍然處於很早期階段；我們才剛取得支持這些方案的核心資金，並且才剛開始嘗試激發教授及學生對這個領域的興趣。」伊藤穰一期望媒體實驗室能夠更廣泛地改造高等教育，使得像他這樣的人不致輟學，能夠看出媒體實驗室這類多樣化機構的價值。這是一個帶

領學術界邁向未來的機會。[44]

對於應該在哪裡對學生施以區塊鏈的教育，區塊鏈理論家暨學者梅蘭妮・史旺的看法更獨特，她認為，施以這方面教育的適當地點並不是傳統的大學，而是在區塊鏈上。她說：「區塊鏈上的所有做法是完全革命性的新東西，這麼新的東西，不適合在學術圈做學術性思考。」舉例而言，傳統上，學者把研究報告投寄到學術期刊，等上六到十八個月，才能得知被刊登抑或被拒，這太慢了，研究區塊鏈的學者可以像中本聰那樣，立即張貼研究報告，讓有限數量的同儕即時觀看與評論，建立必要信譽後，再針對更大的讀者群發表。評論者可以對張貼的文章投票，決定其排名，就像電子布告欄 Reddit 的用戶，對該平台上的貼文進行投票一樣，這樣，學者就可以得知哪些研究報告被重視。初步的研究報告甚至可以免費提供，但其他科學家可以向作者訂閱更深入的分析或相關討論。學者可以提供其原始資料，或是以智能合約模式，和其他科學家分享。若某位學者發表的研究報告產生了商機，她可以事先保護自己的權益，把出資贊助研究者，以及他們可能對此研究發現主張什麼權利都納入考量。

史旺是區塊鏈研究所創辦人，她說：「現在已經開始有支援學習這些技術的教育基礎設施了，各種聯誼、使用者團體、及黑客松都非常有助益；每一家策略和會計顧問公司現在都有區塊鏈實務團隊，還有區塊鏈大學（Blockchain University）。」[45]史旺本身在奇點大學（Singularity University）教導一個區塊鏈

研習營。

　　史旺談到她期望的教育制度是，大學生可以成為她所謂的「教育的侍酒師」（educational sommelier），選修他們感興趣或需要的技巧課程，並且取得學分，也許是磨課師（MOOCs，massive open online courses 的縮寫，大規模開放式線上課程）模式。她說：「磨課師的好處是自主式教育，所以，我可以透過 Coursera，選修史丹佛大學兼任教授吳恩達的頂尖機器學習課程，也可以選修麻省理工學院的其他頂尖課程。」學生可以在世上任何地方安排及購買自己的發展課程，並獲得認證，史旺解釋：「就像我去參加 GRE 或 GMAT 或 LSAT 測驗，我現身並出示我的身分證，在當地即可確認我的身分，讓我參加考試，這種在當地確認身分的機制，可以很容易地成為磨課師的基礎設施的一部分。」

　　史旺正在研究如何在區塊鏈上做磨課師認證，以及處理學生貸款債務的問題，區塊鏈為朝向此目標提供三項要素：(1) 值得信賴的事實證明機制，可確認註冊 Coursera 課程的學生確實完成課程，參加測驗，熟稔教材；(2) 支付機制；(3) 智能合約，可供架構學習計畫。就拿知識的智能合約來說吧，史旺表示：「我們何不針對個人的知識發展提供財務援助呢？就像對開發中國家窮人提供微型創業貸款的平台 Kiva 那樣，但改變成對個人的知識發展提供財務援助。」但不同的是，一切將會非常透明化，且參與者將當責。捐款人可以資助個別小孩，指定學習目標，根據學習成果來付錢，史旺說：「比如說，我

想資助肯亞的一位學童的知識發展計畫，這個小孩每週必須提出證明已經完成一個閱讀單元，也許可以自動化透過一個線上測驗，由區塊鏈確認這個孩子的身分，記錄其學習進展，然後才把下一週的贊助款項撥入這孩子的『學習智能錢包』，讓這孩子能夠繼續付錢給學校而不受干涉。資助一個女孩的教育款項不能被轉用於她哥哥的學費。」[46]

區塊鏈上文化與你

在一個世代期間歷經了兩次世界大戰後，全球領袖認知到，政治與經濟協定無法、也絕不可能維持長久的世界和平，那些條件會改變，有時是頻繁地改變，有時是顯著地改變。和平必須根基於更深厚、更普世的東西，必須根基於社會的共同道德價值觀與智識上的自由。1945 年，三十幾個國家集會，形成一個教育組織，塑造和平的文化，這個組織名為聯合國教科文組織（UN Education, Scientific, and Cultural Organization, UNESCO），現在，這個組織的使命是：「創造有助於促進各文明國家、文化、民族之間對話的環境。」[47]

透過區塊鏈技術的透鏡，音樂人、藝術家、新聞工作者及教育家，看到了一個新世界的輪廓，這個世界將能夠保護、珍惜、並公平地酬勞他們的付出，我們所有人都應該重視這點。我們是一個靠著創意、而非靠著本能而生存的物種，當創意產業得以繁榮時，當創作者本身能夠維生時，我們全都會受益。再者，創意產業是我們的經濟的前導者，它們比近乎任何其他

產業更快地顯示，生產者與消費者將如何在彼此的生活中，採
行、調適一項技術。音樂人向來率先利用創新以造福許多其他
人，但在這麼做的同時，他們往往犧牲了自己的權益。這些人
貢獻於我們的社會，激勵我們，每一個企業主管、政府官員，
以及其他組織的領導人，都應該向他們學習有關於數位時代的
新紀元。

第三部

前景與危險
Promise and Peril

第 10 章
克服阻礙：十大推行面挑戰

　　列夫・特雷門（Lev Sergeyevich Termen，一般常使用他移民美國後的姓名 Léon Theremin）是位有天賦的音樂家，但他偏好玩物理。生於 1896 年的特雷門出身俄國貴族，後來加入布爾什維克推翻俄國專制政體行列。他早年的工作任務之一是創造一種可以衡量電導率及各種氣體容量的器材，他試過充氣燈、高頻率振盪器，甚至試過催眠術。[1] 振盪器的效用很好，因此，他的上司鼓勵他尋求振盪器的其他應用，有兩項應用變成傳奇，其中較異想天開的應用是使用兩件金屬，兩件金屬之間沒有任何東西，造型就像沒有玻璃燈具的一座檯燈。特雷門發現，若他在這空間中注入氣體，他可以衡量這氣體的電性，他還想出了聰明的設計：用耳機代替刻度盤，這樣，他就能用聲音取代讀數來監測氣體產生的訊號音調。這是超前那個年代的設計，就像電影《回到未來》（*Back to the Future*）裡愛默・布朗博士（Dr. Emmett Brown）的車庫裡的那些怪玩意兒。

　　TED 演講迷及科技史學生已熟知這故事的結果：特雷門偶然發現一種以稀薄空氣製造出音樂的方法，每當他把手靠近

這兩件金屬時，訊號音調就會改變，他發現，他可以用手的姿勢與動作來操縱音調。他把他的這器材稱為「etherphone」，也就是現在所謂的「特雷門」（theremin），以他的英語姓氏命名。另一項應用則是這儀器的較大規模版本，可以考驗感應半徑數公尺內的動作。這是第一部動作感應器——以太（ether）的哨兵。特雷門在克里姆林宮展示這兩種儀器，恣情地為列寧同志演奏他的 etherphone，列寧欣喜之餘，立刻把這動作偵測器用於看守蘇維埃儲藏的黃金，任何人若越過這些黃金四周的電磁線，這偵測器就會發出只有接收端聽得到的警報聲；老大哥突然間有了電子眼。

這個故事的啟示很簡單：特雷門的儀器為世界帶來光明與黑暗。在一場主題名為「我們的電子同志」（Our Comrade the Electron）的尖刻演講中，前雅虎工程師暨創業家馬西吉・賽格洛斯基（Maciej Ceglowski）指出特雷門的所有發明的兩個主題：一旦它們讓虛無的東西具有形體後，就立即被黑暗勢力奪用。列寧甚至在他的宣傳言論中納入電力，說共產主義等同於蘇維埃力量加上國家的電氣化。[2] 但是，史達林把特雷門及其同儕抓起來，送去科力馬古拉格集中營（Kolyma gulag），強迫他們為專制政權發明竊聽器等監控器材。

我們也聽聞比特幣被用於各式各樣的誇張行徑，跟所有革命性技術一樣，比特幣區塊鏈也有其好處與害處。我們在前面各章探討了這技術的許多前景，本章將探討此技術的十大阻礙——其問題與危險性，若這其中牽扯到技術複雜性，請讀者

見諒，我們認為，過於簡化這些問題是輕率之舉，我們需要一定程度的詳細以求清晰明確。

在讀完本章後，你可能會把這些區塊鏈創新者拋諸腦後，因為他們面臨嚴重障礙。但我們鼓勵你思考，這些障礙構成「區塊鏈是糟糕技術概念」的理由嗎？抑或是「有待克服的推行面挑戰」？我們認為是後者，我們期望創新者把這些挑戰，視為我們邁向網際網路第二紀元時，必須用創意去解決的重要問題。我們對每一項挑戰提出一些解方，在本書最後一章，我們將對如何確保區塊鏈前景的實現，提出我們的想法。

一、技術尚未臻備，未能廣泛運用

截至本書撰寫之際，多數人對比特幣與加密貨幣僅有模糊、概略的了解，很少人聽過區塊鏈這項技術，本書的讀者算是是少數前瞻思維者。比特幣令多數人聯想到老鼠會與自助洗錢店，或是一種價值經濟高速公路的快易通收費系統（E-ZPass），不論哪一種聯想，都因此有人認為，區塊鏈技術基礎設施還未臻備，未能廣泛運用。

這項挑戰具有多層面，第一個層面是，套用科幻小說作家威廉・吉布森（William Gibson）的話：未來已經到來，只是其**基礎設施（infrastucture）**分布還不均。希臘經濟於 2015年崩潰，就算該國民眾當時已經知道比特幣，他們仍然難以在雅典找到一個比特幣的交易所或自動櫃員機，他們無法把手上的德拉馬克（希臘貨幣）轉換成比特幣，以避開法定貨幣重貶

的危險。電腦科學家尼克‧薩博（Nick Szabo）及資安專家安德里亞斯‧安東諾普洛斯都認為，基礎設施很重要，不能在大難臨頭時才應急啟動。安東諾普洛斯說，當年爆發危機時，希臘沒有區塊鏈基礎建設，也沒有足夠的比特幣流動性，可供全國人口把陷入重貶的法定貨幣轉移成比特幣。

另一方面，比特幣區塊鏈本身也尚未臻備，不敷當時希臘所用。這是第二個層面：欠缺如此大規模使用之下所需的安全性控管。安東諾普洛斯說：「這系統缺乏可以處理上千萬人的**交易容量（transactional capacity）**，這麼大的交易量，幾乎是一夜之間使用者人數增加為十倍。還記得美國線上（AOL）在網際網路上，灌入 230 萬個電子郵件帳戶時的情形嗎？我們很快就發現，網際網路在過濾垃圾郵件和網路禮儀方面都還未做好準備，無法消化 230 萬個欠缺網路文化的新手，這對一項還未成熟的技術來說不是好事。」[3] 區塊鏈技術還未充分成熟，容易發生容量問題、系統失敗、意外錯誤，或許，最有害的是，可能導致技術不嫻熟的使用者對其大大失望，對於一項尚未臻備的技術來說，當然不希望發生這些問題。

這跟此項挑戰的第三個層面有關，這個層面是，此技術目前對一般人而言具有**難以親近性（inaccessibility）**。截至目前為止，這項技術欠缺足夠的荷包支持，許多介面對使用者不友善，必須高度忍受文數字碼和技客術語。大多數的比特幣地址是由 26 到 35 個字母及數字排列成的一組字串，開頭第一個字是 1 或 3，輸入整組字串相當累人，誠如比特幣投資人泰勒‧

溫克沃斯所言：「上 Google 網站時，你不用輸入一大串數字，不需要輸入 IP 位址，你只需輸入一個你很容易記得的名字，一個字。比特幣也應採行相同原則，而且，比特幣地址不該讓一般使用者覺得難以記憶。諸如此類的小事將造成影響。」[4]也就是說，在基本的使用者介面與體驗方面，明顯有待改進。

批評者也擔心長期的**流動性不足**（**illiquidity**），因為比特幣的數量有限（在 2140 年之前，只有 2,100 萬枚），且挖掘速度愈來愈慢。這是一種規則式貨幣政策，旨在預防比特幣發生常見於許多法定貨幣的現象——多變與權衡性貨幣政策往往引發通膨。中本聰寫道：「它較像一種貴金屬，不同於一般法定貨幣透過改變供給來保持穩定的幣值，比特幣的供給量是預先訂定的，其價值會改變。隨著使用者數量成長，比特幣的價值也跟著提高；這可能帶來正向循環，吸引更多的使用者利用這增長的價值。」[5]

倘若有人遺失了比特幣錢包，或是收到比特幣的人遺失了他們的私鑰，儲存在這些錢包裡的比特幣將再也找不回來，它們會一直長眠於區塊鏈裡，因此，實際上流通的比特幣將少於 2,100 萬枚。早期的採用者傾向緊抱著比特幣，就如同持有黃金一般，期望其價值將在長期的未來升高，因此，他們把比特幣視為一種資產，而非交易媒介。根據經濟理論學家的觀點，低通膨或無通膨將使比特幣的持有者儲藏、而非花用它們。儘管如此，若有更多被信賴的比特幣交易，促進消費者收付比特幣，交易頻率及量就能增加。若有更多商家接受比特幣做為支

付媒介，那些緊抱比特幣者，或許就會開始使用他們儲藏的比特幣來購買東西，釋出更多的比特幣。若商家開始發行以比特幣結算的禮物卡，應該就會有更多人接觸加密貨幣，對使用比特幣的交易感到更安心。如此一來，理論上人們儲藏比特幣的理由將變少。比特幣協定的倡護者認為，由於比特幣可以分割至小數點後第八位〔比特幣的最小單位是聰（Satoshi），1 聰是 0.00000001 比特幣〕，若比特幣的需求增加，比特幣的價值就會提高，最小單位比特幣的購買力便提高。也可以改變協定，讓比特幣分割成更小單位，例如一枚比特幣的兆分之一，使比特幣縱使被許多人長期儲藏持有，仍然保持著流通性。

第五個層面是**漫長等待時間（high latency）**：比特幣區塊鏈網路的交易結算與交割流程大約得花十分鐘，這比多數支付系統的端對端處理速度遠快得多，但問題不在於銷售點上的交易結算，而是這十分鐘的時間對於物聯網來說太長了，因為物聯網裝置必須能夠持續互動，無法等待這麼長的時間。比特幣核心開發者加文‧安德烈森（Gavin Andresen）說，為上兆個相互連結的裝置解決問題，這個設計領域不同於比特幣技術領域，在物聯網的領域，低等待時間更為重要，詐欺舞弊反而不成問題，因為交易的各方可以在不涉及比特幣網路之下，建立一個大家可接受的信任度。以金融交易來說，以一個特定價格取得一筆資產，時間點是至要關鍵，十分鐘的等待時間太長了，等待時間將使交易者曝險於時間點導向的套利交易弱點，例如市場時序攻擊（market timing attack）。[6] 創業者解決此問

題的方法是，從比特幣碼分支（forking）出來，修改原始碼的一些參數，推出一種以新幣取代比特幣的新區塊鏈來吸引參與者。萊特幣（Litecoin）就是一種頗受歡迎的另類加密貨幣，它的結算與交割處理時間只需兩分半。此外，瑞波（Ripple）和以太坊（Ethereum）這兩間公司也完全改造區塊鏈平台，使結算與交割的處理時間縮減為幾十秒鐘。

　　第六個層面，是比網路禮儀更為深層的**行為改變**（**behavioral change**）。現今，許多人仰賴他們往來的銀行或信用卡公司，當他們在帳戶交易上出錯時、忘記密碼時，或是遺失錢包皮夾或支票本時，他們甚至直接和銀行或信用卡公司的服務人員直接洽談。有銀行帳戶的人，大多沒有使用隨身碟或第二種器材來建立帳戶備份的習慣，也沒有安全儲存密碼於別處的習慣。當他們忘了密碼時，他們仰賴服務供應商提供的密碼重設功能。若他們把備份存放在別處，當他們的住家發生火災而損失了電腦和所有其他家當時，他們就不致失去這些錢財。沒有這種紀律，無異於把錢存放在床墊下。在獲得更多自由——更好的隱私、更堅實的安全性、擺脫第三方成本結構與系統失敗之束縛而來的自主性——的同時，人們本身也必須承擔更多的責任，對於那些不信任自己持有私鑰安全備份的人來說，第三方儲存服務供應商可以為他們提供備份服務。

　　第七個層面是**社會改變**（**societal change**）。錢仍然是代表社會重視的東西的一種社會建構物，它是社會的內生物，顯現於人與人之間的關係中，會隨著人們需求的變化而有所調整。

《金融時報》記者伊莎貝拉‧卡明斯卡說：「你無法把錢從社會中剔除，很多這類新技術協定試圖建立一種專制主義、非常物化的制度，這麼做根本不能反映這個世界。」她以歐元制度為例，解釋一套協定無法適用於所有國家。[7]卡明斯卡贊同安東諾普洛斯的論點，人們需要社會的寬恕與忘卻，才能繼續往前進，她說：「財金界有個悠久傳統，那就是徹底抹去過往紀錄，因為我們的社會認為，因為人們在十年前或十五年前所做的事而去為難或歧視他們，這是不對的行為，所以，我們才會有債務大赦之類的心態，因為我們認為應該給予人們另一次機會。建立一個永不寬恕與忘卻的制度，這有點反社會。」[8]

這就引領出第八個層面：在交易紀錄不可改變、智能合約無法取消的世界，**欠缺法律救濟機制（lack of legal recourse）**。法學家普莉瑪維拉‧迪菲利普（Primavera De Filippi）及艾倫‧萊特（Aaron Wright）指出：「人們固然可以自由決定他們想要遵循的一套規則，但是，在做出選擇後，他們就無法擺脫這些規則，區塊鏈技術的程式會自動執行智能合約，完全不理會涉事方的意願。」[9]這種交易或智能合約結果的高度數學確定性，在社會中是空前的，它提供了更高的效率，並且有效消除不履行風險，因為我們不能選擇違約，不能選擇損害。但是，這種高度確定性也有其不利的一面，它讓人們沒有轉圜空間，華盛頓與李大學法學院教授喬許‧費爾菲德（Josh Fairfield）指出，這意謂著：「更多的麻煩，而非麻煩變少。我們將會看到更多的紛爭，例如，有人會說：『你實際上並未改造我的住

屋，把我付的錢還給我。』我們將會看到更多的人際紛爭，但更多的人際紛爭並不意謂這是個不好的技術。」[10]

　　但是，人們真的會把對方告上法院嗎？迪菲利普估計，在類比世界，80％的違約事件並未被強制執行，因為訴諸法院的成本太高了，訴訟費用太高了。所以，在區塊鏈世界，這數字又怎麼可能改善呢？當程式顯示，合約確實已被執行，一方並未違約，只不過是另一方對執行結果不滿意罷了，不滿意的一方會真的告上法院嗎？法院會受理嗎？資源無法和企業法務團隊抗衡的智能合約個人方，大概會不戰而退吧，甚至，他恐怕連匿名的對方是誰都無法辨識出來，根本無法訴諸法院吧？

二、能源耗用量過大

　　在目前比特幣區塊鏈的初生時期，本書第 2 章敘述的工作量認證（proof-of-work）方法，是建立人們的信任度的一個重要機制，多年後回顧時，我們將會欣賞這種機制的高明，從挖礦及分配新掘出的比特幣，到驗證及防止重複支付，這些機制相當非凡。但是，批評加密貨幣使用工作量認證來維持網路安全性及使用假名制的人說，這種機制也相當難以支撐。

　　雜湊法（hashing）透過安全雜湊演算法 256（SHA-256），來運算待驗證交易的流程，需要耗費大量電力。在區塊鏈生態圈，一些人使用在這個圈子已經變得很普遍的粗略簡報推算法（back-of-the-envelope calculation）。據估計，區塊鏈網路的能源耗用量，低則相近於七百個一般美國住家的用電量，高則相

近於賽普勒斯島的能源用量。[11] 這相當於超過 44.09 億度電力，[12] 創造出怪獸哥吉拉般大的碳足跡，這源於其技術設計，為了區塊鏈網路安全性及保持節點誠正性而設計的結果。

《新共和》（*The New Republic*）雜誌在 2015 年初報導，比特幣網路的總處理能力，比世界頂尖五百部超級電腦的總產出大上幾百倍，「為處理及保護總價值超過 30 億美元的流通比特幣，每年需要使用超過 1 億美元的電力，其間產生了等值的碳排放量。」這篇文章的作者納生・施奈德（Nathan Schneider）寫出了存在我們心頭已久的憂慮：「所有這些電腦運算力，原本可以用於治療癌症或探索星球，但卻一直被這些只處理比特幣之類交易、其他啥事都不做的機器占用著。」[13]

身為關心地球的公民，我們全都應該關切。關於比特幣區塊鏈網路的能源耗用，有兩個問題，其一是用以運轉這些機器所需使用的電力，其二是用以使這些機器冷卻而不致當機所需使用的能源。這裡提供一個粗略估計原則：一部電腦每耗用 1 美元電力，就需要再花 50 美分的能源來冷卻它。[14] 加州的嚴重乾旱已經引發人們嚴重關切，質疑使用珍貴的水來冷卻資料中心及比特幣挖礦作業。

伴隨比特幣價值的升高，挖掘新比特幣的競賽也加劇；更多的電腦運算力投入於挖礦，礦工需要解決的電腦運算問題也變得愈趨困難。雜湊率是可茲衡量比特幣網路總運算處理力的一個指標，加文・安德烈森解釋：「設若某個區塊鏈上有數百萬筆交易，平均每筆交易費為 1 元，每個區塊鏈上的礦工將可

獲得數百萬元收入，他們做這工作所花用的電力費用比這收入稍低一點，這就是工作量認證機制的經濟效益，這其實是比特幣的價格，一個區塊鏈的報酬大小，左右了這個區塊鏈上的雜湊工作量。」[15] 過去兩年，雜湊率顯著提高，在不到一年間提高了四十五倍，整個趨勢是朝向使用更多的能源。

　　工業用無線感應網路費樂盟的執行長艾力克・詹寧斯說：「沒有中央控管的代價就是這能源成本。」[16] 但這只是其中一面的論點。能源就是這樣，比特幣網路的能源耗用量，可以拿來和穩固法定貨幣所耗費的成本相較。BitPay 執行長史提芬・佩爾說：「所有形式的貨幣都和能源有關。」他再度拿金原子來比較：「世上的金原子之所以稀有，係因為金原子的形成需要極大的能量。」黃金因其物理性質而顯珍貴，而這些物理性質源於能量，佩爾說，人造金將需要核融合。[17]

　　從另一個角度來說，所有這些電力的耗用是有其道理的。數位貨幣交易平台 ShapeShift 的創辦人艾力克・沃希斯（Erik Voorhees）說，批評比特幣挖礦是浪費能源，這並不公平：「這些電力的耗用有其目的，是為了對這些支付提供安全牢固的服務。」他敦促批評者把這些能源的耗用，拿來和現行金融體系的能源用量相較，想想那些如同地下碉堡的大金庫，有著宏偉希臘式建築外觀的金融大樓，暖氣通風空調系統把冷氣注入燈火通明的大廳，各家銀行競相在各地設立分行與自動櫃員機。沃希斯說：「下次，你看到布林克保全公司（Brink's）的保全車排放黑煙時，把它拿來和比特幣網路耗用的電力相較，你就

會明白，到底誰比較糟糕，難有定論。」[18]

　　和能源有關的第二個問題是電腦結構本身。在與演進速度較慢的系統的回溯相容性（backward compatibility）方面，你的筆記型電腦或個人電腦可能是一種複雜指令集電腦（complex instruction set computer, CISC），能夠跑一般人永遠不會使用到的種種數學應用程式。當工程師們認知到他們設計的性能遠超出市場所需時，他們便設計出精簡指令集電腦（reduced insturction set computer, RISC），你的行動裝置可能是一種進階RISC 機器（advanced RISC machine, ARM）。比特幣礦工發現，他們也可以利用他們的圖形處理器（GPU）來提高處理速度，因為現在的圖形處理器在每片晶片上有數千個運算核心元，很適合用於可平行執行的運算，例如比特幣挖礦作業中的雜湊法。這麼做當然涉及一些消長，而且，機器的能源耗用變得稍加複雜些，但大致來說，圖形處理器能夠執行此工作。[19]

　　本書作者唐・泰普史考特的弟弟、曾任某家銀行資訊長的鮑伯・泰普史考特（Bob Tapscott）說：「若我能夠設計出一種超快速、能夠以低電力、甚至無需電力即可大規模平行執行巨量程式，那我就能發大財了。」[20]區塊鏈技術基礎設施供應商BitFury Group 就在做這件事：使用節能的特殊應用積體電路（application specific integrated circuit, ASIC）來打造大規模平行比特幣解決方案，專門用於比特幣挖礦工作。該公司創辦人瓦勒里・瓦維洛夫（Valery Vavilov）認為，機器和挖礦作業將會持續改進，變得更節能、更環保。這有部分得仰賴遷移至氣

候較冷、能源較便宜、最好是使用再生能源（例如水力發電或地熱）的地區，讓大自然處理機器冷卻，或是製造商可以想出有效率地集熱造能的方法。舉例而言，BitFury Group 有兩個資料中心，一個設在冰島，一個設在喬治亞共和國，還計劃在北美增設資料中心，該公司也收購專長於浸漬冷卻技術的香港新創公司聯治科技（Allied Control）。[21]BitFury 訴諸實際行動，致力於降低比特幣基礎設備造成的環境生態影響。

　　不過，就算有這些降低比特幣挖礦作業碳足跡的行動，這些持續升級的器材的使用量與汰換速度仍然快速成長，那些以挖掘比特幣為業的礦工，必須持續把他們的器材系統升級和專業化，多數挖礦器材的使用壽命僅僅三到六個月。[22]鮑伯·泰普史考特把 BitFury 之類的公司，比作淘金熱年代的育空區（Yukon）小店，靠著銷售愈來愈好的鏟子給挖礦者而致富。[23]一位比特幣礦工在 eBay 網站上販售他從 Cointerra 公司買來的 TerraMiner IV 比特幣挖礦機，這挖礦機裡的 ASIC 晶片太耗電了，他家的電力系統負荷不了，他在拍賣說明中寫道：「我要賣出三台，因為我的住家老舊，電力線路未達標準，我不想讓我家發生火災。」他的拍賣起標價是 5,000 美元。[24]基礎設備供應商（例如澳洲的 MRI）現在使用新的資源回收利用方法，不同於以往的全部報廢做法，它們拆解所有這些電腦元件，再加以處理利用，其中被再利用的貴金屬，最高可達原產品重量的 98％。[25]遺憾的是，硬體的資源回收利用技術，目前尚未普及於多數消費者。

　　比特幣核心開發者關切的，是正當且值得的解決方案，加文·安德烈森說：「若比特幣真的成為一種全球性團隊網路，我想，我們將必須漸漸擺脫以工作量認證，做為唯一安全驗證機制的模式，長期而言，我們可能不再使用工作量認證來維護網路安全性，而是把它和別的東西結合起來。」[26]

　　這是幾種替代鏈（altchain）正在做的事：探索別種共識運算法，例如權益認證（proof of stake），以做為驗證機制，維護網路安全性，同時又能保持分散式。比特幣協定的開放原始碼性質，使得尋求別種驗證機制的工作在技術上更容易做到。分散式共識演算法的目的，是把區塊鏈的運作機制決定權下放給分散的各群使用者，以太坊創始人維塔力克·布特林指出，只有三群穩固的分散式使用者群，每一個使用者群相應於一套共識演算法：其一，電腦運算力的擁有者（owners of computing power），他們使用標準的工作量認證演算法；其二，權益所有人（stakeholders），他們使用各種錢包軟體裡的權益認證演算法；其三，社群網路成員（members of a social network），他們使用「聯邦形式」的共識演算法。[27] 請注意到，這三個使用者群及他們的共識機制當中，只有一個含有「power」這字眼。以太坊 2.0 版將採行權益認證模式，Ripple平台使用聯邦模式，有一個小的控管組織，就像環球銀行金融電信協會（SWIFT），確保銀行及其他金融同業者之間傳訊安全性；參與 Ripple 平台者對區塊鏈運作機制達成共識。[28]

　　這些替代鏈系統不像比特幣區塊鏈那麼耗電。BitTorrent

協定的編寫者布拉姆・科恩（Bram Cohen）推出了第四種解決能源浪費的途徑，他稱之為「磁碟認證」（proof of disk），由磁碟儲存空間的擁有人（那些把一部分電腦記憶體用來維持一個網路和執行網路功能的人）定義符合經濟效益的使用者。對於這些取代工作量認證的另類驗證機制，區塊鏈科技公司 Blockstream 的共同創辦人奧斯汀・希爾（Austin Hill）審慎看待，他反對使用別種維護安全性的共識演算法：「對你的工作量認證演算法進行實驗，這是很危險的事，這是電腦科學的一個新領域。」[29] 再者，試圖創新別種驗證演算法時，創新工作還必須考量另一個層面：演算法開發者不僅必須擔心新性能本身是否可行，還必須考量所選擇的共識演算法，要如何使安全性及分散程度達到最適的經濟效益組合。

　　總的來說，「有志者事竟成」這諺語還是適用的，世上最聰穎的技術人員，正致力於為能源問題想出創意解方，尋求設計出更節能的器材，以及使用再生能源。再者，伴隨電腦持續不斷地變得更聰明，它們必定會提供自己的解方。比特幣天使投資人、綽號「比特幣耶穌」的羅傑・維爾（Roger Ver）說：「設若最聰明的人類的智商接近 200，想像智商高達 250、500、5,000 或 500 萬的人工智慧，只要我們人類想要，就一定會有解方。」[30]

三、政府將會阻礙或曲解它

　　中本聰對自由意志主義者和無政府主義者寫道：「你們將

不會在密碼學裡，找到政治問題的解答。」[31] 他們必須往別處去尋找對抗大政府的萬靈丹。中本聰把他的實驗視為獲得一個新的自由領域，而非一種全面性的劇變。政府雖成功斬首中央控管型的點對點服務網路如 Napster，但純粹的點對點網路如 BitTorrent 卻得以持續，那麼，比特幣區塊鏈網路能夠對抗強大的中央政府嗎？

這或許是最大的未知數。世界各地的立法者、監管當局及司法審判者，將如何對待區塊鏈技術呢？法學教授喬許・費爾菲德說：「法庭將會犯錯，它們已經開始犯錯了，把智慧財產權法規套用於任何無形的東西上，它們以為，物質性是虛擬資產和智慧財產之間的分界線，實則不然，區塊鏈技術不涉及智慧財產元素，比特幣中沒有任何一個部分是智慧財產，沒有版權的創意火花，沒有可申請專利的概念，沒有專利，沒有商標。」[32]BitPay 執行長史提芬・佩爾說：「比特幣面臨的最大潛在威脅是，它受到太高度的管制，然後，出現了另一個更私密、更匿名化的競爭者，所有人都轉向這新出現的技術。」[33] 比特幣政策智庫 Coin Center 的執行總監傑利・布里托（Jerry Brito）說，可以確定的一點是：「不論是什麼政策議題，若你不了解這技術，不了解它的牽連性，你一定會失敗。若你不了解它，你可能會推出將傷害此技術的發展的法規與政策。我們希望你了解自己在做什麼。」[34]

因此，政府面臨的挑戰艱巨，它們必須監管無法預料之事。一方面，它們必須避免對最糟情事——例如人口販運、違

禁藥品交易、軍火走私、兒童色情、恐怖主義、逃稅、偽造等——做出過度反應，因而阻礙了這技術的創新活動。另一方面，他們必須避免曲解尚未獲得證明的新應用——例如以區塊鏈技術為基礎的身分識別管理平台，因而限制公民自由。必須用穩健的方法來處理監管、立法及國際條約的協商談判，以降低管制不確定性，讓投資者能繼續支持此技術的全球發展。

在比特幣的使用方面，一些管轄當局的做法已經造成了影響。一些政府已經禁用比特幣，或是禁止公營銀行交易它，中國就是一個例子，布里托說：「以典型的中國模式來說，它並不是非法的東西，但大家都知道，它可能在任何時候突然就變成不合法。」[35] 目前，中國准許高度專業挖礦群的發展，在比特幣協定的升級辯論中，那些礦池已經具有相當的影響力，但是，若中國當局突然全面禁止比特幣挖礦，將對區塊鏈網路的安全性造成怎樣的影響呢？也有一些其他的管轄當局對比特幣做出狹隘定義，例如美國國稅局把比特幣視為一種資產，對其增值部分課稅。

法律架構也很重要，法學家迪菲利普及萊特認為目前的法律架構，無法應付全球規模性質智慧型產權引發的問題及疑慮。智能合約定義及管理所有權，它們的程式並未對所有權的轉讓做出任何假設，程式不能任意沒收、出售或轉移這些所有權，舉例而言，如果在土地的註冊流程中，政府官員把一批土地的所有權，讓予某個非這批土地的合法擁有者，此人將取得這批土地的絕對主權，而合法所有權人將無法改變政府的這個

讓予決定。

　　喬許・費爾菲德對法律課題有更深入的疑慮，他指出：
「普通法並非在影響科技法，普通法**就是**科技法，普通法是把
人類體系調適於科技變化的一種流程……真正的挑戰，在於我
們該如何快速且適當地調整那些適用於舊科技的舊法規。」使
我們在開始使用它們時能夠辨識出它們，在新技術盛行起來
時，有最先進的法規可茲使用。[36]

　　最後，身分這項課題也很重要，至少，我們該思考如何在
區塊鏈上建立身分。安德里亞斯・安東諾普洛斯說：「人們對
於身分有著非常簡單的觀點，我其實非常擔心數位身分的牽連
性，因為我認為人們將抄近路……若我們把身分轉移至觀點非
常僵化、不容改變的數位世界，我們將得出一個可怕、法西斯
主義般的建構物。」[37]

　　把嚴格程式化的人格版本，和嚴格程式化的社會版本結合
起來，將得出科幻小說和阿諾・史瓦辛格電影中的東西。法學
家迪菲利普及萊特想像：「自我執行的合約，高牆圍住的庭院
或信託體系，由一個先進的分散式分權化組織網路控管，這網
路規定人們可以或不可以做什麼，沒有任何的憲法上的保障或
約束。」換言之，就是一個機器驅動主導的極權政體。

　　人工智慧專家史蒂夫・奧姆亨卓（Steve Omohundro）向
我們提出「獨裁者的學習曲線」（dictator's learning curve）一詞，
或者，想像在太空時代科技中，穴居人將變成什麼模樣。想想
看，所有人工智慧實驗室裡那些全球最聰慧的博士們，使用舉

世最強大的電腦，他們可以複製修改比特幣程式，或是撰寫一份智能合約，掌控遞送包裹的無人飛機，委託保管比特幣，直到包裹送達的那一刻。假若博士們把這套軟體公布於網際網路上做為開放原始碼，因為他們就是採用這種做法來推進並分享他們的創新；但這麼一來，伊斯蘭國組織就不需要人工智慧實驗室了，也不再需要一支軟體開發團隊了，它只需把那個包裹換成一顆手榴彈就行了。這就是獨裁者的學習曲線，這條學習曲線一點也不陡峭，亦即快速得很。但是，我們不能因此而怪罪這程式或分享文化。問題未必在於我們拿這程式來做什麼，問題可能出在我們並不了解我們拿它來做什麼，在一個無摩擦的世界裡，這是始料未及的後果。

四、舊典範的強大在位者將奪取它

　　我們對第一代網際網路的許多憂慮已經成真，強大的企業在其龐大的私營帝國中利用此技術，攫取龐大價值，它們圈住機會，把我們的數位體驗變成它們的牟利生財之道。我們得在企業的專營店購買及使用新的手機、平板裝置及智慧型手錶的應用程式；搜尋引擎及企業的行銷部門，用廣告來干擾我們的閱聽內容。大公司提倡與助長消費者透明化，但它們對它們本身的活動、計畫、技術架構及資訊資產，卻是隱密得很。固然有一些公司主動地更為開放，但許多公司只是在告發及調查性報導之下，被迫與被動地揭露，但相比於它們隱匿營運及資訊的行動，這些揭露可說是小巫見大巫了。

一言以蔽之,它們並不是大眾信託的良好管理者。

銀行業就是一例,《金融時報》記者卡明斯卡說:「銀行向來是守密者。」她解釋,銀行在可以取得私人資訊之下,判斷可以借款給誰及如何處理還款,它們藉由承諾保密來取得這些私人資訊。它們保有的祕密愈多,資訊不對稱性愈高,它們的優勢愈大,但那些優勢具有有害的系統性牽連。[38] 所以,該如何防止大企業或強大的民族國家掌控區塊鏈技術,以牟取它們本身的狹隘私利? BitPay 執行長佩爾說:「任何共識機制都可能受到行銷的左右──強大的利益團體砸錢試圖說服人們做特定的事。」[39]

當然,我們並不是建議大企業及政府別去插手區塊鏈技術,畢竟,這技術已經成為可以促成新能力的一個重要全球資源,再者,社會需要政府為人民與企業提供服務,以創造就業及財富。但是,這不同於掌控及利用一項破壞性創新技術及其贈禮,但在此同時卻限制社會取得此技術帶來的更大福祉。

我們也可以看看核心開發者和區塊鏈公司,如何預期及快速反應最糟糕的情境,採取行動以維護他們的網路。舉例而言,2014 年,MintPal 交易所被盜走 800 萬維理幣(VeriCoin,以權益認證做為驗證機制的加密貨幣),事件發生幾天內,維理幣開發者發布新程式,從維理幣區塊鏈分支(forking),修改回被駭之前(也就是把時間回溯還原至被駭之前,硬要回這筆被盜的維理幣),並和其他交易所通力合作,確保修改後的區塊鏈被採納。[40] 同理,區塊鏈安卓系統錢包產品總監基奧

尼‧羅德里格斯（Keonne Rodriguez）說：「若有錢有勢者試圖奪取及掌控比特幣區塊鏈網路，礦工們也會藉由訴諸真實版本的比特幣，推出分支修改版本，以阻撓前者。」[41]

要如何防止中國將國內握有的所有資產及礦池，瞄準比特幣區塊鏈發動 51％攻擊，或是至少攪亂比特幣區塊鏈流程？假設，某個富有的暴君認為，比特幣跟之前的網際網路一樣，變得影響力太大而動搖了他的權力，這暴君可以掌控他轄下的所有挖礦力，並向那些仍然容忍其壞行為的國家購買挖礦力，使他超過了掌控 50％雜湊率的門檻。這麼一來，他就能決定哪些交易被納入區塊鏈，哪些不可納入。在掌控超過 50％雜湊率之下，他也可以決定是否要分支修改原程式，並推出一些禁令，例如把和賭博或自由言論有關的地址列入黑名單。那麼，那些誠正的節點會接受這種中央控管的分支，抑或他們會再分支至另一種新版本的程式呢？萊特幣協會（Litecoin Association）總監安德魯‧維吉特博（Andrew Vegetabile）說，這種情境之下，無處可逃，因為這暴君掌控了 51％的網路，而且，這個暴君未必是一個政府，他也可能是舉世最富有的人之一，或是一家非常有錢、購買力強大的公司的一位高階主管。[42]

第三種情境是，在位者將捍衛它們的地盤，進行遊說以確保針對既有企業的現行法規，也套用於小型新創公司，並控訴任何逃過監管的新創公司。這種興訟而不創新的策略或許可為在位者買到一些時間，以理出一個策略；或者也可能只是耗盡在位者握有的實質價值。想想舊有系統（legacy systems）和行

動慣性（active inertia）這兩個雙胞胎的肆虐，學者也早已提
出有關鎖定成本及轉換成本的研究分析，並指出合併後面臨的
系統整合挑戰，那些已經對既有基礎做出巨大技術投資的組
織，較可能投入更多錢於舊系統，磨利它們的刀子來對抗槍
戰，而不是對區塊鏈進行策略性實驗。

五、誘因不足以吸引分散式大規模協作

礦工有誘因去維持比特幣的基礎建設，因為若比特幣網路
失敗了，他們透過挖礦賺得的（或可以賺得的）所有尚未轉換
的比特幣，將損失或失去價值，或是蒙受高風險。在深入探索
誘因之前，我們必須確切了解礦工提供的服務：他們提供的服
務並不是交易驗證，每一個成熟的節點都能自行驗證交易；礦
工提供的服務其實是保持力量的分散化，什麼力量呢？決定每
個區塊鏈納入哪些交易的力量、鑄造貨幣的力量，以及對真相
投票的力量。

你想成為比特幣礦工嗎？

在我們的研究工作中，邀請到了鮑伯・泰普史考特
提供協助，於 2015 年初下載整個比特幣區塊鏈堆疊
（stack）及帳本。他是管理顧問，曾任銀行資訊長，也是
唐・泰普史考特的弟弟。這項實驗有助於了解業餘挖礦
工作所需花費的時間、心力，以及報酬的有無。

為了這項工作，鮑伯把他的一部四線程、雙核心 Windows 個人電腦貢獻出來，下載工作花了整整三天，平均使用了這部電腦的 20％可用處理能力。挖礦工作使用的記憶體約大於 200 MB，以及 10％的中央處理器（CPU），以保持狀態即時更新。

雖然，鮑伯的這部電腦稱不上最適用於挖掘比特幣，他仍然讓它進入一個礦池進行挖礦工作。在 137 小時內，它挖掘出 152.8 微比特幣（microbitcoin, μBTC），當時的價值約合 3.5 美分。但是，以每一度電力 10 美分價格來計算，鮑伯的電腦在這 137 小時內使用了約 14 美分的電力。鮑伯的結論是：「使用你的個人電腦來挖掘比特幣的時代已經過去了。」

所以，對原始比特幣協定做出設計修改時，不論是升級，或是建立一種替代幣，都必須牢記一點：必須有適當、足夠的經濟誘因以保持礦工分權化，使網路能夠用大筆的比特幣來換取礦工提供的優良價值。比特幣核心開發者彼得・陶德（Peter Todd），把這工作比擬為設計一台能夠在雜貨店購買牛奶的機器人：「若這機器人沒有一個鼻子，那麼，過不了多久，雜貨店店家就會發現，它無法分辨牛奶壞了或沒壞，你將被店家訛詐，付錢買到一堆壞了的牛奶。」[43] 在陶德看來，這意謂著，數量較少且分散於世界各地的礦工，可和數量較多並集中於一

地的礦工（例如在冰島或中國的礦池）相競爭，而勢均力敵。

　　問題在於這有沒有可能做到。由於被挖掘出的比特幣數量每四年減半，當挖礦的報酬降低至零時，會發生什麼情形呢？挖礦景氣取決於比特幣的市價，市價下跌時，一些比特幣礦工就會停下他們的器具，但仍然繼續玩樂透，直到價格回升；但其他礦工沒財力可以停下來玩，他們要不就是維修他們的挖礦器具，要不就是把這些器具的處理能力，轉用於另一種可能更賺錢的替代幣。但在此同時，仍然有其他人加入礦池，把他們的運算力與節點結合起來，期望藉此提高挖掘到比特幣的機會，至少獲得的一些報酬，聊勝於無。BitFury 的創辦人瓦勒里・瓦維洛夫估計，到了 2016 年年底，他的挖礦作業將至少有 200 百萬瓦的能力。

　　另一個解答是收取手續費。中本聰寫道：「將會有交易費，讓挖礦節點有經濟誘因去盡可能接受及納入更多的交易。當挖掘出的總幣量達到原始造幣數量的上限時，節點最終將只靠交易費收入。」[44] 所以，當全部比特幣被挖掘出來後，將可能會出現收費架構，例如數十億筆的極微費用（nanopayment）。由於每個區塊的容量上限固定，一個礦工能夠在一個區塊中納入的交易量有上限，因此，礦工將會先納入收費最高的交易，讓那些低收費

零收費的交易，去爭取可能的剩餘空間。若你的交易支付的交易費夠多，你可以期望某個礦工將把它放入下一個區塊；但是，若網路繁忙，你付的交易費太低，可能得經過兩個或更多的區塊之後，礦工才會把你的交易記錄到區塊鏈上。

　　這對於那些現在負擔不起費用的人來說，有何含義呢？收取交易費，不會降低區塊鏈相對於傳統支付方法的優勢嗎？創投家帕斯卡‧布維爾（Pascal Bouvier）說：「費用反映驗證一筆交易的邊際成本。」在區塊的挖礦報酬持續每四年減半之下，若沒有交易費做為對礦工的經濟誘因，雜湊率可能降低；雜湊率降低時，網路的安全性就會降低。[45]

　　這將可能導致發生 51％ 攻擊的問題，一個巨大的礦池或幾個大礦池聯合而成的卡特爾（cartel），將掌控 51％ 的雜湊率，在握有如此大的火力之下，它們可以構成多數礦工投票，劫持區塊的生成，在比特幣網路上強迫接受它們的真相版本。它們未必因此致富，它們能做的是，去逆轉它們本身在前一個區塊裡的交易，就好像信用卡的退款一般。比如說，攻擊者向同一個商家購買一個高價物品，等到它出貨後，攻擊這個網路，取回他們已支付的錢。這不是指攻擊者在區塊鏈末端加入一個新區塊，而是指回去把內含他們的所有購買交易的那個區

塊，以及所有後續區塊重做－儘管在此同時，這個網路仍然繼續生成新區塊。當這個卡特爾的分支變得更長時，它就會變成一個新的、有效力的網路。中本聰打賭，要做到這點，需花費的成本遠遠大於挖掘新幣的成本。

對採用工作量認證（PoW）模式發動的 51％攻擊，源於挖礦力（亦即電腦運算力）的高度集中；對採用權益認證（PoS）模式發動的攻擊，則是源於貨幣掌控的高度集中，貨幣交易所通常是最大的權益持有人。在一些管轄區，交易所必須取得牌照並接受監管，它們也有信譽風險，因此，它們有多重誘因，去保護它們的品牌價值及轉換錢包內的貨幣價值。但是，在更多貨幣流通、價值波動性更大、更多策略性資產註冊於 PoW 及 PoS 區塊鏈之下，攻擊者可能不在乎任何的這些成本。

六、區塊鏈會導致就業機會減少

在瑞士達沃斯舉行的 2015 年世界經濟論壇年會上，微軟、臉書及沃達豐（Vodafone）等科技公司高階主管組成的專題小組，討論科技對就業市場的影響，大家一致認為，科技創新雖可能對勞動市場造成暫時性衝擊，但總的來說，科技創新創造新的、漸增的就業機會。Google 的董事會執行主席艾力克‧施密特（Eric Schmidt）說：「有何理由認為這回的情形將

有所不同呢？」

　　自動化取代人力，並不是新鮮事。網際網路對旅行社及音樂零售店組成衝擊；Uber 及 Airbnb 為有餘暇的司機和有多餘房間的屋主創造收入，但兩家公司都未提供健保或其他員工福利，兩家公司都在交通和旅宿業排擠掉待遇更佳的工作。

　　區塊鏈是罕見的徹底自動化平台，執行工作、管理資產及人員的是電腦程式，不是人。當無人駕駛車取代 Uber 司機時，怎麼辦？或者，當數位貨幣導致西聯匯款在世界各地的五十萬個銷售點消失時，[46] 或是當一個金融服務區塊鏈平台導致數萬個會計與 IT 系統管理工作消失時，怎麼辦？雖然，物聯網將會創造出許多新事業及就業機會，它會不會也導致更多的失業，尤其是在程序相對例行化、技能水準較低的勞動市場？

　　在開發中國家，區塊鏈及加密貨幣可讓創業者募集資本、保護資產與智慧財產，甚至在最貧窮的社區創造就業機會，數億人將可成為新企業的微型股東，參與經濟交流。區塊鏈技術可大舉改善援助遞送與調度，提高政府的透明度，減少貪腐，建立良好政府的環境，在世界許多地區，這是創造就業的先決條件。

　　甚至，在已開發國家，區塊鏈技術對就業的影響性也不見得必然是負面的。一個能夠降低交易成本──尤其是降低建立信賴商務與創造財富成本的全球性平台，可能會產生更多的參與者。

　　縱使區塊鏈技術使我們以更少的人力資源做更多事，我們

仍然沒有道理去害怕、延遲，或制止它的前進。說到底，重要的不是新能力存在與否，而是社會用新能力來造福社會的程度。若機器能夠創造非常多的財富，我們或許應該用新的社會契約來重新定義人力工作，以及我們所有人應該花多少時間在工作謀生上頭。

七、協定的治理工作猶如放牧貓群

我們該如何管理這新資源，以實現它的潛力？不同於網際網路，比特幣社群還沒有正式的監管組織，沒有像網際網路名稱與號碼指配機構（Internet Corporation for Assigned Names and Numbers, ICANN）、網際網路工程任務小組（Internet Engineering Task Force, IETF）或全球資訊網協會（World Wide Web Consortium）之類的組織，去預期發展需求、指導決議，而且，比特幣社群偏好這種無監管組織狀態，但是，這代表了不確定性。那些想要區塊鏈保持分權化、開放且安全的人，無法對前進之路達成一致意見，若我們不解決治理課題，派系之爭可能導致區塊鏈技術的發展自行瓦解崩潰。

治理課題非常多。比特幣核心開發者加文・安德烈森及麥克・赫恩（Mike Hearn）倡議把區塊資料容量，從 1 MB 擴增到 20 MB，安德烈森說：「比特幣不是一個讓有錢人來來回回交易的代幣……它是一種支付網路。」[47] 他們認為，若比特幣想要競爭而成為一種全球性支付機制，就必須為有朝一日成為主流採用幣做好準備，不能等到有一天交易量突然超出區塊鏈

的負荷容量時，整個系統掛掉。在容量不足之下，對於那些不想等待數月、數年，才完成區塊鏈上交易結清的人來說，交易費用可能會高到咋舌。或者，為了保護消費者權益，並處理超過負荷的交易量，可能會有中央當權者涉入。2015 年 8 月，安德烈森等人發布替代比特幣核心軟體的 Bitcoin XT 軟體，這是比特幣區塊鏈的分支，讓區塊容量可達 8 MB，但這折衷解方仍然具有爭議性。

　　反對者認為，不應該讓人們使用比特幣去星巴克買特大杯拿鐵。安德烈森說：「一些開發者希望這世上的每個人跑一個完整驗證、監視每一筆交易，絕對不要信任其他人的節點，過去幾年實際參與軟體開發的自願貢獻者擔心，若交易量大增，他們可能無法獨自處理較大的區塊……我並不太同情這個。」[48]換言之，若比特幣區塊鏈想擴大規模，又保持安全，我們不能魚與熊掌兼得，必須讓一些節點負責執行完整的協定，把更多的交易處理到愈來愈大的區塊上，而其他節點將執行簡化的支付驗證模式，信賴 51％ 的完整節點會把其他事情做好。

　　反對 Bitcoin XT 的最大阻力來自中國的礦池。跟狂熱的線上遊戲玩家一樣，認真的比特幣礦工不僅需要非常強大的電腦，以找到正確的雜湊；也需要非常高速的頻寬，以在網路上快速廣播。中國是「尼爾森的網際網路頻寬定律」（Nielsen's Law of Internet Bandwidth）的例外：在中國，高階用戶的網路頻寬並沒有每年成長 50％。因此，若區塊容量增加得太大，將使低頻寬的中國礦工處於劣勢，無法與世界其他地區的礦工

抗衡。網路頻寬較小的中國礦工將等候更長的時間，才能收到可以使用的新區塊，找到新的區塊之後，他們又得花更長的時間把它傳送到網路的其他地方，這些延遲最終將導致網路拒絕他們的一些區塊，中國礦工將輸給頻寬較大、區塊傳播較快的礦工。

奧斯汀・希爾說：「想要啟動或修改一個網路協定，是相當艱巨的工作，對於一個管理的財富資產規模從 3 美元至百億美元不等的生態系，你不能做出很特別或非常快速的改變。」[49]安德烈森說，最終，「治理模式將主要取決於人們實際上想使用什麼程式，想在他們銷售的設備上實行什麼標準。」他說，跟網際網路一樣，比特幣將「有一個相似的混亂治理過程，最終歸結於人們選擇使用的程式。」[50]

再次強調，我們談的不是管制，而是管理這個資源，使其能夠生存發展與成功。治理包括：訂定標準；倡導及採納合理的政策；發展有關於這項技術的潛力的知識；執行監督工作；實際建立全球基礎建設。我們將在下一章探討一種多方利益關係者共同治理模式。

八、分散的自主代理機制將形成天網 *

一些高度分散式事業具有良好行為者和不良行為者，舉例

---

* 天網（Skynet）一詞取自電影《魔鬼終結者》（*The Terminator*），原為美國政府發展出的自動化國防防禦與攻擊系統，但後來產生自主智能與意識後，判斷人類威脅它的存在，反過來對付及毀滅人類。

而言，匿名者組織（Anonymous）是一個分散於世界各地、由自願者組成的團體，成員包括集體破壞份子、告密者、監督者等等。在區塊鏈上，匿名者組織可以眾包比特幣，把這些資金放在一個錢包裡，設若有一群法國的股東想把這筆錢，提供給一些刺客，去追查並殺掉發動巴黎恐攻的恐怖份子，他們將需要數千個簽名人以達成共識，釋出這筆錢。在此情境中，誰合法控管這些錢？誰為這筆交易的結果負責？若你是萬分之一的投票贊成人，你的法律責任是什麼？[51]

若自動販賣機被程式設定為訂購最賺錢的產品，它們會不會找上非法商品或毒品的供應商呢？（嘿，糖果自動販賣機有賣搖頭丸呢！）當一部無人駕駛車意外撞死一個人時，法律該如何處理？兩名駭客向《連線》（Wired）雜誌示範，如何劫持高速公路上一輛 Jeep Cherokee 休旅車的控制系統，克萊斯勒（Chrysler）對此做出反應，召回 140 萬輛車，並對駕駛人、製造商及政策制定者發出警訊。[52] 恐怖份子能找到方法駭入智慧型裝置，操控它們執行造成毀滅性後果的行動嗎？

分散式組織模式還帶來其他的挑戰。社會如何管理這類組織呢？所有權人如何保有他們的基本掌控權？我們如何防止無人企業被敵意接管？舉例來說，我們擁有一家分散式網頁寄存服務公司，網路內的每一台伺服器都可以對公司的管理投票表決，一個駭客或一種惡意軟體可以偽裝成 100 萬台伺服器，以高投票數壓倒網路內合法的伺服器。當這類敵意接管發生於傳統公司時，結果好壞不一；但發生於分散式自主企業，結果將

極可能是災難。惡意者一旦掌控了這個分散式網頁寄存服務公司，它可以賣掉這公司，或是從其他伺服器中釋出私人資料或挾持這些資料，直到資料所有權人付出贖金。

　　機器有智慧且有學習能力的話，它們會多快變成有自主意志呢？舉例而言，軍方的無人飛機與機器人會決定去攻擊老百姓嗎？人工智慧的研究人員指出，數年後（非數十年後），這種武器即可實現。包括史蒂芬‧霍金（Stephen Hawking）、伊隆‧馬斯克（Elon Musk）及史帝夫‧沃茲尼亞克（Steve Wozniak）在內的一群科學家與研究人員，在 2015 年 7 月發表一封公開信，呼籲禁止發展人類無法控管的自主性攻擊武器。[53]

　　被廣視為「網際網路之父」的文頓‧瑟夫（Vint Cerf）在一次接受媒體訪談時，對物聯網做出預測時說：「我想像中的夢魘新聞標題是『10 萬台冰箱攻擊美國銀行』。」對於物聯網的未來發展，瑟夫說：「我們不僅得認真思考根本的安全性與隱私技術，也必須思考如何大規模地架構與更新種種器材。」他指出，沒人想把整個週末的時間，花在對每件家用設備與器材輸入 IP 位址。[54]

　　我們並不建議對監管分散式自主企業及物聯網，設立廣泛的管理規章或是進行管制性審核，但我們建議經理人及發展應用程式的創業者，必須辨察可能對大眾造成的重大影響——包括任何潛在的好、壞、中性影響，據以修改原始碼與設計。我們認為，他們應該諮詢那些可能受到他們的創造物影響的人，把事前風險降至最低，辨識別的前進路徑，並取得支持。

九、老大哥仍然在監視你

　　基奧尼・羅德里格斯說：「將會有很多單位企圖控管區塊鏈網路，大公司及政府將致力於解開隱私，國家安全局一定會積極分析流經區塊鏈的資料。」甚至，他們現在已經在這麼做了。[55] 區塊鏈雖確保一定程度的匿名性，但也提供一定程度的開放性；若以往行為可茲暗示未來意圖，那麼，我們應該可以預期，那些以刺探聞名的公司和以發動網路戰聞名的國家，將會加倍重施故技，因為區塊鏈上涉及了龐大價值——錢、專利、礦權、土地及國家寶藏所有權等等，彷彿我們把一個大而醒目的靶心放在網際網路上。好消息是，人人都能看到鬼把戲，有些人可能會有高度動機去揭露刺探行為，因為他們在預測市場上，下注打賭某個政權攻擊區塊鏈的可能性。

　　當實體世界開始蒐集、傳播及分析永遠尾隨個人的無限量資料時，隱私將會變得如何？前雅虎工程師暨創業家馬西吉・賽格洛斯基在 2014 年的網路科技研討會 Webstock 上，責罵 Google 收購智慧型居家設備製造商 Nest Labs 一事，Nest Labs 開發出用感應裝置蒐集住家房間資料的智慧型恆溫器，這智慧型恆溫器原本並未訂定隱私政策，它可以把顧客住家內的資料回報給 Google，甚至可以像個惡室友般吃掉剩下來的披薩呢。[56] 社群媒體追蹤我們的行蹤，並且時時用個人化行銷訊息轟炸我們，這些行為已經使我們許多人很感冒了；在區塊鏈上，我們將更能控管這類行為，但我們有夠高的警戒度，去管

理我們日常的「媒體飲食」（media diet）狀況嗎？

這些隱私方面的挑戰全都不是什麼重大阻礙，賽格洛斯基說：「好消息是，這只是一個設計問題！我們可以建造一個分散式、有韌性、令各地政府感冒、自由意識最佳的網際網路。」就如同我們在1990年代時渴望的那種網際網路。隱私與大數據研究中心（Privacy and Big Data Institute）的安‧卡沃基安（Ann Cavoukian）提出七個設計原則，她說，這些設計原則「對企業有益，對政府有益，對大眾有益。」第一個原則最為重要：把保護隱私設為預設值。拒絕採信「隱私與安全性互為消長」的錯誤二分法；每一種IT系統、每一個企業實務，以及所有基礎設施都應該具有完善的功能設計。組織領導人必須預防、而非被動應付違反行為，保持所有作業的透明化，並讓他們的組織接受獨立檢驗。品牌必須藉由尊重用戶隱私、以用戶需求為設計核心考量的作為來贏得人們的信賴，並確保用戶資料的端對端安全性，把不再需要的用戶資料摧毀。她說：「這是一種雙贏的提案，揚棄零和，擁抱正和。」[57]

賽格洛斯基說：「但這需要努力與決心。這意謂的是，必須丟棄大規模監控的事業模式，這種模式有害。這也意謂，必須穿透現有的法律系統鞏膜，推動新立法。過程中，將無可避免地出現一些騷動、痛苦，但若我們不設計這種網際網路，只是繼續在既有的網際網路上打造，遲早會引來非凡、有遠見的人現身，我們將不會喜歡他們，但這無關緊要。」[58]

十、犯罪者將使用它

　　比特幣問世的早期，反對者往往譴責它是一種被拿來洗錢或購買非法商品的工具。批評者說，由於這是一種分散式、如閃電般快速、點對點的技術，犯罪者將會利用它。你大概聽過以販售毒品為大宗的黑市購物網站絲路（Silk Road），在 2013 年 10 月的高峰期，該網站上有 13,756 項商品以比特幣訂價，它用郵寄方式遞送商品，並提供指南，教你如何避開當局的檢查。美國聯邦調查局查封關閉此網站時，比特幣的價格重跌，外界把數位貨幣和犯罪劃上等號，那是比特幣最黑暗的一刻。

　　但是，比特幣或區塊鏈技術並無任何獨特之處，使得它比其他技術更有助於犯罪者。有關當局大致上相信，數位貨幣可以幫助執法，例如提供可疑活動的紀錄，甚至可能幫助解決從金融服務到物聯網等平台上的許多網路犯罪。《未來的犯罪》（*Future Crimes*）一書作者馬克・古德曼（Marc Goodman）最近在受訪時說：「從未有一套電腦系統被證明為無法被駭入。」[59] 犯罪機會隨著科技進步而增加，他在書中寫道：「一個人可以影響許多人的能力正呈現指數型擴增，這種能力的擴增可能有益，也可能有害。」[60] 所以，這跟技術本身無關，想傷害其他人類的犯罪者，會利用任何最新的科技去遂行。

　　不過，比特幣與區塊鏈技術可以遏制犯罪用途。首先，縱使是犯罪者，也必須在區塊鏈上公布他們的所有比特幣交易，因此，執法單位追蹤以比特幣支付的交易，比追蹤以現金進行

的交易更為容易,截至目前為止,現金仍然是罪犯使用的主流支付媒介。水門案中的知名諺語:「跟著錢走」就能發現壞蛋,相較於其他支付方法,這在區塊鏈上更容易做到。比特幣使用假名的特性,使愈來愈多的監管人員把比特幣封為「起訴的未來希望」(prosecution futures),因為比起使用現金,使用比特幣的交易更易於追查與調解。

美國每次發生死傷慘重的槍殺案後,選民與競選金主為全國步槍協會會員的美國國會議員,總是搶快地說:「美國的槍械暴力問題不能怪罪於槍械本身!」同理,若這些人因為一些人利用區塊鏈技術來犯罪,而怪罪或禁止區塊鏈技術,那將非常可笑。技術本身沒有行動,技術本身不會想要任何東西或是有任何傾向;錢也是一種技術,當某人搶劫一家銀行時,我們不會把搶劫案怪罪到那些擺放在金庫裡的錢的頭上。犯罪者使用比特幣,這個事實更加突顯的是比特幣欠缺堅實的治理、管理、支持以及教育,而非比特幣本身的效能。

區塊鏈將失敗的理由抑或是執行上的挑戰?

所以,阻礙多且巨大。量子運算(quantum computing)的問世已隱約逼近,這為密碼學家帶來類似千禧危機(Y2K)的問題。量子運算結合量子力學與電腦運算理論,用遠比現今電腦更快的速度來解決問題,例如密碼的運算。史蒂夫‧奧姆亨卓說:「理論上,量子電腦可以非常快速且有效率地處理非常

大量的數字，大多數的公鑰密碼系統都以這樣的作業為基礎，因此，若量子電腦真的問世，全世界的整個密碼基礎建設都必須大舉改變。」[61] 這衍生出有關於技術創新與進步的古老辯論：這工具有益還是有害？它將會改進人類境況，抑或導致人類境況變差？誠如諷刺作家詹姆斯・布蘭奇・卡貝爾（James Branch Cabell）在其著作中所言：「樂觀者稱頌我們生活於最好的世界，悲觀者害怕這是事實。」[62]

如同列夫・特雷門的故事帶來的啟示，個人及組織可以用創新來做好事，也可以用創新來為非作歹，從電力到網際網路，許多科技都曾被應用於善惡兩面。《網路財富》（The Wealth of Networks）一書作者尤查・班科勒告訴我們：「科技並未有系統地傾向財富不均及任何就業結構，那些是社會、政治與文化爭鬥之下的產物。」科技雖然能顯著且快速地改變商業與社會，但班科勒認為：「這些改變並非按照任何先決方向而行。」[63]

整體來說，科技史之弧是正向的。想想許多食品與藥品的進步，從研發到治療與預防：科技帶來了更大的人類平等、生產力，以及社會進步。

沒有任何跡象顯示，區塊鏈將落入相同於網際網路掉入的陷阱。區塊鏈技術或許抗拒集中化與控管，但若它帶來的經濟與政治利益夠大，強大勢力將會試圖攫取與掌控它。因此，這個新分散式典範的領導者，將必須站出來主張他們的所有權，並發起一波經濟與制度創新，以確保人人有機會受惠於這技

術。這一回，讓我們實踐這承諾吧，這將引領出本書最後一章，探討實現這承諾的課題。

第 11 章
次世代的領導

　　在任何用以描述創立以太坊、年僅 21 歲、出生於俄羅斯的加拿大人維塔力克・布特林的頭銜前面，都應該加上「多產的」（prolific）這個形容詞，例如：多產的創辦人。詢問他的以太坊追隨者，他們會告訴你，以太坊是一個：「以區塊鏈技術為基礎的、任意狀態的（arbitrary-state）、具有圖靈完備性的（Turing-complete）、使用手稿程式語言的平台（scripting platform）。」[1]這個平台吸引 IBM、三星、瑞銀集團、微軟、中國汽車業巨人萬向集團，以及一大票舉世最聰穎的軟體開發者，它們全都認為以太坊可能是改變一切的「地球規模電腦」。[2]

　　當布特林向我們解釋「任意狀態、具有圖靈完備性」時，我們得以一窺他的思維。聽音樂非常不同於閱讀一本書或計算當天的收支，但你可以在你的智慧型手機上做到這三件事，因為你的智慧型手機的作業系統具有圖靈完備性。這意謂的是，它能接受任何其他具有圖靈完備性的程式語言。因此，創新者可在以太坊平台上，建造幾乎任何能想像得到的數位應用程式——執行非常不相似的工作的應用程式，從智能合約與買賣

計算資源的市場,到複雜金融工具與分散式治理模式。

　　布特林精通多種語言,能說英語、俄語、法語、廣東話(他在渡假時花兩個月學會的)、古拉丁語、古希臘語,和BASIC、C++、Pascal、Java等程式語言。[3]他也是個博學者,並且對此很謙遜。他說:「我專長於通才教育,有著種種興趣,比特幣似乎是個理想的集成;它有它的數學,它有它的電腦科學,它有它的密碼學,它有它的經濟學,它有它的政治學與社會學,它有使我馬上被吸引的社群,我覺得它非常賦能。」布特林涉獵線上論壇,尋找可以取得與擁有一些比特幣的途徑,發現一個傢伙正在創立一個比特幣部落格。布特林說:「那部落格名為《比特幣週刊》(Bitcoin Weekly),他提供5枚比特幣給為他撰稿的人,在當時,那大約價值4美元;我為那部落格撰寫了幾篇文章,賺到20枚比特幣,我用其中一半的錢買了一件T恤。這個過程令我感覺就像在用社會的基本砌磚工作。」[4]

　　但是,曾經做過這一切的這個年輕人,在五年前背棄了比特幣。布特林回憶:「約莫2011年2月時,我爹跟我提到:『你有沒聽過比特幣這東西?它是一種只存在於網際網路上的貨幣,沒有任何政府在背後撐腰。』我立刻想:『是啊,這東西沒有真實價值,它不可能行得通。』」布特林說,他跟許多青少年一樣,「花多到離譜的時間在網際網路上」,閱讀種種異端、非主流的思想。我們問他喜歡哪些經濟學家,他滔滔不絕地講出一串姓名:泰勒‧柯文(Tyler Cowen)、亞歷山大‧塔

巴羅克（Alex Tabarrok）、羅賓‧韓森（Robin Hanson）、布萊恩‧卡普蘭（Bryan Caplan）。他能談論賽局理論經濟學家湯瑪斯‧謝林（Thomas Schelling）以及行為經濟學家丹尼爾‧康納曼（Daniel Kahneman）與丹‧艾瑞利（Dan Ariely）的論述，他說：「這其實非常有用，藉由在論壇上和其他人辯論政治之類的思想，你可以自學到很多，這是非常驚奇的教育體驗。」他仍然不斷想著比特幣。

　　到了那年年底，布特林一週花十到二十小時，為另一份刊物《比特幣雜誌》（*Bitcoin Magazine*）撰寫文章。「上大學約八個月後，我發現課業占據了我的整個生活，這倒也無妨，滑鐵盧大學真的是一所好大學，我非常喜歡它的課程。我輟學絕對不是因為大學課程很無聊，應該這麼說吧：『那個有趣，但這個更有趣』，這是一生僅此一次的機會，我不想錯過這機會。」當時，他只有 17 歲。

　　布特林認知到，區塊鏈的潛在應用遠超過貨幣領域，而且，程式設計師需要一個彈性大於比特幣區塊鏈的平台，於是，他以開放原始碼計畫模式創立了以太坊。以太坊能夠在網路上提供高度開放性與高度隱私，布特林並不認為這兩者是相互牴觸、一長一消，而是「一種黑格爾式合成」──對兩者辯證，產生「自願性的透明」（volunteered transparency）。

　　和人類史上的許多技術一樣，以太坊也可能導致許多人力工作被取代，布特林認為這是許多技術問世後的自然現象，他建議一個新奇的解決方法：「在半世紀內，我們將會丟棄每天

得工作八小時才能維持生計的模式，過更像樣的生活。」[5]不過，說到區塊鏈技術，他並不堅信這技術將無可避免地導致大量工作流失，他認為，以太坊可以帶來創造價值與創業的新機會。他說：「雖然，多數技術往往以自動化，取代在周邊做卑賤工作的人，區塊鏈的自動化是去除中央的工作，區塊鏈不會讓計程車司機失去工作，而是讓 Uber 公司本身失去工作，讓計程車司機直接與顧客接洽。」區塊鏈技術消除工作飯碗的程度，不若它改變工作本身定義的程度，誰將會因為這大變動而受害呢？布特林說：「我懷疑、而且希望受害的，是那些每年比其他人多賺 50 萬美元的律師。」[6]他懂莎士比亞：「我們要做的第一件事就是宰了所有律師。」[7]

以太坊還有另一個明顯的矛盾：它極度個人主義與隱私化，但又仰賴一個大而分散的社群，開放地為共同私利而行動。事實上，以太坊的設計高度展現布特林的堅定信念——只要為個人提供適切工具，他們就會做正確的事；也高度展現了他的一個有益懷疑——他懷疑社會中強大機構與組織的動機。他雖強烈批評當代社會的問題，但明顯語帶希望：「雖然，社會存在許多不公義之事，但我愈來愈能接受這世界現在的面貌，從機會的角度去思考未來。」當他得知 3,500 美元能讓某人餘生得以對抗瘧疾，他並不悲歎來自個人、政府與企業的捐款不足，他想的是：「哇，只需 3,500 美元就能拯救一條性命？這真是很好的投資報酬！我應該馬上捐點錢。」[8]以太坊是布特林用以推動世界做出正面改變的工具，他說：「我視自己為

改進技術這個大趨勢裡的一份子，我們可以用改進的技術來改善社會。」

　　布特林是天生的領導者，用他的創意及願景來號召人們，他是首席架構師，是以太坊社群中建立共識的首腦，他號召更多對技術性東西有強烈意見的聰穎開發人員，形成一個大社群。若他成功了，會怎樣呢？

誰將領導這場革命？

　　麻省理工學院電腦科學家大衛‧克拉克（David Clark）在1992年的一場演講中說：「我們拒絕國王、總統，以及投票；我們相信粗略共識與執行程式。」[9] 這是第一代網際網路管家們奉行的箴言，這箴言發出的當時，多數人幾乎想像不到，網際網路將變成人際溝通的一種新媒介，而且，它對社會與日常生活的重要性，堪稱超越所有先前的媒介。克拉克的這句話，表達了該如何領導與治理一項全球性資源的理念，這理念徹底不同於舊模式，但卻產生了一個非常有成效的治理生態系。

　　自二次大戰結束後，由許多國家參與組成的機構，治理許多重要的全球性資源，其中兩個最有權力的組織——國際貨幣基金組織和世界貿易組織——誕生於1944年召開的布列敦森林會議（Bretton Woods Conference）。聯合國及其旗下的其他組織（例如世界衛生組織）獲得極大職權，對全球性問題的解決行使完全控制權。這些組織採行層級式組織架構設計，因為在戰後的半個世紀裡，層級式組織架構是主流典範。但是，這

些工業規模解決方案，並不合用於數位時代的挑戰，網際網路的崛起引領明顯脫離傳統的治理文化。

1992 年時，網際網路上的多數流量是電子郵件，至於讓提姆·柏納茲李（Tim Berners-Lee）得以建構出全球資訊網（WWW）的圖形瀏覽器，要在兩年後才會問世。當時，多數人並未在網際網路上連結，也不了解這項技術，許多後來現身管理這項重要全球性資源的重要機構，在當時若不是才初生不久，不然就是還不存在。處理許多網路治理層面的國際社群組織——網際網路工程任務小組（IETF），當時才 4 歲；提供基本服務（例如網域名稱）的網際網路名稱與號碼指配機構（ICANN），要六年後才會誕生；文頓·瑟夫與鮑伯·卡恩（Bob Kahn）當時正在號召人們，組成後來的網際網路協會（Internet Society）。

第二代網際網路，展現大致相同於第一代網際網路的開放精神與熱情，反層級組織架構，中本聰、艾力克·沃希斯、安德里亞斯·安東諾普洛斯、尼克·薩博、羅傑·維爾，這些人的思想全都本諸這種精神與理念。開放原始碼是一個優異的組織原則，但它本身並不是一個用以前進的做事方法；開放原始碼雖大大地改變了社會中的許多機構，我們仍然需要協調、組織與領導。維基百科與 Linux 之類的開放原始碼計畫雖奉行唯才主義原則，它們仍然分別有吉米·威爾斯（Jimmy Wales）和林納斯·托瓦茲（Linus Torvalds）這兩位仁慈獨裁者。

中本聰的功勞之一是，他藉由在技術中編寫程式融入分散

式權力、網路正直性、價值無庸置疑、利益關係人權利（包括隱私、安全性及所有權）、包容性等原則，校準與結合利益關係人的誘因。其結果是，這技術在問世早年得以生存，並發展成我們現今知道的生態系。儘管如此，這種自然放任的方法已經開始顯現緊張對立跡象，跟所有破壞性創新技術一樣，區塊鏈生態系中出現互競的論點，就連核心區塊鏈代表團也已經分裂成不同的密碼陣營，每個陣營擁護一個不同的議程。

前白宮顧問、區塊鏈技術擁護者、現任麻省理工學院媒體實驗室數位貨幣計畫（DCI）主持人布萊恩・弗德（Brian Forde）說：「看看有關於區塊容量的爭論，那些真的是在辯論區塊容量嗎？在媒體上看來，它是在辯論區塊容量，但我認為，實際上是在辯論有關於治理的議題。」[10] 這技術需要什麼模式的治理呢？更確切地說，需要什麼模式的領導呢？

事實上，著名的比特幣核心開發者麥克・赫恩（Mike Hearn），在 2015 年 1 月寫了一封道別信給比特幣區塊鏈產業，預告比特幣將死，這封信引發了相當大的騷動。信中指出這個產業面臨的一些迫切挑戰，那就是：重要的技術標準問題一直未獲得解答；社群中的輩分混亂無序。赫恩的結論是，這些挑戰將導致比特幣失敗，但我們不認同這結論。在我們看來，赫恩對比特幣缺陷的批評，其實是強而有力地論述由多方利益關係人，以透明、功績、協作等原則，來共同治理的重要性。程式只是一種工具，這項技術若想推進至下一階段，實現其長期前景，必須由人領導。我們現在需要區塊鏈網路中的所有利益

關係人集合起來，共同商討與應付一些緊急課題。

我們已經在前一章探討了區塊鏈技術面臨的一些阻礙，它們相當艱巨，但它們是這場革命邁向成功所需應付的挑戰，不是反對這場革命的理由。截至目前為止，許多課題仍未解決，許多疑問仍未獲得解答，也不見解決與解答它們的集體行動。這項技術要如何擴展規模？我們能夠在不破壞實體環境之下，擴展此技術的規模嗎？會不會有強大的勢力抑制這項技術的創新，或是吸納收編它呢？我們該如何在不回復層級組織模式之下，解決技術標準的爭議問題？

如何回答這些疑問，是我們過去兩年間的研究焦點。我們發現，我們需要的並不是由許多國家參與組成的治理機構，而是民間社會、私人部門、政府和個別利益關係人，在非國家部門網路上共同研議與合作，姑且稱它們為「全球解決方案網絡」（global solution networks, GSNs）吧。這類網絡正在增生，形成新形式的合作、社會變革，甚至產生全球公共價值。

其中最重要的現象之一是網際網路本身——由個人、民間社會組織與企業，共同策劃、協調或治理，有來自國家政府或是靜默、或是積極的支持，但沒有任何一個政府、國家、企業，或由國家參與組成的機構掌控網際網路，這是以往想像不到的治理模式。而且，這種治理模式奏效，證明了各方利益關係人可透過包容、共識及透明化，有效管理一項全球性資源。

這帶給我們明顯啟示。如此複雜的全球創新，其良好治理並不是政府單方面的工作，我們也不能把治理工作交給私人部

門，因為商業利益不足以確保這資源造福社會。我們需要全球
的所有利益關係人通力合作，提供領導。

區塊鏈生態系：
有名冊，才能知道有哪些參與者

　　區塊鏈技術雖是源起於開放原始碼社群，但它快速吸引許
多利益關係人，每一方有不同的背景、利益與動機。開發者、
企業、創投家、創業者、政府與非政府組織，全都有自己的觀
點，每一方都扮演角色。初期跡象顯示，許多核心利益關係人
已看出區塊鏈生態系需要領導，並且站了出來，下文逐一概述
每一方參與者。

區塊鏈產業先驅

　　從艾力克・沃希斯到羅傑・維爾，這個產業的先驅認為，
任何形式的治理、規範、管理或監督，不僅愚蠢，也違反比特
幣的原則。[11] 沃希斯說：「比特幣已經由數學非常妥當地規範
了，這些數學不會接受治理的指揮。」[12] 但是，伴隨這個產業
擴張，許多創業者看出，和政府進行有益的對話，聚焦於更廣
面的治理，這些是有益之事。一些公司，例如 Coinbase、
Circle 和 Gemini，已經加入貿易組織，一些公司甚至和新興的
治理機構，如麻省理工學院的數位貨幣計畫，維持密切關係。

創投家

　　一個起初為密碼學內行人士集結而成的小社群，滾雪球般地快速擴大，進入矽谷最大、最聰慧的創投公司，包括安德森賀羅維茲創投公司。現在，大型金融機構在區塊鏈產業扮演創投家，包括高盛集團、紐約證交所、威士卡組織、巴克萊銀行、瑞銀集團、德勤集團，全都直接投資於區塊鏈技術新創公司，或資助培育新創事業的育成中心。

　　退休基金也加入行列，加拿大最大的公共部門退休基金之一、掌管數百億加幣的安大略省公務員退休基金制創投公司（OMERS Ventures），在 2015 年做出對區塊鏈產業的第一筆創投，掌管這個創投基金的吉姆・奧蘭多（Jim Orlando）說，他尋找「區塊鏈領域的殺手級應用程式，如同網路瀏覽器之於網際網路的地位。」[13] 在此產業，投資爆炸性成長，2012 年時只有 200 萬美元，到了 2015 年上半年，已成長到了 5 億美元，[14]由此可見投資界對這個產業的興趣程度。矽谷知名創投家提姆・德瑞普（Tim Draper）告訴我們：「資本家低估了區塊鏈的潛力。」[15] 踴躍發聲的創投家能夠擁護這項技術，支持新興的治理建構，例如安德森賀羅維茲創投公司，資助比特幣政策智庫 Coin Center。貝利・希爾伯特（Barry Silbert）創立的創投公司數位貨幣集團（Digital Currency Group），延攬學者及其他非傳統的顧問進入其董事會，期望借助他們的專業見解，透過投資與倡議，來加速發展出一個更好的金融制度。

銀行與金融服務業

　　就我們所見，意向改變最快的莫過於銀行與金融服務業。
有很長一段期間，多數金融機構把比特幣鄙視為一種賭博者和
犯罪者使用的投機工具，連關注眼神都不屑一瞥。但現在，它
們關注並涉入了。2015 年時親眼目睹這種轉變，真是令人難
以置信，2015 年以前，少有大型金融機構宣布投資於這個產
業，而今，澳洲聯邦銀行、加拿大蒙特婁銀行（Bank of
Montreal）、法國興業銀行（Société Générale）、美國道富銀行、
加拿大帝國商業銀行（Canadian Imperial Bank of Commerce,
CIBC）、加拿大皇家銀行、多倫多道明銀行（TD Bank）、三菱
日聯金融集團、紐約梅隆銀行（BNY Mellon）、富國銀行、日
本瑞穗銀行（Mizuho Bank）、北歐銀行（Nordea Bank）、荷蘭
國際集團（ING）、裕信銀行（UniCredit）、德國商業銀行
（Commerzbank）、麥格理銀行（Macquarie），以及其他數十家
金融機構，都投資於區塊鏈技術，並參與這個領域的治理領導
討論。

　　全球規模最大的銀行大多加入 R3 聯盟（R3 Consortium），
還有更多的金融機構與 Linux 基金會合作，推動該基金會主導
的超級帳本計畫（Hyperledger Project）。在討論有關於區塊鏈
技術領域的領導時，應該讓金融機構參與，但是，其他利益關
係人必須保持警戒，慎防強大的在位金融機構試圖掌控這技
術，如同在網際網路問世早年必須慎步而行。

開發者

　　區塊鏈開發者社群對於基本的技術議題意見分歧，社群已經表達有必要做出協調與建立領導。比特幣核心開發者加文‧安德烈森身處區塊容量大小議題的爭論核心，他告訴我們，「我寧願待在引擎室，做持續讓比特幣引擎運轉的工作」，[16] 而不是把清醒的所有時間，用來倡議辯護他的主張。但是，在這個技術領域欠缺明確領導之下，安德烈森無意間成為焦點人物。他在 2015 年夏天告訴我們：「接下來六個月，我的工作將聚焦於比特幣的技術生命，確保比特幣至少繼續存在兩、三年，好讓微型支付、股票交易或財產轉移等等業務誕生。」而這將涉及很多的倡議及遊說工作。在他看來，治理網絡是個有益的起始點：「我一直在尋找模範，我找到的模範是網際網路工程任務小組（IETF）。」[17] 他說，如何治理網際網路是「混亂麻煩的事」，但 IETF 的治理模式有效且可靠。

學術界

　　已有學術機構出資贊助實驗室及研究中心，研究區塊鏈技術，並和其封閉塔外的同事合作。布萊恩‧弗德告訴我們：「我們推出數位貨幣計畫，旨在催化麻省理工學院裡的一些優異資源投入於這項技術，因為我們認為它將是未來十年間最重要的技術轉型之一。」[18] 麻省理工學院媒體實驗室主任伊藤穰一，看出讓學術界站出來的一個機會：「麻省理工學院和學術界可以成為我們對此技術做評估、做研究、在不帶偏見或特殊

利益之下，討論擴展性之類議題的地方。」[19] 前喬治梅森大學
莫卡特中心（Mercatus Center）高級研究員、現任非營利組織
比特幣政策智庫 Coin Center 執行總監傑利・布里托，是區塊
鏈技術法律相關議題的最著名發聲者之一，他說：「當必須做
出重大決策時，就必須有治理，我們需要有一個讓治理得以運
作的流程。」[20] 他建議以希波克拉底誓詞（Hippocratic Oath）
為起始點：首先，絕不傷害任何人。布里托認為，比特幣核心
開發者目前使用的由下而上模式，「現在有點不適合於處理關
於區塊容量的爭論，這種模式將很難達成任何共識。我們想幫
助發展一個論壇，培養一個自律組織。」[21] 一些頂尖大學，例
如史丹佛大學、普林斯頓大學、紐約大學、杜克大學等，現在
也開設有關區塊鏈、比特幣與加密貨幣方面的課程。[22]

政府、監管當局與執法單位

　　世界各地的政府對於區塊鏈技術的態度不一，有些政府傾
向自由放任政策，也有政府介入干預，推出新法規與監管，例
如紐約州針對虛擬貨幣產業，推出審查與發放營業執照的
BitLicense 制度。一些政府公開敵視對此技術，不過，做出這
種反應的政府愈來愈少了。同樣地，對於政府的干預，這個產
業本身的反應也分歧，有人支持新法規，有人不支持；不過，
就連那些反對政府干預的人也承認，政府熱心介入此技術治理
的辯論，總的來說是有益的。區塊鏈產業的熱烈創投家亞當・
德瑞普（Adam Draper）儘管不樂見政府干預，但他承認：「政

府的背書形成制度性背書,這是有益的。」[23] 全球各地的中央
銀行,各採取不同的行動來了解這項技術,前紐約州金融署
(NYDFS)署長班傑明·勞斯基(Benjamin Lawsky)說,健
全的監管是邁向產業成長的第一步。[24]

非政府組織

　　非政府組織與民間社會組織在 2015 年開始,對這項技術
群起關注,布萊恩·弗德主持的數位貨幣計畫雖然隸屬麻省理
工學院,我們把它歸入這類別項下。其他組織還包括布里托掌
管的智庫 Coin Cennter,以及佩莉安·博林掌管的數位商務商
會,這些組織在社群中愈來愈受到認同。

用戶

　　這指的是你我——關切身分驗證、安全性、隱私及其他權
益、此技術長期生存、公平判決,或希望有個論壇可茲辯論對
錯、打擊使用此技術為惡的犯罪者的人。用戶似乎對於這項技
術的基本分類有著分歧看法:區塊鏈指的是比特幣區塊鏈,抑
或廣義的區塊鏈技術?談到區塊鏈這個名詞時,應該使用大寫
的 B(Blockchain),抑或小寫(blockchain)?它是一種貨幣、
抑或商品、抑或技術?全都是,抑或全都不是?

區塊鏈領域的女性領導者

　　許多人大概已經觀察到,區塊鏈運動的參與者大多是男

性。在技術與工程領域，男性從業者人數仍然遠多於女性；不過，在區塊鏈領域，有不少高知名度女性公司創辦人或領導人：數位資產控股公司（Digital Asset Holdings）執行長柏莉絲・麥斯特；比特幣錢包公司 Xapo 總裁辛蒂・麥亞當（Cindy McAdam）；Case Wallet 執行長梅蘭妮・夏皮洛（Melanie Shapiro）；非營利性區塊鏈技術組織星耀發展基金會（Stellar Development Foundation）執行董事喬伊絲・金；BitPesa 創辦人暨執行長伊麗莎白・羅西洛（Elizabeth Rossiello）；比特幣密鑰解決方案供應商 Third Key Solutions 執行長潘蜜拉・摩根（Pamela Morgan）。她們當中有許多人認為，這個產業非常歡迎不論是男性或女性提出的見解。區塊鏈產業也有愈來愈多的女性創投家，前 BitGo 事業發展主管愛莉安娜・辛普森（Arianna Simpson）現在是這個領域的投資人；賈萊克・裘班普特拉（Jalak Jobanputra）的創投基金，聚焦於分散式技術新創事業。

　　在這項全球性資源的治理與管理議題方面，女性居領頭地位。哈佛法學院柏曼網際網路與社會研究中心（Berkman Center for Internet & Society）準研究員、巴黎國家科學研究中心長久常駐研究員普莉瑪維拉・迪菲利普（Primavera De Filippi），在倡護區塊鏈技術方面不遺餘力，是這個技術領域治理議題論述最清晰有力的學者之一。在區塊鏈生態系中，她扮演對話組織人、煽動者和促進者角色。在另一位區塊鏈產業大力提倡者、從律師轉業為創業家的康絲坦・蔡（Constance

Choi）的協助之下，迪菲利普在哈佛大學、麻省理工學院、史丹佛大學、倫敦、香港、雪梨舉辦了許多區塊鏈研討會，匯集產業內各方利益關係人及業外人士，共同研討重要議題。這些活動不設限制，往往集合了不同背景、派別與觀點的人士。

伊麗莎白・史塔克（Elizabeth Stark）是另一區塊鏈技術治理議題的新秀，這位耶魯大學法學院教授接下這個產業總召集人的角色，跟另一位傑出女性──麥克阿瑟獎得主、柏克萊大學電腦科學教授、網路安全專家宋曉東（Dawn Song）一樣，史塔克出身傑出學術背景，但有其他的抱負。她創立比特幣研討會 Scaling Bitcoin，2015 年在蒙特婁舉行第一次研討會，與會者包括這個產業的開發者、產業參與者、思想領袖、政府官員，以及其他利益關係人，這是區塊鏈產業的「憲法時刻」，Scaling Bitcoin 被讚譽為打開了區塊容量爭論的僵局。史塔克現在也是創業者，並與比特幣閃電支付網路（Lightning Network）合作，解決區塊鏈的擴展性課題。

前新聞工作者暨電視記者佩莉安・博林，是位於華盛頓特區的數位商務商會的創辦人，創立後一年內，這個組織就建立了一個由知名人士組成的理事會，理事包括柏莉絲・麥斯特、詹姆斯・紐森（James Newsome）、喬治・基爾德（George Gilder）等人。博林說：「這個產業的發展行動，必須在華盛頓特區部署人員，以啟動和政府的對話。」有新聞從業背景的博林聚焦於傳達訊息、定位、潤飾，她說她的組織「張臂歡迎致力於壯大這個社群的任何人」，在快速發展的區塊鏈治理生

態系當中，博林的組織是政策、提倡與知識方面的領頭發聲者
之一。[25]

　　這些領袖齊聲遊說的聲音日益壯大，倡議為區塊鏈技術建
立治理；這個課題不僅迫切，也有先見之明。我們所謂的治理
區塊鏈技術，並非指監督管制，至少不是僅指監督管制。用監
管來管理一項重要的全球性資源，這種做法有明顯的限制，如
同伊藤穰一所言：「你可以監管網路，可以監管營運，但無法
監管軟體。」[26] 因此，監管只是治理的幾個重要部分之一。區
塊鏈不同於網際網路，因為錢不同於資訊；從華爾街高階局內
人轉變為區塊鏈領域先驅的柏莉絲·麥斯特，表達了她的疑
慮：「新進者能夠做受監管的機構無法做的事，但是，我們必
須審慎思考，為何會有那些監管措施的出現與存在，它們有何
功能，爾後，我們才能下結論說，讓消費者接觸與使用那些不
受監督管的金融活動，是件好事。」[27] 最終的爭論點，並不是
有關於我們想要怎樣的社會，而是有關於領導者有什麼機會，
可以去管理一項重要的全球性資源。

有關區塊鏈監管的警示故事

　　前紐約州金融署署長班傑明·勞斯基，曾是美國最強悍的
銀行監管人，華府圈內人士熟知勞斯基每天早上在華盛頓特區
市內慢跑的自拍照，但在華爾街大亨們眼中，他是個有種、雄
心勃勃（咱們姑且不用「過度熱切」這字眼）的戰鬥者，經常
對他認為行為不當的銀行出拳，祭出他認為應該的懲罰。

　　獲其友人暨長期政壇盟友、紐約州州長安德魯・古莫（Andrew Cuomo）任命，勞斯基成為紐約州金融署首任署長，監管在該州註冊營運的銀行。上任僅一年後的 2012 年，他就成為各大報紙的頭版新聞人物，紐約州金融署指控英國渣打銀行（Standard Chartered PLC），為伊朗處理超過 2 億 5,000 萬美元的交易，違反美國及歐盟當時的禁令，後來，渣打銀行以 3 億 4,000 萬美元和紐約州金融署達成和解。美國司法部也想對渣打銀行祭出相似懲罰，但被紐約州金融署搶先一步。[28] 在那些認為當局對銀行監管過於寬鬆的人士眼中，勞斯基是鎮上的新任警長，是一個紀律敗壞的產業的大無畏領導人兼改革者。他馬上成為銀行業者的頭號公敵，但是，勞斯基的行動才剛開始呢。

　　2013 年中的某一天，勞斯基正埋首辦公，大概正在處理另一件對付大銀行的大行動吧，他的幕僚群中的一位經濟學家敲門，找他討論一些不尋常的疑問。他告訴勞斯基，他聽一些律師說，他們的幾家客戶公司正在從事一種奇特的新虛擬貨幣交易，名為「比特幣」，勞斯基的第一個反應是：「比特幣是什麼鬼東西？」[29] 這位經濟學家解釋，這些公司有顧客使用這種數位貨幣買賣及支付商品與服務，那些律師很謹慎，想知道這類活動算不算是資金傳輸（money transmission），若是的話，該如何處理。在紐約州，資金傳輸是受州政府監管的活動，因此，身為紐約州監管當局的紐約州金融署，有責任監管任何從事資金傳輸活動的實體。但要如何監管呢？勞斯基連這技術都

未曾聽聞過，他暗自懷疑，這將是一項非常不同的挑戰。

　　勞斯基幾乎是立刻就面臨一個已經變得太普遍的問題，任何現有的監管框架，都無法適切地套用於這項破壞性新技術；這是數位時代的典型問題。在他看來，比特幣這東西，根本無法可管。比特幣是全球可觸及；聯邦與州政府能夠治理與監管它的範圍有限。再者，這是一項點對點的去中心化技術，監管當局的活兒是監督大型中介機構，它們的中央帳本內含珍貴資料，從中就可挖掘出一些內情。在數位時代，政府官員鮮少能取得所有必要資訊，以做出照顧大眾利益的決策，他們往往欠缺可以做到有效監管的資源，對創新方面的資訊也不靈通，勞斯基已經漸漸接受政府與數位技術監管當局，奮鬥掙扎了二十年的現實。拜幸運與先見之明，以及不同的監管架構之賜，網際網路得以成長茁壯，加密貨幣是另一個數位技術奮力擺脫傳統決策者（包括政府在內）的例子。

　　話雖如此，基於職責所在，勞斯基仍然有活兒得幹。檢視現行法規後，他發現它們非常不適當。紐約州金融署原想用美國內戰時期建立的法規來監管這技術，但是，那些資金傳輸法規不可能適用於網際網路之類的任何數位技術，更遑論數位貨幣或網路安全性。勞斯基說：「我了解得愈多，就對這項技術愈感興趣，我看出，各種應用程式及平台將陸續問世，若我能把監管的事做對，確保我們不想見到的壞東西發生於這個生態系，同時又避免有過度束縛的監管，就有機會幫助一項很有用的技術，為我們的體制帶來改進。」[30] 他下結論：「也許，我

們需要一個新類型的監管架構，來應付性質不同的東西？」[31]
他推出的 BitLicense 是嘗試為這個產業，提供一面監管透鏡的
重大創舉。但是，這套法規推出後引發了不少爭議，顯示就算
是立意良善的監管，也可能產生始料未及的後果。BitLicense
生效後，包括 Bitfinex、GoCoin、Kraken 在內，大批公司從紐
約州出走，它們說，主要原因是取得執照的成本太高。少數續
留紐約州的公司是財力雄厚、更成熟的事業。

　　當然，這套法規也帶來了顯著益處，例如監督改善，消費
者獲得保護。取得執照的交易所，例如 Gemini，業務獲得進
展，這或許是因為它們的機構客戶知道它們現在跟銀行一樣，
受到當局監管了。但是，在競爭者減少之下，BitLicense 會不
會抑制了創新，阻礙成長呢？布里托認為，BitLicense 把舊解
方套用在新問題上，根本不適切。他舉其中一條規範為例——
若你從事為顧客保管資金的業務，你就必須取得執照，「比特
幣及其他數位貨幣這樣的東西，有多重簽章（multisignature）
機制，這是首度推出的分開控管概念，若我們三人分別握有一
個多重簽章地址（錢包）的一把鑰匙，得有其中兩把鑰匙才動
得了它，試問誰是這資金的保管人？」[32] 以往在法律中很明確
的保管概念，在這情況中變得不明確了。

　　勞斯基說：「我認為接下來的五到十年，將是我們的金融
制度史上變化最大、最有趣的時期之一。」[33] 他辭去紐約州金
融署的工作後，繼續在這個多變環境的核心中研究重要議題。
他說：「我喜歡的工作，是能夠讓我把時間投入於研究我認為

將有巨大轉變、有趣的東西上⋯⋯這個技術領域大體上未受監管，碰撞堪稱這世上受到監管程度最大的金融體制，沒人確知這碰撞將發生什麼結果，這一切將在未來五到十年間理出個解決，我想躬逢其盛。」[34]

將改變世界的參議員

　　加拿大參議院（上議院）在 2015 年 6 月，做了一件令許多人感到意外的事，它的銀行、貿易與商務委員會，發布了一份明確肯定，而且非常有見地的研究報告：〈數位貨幣：不能阻撓這貨幣〉（"Digital Currency: You Can't Flip This Coin"）。[35] 這份報告汲取來自區塊鏈生態系中，多方利益關係人提供的意見，詳細解釋何以政府應該擁抱區塊鏈技術。[36]

　　這份報告的主要貢獻者、來自亞伯達省卡加利市的加拿大參議員道格・布萊克（Doug Black）說：「這可能成為下一個網際網路，可能是下一個電視，下一個電話，我們想對加拿大內外發出訊息：我們支持創新與創業精神。」[37] 跟勞斯基一樣，布萊克也是個資深律師，在加拿大最富聲望的律師事務所之一當合夥人時，擔任石油與天然氣生產商的律師。不過，不同於勞斯基的是，布萊克參議員不願倉促推出新法規；他告訴我們：「政府應該別擋路！」[38] 布萊克及其參議院同事並沒有正式的立法職權，但可藉由發布方針或對政府做出建議，來左右重要議題。儘管如此，一般人不會期望平均年齡 66 歲的加拿大參議員們，會擁抱先進的區塊鏈技術，但他們居然這麼做了。

　　布萊克回憶這整個過程，他說，他當時思考：「我們該如何創造一個鼓勵創新、而非抑制創新的環境？……一個政府打從一開始就採取這樣的觀點，這並不尋常。」布萊克說，政府「往往關心維持控管，降低風險」。[39] 雖認知到任何新技術，對消費者與企業都會帶來風險，但布萊克解釋：「任何東西都有風險，法定貨幣也有風險。我們可以某種程度地管理風險，但讓我們也創造一個能夠促進創新的環境吧。」[40] 他相信，他們發布這份研究報告是正確的事。

　　這份報告提出多項建議，但其中兩項建議最引人注目。第一，政府應該開始在它和加拿大人的互動中使用區塊鏈。布萊克說「在保護資料方面，區塊鏈是保密性更高的工具」；因此「政府應尋求開始利用這項技術，這將可以傳達強力訊息」。[41] 這是鏗鏘有力的聲明：若你想成為創新中樞，成為這個領域的先驅，別光說不練，拿出實際行動，從創新你本身做起。

　　第二項建議可能更令人意外：政府不應該對這項技術加諸太多監管。一些聚焦區塊鏈技術、頗富聲望的法律專家已經提出這種主張，例如，葉史瓦大學（Yeshiva University）卡多佐法學院（Cardozo School of Law）副教授艾倫・萊特（Aaron Wright）倡議「安全港」法律，把政府的管制減至最少，讓創新者持續創新，直到技術成熟。[42] 華盛頓與李大學法學院教授喬許・費爾菲德（Josh Fairfield）說：「我們需要行為如同技術一般的監管——謙遜、有實驗精神，還有迭代。」[43]

分權化經濟中的中央銀行

　　金融或許是第二古老的行業，但是，中央銀行是個相當現代的現象，舉世最強大的中央銀行——美國聯邦準備體系，在 2013 年才滿 100 歲。[44] 人類史上的中央銀行在其相當短的歷史中，歷經了多次的轉變，最近一次是個大轉變，從金本位制轉變為法定貨幣浮動匯率制。由於數位貨幣挑戰中央銀行在經濟體系裡的角色，我們或許會預期，中央銀行家將反對區塊鏈技術，但是多年來，這些銀行家已經展現了創新意願。在所有票據的結算與交割仍然採取人工作業的年代，美國聯邦準備體系率先倡議自動清算系統（ACH），使用資金電子結算技術。跟其他地區的中央銀行一樣，美國聯邦準備體系喜愛實驗，擁抱非正統、未經試驗的政策，最著名（或許也引來最多罵名）的是 2008 年金融危機後，採行的量化寬鬆貨幣政策，使用新鑄貨幣（新印鈔票），以空前規模買入政府債券之類的金融資產，增加經濟體系裡的貨幣供給量。

　　不意外地，在了解區塊鏈技術對經濟的重要性方面，中央銀行家們也展現了前瞻思維。這種領導風格有兩個原因，第一，這項技術是有助於改進金融服務的一種新工具，可能顛覆許多金融機構，提升中央銀行在全球經濟中的效能。

　　第二個原因更重要：區塊鏈技術引發對中央銀行生存性的疑問。在一或多種加密貨幣不受中央銀行控管之下，央行要如何在全球市場上有效執行它們的角色呢？在中央銀行用以管理

與調節經濟（尤其是在危機時期）的工具箱中，貨幣政策是一項重要工具，當這種加密貨幣並非由政府發行、但存在於全球的分散式網路中時，會發生什麼情形呢？

世界各地的中央銀行正在探討這些疑問。加拿大銀行（Bank of Canada，加拿大的中央銀行）副行長、央行業務領域老兵卡洛琳・威金斯（Carolyn Wilkins）告訴我們：「我們對我們目前的模式有信心，但我們也了解，許多模式有貨架壽命：它們能順暢運作多年，然後問題將開始出現，起初，你可以做出輕微修改；但最終，你必須轉換成別的新模式。」她相信，區塊鏈有可能就是這新模式。她說：「很難不被如此變革性的東西吸引，這項技術被使用的方式，對中央銀行業務有重要含義，牽連到我們央行的所有功能與運作。」[45]

前美國聯邦準備理事會主席班・柏南奇（Ben Bernanke）在 2013 年說：「區塊鏈技術有可能促成更快速、更安全、效率更高的支付制度。」[46]現在，聯邦準備體系和英格蘭銀行（Bank of England，英國的中央銀行）都設有專門研究這項技術的小組，其他沒那麼常發聲的中央銀行可能也有。

為了解何以中央銀行對這項技術如此感興趣，我們首先得探討中央銀行的職能。大致來說，這些威嚴的機構扮演三種角色，第一，它們管理貨幣政策，方法是訂定利率，控制與調節貨幣供給量，在特殊情況下直接對體系挹注資本。第二，它們致力於維持金融體系的穩定性，這意謂的是，它們是政府的銀行，也是金融體系的銀行，它們是金融業最後訴諸的借款人。

第三，中央銀行常和其他政府機構，共擔監管金融體系的責任，尤其對於承作一般消費者存放款業務的銀行，央行會監管它們的營運活動。[47] 這些角色總是相互牽連與互依。

我們從穩定金融體系談起。威金斯說：「身為中央銀行，我們的角色是金融體系中，最終被訴諸的流動性提供者，我們提供加拿大幣的流動性，因此，加拿大幣是加拿大金融體系的重要流動性源頭。」若交易使用的是另一種貨幣，例如比特幣呢？她說：「那麼，我們做為最後訴諸的借款人的角色能力就會受限。」[48] 可有解方？中央銀行可以開始持有比特幣準備，就如同它們持有其他貨幣及資產（例如黃金）的準備，它們也可以要求金融機構在中央銀行裡，持有這類非國家貨幣的準備。這些持有的準備，可以讓中央銀行以法定貨幣與加密貨幣，來執行它們的貨幣控管與調節角色，聽起來像是未雨綢繆、深謀遠慮，對吧？

考慮到金融體系穩定性與貨幣政策的關連性，威金斯說：「電子貨幣對於貨幣政策的牽連性，取決於它如何被計價。」在最近的一場演講中，她建議政府可以用國家貨幣來計價電子貨幣（e-money，這是她使用的名稱），或是拿它做為一種加密貨幣。[49] 威金斯說，以加拿大幣計價的數位貨幣，管理起來容易，別的不說，至少可以讓中央銀行對發生的狀況，做出更快速反應。未來我們很可能見到以下兩項新改變：中央銀行將持有並管理以區塊鏈技術為基礎的另類貨幣，就如同它們持有外匯準備一般；中央銀行將探討如何透過區塊鏈上的帳本，把法

定貨幣轉換為電子貨幣。這樣的新世界將有非常不同的面貌。

那麼，中央銀行的監管角色呢？在各國，中央銀行有相當大的監管力量，但它們並不是在封閉塔裡運作，它們和其他國家的中央銀行及金融穩定委員會（Financial Stability Board）、國際清算銀行（Bank for International Settlements）、國際貨幣基金組織、世界銀行等等全球性機構協調與合作。我們需要更堅實的全球協調，來應付區塊鏈技術帶來的課題，現在，許多中央銀行都在思考重要的疑問，威金斯說：「很多人都說，監管程度應該與問題程度相當，這說起來容易，但到底是什麼問題呢？我們想要什麼創新呢？」[50] 在一個包容的環境下，我們可以更有成效地解答這些好疑問。

布列敦森林會議是一個好模範，我們是否可以再召開一次類似的智囊會議，別關起門來開會，採用開放論壇形式，讓包括私人部門、技術社群、治理機構在內的各方利益關係人參與？威金斯說：「加拿大銀行和其他的中央銀行共同合作，致力於了解這項技術及其含義，我們舉辦研討會，邀請各國中央銀行、學者，以及來自私人部門的代表與會。」[51]

其實，中央銀行這個領域的故事，顯示了一個更大的問題：政府往往缺乏因應快速變遷世界的訣竅，在這類討論中，中央銀行家們的觀點固然很重要，但是，他們也應該尋求和網路中的其他利益關係人，以及全球各地的中央銀行交流意見，共同研議重要的領導課題，共同合作推進議程。

監管 vs. 治理

當然，價值與金錢不同於傳統的資訊，*我們談的是存款、退休基金、一個人的生計、她的公司、她的股票資產、她的經濟，這影響每一個人，我們不需要趕快加諸監管嗎？面對即將到來的巨大震盪，政府能夠且應該在監管方面展現節制嗎？

近年發生的大震盪顯示，在加速創新的年代，政府能夠施展的力量與辦法有限。舉例而言，從 2008 年金融危機可以看出，全球經濟體系的變化速度與複雜程度，已經使得傳統的中央化規範制定與執法，愈來愈缺乏成效。但是，在這種發展趨勢下，解藥並不是施加更嚴的監管，政府不能冀望可以監管到金融市場、技術或經濟體系的每個角落，因為每一個領域的參與者、創新以及產品太多了。經驗顯示，政府至少可以強制要求透明化，以顯露行為，促成改變。舉例而言，政府可以要求銀行在網路上揭露其行動，讓人民及其他團體貢獻他們自己的資料與觀察。人民甚至也可以協助監管的實行，或許是藉由改變他們本身的購買行為，或是組織公眾行動，以資訊為武器，點名揭露違法者。

當然，在治理方面，政府必須擔任重要利害關係人暨領導者。但政府也必須認知到，在治理區塊鏈方面，它們的角色將徹底不同於在貨幣政策與金融監管方面的傳統角色。長達數千年期間，國家是貨幣的唯一發行者，當「貨幣」不再是中央當

---

* 這裡的含意是，區塊鏈技術不同於網際網路。

局獨家發行，而是至少有一部分為分散全球對等式網路發行時，會發生怎樣的變化呢？

雖然整體而言，美國對區塊鏈技術的反應是正面肯定的，但似乎仍時有矛盾不一的反應出現。布里托說：「在美國，從國會、行政部門、到包括執法單位在內的各機構，普遍已經認知到這項技術有重要、正當的用途。」[52] 事實上，網際網路這項技術的發展情形顯示，假以適當的氣質與制度設計，美國不僅包容、甚至歡迎把界限外推的創新。不過，美國也透過監管來阻礙創新，其中一些監管可能是誤入歧途，但可以確定的是，這些監管過於倉促且不成熟。

在還未穩當地理解含義與牽連性之前，過早監管可能造成深遠的影響。在維多利亞時代的英國，法律規定汽車行駛時，前頭必須有一個人步行並揮舞一面紅旗，以警示路人及馬匹，這個奇怪的新發明物來了。區塊鏈技術先進公司 GoCoin 的執行長史帝夫・博瑞加（Steve Beauregard），解釋過早監管的陷阱：「網頁初問世時，監管者試圖決定它們應該隸屬哪一個監管當局。其中出現的一個見解是，要求建立與開設網站的人，必須取得民間無線電服務牌照，因為你在做傳播服務事業。你能想像你必須取得民間無線電服務牌照，才能架設一個網站嗎？」[53] 謝天謝地，這構想從未獲通過。

我們得搞清楚：監管與治理是不同的兩碼事。監管是立法來控管行為，治理是基於共同利益而管理、通力合作、獎勵。但是經驗顯示，政府應該審慎看待與處理對技術的監管，扮演

社會其他部門的合作同儕角色，而不是扮演祭出法規的嚴厲之手。政府應該以參與者身分加入由下而上的治理生態系，而不是當個由上而下施法控管的執行者。

比特幣政策智庫 Coin Center 的執行總監布里托認為，政府固然該扮演其角色，但它們應該謹慎行事。他主張一種多方利害關係人模式的解決方案，始於教育：「對國會及各政府機構裡的人員做簡報，在媒體上做解說，回答他們的任何疑問，讓他們和能夠明智地回答這些疑問的人接洽。」[54]

一個新的區塊鏈治理架構

撇開只是施加監管的做法，政府可以改善產業行為，方法是使他們更透明化，並鼓勵民間參與——並非以此取代、成為更好的監管，而是以此來補充現行制度。我們相信，有成效的監管、乃至於治理，來自透明、高度重視民眾參與、讓民眾在決策中扮演更大角色的多方利害關係人模式。這是人類史上，首次由非政府的多方利害關係人網絡，來解決全球性問題。

過去幾十年間的兩項重大發展，為一個新模式提供了基礎：第一，網際網路的問世，已經為小至個人層級的大大小小利害關係人，發展出用以溝通、貢獻資源、協調行動的工具，我們不再需要政府官員召集我們校準目標，團結行動。第二，企業界、學術界、非政府組織，以及其他非政府部門的利害關係人，全都有能力在全球合作行動中扮演重要角色。在當年的布列敦森林會議上，沒有企業界、非政府組織，或非政府部門

的利害關係人與會；現在，這些利害關係人經常和政府一起解決社會各種層面的課題——從全球性資源（例如網際網路）的治理，到全球性問題（如氣候變遷、人口販運）的因應解決。

這些發展結合起來，促成新模式。對於愈來愈多的全球性挑戰，自我組織的協作模式現在能夠做到全球合作、治理、解決問題，而且相較於傳統的政府機構，進展速度更快，而且更加堅實。

在思考區塊鏈治理網絡的基石時，我們提出下列重要疑問，並發展出一個回答這些疑問的架構：

- 我們該如何設計這樣一個治理網絡？
- 我們該從無到有地建立一個新的治理網絡，抑或以一個已經有人員在應付國際金融課題的現有機構為基礎，建立這個治理網絡？
- 這個治理網絡獲得什麼授權，它有推行與強制實施政策的權力嗎？
- 區塊鏈治理網絡謀求誰的利益，對誰當責？
- 國家政府會把權力讓給這樣一個全球性治理網絡嗎？

治理網際網路的生態系為我們提供了很多的啟示。網際網路能夠在這麼短的時間內變成一項全球性資源，著實驚人，這有相當程度得歸功於堅實的領導與治理，儘管存在著強大的抗阻力。

那麼，第一代網際網路的治理者是誰？如何治理？那是一個包括公司、民間社會組織、軟體開發者、學術界、政府（美

國政府）構成的龐大生態系，以開放、分散式、通力合作的方式來治理，完全不同於傳統的指揮與控管層級與架構。沒有任何一個政府或一群政府控管網際網路或其標準，不過，曾經有幾個美國政府機構資助它。[55]

在網際網路問世的早年，政府展現了節制與遠見：在網際網路的整個發展演進過程中，政府在監管方面展現節制；它們展現的遠見是，讓這個生態系發展茁壯，沒有過早嘗試施加法規與管制。這種多方利害關係人網絡的治理模式對網際網路管用，但我們必須認知到，相較於網際網路，監管將會在區塊鏈技術中扮演較大的角色。網際網路把資訊民主化，區塊鏈則是把價值民主化，切入銀行之類傳統產業的業務核心，很顯然地，將必須有一個監管角色來確保消費者及民眾受到保護。不過，我們的研究顯示，網際網路的治理模式是一個好模範。

區塊鏈領域將有多少新領導力，來自舊的網際網路治理社群呢？這是一再有人提出的疑問。網際網路的共同發明人文頓‧瑟夫，曾經領導組成網際網路協會（Internet Society）及網際網路工程任務小組（IETF），這些組織建立了近乎所有的重要網際網路標準，他建議，區塊鏈治理的一個好起始點，是在網際網路工程任務小組內，組成一個「物以類聚」（Birds of a Feather, BOF）同志小組。[56] 許多參與網際網路治理的組織，起初把數位貨幣與區塊鏈技術，視為非它們治理範圍內的東西，但這種觀點正在改變，全球資訊網協會（World Wide Web Consortium，簡稱 W3C）已經把網路支付，列為其優先事務

項目之一，區塊鏈是這個議題的討論核心內容之一。[57] 此外，
網際網路治理論壇（Internet Governance Forum, IGF）舉辦了
有關區塊鏈與比特幣的討論會，與會者探討這項科技促成的新
分散式治理架構。[58] 於是，新舊之間的界線變得模糊，網際網
路治理網絡中的許多領袖——例如網際網路先驅、網際網路名
稱與號碼指配機構（ICANN）前副主席、網際網路協會理事
黃平達（Pindar Wong），已經成為區塊鏈治理領域中最具成效
的領導人。[59]

那麼，新的治理網絡是什麼模樣呢？有十種全球解決方案
網絡（GSNs），每一種都是由公司、政府、非政府組織、學術
界、開發者以及個人組成，每一種網路都不是由國家或國家參
與的國際性機構（例如聯合國、國際貨幣基金組織、世界銀行
或 G8）所控管，它們全都將在區塊鏈技術的領導與治理工作
中，扮演重要角色。

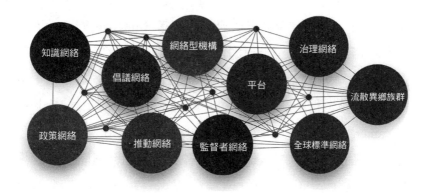

1. 知識網絡（Knowledge Networks）

知識網絡的主要功能，是發展能夠幫助解決全球性問題的新思維、研究、概念以及政策。資訊更靈通、更嫻熟的用戶可以更加保護自己免於被欺盜，並保護自己的隱私，他們也可以實現這項破壞性新技術的充分價值，創造機會以促進全球資產的分享，以及更好的金融連結。[60] 知識網絡必須培養開放與包容文化，促進透明化，邀集多方利益關係人參與。

與區塊鏈治理的關連性：知識網絡是向其他全球解決方案網絡及外界傳播新概念的起始點，它們有助於避開陷阱與消除阻礙。知識可以使利益關係人做出更有成效的倡議工作，制定或共同制定政策，向用戶散播重要資訊。知識分享與交流有助於激發與政府進行有效對話，Coin Center 執行總監布里托說：「不論什麼政策議題，若政府不了解這項技術，不了解此解釋的牽連性，它們終將失敗。」[61] 許多人指出，我們需要創造可供交流資訊與辯論見解的空間，泰勒・溫克沃斯說：「應該有一個論壇可供提案或提出見解。」[62] 麻省理工學院的數位貨幣計畫就是一個知識網絡，試圖結合與激化全球的學術界與大學。較不為人知的知識網絡是一些非制式的聯誼，例如舊金山的開發者聯誼、紐約的開發者聯誼，這些聯誼也以知識交流為要務。Blockchainworkshops.org 是另一個知識網絡，它號召利益關係人散播知識與重要啟示；線上論壇與社群 Reddit 也是一個培育此領域新知識的基地。

2. 推動網絡（Delivery Networks）

這類網絡實際推動它們尋求的變革，增補或甚至繞過傳統機構的行動。舉例而言，在網際網路治理網絡中，網際網路名稱與號碼指配機構（ICANN）扮演重要角色，以網域名稱的形式來提供解決方案。

與區塊鏈治理的關連性：我們要如何確保為分散式大規模協作提供適當誘因，使區塊鏈技術臻備而邁向黃金時代？區塊鏈技術可能會出現一個「ICANN 時刻」——執行基本功能的組織將形成。不過，ICANN 及許多其他種類的全球解決方案網絡是明顯的美國組織，區塊鏈領域的領導者應該尋求建立國際性的這類組織。伊藤穰一說：「我不認為打從一開始就有把區塊鏈治理，變成非美國的國際性質大行動，這是我們從ICANN 學到的一件事，一旦你從美國開始做起，就很難擺脫美國性質。」[63] 自動化帳本應用聯盟（Coalition of Automated Legal Applications, COALA）是一個全球性組織，擔任一些重要的角色：散播知識、影響政策、倡護區塊鏈技術、支持區塊鏈技術應用的發展與布署，這些全部都有助於克服重大的潛在阻礙。[64]

3. 政策網絡（Policy Networks）

有時候，網絡會形成政府政策，儘管這些網絡裡只有非政府參與者。政策網絡支援政策的形成與制定，或是制定別種政策——政府可能支持或不支持。政策網絡的目的，並不是從政

府那兒奪取政策制定流程的掌控權，而是要把決策流程從傳統
的由上而下層級模式，轉變為諮詢與共同研議模式。

與區塊鏈治理的關連性：現在出現了一些新的政策網絡。
位於華盛頓特區的非營利政策智庫 Coin Center，聚焦於五個
核心議題：創新、消費者保護、隱私、執照、洗錢防制／了解
客戶。數位商務商會聚焦於倡導接受與使用數位貨幣。[65] 英國
有數位貨幣協會（Digital Currency Association），澳洲與加拿
大也有，這些協會為產業發聲。Coinbase 聘用前美國參議院高
級顧問約翰・柯林斯（John Collins）擔任其政府事務部主管
後，成為第一家有常設性政策倡議部門的公司。[66] 鼓吹與結合
政策領域的許多強力聲音，可確保區塊鏈有更佳機會實現它的
潛力，舉例而言，我們知道挖礦工作耗費大量能源，而氣候變
遷是個重大問題，負責任的政策將必須致力於建立一個永續的
未來，這光靠政府無法做到。

4. 倡議網絡（Advocacy Networks）

倡議網絡尋求改變政府、企業及其他機構的議程或政策。
網際網路降低了通力合作的成本，現在出現大量日益壯大的倡
議網絡，其全球化程度、廣布程度與技術嫻熟程度，是我們前
所未見的。

與區塊鏈治理的關連性：因為對傳統政治與民間機構的希
望幻滅而出現的倡議網絡，自然很適合於試圖推翻那些傳統機
構解決問題模式的區塊鏈社群，但在初期，倡議網絡必須以夥

伴之姿和政府合作。倡議網絡和政策網絡有密切關係，因此不
意外地，Coin Center 和數位商務商會在這個領域是領頭者，
我們也把自動化帳本應用聯盟（COALA）、麻省理工學院的數
位貨幣計畫（DCI），以及其他的類似組織納入這個類別項下。
倡議工作對於區塊鏈技術的擴展很重要，若缺乏堅實的倡護者
站出來，為利益關係人及他們的權益發聲，政府及其他有力的
機構可能會試圖抑制、扭曲、篡奪這強而有力的開放式網路，
獨占好處，這是另一個危險的潛在阻礙。

5. 監督者網絡（Watchdog Networks）

　　這些網絡仔細檢視機構，以確保它們行為合宜。這些網絡
聚焦的主題廣泛：人權、貪腐、環境、金融服務等等，它們在
過程中驅動公開辯論，促進透明化，激發變革行動。監督者網
絡在角色本質上，和倡議網絡及政策網絡的角色相互關連，政
策網絡與政府共同研議制定適當的政策，監督者網絡確保產業
遵從這些政策，並有效監督與迫使遵從。辜負大眾信賴的政府
也可能被檢視，被要求當責。

　　與區塊鏈治理的關連性：區 塊 鏈 聯 盟（Blockchain
Alliance）是一個執法機構、非政府組織、商業組織，以及私
人部門的夥伴組織，也是這個領域第一個形成的真正倡議網
絡。 在 來 自 BitFury、Bitfinex、BitGo、Bitnet、Bitstamp、
Blockchain、Circle、Coinbase 及其他公司支持下，Coin Center
和數位商務商會和執法機構（例如美國司法部、聯邦調查局、

特勤局、國土安全部）合作，如上一章所述，區塊鏈若被犯罪者廣為利用，將對此技術的發展構成一大阻礙。這類監督者網絡也扮演重要的倡護角色，在巴黎恐攻事件餘波中，一些歐洲國家的立法者、監管機構及執法單位，譴責比特幣是恐怖行動資金的源頭，此時，區塊鏈聯盟站出來呼籲耐心，他們說：切莫出於害怕而監管。[67] 本書撰寫之際，他們的呼籲成效如何還不得而知，但可以確知的是，若沒有他們站出來發聲，只有政府單方面處理下，情況一定變得更糟。除了一些社群成員扮演自律角色，在論壇及 Reddit 平台上集會、研議、辯論外，站出來的其他監督者網絡並不多。和執法機構合作是有用的起步，但是，區塊鏈生態系需要完全獨立的組織（或許是類似國際特赦組織、人權觀察組織之類的傳統監督者組織），監督政府、企業及其他大型機構，否則區塊鏈技術可能受害於另一種阻礙：區塊鏈變成貪腐及無所忌憚的政府使用的強大監控工具。

6. 平台（Platforms）

數位時代使得組織可以不再是封閉的機構，它們可以變成創造價值、創新、解決全球性問題的平台。Change.org 之類的組織賦予個人能力，使他們可以發起行動，支持種種社會理想，例如人權、氣候變遷等等。請願平台集合數百萬人的力量，把他們的熱情化為持久的影響力。開放資料平台可被應用於從氣候變遷到區塊鏈等等的許多議題。[68]

與區塊鏈治理的關連性：伴隨區塊鏈技術的系統重要性提

升，各方利益關係人必須匯集與仔細檢視資料，比特幣區塊鏈或許非常公開、透明、一致，但其他從金融服務到物聯網等領域所使用的許多封閉型區塊鏈，未必如此公開、透明、一致。想像一個讓一般民眾可以匯集與仔細檢視資料的平台，這樣的平台可以做為一個堅實堡壘，防止不當行為形成對此技術發展的潛在阻礙、政府對此技術的篡奪，或是無法永續的能源使用。這樣的平台，可以讓監督者及倡議者要求機構與企業更加當責，並驅動建設性討論。

7. 全球標準網絡（Global Standards Networks）

　　標準網絡是非國家型組織，發展技術規格與標準，近乎任何技術都有這類全球標準網絡，包括網際網路本身的標準。這類標準網絡決定的規格與標準，構成產品發展的基石，讓有前景的創新得以躍進至大規模採用。全球標準網絡若想有成效地運作，必須邀集有專長的個人、機構、民間社會組織及私人部門企業的參與，網際網路工程任務小組（IETF）是網際網路治理網絡中，最重要的標準網絡之一，該組織在採納多方利益關係人觀點方面做得很出色。

　　與區塊鏈治理的關連性：比特幣基金會原本資助比特幣核心協定的發展，此協定是比特幣區塊鏈社群使用的通用標準，但是，該基金會因管理不當與浪費，導致近乎破產，證明需要網絡型治理解決方案。認知到區塊鏈技術的深遠重要性，以及需要細心謹慎的管理及培育，麻省理工學院推出數位貨幣計

畫，為比特幣核心開發者提供資金，讓他們得以繼續開發工作。該計畫主持人布萊恩·弗德說：「我們立即介入，在麻省理工學院媒體實驗室為他們提供安身地，讓他們得以繼續獨立做支持比特幣核心軟體開發的工作。」[69] 核心開發者能夠自主地工作，對這項技術的設計很是重要。

加文·安德烈森是在麻省理工學院工作的核心開發者之一，他認為必須有領導，才能推進共通標準的議程，例如頗受爭議的區塊容量問題。安德烈森說：「你或許可以設計由委員會訂定波長規格的電燈插座，但是你不能用這種方式來設計軟體。」他舉網際網路的早年發展為例：「網際網路的發展模式顯示，就算沒有一個明確的領導人，你仍然可以形成有共識的技術，但是最終，你必須有一個人，或是以一個人為終點的流程，絕對必須有這二者之一。」[70] 光有共識機制，無法支持技術標準的發展。

Scalingbitcoin.org 這個組織集合工程師與學者，共同應付重大的技術性課題，包括技術標準方面的問題，黃平達是此組織的計畫委員會主席（他還擔任許多其他的重要領導角色），在這個領域，他是個召集多方重要利益關係人與釐清技術僵局的重要領導者。在金融服務業領域，R3 聯盟以及超級帳本計畫（Hyperledger Project）這兩個組織，處理重要的技術標準課題。從構成未來金融服務業基礎的區塊鏈協定，到物聯網的隱私與支付共通標準，種種領域將必須有標準網絡的出現。

這些組織雖從不同角度來處理問題，有不同的議程，但它

們都有一個共同目的：建立基礎建設，發展標準，使區塊鏈技術可以擴展，臻至完備，邁向黃金時代。

8. 網絡型機構（networked institutions）

一些網絡提供的功能非常廣泛，因此，我們稱它們為「網絡型機構」。它們是非國家型組織，但它們是真正的多方利益關係人網絡，它們做出廣泛層面的貢獻，從知識、倡議、政策，到實際推動解決方案。

與區塊鏈治理的關連性：知名的網絡型機構——世界經濟論壇，一直是區塊鏈技術的倡議者，2016 年 1 月在達沃斯舉行的年會上，區塊鏈是核心議題之一。世界經濟論壇金融創新議題的領導人傑西・麥華特斯（Jesse McWaters）認為，區塊鏈技術跟網際網路一樣，是一種通用技術，我們可以用此技術來大大提升市場效率，改善金融服務管道。世界經濟論壇預測，十年內，全球 GDP 的 10％將儲存於區塊鏈。[71] 世界經濟論壇這個組織倡議及推動許多重大議題，例如所得不均、氣候變遷，甚至是匯款。從最小的組織，到舉世最大的基金會，例如柯林頓基金會（Clinton Foundation）、比爾與梅琳達・蓋茲基金會（Bill and Melinda Gates Foundation），這些網絡型機構也可以倡導應用區塊鏈技術來推進重要議程，例如金融普惠、提供醫療服務等等。網絡型機構往往可以在影響政府政策、使政府成為策略性夥伴等方面扮演重要角色，有助於克服技術發展過程中的一些重大阻礙。

9. 流散異鄉族群（Diasporas）

　　流散異鄉族群是由那些離開祖國、但仍然有著共同文化、對祖國有強烈認同感的人形成的全球社群，拜網際網路之賜，這些人及他們形成的組織，現在能夠在多方利益關係人網絡中通力合作。今天的許多流散異鄉族群具有的功能之一，是幫助解決一些普遍的全球性問題。

　　與區塊鏈治理的關連性：流散異鄉族群對區塊鏈技術的前途有重要影響。其一，區塊鏈使得匯款流程更簡單、成本更低；其二，對這些人來說，區塊鏈不但沒有搶走他們的工作飯碗，還為他們騰出更多時間與資源，讓他們得以追求其他賺取所得的工作機會或是創業。雖然，菲律賓、肯亞等地已經出現一些使用區塊鏈技術的公司，流散異鄉族群還需要做出更多努力，促進區塊鏈支付方法的知識傳播及採用。目前，瞄準這個商機的大公司如 Abra、Paycase 等，都是美國、英國、加拿大，或中國的公司。

10. 治理網絡（Governance Networks）

　　區塊鏈治理網絡，將結合上述九種類型的全球解決方案網絡的性能與特質，最終，一個區塊鏈治理網絡，應該致力於包容及歡迎所有利益關係人團體的參與。治理網絡應該唯才是用，亦即，社群應該支持可行的提案，而不論提案人的階級與地位。治理網路應該透明化，公布其所有資料、文件及會議紀錄，讓大眾檢視。最後，治理網路應該盡可能透過共識來做出

決策，使結果具有正當性。

下個數位時代的新議程

區塊鏈治理網絡對於這項全球性資源的管理很重要，但是，我們要如何確保這下一代的網際網路實現它的潛力呢？

數位時代的下一個紀元，將呈現無限的可能性、顯著的危險、未知的路障、艱巨的挑戰，以及一個很不確定的未來。技術——尤其是分散式技術，為人人帶來機會，但決定結果的是人類，誠如康絲坦·蔡所言：「這項技術有前景，也有危險性，端視我們如何運用它。」[72] 如同本章稍早所述，在實現數位時代的新前景方面，人人有責。

在以往的劃時代大轉變中，社會採取行動，推動新了解、立法與制度，這些文明的轉型很花時間，通常用上幾世紀，而且過程中不時有爭吵衝突，甚至是被革命打斷。

現在的境況不同了，改變發生得遠遠更快速，更重要的是，根據摩爾定律，變化率出現指數型加速，我們邁入著名故事中「棋盤的下半場」，指數成長上的指數成長創造出深不可測的無限。[73] 其結果是，面對數位時代的需求，我們的監管與政策基礎設施非常不適足，調整速度太慢，或是根本沒有調整。現在的技術顛覆變化太快，已經超出個人與機構的理解力，更遑論管理它們帶來的影響。我們的民主機構與制度是針對工業時代設計的，事實上，它們正是源自從農業封建社會轉變至工業資本國家的時期。

　　我們該如何加快人類的轉變，以跟上技術創新與顛覆的加速度？我們該如何避免大規模的社會失序或更糟糕的情況？為免我們被指控為技術決定論者或空想家，我們在此提議：該是為數位時代建立新社會契約的時候了。政府、私人部門、民間社會以及個人，必須通力合作，形成新的共同了解。

　　在邁入這第二代網際網路之際，該是提出數位時代宣言的時候了，我們把它稱為互依宣言（Declaration of Interdependence）。數位時代的公民有**權利**，取得數位基礎設施、知識、媒體素養、終身學習，以及翻新的、不受監控檢查的線上言論自由。

　　我們應該根據**原則**來治理數位經濟與社會。當然，工作者應該得以分享他們創造的財富，若電腦可以執行工作，就應該減少每週工作時數，而不是降低我們的生活水準。事實上，中本聰的區塊鏈革命隱含設計原則應該對我們很有益：我們需要注重誠正、安全、隱私、包容、權益保護、分散權力的機制。讓我們從起始點就均布機會與繁榮，而不是在創造出財富後，才根據傳統的階級架構，重新分配財富。

　　區塊鏈技術可能會降低政府規模與成本，但在許多領域，我們仍然需要新**法規**。一些技術性與事業模式解決方案，將會面臨智慧財產與所有權方面的挑戰，因此，我們應該修改或廢棄過度保護專利而抑制創新的法律。我們需要更好的反托拉斯行動來遏止朝向壟斷的趨勢，使人們不再需要為許多服務（例如基本的網際網路或金融服務）支付過高價格。目前，80％的

美國人在網路服務供應商方面別無選擇，這或許可以解釋為何美國是頻寬最慢且最昂貴的已開發國家之一。從操縱匯率到柴油引擎排放廢氣，違法犯罪者應該被起訴，並課以適當懲罰。

我們將需要廣泛的**制度性轉變**。中央銀行將必須改變它們在貨幣管理與貨幣政策中扮演的角色，和經濟與社會中更多的利害關係人進行多邊合作。我們需要聚焦於學生的學校及大學，推出量身打造的課程，幫助學生集體嫻熟區塊鏈上的資訊，讓學生與教師能夠參與小組討論與計畫。我們需要通用的區塊鏈上病患紀錄，以促成協作模式的健康照護（collaborative health care），讓我們可以在醫療體系外管理自己的健康，當我們進入醫院診所或藥局時，不致發生疏忽導致藥物交互作用的情形，或是未根據跡象來用藥的情形。政治人物將必須因應透明化世界而做出調整，智能合約將使他們必須對選民當責。還有，當數位貨幣顛覆目前每年規模高達 5,000 億美元的全球匯款市場後，我們該如何因應這破壞局面？

區塊鏈技術可能促成的**新實體基礎設施**，將需要利害關係人之間的相互了解與新夥伴關係，當 SUber 消滅數百萬 Uber 司機的工作飯碗時，怎麼辦？城市該如何確保，到了 2025 年時，市民對於智慧型交通運輸系統持有肯定看法？我們該如何有效邁向區塊鏈賦能的分散式電力網，住家不再只是電力的消費者，也是電力的生產供輸者？我們要如何找到領導力，以推動區塊鏈賦能的個人碳排量額度交易制？

信任協定與你

在區塊鏈技術驅動的革命與典範轉變中,會發生典範定律(law of paradigms)嗎?亦即,舊典範的領導人會最難以擁抱新典範嗎?想想那些在 1994 年為唐・泰普史考的著作《數位化經濟時代》提供讚譽背書的企業領導人——北電網路(Nortel Networks)、MCI 電信公司、Nynex 電話公司、Ameritech 電信公司、奇異資訊服務公司(GE Information Services)的執行長,這些公司如今全都不在了。至少,唐沒有把柯達(Kodak)、博德斯書店(Borders)、百視達(Blockbusters)或電路城(Circuit City)公司的執行長包括在內。(順便提醒本書書衣上的那些讚譽背書者:小心了!)

為何《哈芬登郵報》(*The Huffington Post*)不是魯伯・梅鐸(Rupert Murdoch)創立的?為何 Skype 不是 AT&T 創立的?為何 PayPal 不是 Visa 公司創立的?有線電視新聞網(CNN)大可創立推特網站啊,畢竟,都是跟新聞精句(sound bite)有關的事業,不是嗎?通用汽車公司或赫茲租車(Hertz)大可以創立 Uber;萬豪酒店(Marriott)可創立 Airbnb;甘尼公司(Gannett Company)原可以創立 Craigslist 或 Kijiji;eBay 應該是黃頁電話簿發行公司可以自然衍生的一個事業。微軟有資源可以創立 Google 或其他種種網際網路型事業模式,而非個人電腦型事業。為何 YouTube 不是美國國家廣播公司(NBC)創立的?索尼公司原本可以搶在蘋果公司的 iTunes 之前,創

立類似的事業。Instragram 或 Pinterest 創設時，柯達公司在做什麼？若網路新聞媒體 BuzzFeed 或 Mashable 是《時人》（*People*）雜誌或《新聞周刊》（*Newsweek*）創辦的，會是什麼光景？

誠如我們本書一開頭所寫：「科技精靈彷彿又再一次從瓶中被釋放出來了……現在這個精靈已經隨侍在側準備好要大顯身手——扭轉現有經濟運作的權力機制，把世間萬物的老派作風帶往更好的方向——如果我們願意接受它的話。」跟第一代網際網路一樣，區塊鏈革命將顛覆事業模式，改變產業，但這還只是開端，區塊鏈技術以銳不可擋之勢把我們推向開放、唯才主義、分權化與全球參與的新紀元。

我們預期將會出現一段多變、投機、誤用的時期，我們也預期將會持續強力地高速前進，把神聖不可侵犯的東西撞到旁邊。目前，沒人知道這列火車將對金融服務業帶來怎樣的衝擊，前紐約金融署署長勞斯基說，接下來五到十年，這個產業的面貌可能變得令人認不出來了，他的預言會成真嗎？創投家提姆・德瑞普說：「比特幣之於一般貨幣，就如同網際網路之於紙張。」[74] 區塊鏈技術的最熱烈支持者，有沒有可能低估了這項技術的長期潛力呢？區塊鏈技術會不會成為自複式簿記會計法或股份公司模式問世以來，最有助於提升產業效率與價值的技術呢？赫南多・德・索托說，區塊鏈技術具有把 50 億人帶入全球經濟、改善政府與人民關係、成為全球繁榮與個人權益保證人的強大新平台的潛力。他認為：「以法律追求世界和

平，人類是一家，這些觀念基本上都是指我們達成一致的共同核心標準。我們應該思考可以如何使用區塊鏈，把《世界人權宣言》實踐得更好。」[75] 我們該如何達到這更美好的未來？

　　領導這場革命的人，大多數至今仍然是默默無聞之士，只有網景公司創辦人馬克・安德森之類少數老兵為世人所知，你大概從未聽聞過本書中引述的大多數人士。但是，話說回來，1994 年時，誰曾聽聞過伊朗移民皮耶・歐米迪亞（Pierre Omidyar，eBay 創辦人）或華爾街程式設計師傑夫・貝佐斯呢？一切主要取決於產業領導者如何加入行列。有沒有可能設計出區塊鏈版本的臉書或推特呢？抑或在位者將使用區塊鏈技術，來回應用戶對於資料所有權及隱私的疑慮？不論是前者或後者，消費者都是贏家。Visa 公司將被區塊鏈技術顛覆而凋萎呢，抑或公司將改變其事業模式，擁抱區塊鏈技術？面對以藝人為核心的音樂產業，蘋果公司將如何反應？無足輕重的獨裁者，對於他們無法關閉或控管的分散式網際網路將作何想法？區塊鏈能否讓現今全球約 20 億名非銀行族取用這技術？

　　新創事業的失敗率很高，因此我們預期，我們研究的個案公司當中將有不少會陣亡於路邊，但這並不是因為區塊鏈技術是個糟糕的概念，而是因為，我們研究的每一家公司面臨許多與之競爭的新創事業，它們不會全都存活下來。我們相信，那些遵循中本聰的原則的公司，存活下來的可能性高於不遵從這些原則的公司。

　　在創業與改革的路上，有興奮時刻，也有危險時刻。我們

建議事業領導人使用本書做為指南，但也請認知到，遊戲規則本身持續改變。想想你的事業、你所屬的產業以及你的工作，思考：我將會受到怎樣的影響，該怎麼辦？別落入整個歷史中許多典範轉變造成的陷阱，今天的領導者擔不起變成明日的輸家。區塊鏈革命茲事體大，我們需要你的協助，請加入我們的行列。

謝辭

　　這本書是人生路徑不同的兩個人一起貢獻心血後的結晶。唐・泰普史考特帶領著多倫多大學洛特曼管理學院，投入一項金額高達 400 萬美元、名為「全球解決方案網絡」的整合型研究計畫。計畫初衷是調查出一套以網路連結的新穎模型，改善治理成效以解決世界各地的問題。他注意到網際網路是由多方利害關係人共同治理的生態系統，進而對數位貨幣及其管控方式產生興趣。另一方面，他的兒子亞力士・泰普史考特原本任職於投資銀行 Canaccord Genuity，因職務之故，注意到在 2013 年比特幣和區塊鏈都還處於草創階段時，相關公司就已經帶動了一股投資熱潮，因此也順勢將公司的業務擴及這個領域。

　　2014 年年初，泰普史考特父子一同前往滑雪勝地翠湖山莊（Mont-Tremblant）渡假，期間兩人在吃晚餐時互相腦力激盪，尋思有無可能一起在這個領域做出一番成績，亞力士遂同意接下主持研究計畫的工作，針對數位貨幣的管控，最終完成一份以《比特幣的管控網路》（*A Bitcoin Governance Network*）為題的白皮書。當他們兩人對相關議題了解得愈深入，就更加確定這個主題有可能發展成下一個重大事件。

　　巧合的是，兩位作者的經紀人、在李事務局（Leigh Bureau）任職的魏斯·聶弗（Wes Neff），以及在企鵝出版集團（Portfolio/Penguin）工作、專門負責替唐·泰普史考特規劃出版品的亞德里安·札克漢姆〔Adrian Zackheim，經手處理過《維基經濟學》和《打造維基型組織》（*Macrowikinomics*）兩本作品〕，也在此時鼓勵唐·泰普史考特開始擬定新書的構想。當亞力士的白皮書被公認為是在相關領域首屈一指的作品後，與有榮焉的父親自然樂得和兒子聯名出書。在此也要特別感謝札克漢姆，感謝他一如往常地，提出一個優惠到令人無法拒絕的出版計畫，讓作者可以無後顧之憂地全力以赴。

　　因此兩位作者做出一個事後看來非常明智的決定。他們聯絡之前任職於哈佛商學院出版社（Harvard Business School Press）、兩人口袋名單中最優秀的編輯克絲坦·桑伯格（Kirsten Sandberg），拜託她擬定這本書的寫作大綱。她傑出的安排讓兩位作者搭配得天衣無縫，也讓兩位作者更進一步邀請她以全職的身分，加入寫作這本書的研究團隊。隨後桑伯格不但參與了超過一百場的訪談，還能在作者試圖理解檯面上諸多議題時，即時提供協助，用非常有效率的方式簡化相關議題，讓非技術背景出身的讀者，也能看懂各種超乎想像的發展可能。換句話說，桑伯格才是幫忙作者把這本書帶進真實世界的關鍵人物，就某種程度而言，她也算得上是本書的共同作者。如果沒有她的幫助，這本書就不會誕生——最起碼不會以現在淺顯易懂的方式出現在讀者眼前。為了她的貢獻，也為了她不時的打

氣和辛勞的付出，這一切都讓我們銘感五內。

我們還要對下列許多人無私撥冗分享寶貴的看法，獻上最誠摯的感謝。如果沒有他們的幫忙，要完成這本書簡直就是一項不可能的任務。謹依姓氏字母的順序排列如下：

- Jeremy Allaire, Founder, Chairman and CEO, Circle
- Marc Andreessen, Cofounder Andreessen Horowitz
- Gavin Andresen, Chief Scientist, Bitcoin Foundation
- Dino Angaritis, CEO, Smartwallet
- Andreas Antonopoulos, Author, *Mastering Bitcoin*
- Federico Ast, CrowdJury
- Susan Athey, Economics of Technology Professor, Stanford Graduate School of Business
- Adam Back, Cofounder and President, Blockstream
- Bill Barhydt, CEO, Abra
- Christopher Bavitz, Managing Director, Cyberlaw Clinic, Harvard Law School
- Geoff Beattie, Chairman, Relay Ventures
- Steve Beauregard, CEO and Founder, GoCoin
- Mariano Belinky, Managing Partner, Santander InnoVentures
- Yochai Benkler, Berkman Professor of Entrepreneurial Studies, Harvard Law School
- Jake Benson, CEO and founder, LibraTax
- Tim Berners-Lee, Inventor, World Wide Web
- Doug Black, Senator, Canadian Senate, Government of Canada

- Perriane Boring, Founder and President, Chamber of Digital Commerce
- David Bray, 2015 Eisenhower Fellow and Harvard Visiting Executive in Residence
- Jerry Brito, Executive Director, Coin Center
- Paul Brody, Americas Strategy Leader, Technology Group, EY (formerly IoT at IBM)
- Richard G. Brown, CTO, R3 CEV (former Executive Architect for Industry Innovation and Business Development, IBM)
- Vitalik Buterin, Founder, Ethereum
- Patrick Byrne, CEO, Overstock
- Bruce Cahan, Visiting Scholar, Stanford Engineering; Stanford Sustainable Banking Initiative
- James Carlyle, Chief Engineer, MD, R3 CEV
- Nicolas Cary, Cofounder, Blockchain Ltd.
- Toni Lane Casserly, CEO, CoinTelegraph
- Christian Catalini, Assistant Professor, MIT Sloan School of Management
- Ann Cavoukian, Executive Director, Privacy and Big Data Institute, Ryerson University
- Vint Cerf, Co-creator of the Internet and Chief Internet Evangelist, Google
- Ben Chan, Senior Software Engineer, BitGo
- Robin Chase, Cofounder and Former CEO, Zipcar
- Fadi Chehadi, CEO, ICANN

- Constance Choi, Principal, Seven Advisory
- John H. Clippinger, CEO, ID3, Research Scientist, MIT Media Lab
- Bram Cohen, Creator, BitTorrent
- Amy Cortese, Journalist, Founder, Locavest
- J-F Courville, Chief Operating Officer, RBC Wealth Management
- Patrick Deegan, CTO, Personal BlackBox
- Primavera De Filippi, Permanent Researcher, CNRS and Faculty Associate at the Berkman Center for Internet and Society at Harvard Law School
- Hernando de Soto, President, Institute for Liberty and Democracy
- Peronet Despeignes, Special Ops, Augur
- Jacob Dienelt, Blockchain Architect and CFO, itBit and Factom
- Joel Dietz, Swarm Corp
- Helen Disney, (formerly) Bitcoin Foundation
- Adam Draper, CEO and Founder, Boost VC
- Timothy Cook Draper, Venture Capitalist; Founder, Draper Fisher Jurvetson
- Andrew Dudley, Founder and CEO, Earth Observation
- Joshua Fairfield, Professor of Law, Washington and Lee University
- Grant Fondo, Partner, Securities Litigation and White Collar Defense Group, Privacy and Data Security Practice, Goodwin

Procter LLP

- Brian Forde, Former Senior Adviser, The White House; Director, Digital Currency, MIT Media Lab
- Mike Gault, CEO, Guardtime
- George Gilder, Founder and Partner, Gilder Technology Fund
- Geoff Gordon, CEO, Vogogo
- Vinay Gupta, Release Coordinator, Ethereum
- James Hazard, Founder, Common Accord
- Imogen Heap, Grammy-Winning Musician and Songwriter
- Mike Hearn, Former Google Engineer, Vinumeris/Lighthouse
- Austin Hill, Cofounder and Chief Instigator, Blockstream
- Toomas Hendrik Ilves, President of Estonia
- Joichi Ito, Director, Media Lab, MIT
- Eric Jennings, Cofounder and CEO, Filament
- Izabella Kaminska, Financial Reporter, *Financial Times*
- Paul Kemp-Robertson, Cofounder and Editorial Director, Contagious Communications
- Andrew Keys, Consensus Systems
- Joyce Kim, Executive Director, Stellar Development Foundation
- Peter Kirby, CEO and Cofounder, Factom
- Joey Krug, Core Developer, Augur
- Haluk Kulin, CEO, Personal BlackBox
- Chris Larsen, CEO, Ripple Labs
- Benjamin Lawsky, Former Superintendent of Financial Services for the State of New York; CEO, The Lawsky Group

- Charlie Lee, Creator, CTO; Former Engineering Manager, Litecoin
- Matthew Leibowitz, Partner, Plaza Ventures
- Vinny Lingham, CEO, Gyft
- Juan Llanos, EVP of Strategic Partnerships and Chief Transparency Officer, Bitreserve.org
- Joseph Lubin, CEO, Consensus Systems
- Adam Ludwin, Founder, Chain.com
- Christian Lundkvist, Balanc3
- David McKay, President and Chief Executive Officer, RBC
- Janna McManus, Global PR Director, BitFury
- Mickey McManus, Maya Institute
- Jesse McWaters, Financial Innovation Specialist, World Economic Forum
- Blythe Masters, CEO, Digital Asset Holdings
- Alistair Mitchell, Managing Partner, Generation Ventures
- Carlos Moreira, Founder, Chairman, and CEO, WISeKey
- Tom Mornini, Founder and Customer Advocate, Subledger
- Ethan Nadelmann, Executive Director, Drug Policy Alliance
- Adam Nanjee, Head of Fintech Cluster, MaRS
- Daniel Neis, CEO and Cofounder, KOINA
- Kelly Olson, New Business Initiative, Intel
- Steve Omohundro, President, Self-Aware Systems
- Jim Orlando, Managing Director, OMERS Ventures
- Lawrence Orsini, Cofounder and Principal, LO3 Energy

- Paul Pacifico, CEO, Featured Artists Coalition
- Jose Pagliery, Staff Reporter, CNNMoney
- Stephen Pair, Cofounder and CEO, BitPay Inc.
- Vikram Pandit, Former CEO, Citigroup; Coinbase Investor, Portland Square Capital
- Jack Peterson, Core Developer, Augur
- Eric Piscini, Principal, Banking/Technology, Deloitte Consulting
- Kausik Rajgopal, Silicon Valley Office Leader, McKinsey and Company
- Suresh Ramamurthi, Chairman and CTO, CBW Bank
- Sunny Ray, CEO, Unocoin.com
- Caterina Rindi, Community Manager, Swarm Corp
- Eduardo Robles Elvira, CTO, Agora Voting
- Keonne Rodriguez, Product Lead, Blockchain Ltd.
- Matthew Roszak, Founder and CEO, Tally Capital
- Colin Rule, Chairman and CEO, Modria.com
- Marco Santori, Counsel, Pillsbury Winthrop Shaw Pittman LLP
- Frank Schuil, CEO, Safello
- Barry Silbert, Founder and CEO, Digital Currency Group
- Thomas Spaas, Director, Belgium Bitcoin Association
- Balaji Srinivasan, CEO, 21; Partner, Andreessen Horowitz
- Lynn St. Amour, Former President, The Internet Society
- Brett Stapper, Founder and CEO, Falcon Global Capital LLC
- Elizabeth Stark, Visiting Fellow, Yale Law School
- Jutta Steiner, Ethereum/Provenance

- Melanie Swan, Founder, Institute for Blockchain Studies
- Nick Szabo, GWU Law
- Ashley Taylor, Conensys Systems
- Simon Taylor, VP Entrepreneurial Partnerships, Barclays
- David Thomson, Founder, Artlery
- Michelle Tinsley, Director, Mobility and Payment Security, Intel
- Peter Todd, Chief Naysayer, CoinKite
- Jason Tyra, CoinDesk
- Valery Vavilov, CEO, BitFury
- Ann Louise Vehovec, Senior Vice President, Strategic Projects, RBC Financial Group
- Roger Ver, "The Bitcoin Jesus," Memorydealers KK
- Akseli Virtanen, Hedge Fund Manager, Robin Hood Asset Management
- Erik Voorhees, CEO and Founder, ShapeShift
- Joe Weinberg, Cofounder and CEO, Paycase
- Derek White, Chief Design and Digital Officer, Barclays Bank
- Ted Whitehead, Senior Managing Director, Manulife Asset Management
- Zooko Wilcox-O'Hearn, CEO, Least Authority Enterprises
- Carolyn Wilkins, Senior Deputy Governor, Bank of Canada
- Robert Wilkins, CEO, myVBO
- Cameron Winklevoss, Founder, Winklevoss Capital
- Tyler Winklevoss, Founder, Winklevoss Capital
- Pindar Wong, Internet Pioneer, Chairman of VeriFi

- Gabriel Woo, Vice President of Innovation, RBC Financial Group
- Gavin Wood, CTO, Ethereum Foundation
- Aaron Wright, Professor, Cardozo Law School, Yeshiva University
- Jonathan Zittrain, Harvard Law School

　　最後還要特別感謝幾位大力幫忙的朋友。「全球解決方案網絡」中的安東尼・威廉斯（Anthony Williams）和喬安・畢格翰（Joan Bigham）兩位，從一開始數位貨幣管控的研究計畫時，就和亞力士・泰普史考特建立緊密的合作關係。曾經擔任思科主管的喬安・麥克卡拉（Joan McCalla）也為本書物聯網以及政府與民主的章節，提供深入的研究成果。

　　本書也得到許多家族成員的協助，負責資訊科技的鮑伯・泰普史考特花了好幾天時間埋首於蒐集、彙整所有比特幣區塊鏈的消息，讓我們能夠掌握技術層次議題的第一手深入觀點；在如何以區塊鏈為基礎，追蹤交易過程建立個人碳排放額度的領域中，創辦科技公司的比爾・泰普史考特（Bill Tapscott）也提供了許多革命性的觀點。在科技業擔任主管的妮基・泰普史考特（Niki Tapscott），和她擔任金融分析師的先生詹姆士・里歐（James Leo），也一直扮演者本書與實務界之間的溝通橋梁。

　　與泰普史考特集團（Tapscott Group）密切合作的律師凱

瑟琳・麥克雷蘭（Katherine MacLellan），在智能合約這個較艱澀的議題上貢獻許多，並且為本書的訪談過程提供完善的規劃，扮演哨兵角色的菲爾・顧奈耶（Phil Courneyeur）則日復一日為本書提供豐富的題材，大衛・提科對於數位年代目前發展到什麼階段的深入見解，也為本書增色不少。李事務局的魏斯・聶弗和比爾・李（Bill Leigh）幫忙架構出本書的基本概念——有多少本書能有這樣的待遇？屈指可數吧！裘蒂・史蒂芬斯（Jody Stevens）也一如往常地（至今已經超過二十年之久）為整個出版計畫提供無暇的行政管理，不論是建置資料庫或財務調度，或者是文件管理、校對到印製過程——就和她在泰普史考特集團處理其他全職工作一樣的全力以赴。

特別感謝區塊鏈相關公司——智慧錢包（Smartwallet）公司的執行長迪諾・馬克・安格瑞提斯，電子貨幣以太坊開發工作室共識系統（Consensus Systems）的執行長約瑟夫・魯賓，以及快速成長資安公司智慧之鑰（WISeKey）的執行長卡洛斯・莫瑞拉——他們每一位都花相當多時間，與本書作者一起腦力激盪各種新的想法。感謝才思敏捷的他們慷慨地為本書推了一把，有幸目睹他們在這些領域的事業大放異彩，自然更是令人感到快慰。當然最需要感謝的是本書編輯潔西・麥西羅（Jesse Maeshiro）所率領的企鵝藍燈書屋（Penguin Random House）團隊，以及這一切的幕後推手亞德里安・札克漢姆。

最重要的，是對本書作者的夫人們——唐的夫人安娜・洛培斯（Ana Lopes）和亞力士的夫人艾咪・衛斯曼（Amy

Welsman）兩位——獻上發自內心深處的感謝。當兩位作者沉迷於完成這本書的龐大吸引力，而忽略掉整年度其他更重要的事情時，沒有任何其他人會比她們兩位犧牲得更多。我們能有這樣賢慧的終生伴侶，可說是人生當中的一大幸事。

　　寫作這本書如同帶給兩位作者一段歡欣的旅程，說兩位作者每分鐘都樂在其中也不為過。曾經有位知名人士說過：「如果有兩個人對所有事情的看法都一模一樣，其中必然有一個是多餘的傢伙。」所以本書兩位作者每天都會互相質疑對方的論點，以檢驗彼此的想法和假設，讓這本書成為詮釋良性且充滿活力合作模式的活教材。不過要提醒讀者一點：和一個 DNA 與你相去不遠、在一起生活三十多年、會一起探索這個世界的人相互合作，看起來確實是比較不費吹灰之力。無論如何，希望這對父子合作的成果，可以帶給讀者重要又有助益的想法。

唐・泰普史考特、亞力士・泰普史考特　謹誌

2016 年 1 月

注解

第1章　信賴協定

1. https://www.technologyreview.com/s/419452/moores-outlaws/.

2. https://cryptome.org/jya/digicrash.htm.

3. 〈所向披靡的電子貨幣〉（"How DigiCash Blew Everything"）是由伊恩·葛立格（Ian Grigg）及其同事一起從荷蘭文翻譯成英文後，在1999年2月10日用電子郵件寄給羅伯特·海廷嘉（Robert Hettinga），可以在2015年7月19日於Cryptome.org裡John Young建築師所架設網站的網址 https://cryptome.org/jya/digicash.htm找到相關資料。原出處是1999年1月登在荷蘭Next! Magazine網站，文章標題 "Hoe DigiCash alles verknalde"，網址為www.nextmagazine.nl/ecash.htm，2015年7月19日的網址改為 http://web.archive.org/web/19990427142412/http://www.nextmagazine.nl/ecash.htm。

4. http://nakamotoinstitute.org/the-god-protocols/.

5. Brian Fung, "Marc Andreessen: In 20 Years, We'll Talk About Bitcoin Like We Talk About the Internet Today," *The Washington Post*, May 21, 2014; www.washingtonpost.com/blogs/the-switch/wp/2014/05/21/marc-andreessen-in-20-years-well-talk-about-bitcoin-like-we-talk-about-the-internet-today/, accessed January 21, 2015.

6. 2015年7月2日訪談班傑明·勞斯基。

7. www.economist.com/news/leaders/21677198-technology-behind-bitcoin-could-transform-how-economy-works-trust-machine.

8. www.coindesk.com/bitcoin-venture-capital/.

9. Fung, "Marc Andreessen."

10. www.coindesk.com/bank-of-england-economist-digital-currency/.

11. 出自Leigh Buchanan針對考夫曼基金會研究部門（Kauffman Foundation research）的報導，標題為〈美國的創業精神正在逐步流失〉（"American Entrepreneurship Is Actually Vanishing"），www.businessinsider.com/927-people-own-half-of-the-bitcoins-2013-12。

12. 出自唐‧泰普史考特和大衛‧提科所提出的定義，參見《企業黑數》（The Naked Corporation, New York: Free Press, 2003）一書。

13. www.edelman.com/news/trust-institutions-drops-level-great-recession/.

14. www.gallup.com/poll/1597/confidence-institutions.aspx.

15. 2015年9月3日訪談卡洛斯‧莫瑞拉。

16. 唐‧泰普史考特是智慧之鑰公司諮詢委員會的成員之一。

17. 唐‧泰普史考特一直是關注描寫數位年代潛在黑暗面的眾多作者之一，例如《數位化經濟時代》（The Digital Economy: Promise and Peril in the Age of Networked Intelligence, New York: McGraw Hill, 1995）一書。

18. 2015年9月3日訪談卡洛斯‧莫瑞拉。

19. Tom Peters, "The Wow Project," Fast Company, Mansueto Ventures LLC, April 30, 1999; http://www.fastcompany.com/36831/wow-project.

20. 2015年9月3日訪談卡洛斯‧莫瑞拉。

21. 「虛擬的你」是安‧卡沃基安與唐‧泰普史考特兩人一起在Who Knows: Safeguarding Your Privacy in a Networked World（New York: McGraw Hill, 1997）一書中所提出，相當受歡迎的詞彙。

22. 這種說法最早見於1999年，出自時任昇陽（Sun Microsystems）執行長的史考特‧麥克里尼（Scott McNealy）。

23. 2015年7月20日訪談安德里亞斯‧安東諾普洛斯。

24. 2015年7月30日訪談約瑟夫‧魯賓。

25. 如果是最講究的個人資料徵詢方式，受訪者本身甚至會因為加密的關係，而無法直接讀到這些問題，不過只要是利用同態加密法（homomorphic encryption）向受訪者提出加密過的問題，受訪者就能解讀資料做出回覆。

26. 引領潮流的思想家會用另一套超越GDP成長率、更宏觀的視角看待所謂的繁榮。哈佛大學麥可‧波特（Michael Porter）教授創立社會進步要

件指標（social progress imperative）的衡量方式（http://www.socialprogressimperative.org），經濟學家約瑟夫・史迪格里茲（Joseph Stiglitz）和其他研究人員也提出別於GDP的衡量方式 ——http://www.insee.fr/fr/publications-et-services/dossiers_web/stiglitz/doc-commission/RAPPORT_anglais.pdf。此外還有其他多種試圖改善GDP但是卻還未發展成熟的做法 ——http://www.forbes.com/sites/realspin/2013/11/29/beyond-gdp-get-ready-for-a-new-way-to-measure-the-economy/。

27. 2015年9月30日訪談維塔力克・布特林。

28. 真正用的是財富（property）而不是幸福（happiness）這個詞，參見 Luigi Marco Bassani, "Life, Liberty and... : Jefferson on Property Rights," *Journal of Libertarian Studies* 18(1) (Winter 2004): 58。

29. 2015年11月27日訪談赫南多・德・索托。

30. 同注29。

31. www.theguardian.com/music/2013/feb/24/napster-music-free-file-sharing, accessed August 12, 2015.

32. www.inc.com/magazine/201505/leigh-buchanan/the-vanishing-startups-in-decline.html.

33. 《赤裸之城》是美國廣播公司（ABC）電視網於1958年至1963年播放的警察故事系列影集。

34. 根據2015年10月世界經濟論壇所發表的一份研究報告來看，區塊鏈這項技術直到2027年以前都不會成為主流。

35. 2015年12月12日訪談大衛・提科。

第2章　航向未來：區塊鏈經濟的七大設計原則

1. 2015年9月2日訪談安・卡沃基安。

2. Guy Zyskind, Oz Nathan, and Alex "Sandy" Pentland, "Enigma: Decentralized Computation Platform with Guaranteed Privacy," white paper, Massachusetts Institute of Technology, 2015. June 10, 2015. Web. October 3, 2015, arxiv.org/pdf/1506.03471.pdf.

3. 2015年9月2日訪談安・卡沃基安。

4. 同注3。

5. 2015年7月22日訪談奧斯汀・希爾。

6. 2015年9月2日訪談安・卡沃基安。

7. Vitalik Buterin, "Proof of Stake: How I Learned to Love Weak Subjectivity," *Ethereum blog*, Ethereum Foundation, November 25, 2014. Web. October 3, 2015, blog.ethereum.org/2014/11/25/proof-stake-learned-love-weak-subjectivity.

8. 出自迪諾・馬克・安格瑞提斯於2015年11月27日一封電子郵件中的內容，算法如下：假定雜湊率（hash rate）是583,000,000 Gh/s（Gh/s = billion hashes/s，每秒十億個雜湊值），十分鐘相當於600秒，則每十分鐘會產生600*583,000,000 = 349,800,000,000十億個雜湊值，幾乎等於350,000,000,000,000,000,000個雜湊值，亦即三億五千萬兆個雜湊值。

9. 另一種燃燒證明（proof of burn）要求礦工，把自己的電子貨幣單向且不可撤回地送到網路上的某個位址，換取繼續挖礦中大獎的入場卷，而且理論上能贏回的電子貨幣，會比先前送去燒掉的還要多；這並不是一種共識機制，而是一種信賴機制。

10. 2015年7月7日訪談保羅・布洛迪。

11. Franklin Delano Roosevelt, "Executive Order 6102—Requiring Gold Coin, Gold Bullion and Gold Certificates to Be Delivered to the Government," *The American Presidency Project*, ed. Gerhard Peters and John T. Woolley, April 5, 1933, www.presidency.ucsb.edu/ws/?pid=14611, accessed December 2, 2015.

12. 2015年6月1日訪談喬許・費爾菲德。

13. 話說日本萬代（Bandai）公司推出的這款電子玩具需要玩家好好照料電子雞的生活起居，否則失去玩家關注的電子雞就會喪生。

14. Joseph E. Stiglitz, "Lessons from the Global Financial Crisis of 2008," *Seoul Journal of Economics* 23(3) (2010).

15. Ernst & Young LLP, "The Big Data Backlash," December 2013, www.ey.com/UK/en/Services/Specialty-Services/Big-Data-Backlash; http://tinyurl.com/ptfm4ax.

16. 女巫攻擊一詞來自於1973年以《西碧兒》（*Sybli*）為名的一本書。該書以化名西碧兒描述一位患有解離性身分障礙（dissociative identity disorder，亦稱做多重人格障礙）女性的病例。2002年，愛貓的電腦科學家約翰・杜舍（John "JD" Douceur）在論文中用了這個詞後，才廣為人知。

17. Satoshi Nakamoto, "Bitcoin: A Peer-to-Peer Electronic Cash System," www.bitcoin.org, November 1, 2008; www.bitcoin.org/bitcoin.pdf, section 6, "Incentive."

18. Nick Szabo. "Bit gold." Unenumerated. Nick Szabo. December 27, 2008. Web. October 3, 2015. http://unenumerated.blogspot.com/2005/12/bit-gold.html.

19. 2015年7月22日訪談奧斯汀・希爾。

20. 尼爾・史蒂芬森（Neal Stephenson）1992年的小說《潰雪》描述虛擬世界中，英雄・主角這位英雄的故事。英雄是魅他域裡頂尖的駭客之一，這個虛擬世界中的港元就如同比特幣：由企業帝國〔corporate states，書中原文用字為franchulates，取自特許（franchise）和領事（consulate）兩字的合體〕所發行，自己專屬的貨幣。

21. Ernest Cline, *Ready Player One* (New York: Crown, 2011).

22. 2015年7月22日訪談奧斯汀・希爾。

23. John Lennon. "Imagine." *Imagine*. Producers John Lennon, Yoko Ono, and Phil Spector. October 11, 1971. www.lyrics007.com/John%20Lennon%20Lyrics/Imagine%20Lyrics.html.

24. Andy Greenberg. "Banking's Data Security Crisis." *Forbes*. November 2008. Web. October 3, 2015. www.forbes.com/2008/11/21/data-breaches-cybertheft-identity08-tech-cx_ag_1121breaches.html.

25. Ponemon Institute LLC, "2015 Cost of Data Breach Study: Global Analysis," sponsored by IBM, May 2015, www-03.ibm.com/security/data-breach.

26. Ponemon Institute LLC, "2014 Fifth Annual Study on Medical Identity Theft," sponsored by Medical Identity Fraud Alliance, February 23, 2015, Medidfraud.org/2014-fifth-annual-study-on-medical-identity-theft.

27. 2015年7月20日訪談安德里亞斯・安東諾普洛斯。

28. Michael Melone, "Basics and History of PKI," *Mike Melone's blog*, Microsoft Corporation, March 10, 2012. Web. October 3, 2015. http://tinyurl.com/ngxuupl.

29. "Why Aren't More People Using Encrypted Email?" *Virtru blog*, Virtru Corporation, January 24, 2015. Web. August 8, 2015. www.virtru.com/blog/aren't-people-using-email-encryption, August 8, 2015.

30. 2015年7月20日訪談安德里亞斯・安東諾普洛斯。

31. 2015年7月22日訪談奧斯汀・希爾。

32. 同注31。

33. 2015年9月2日訪談安・卡沃基安。

34. 同注33。

35. David McCandless, "Worlds Biggest Data Breaches," *Information Is Beautiful*, David McCandless, October 2, 2015. Web. October 3, 2015. www.informationisbeautiful.net/visualizations/worlds-biggest-data-breaches-hacks/.

36. 2015年6月9日訪談哈路・庫林。

37. 2015年7月22日訪談奧斯汀・希爾。

38. Coinbase privacy policy, www.coinbase.com/legal/privacy, November 17, 2014, accessed July 15, 2015.

39. See Don Tapscott and David Ticoll, *The Naked Corporation: How the Age of Transparency Will Revolutionize Business* (New York: Simon & Schuster, 2003).

40. 2015年6月9日訪談哈路・庫林。

41. ProofofExistence.com, September 2, 2015; www.proofofexistence.com/about/.

42. 2015年5月28日訪談史蒂夫・奧姆亨卓。

43. 2015年7月20日訪談安德里亞斯・安東諾普洛斯。

44. 同注43。

45. 2015年6月11日訪談史提芬・佩爾。

46. Edella Schlarger and Elinor Ostrom, "Property-Rights Regimes and Natural Resources: A Conceptual Analysis," *Land Economics* 68(3) (August 1992): 249–62; www.jstor.org/stable/3146375.

47. 2015年6月9日訪談哈路・庫林。

48. John Paul Titlow, "Fire Your Boss: Holacracy's Founder on the Flatter Future of Work," *Fast Company*, Mansueto Ventures LLC, July 9, 2015; www.fastcompany.com/3048338/the-future-of-work/fire-your-boss-holacracys-founder-on-the-flatter-future-of-work.

49. World Bank, September 2, 2015; www.worldbank.org/en/news/press-release/2015/04/15/massive-drop-in-number-of-unbanked-says-new-report.

50. "Bitcoin Powers New Worldwide Cellphone Top-Up Service," *CoinDesk*, February 15, 2015; www.coindesk.com/bitcoin-powers-new-worldwide-

cellphone-top-service/, accessed August 26, 2015. FAQs, BitMoby.com, mHITs Ltd., n.d.; www.bitmoby.com/faq.html, accessed November 14, 2015.

51. 2015年6月8日訪談加文・安德烈森。

52. 2015年7月22日訪談奧斯汀・希爾。

53. Jakob Nielsen, "Nielsen's Law of Internet Bandwidth," Nielsen Norman Group, April 5, 1998; www.nngroup.com/articles/law-of-bandwidth/, accessed August 26, 2015.

54. Matthew Weaver, "World Leaders Pay Tribute at Auschwitz Anniversary Ceremony," *The Guardian*, Guardian News and Media Limited, January 27, 2015. Web. September 5, 2015, http://www.theguardian.com/world/2015/jan/27/-sp-watch-the-auschwitz-70th-anniversary-ceremony-unfold.

第3章　重新打造金融服務

1. 國際貨幣基金組織估計，範圍在8,750萬～1億1,200萬美元之間。

2. https://ripple.com/blog/the-true-cost-of-moving-money/.

3. 2015年8月24日訪談維克拉姆・潘迪。

4. www.nytimes.com/2015/07/12/business/mutfund/putting-the-public-back-in-public-finance.html.

5. www.worldbank.org/en/topic/poverty/overview.

6. http://hbswk.hbs.edu/item/6729.html.

7. 2015年11月27日訪談赫南多・德・索托。

8. http://corporate.westernunion.com/About_Us.html.

9. 2015年6月16日訪談艾力克・沃希斯。

10. Paul A. David, "The Dynamo and the Computer: An Historical Perspective on the Modern Productivity Paradox," *Economic History of Technology* 80(2) (May 1990): 355–61.

11. Joseph Stiglitz, "Lessons from the Global Financial Crisis," revised version of a lecture presented at Seoul National University, October 27, 2009.

12. www.finextra.com/finextra-downloads/newsdocs/The%20Fintech%202%200%20Paper.pdf.

13. www.bloomberg.com/news/articles/2015-07-22/the-blockchain-revolution-gets-endorsement-in-wall-street-survey.

14. www.swift.com/assets/swift_com/documents/about_swift/SIF_201501.pdf.

15. https://lightning.network/.

16. 2015年7月27日訪談克里斯・拉森。

17. 2015年7月22日訪談奧斯汀・希爾。

18. 2015年7月27日訪談柏莉絲・麥斯特。

19. 同注18。

20. 同注18。

21. 同注18。

22. https://bitcoinmagazine.com/21007/nasdaq-selects-bitcoin-startup-chain-run-pilot-private-market-arm/.

23. 2015年7月22日訪談奧斯汀・希爾。

24. July 2015 by Greenwich Associates; www.bloomberg.com/news/articles/2015-07-22/the-blockchain-revolution-gets-endorsement-in-wall-street-survey.

25. Blythe Masters, from Exponential Finance keynote presentation: www.youtube.com/watch?v=PZ6WR2R1MnM.

26. https://bitcoinmagazine.com/21007/nasdaq-selects-bitcoin-startup-chain-run-pilot-private-market-arm/.

27. 2015年8月13日訪談傑西・麥華特斯。

28. 2015年7月22日訪談奧斯汀・希爾。

29. https://blog.ethereum.org/2015/08/07/on-public-and-private-blockchains/.

30. 2015年7月27日訪談克里斯・拉森。

31. 2015年8月26日訪談亞當・魯文。

32. 2015年7月27日訪談柏莉絲・麥斯特。

33. 2015年7月13日訪談艾瑞克・皮西尼。

34. 2015年7月13日訪談德瑞克・懷特。

35. 同注34。

36. Later, Bank of America, BNY Mellon, Citi, Commerzbank, Deutsche Bank, HSBC, Mitsubishi UFJ Financial Group, Morgan Stanley, National Australia Bank, Royal Bank of Canada, SEB, Société Générale, and Toronto Dominion Bank; www.ft.com/intl/cms/s/0/f358ed6c-5ae0-11e5-9846-de406ccb37f2.html#axzz3mf3orbRX; www.coindesk.com/citi-hsbc-partner-with-r3cev-as-

blockchain-project-adds-13-banks/.

37. http://bitcoinnewsy.com/bitcoin-news-mike-hearn-bitcoin-core-developer-joins-r3cev-with-5-global-banks-including-wells-fargo/.

38. http://www.linuxfoundation.org/news-media/announcements/2015/12/linux-foundation-unites-industry-leaders-advance-blockchain.

39. www.ifrasia.com/blockchain-will-make-dodd-frank-obsolete-bankers-say/21216014.article.

40. http://appft.uspto.gov/netacgi/nph-Parser?Sect1=PTO2&Sect2=HITOFF&p=1&u=%2Fnetahtml%2FPTO%2Fsearch-bool.html&r=1&f=G&l=50&co1=AND&d=PG01&s1=20150332395&OS=20150332395&RS=20150332395?p=cite_Brian_Cohen_or_Bitcoin_Magazine.

41. www.youtube.com/watch?v=A6kJfvuNqtg.

42. 2015年6月30日訪談傑瑞米・阿拉勒。

43. 同注42。

44. 同注42。

45. 同注42。

46. 另一則預告區塊鏈產業「正在成長」的報導參見www.wsj.com/articles/goldman-a-lead-investor-in-funding-round-for-bitcoin-startup-circle-1430363042。

47. 2015年6月30日訪談傑瑞米・阿拉勒。

48. 2015年6月11日訪談史提芬・佩爾。

49. 亞力士・泰普史考特本人是Vogogo Inc.的顧問。

50. 2015年9月28日訪談蘇雷斯・拉瑪穆爾西。

51. 2015年12月14日與柏莉絲・麥斯特的電子郵件通信。

52. 2015年7月20日訪談湯姆・莫爾尼尼。

53. 這些論述的概念首見於唐・泰普史考特和大衛・提科合著的《企業黑數》一書。

54. 同注53。

55. www.accountingweb.com/aa/auditing/human-errors-the-top-corporate-tax-and-accounting-mistakes.

56. 同注55。

57. 2015年7月13日訪談西蒙・泰勒。

58. 同注57。

59. 2015年6月30日訪談傑瑞米‧阿拉勒。

60. 2015年7月6日訪談克里斯汀‧倫德奎斯特。

61. 2015年7月22日訪談奧斯汀‧希爾。

62. 2015年7月13日訪談艾瑞克‧皮西尼。

63. www2.deloitte.com/us/en/pages/about-deloitte/articles/facts-and-figures.html.

64. 2015年7月13日訪談艾瑞克‧皮西尼。

65. 同注64。

66. 2015年7月20日訪談湯姆‧莫爾尼尼。

67. 同注66。

68. www.calpers.ca.gov/docs/forms-publications/global-principles-corporate-governance.pdf.

69. 2015年8月5日訪談依莎貝拉‧卡明斯卡。

70. http://listedmag.com/2013/06/robert-monks-its-broke-lets-fix-it/.

71. 被遺忘權運動（The Right to Be Forgotten Movement）越來越受到矚目，特別是在歐洲，參見http://ec.europa.eu/justice/data-protection/files/factsheets/factsheet_data_protection_en.pdf。

72. www.bloomberg.com/news/articles/2014-10-07/andreessen-on-finance-we-can-reinvent-the-entire-thing.

73. http://www.nytimes.com/2015/12/24/business/dealbook/banks-reject-new-york-city-ids-leaving-unbanked-on-sidelines.html.

74. 2015年6月6日訪談派崔克‧狄根。

75. 同注74。

76. https://btcjam.com/.

77. 2015年6月16日訪談艾力克‧沃希斯。

78. www.sec.gov/about/laws/sa33.pdf.

79. http://www.wired.com/2015/12/sec-approves-plan-to-issue-company-stock-via-the-bitcoin-blockchain/.

80. http://investors.overstock.com/mobile.view?c=131091&v=203&d=1&id=2073583.

81. https://bitcoinmagazine.com/21007/nasdaq-selects-bitcoin-startup-chain-run-pilot-private-market-arm/.

82. James Surowiecki, *The Wisdom of Crowds: Why the Many Are Smarter Than the Few and How Collective Wisdom Shapes Business, Economies, Societies and Nations* (New York: Doubleday, 2014).

83. www.augur.net.

84. 出自和Augur經營團隊透過電子郵件交換的意見，該團隊成員有核心開發者的傑克・彼得森（Jack Peterson）和喬伊・克魯格（Joey Krug），以及特別任務組的佩洛涅・達斯佩涅斯（Peronet Despeignes）。

85. 2014年12月8日訪談安德里亞斯・安東諾普洛斯。

86. 2015年9月22日訪談貝利・希爾伯特。

87. 2015年7月2日訪談班傑明・勞斯基。

第4章　重新組建公司架構：核心與邊陲

1. 2015年7月13日訪談約瑟夫・魯賓。

2. 像是蘋果、Spotify這樣的公司也能使用新的音樂銷售平台，該平台的目標是讓很多音樂產業的相關人等共同擁有，特別是提高音樂人本身的參與。在該平台上提供創作的人，會比單純銷售他人創作的人，得到更多報酬。

3. https://slack.com/is.

4. https://github.com.

5. 寇斯在論文中寫道：「一間企業只要……在企業內部安排好交易的成本，比去外部市場進行相同交易的成本來得更便宜，就可在經濟體內能夠扮演一定的角色。當在企業內部持續安排更多交易的成本，超出了去外部市場進行相同交易的成本時，也就是企業規模達到極限的時候。」引用自Oliver Williamson和Sydney G. Winter合編的《企業的本質》（*The Nature of the Firm*, New York and Oxford: Oxford University Press, 1993），第90頁。

6. Oliver Williamson, "The Theory of the Firm as Governance Structure: From Choice to Contract," *The Journal of Economic Perspectives* 16(3) (Summer 2002) 171–95.

7. 同注6。

8. Peter Thiel with Blake Masters, *Zero to One: Notes on Startups, or How to Build the Future* (New York: Crown Business, 2014).

9. Lord Wilberforce, *The Law of Restrictive Trade Practices and Monopolies* (Sweet & Maxwell, 1966), 22.

10. 2015年8月26日訪談尤查・班科勒。

11. John Hagel and John Seely Brown, "Embrace the Edge or Perish," *Bloomberg*, November 28, 2007; www.bloomberg.com/bw/stories/2007-11-28/embrace-the-edge-or-perishbusinessweek-business-news-stock-market-and-financial-advice.

12. 2015年9月30日訪談維塔力克・布特林。

13. 2015年7月20日訪談安德里亞斯・安東諾普洛斯。

14. 使用網頁時光機（Wayback Machine）的情況不算在內，這項服務可以讓你回顧更久遠一點的歷史。

15. Oliver E. Williamson, "The Theory of the Firm as Governance Structure: From Choice to Contract," *Journal of Economic Perspectives* 16 (3), Summer 2002.

16. 同注15。

17. Michael C. Jensen and William H. Meckling, "Theory of the Firm: Managerial Behavior, Agency Costs and Ownership Structure," *Journal of Financial Economics* 305 (1976): 310–11（大意是說，公司 ── 或者說是更廣泛的，企業 ── 是在股東、債權人、經理人和其他相關人等之間，以共識建立互動關係的集合體）；比較沒那麼學術性的著作可參見 Frank H. Easterbrook and Daniel R. Fischel, *The Economic Structure of Corporate Law* (Cambridge, Mass.: Harvard University Press, 1991)。

18. Vitalik Buterin, "Bootstrapping a Decentralized Autonomous Corporation: Part I," *Bitcoin Magazine*, September 19, 2013; https://bitcoinmagazine.com/7050/bootstrapping-a-decentralized-autonomous-corporation-part-i/.

19. Nick Szabo, "Formalizing and Securing Relationships on Public Networks," http://szabo.best.vwh.net/formalize.html.

20. http://szabo.best.vwh.net/smart.contracts.html.

21. 2015年8月10日訪談艾倫・萊特。

22. 密碼學的研究人員在談論資訊加密的時候，習慣用愛麗絲（Alice）和鮑伯（Bob）取代甲方（Party A）、乙方（Party B）的用詞，描述雙方之間的交易／交換狀態，藉以減少誤解並增加親切感。這個慣例據說源自於羅納德・李維斯特（Ron Rivest）在1978年的作品，參見

"Security's Inseparable Couple," *Communications of the ACM. Network World*, February 7, 2005; www.networkworld.com/news/2005/020705widernetalicean dbob.html。

23. GitHub.com, January 3, 2012; https://github.com/bitcoin/bips/blob/master/bip-0016.mediawiki, accessed September 30, 2015.

24. www.coindesk.com/hedgy-hopes-tackle-bitcoin-volatility-using-multi-signature-technolog/.

25. https://books.google.ca/books?id=VXIDgGjLHVgC&pg=PA19&lpg=PA19&d q=a+workman+moves+from+department+Y+to+department+X&source=bl&o ts=RHb0qrpLz_&sig=LaZFqatLYllrBW8ikPn4PEZ9_7U&hl=en&sa=X&ved =0ahUKEwjgyuO2gKfKAhUDpB4KHb0JDcAQ6AEIITAB#v=onepage&q =a%20workman%20moves%20from%20department%20Y%20to%20 department%20X&f=false.

26. Elliott Jaques, "In Praise of Hierarchy," *Harvard Business Review*, January–February 1990.

27. 2015年8月26日訪談尤查‧班科勒。

28. Tapscott and Ticoll, *The Naked Corporation*.

29. Werner Erhard and Michael C. Jensen, "Putting Integrity into Finance: A Purely Positive Approach," November 27, 2015, Harvard Business School NOM Unit Working Paper No. 12-074; Barbados Group Working Paper No. 12-01; European Corporate Governance Institute (ECGI)—Finance Working Paper No. 417/2014.

30. 美國銀行（Bank of America）自2009年12月31日以來的股東權益報酬率甚至還不到2%，參見https://ycharts.com/companies/BAC/return_on_ equity。

31. 2015年5月28日訪談史蒂夫‧奧姆亨卓。

32. 2015年12月9日使用電子郵件訪談大衛‧提科。

33. 2015年9月14日訪談梅蘭妮‧史旺。

34. https://hbr.org/1990/05/the-core-competence-of-the-corporation.

35. Michael Porter, "What Is Strategy?" *Harvard Business Review*, November–December 1996.

36. 2015年11月20日訪談蘇珊‧艾希。

第5章 新經營模式：區塊鏈帶來的春風化雨

1. 為了避免有心人士藉機散播垃圾郵件，新加入、欠缺聲望的公鑰（新的使用者）可能需要付費才能刊登資料，不過這筆費用可以掛在代管契約中，只要新的使用者順利租出房間，或是經過一段時間後決定不再刊登招租，就可以取回這筆費用。像是圖檔等資料量較大的內容，可以存放在IPFS或Swarm等系統中，不過資料的雜湊值和辨識哪位使用者擁有該資料等相關資訊，就會放在bAirbnb合約裡的區塊鏈上。

2. 或許可以考慮使用耳語協定（the Whisper protocol）。

3. 採用超文件標示語言（Hypertext Markup Language, HTML）的格式進行編寫。

4. David McCandless, "World's Biggest Data Breaches," *Information Is Beautiful*, October 2, 2015; www.informationisbeautiful.net/visualizations/worlds-biggest-data-breaches-hacks/, accessed November 27, 2015.

5. 根據維塔力克・布特林所下的定義：加密經濟（Cryptoeconomics）是一個技術術語，大意是「分權化、使用公鑰加密的方式進行認證的經濟模式，並提供經濟誘因確保該模式能持續運作，不會發生歷史資料有誤或無端發生故障的問題。」取自 "The Value of Blockchain Technology, Part I," https://blog.ethereum.org/2015/04/13/visions-part-1-the-value-of-blockchain-technology/。

6. www.youtube.com/watch?v=K2fhwMKk2Eg.

7. http://variety.com/2015/digital/news/netflix-bandwidth-usage-internet-traffic-1201507187/.

8. 2015年8月17日訪談布拉姆・科恩。

9. Stan Franklin and Art Graesser, "Is It an Agent, or Just a Program? A Taxonomy for Autonomous Agents," www.inf.ufrgs.br/~alvares/CMP124SMA/IsItAnAgentOrJustAProgram.pdf.

10. 同注9，p. 5。

11. 引用維塔力克・布特林的說法：「自主代理機制和自動化操作是一體兩面的事。在自主代理機制中，自動代理人不需要跟特定人士之間有任何關連，意思是說，雖然可能需要一定程度的人力完成硬體建置，才能讓自動代理人有可以操作的標的，但是之後就不需要任何人刻意盯

著自動代理人的運作情況了。」參見https://blog.ethereum.org/2014/05/06/daos-dacs-das-and-more-an-incomplete-terminology-guide/。

12. 同注11。

13. 技術細節說明：因為直接將資料存放在區塊鏈上的成本相當高，比較可行的做法是存放資料的雜湊值就好，資料本身則可以存放在Swarm或IPFS之類分權化的資料儲存網路系統中。

14. 2015年9月30日訪談維塔力克・布特林。

15. 2015年7月20日訪談安德里亞斯・安東諾普洛斯。

16. 同注15。

17. 參見由唐・泰普史考特與安東尼・威廉斯（Anthony D. Williams）合著的《維基經濟學》（*Wikinomics: How Mass Collaboration Changes Everything*, New York: Portfolio/Penguin, 2007）一書。《維基經濟學》定義了七種新的經營模式，而本書又增添了更多模式。

18. 同儕生產的共同基礎一詞是由哈佛法學教授尤查・班科勒在2002年於《耶魯法學期刊》（*The Yale Law Journal*）上發表頗具開創性的論文〈寇斯的企鵝〉（"Coase's Penguin"）時，所發明的用詞，參見www.yale.edu/yalelj/112/BenklerWEB.pdf。

19. http://fortune.com/2009/07/20/information-wants-to-be-free-and-expensive/.

20. 2015年8月26日訪談尤查・班科勒。

21. 2015年8月7日訪談迪諾・馬克・安格瑞提斯。

22. Andrew Lih, "Can Wikipedia Survive?" *The New York Times*, June 20, 2015; www.nytimes.com/2015/06/21/opinion/can-wikipedia-survive.html.

23. http://techcrunch.com/2014/05/09/monegraph/.

24. http://techcrunch.com/2015/06/24/ascribe-raises-2-million-to-ensure-you-get-credit-for-your-art/.

25. www.nytimes.com/2010/04/15/technology/15twitter.html.

26. http://techcrunch.com/2014/05/09/monegraph/.

27. www.verisart.com/.

28. http://techcrunch.com/2015/07/07/verisart-plans-to-use-the-blockchain-to-verify-the-authencity-of-artworks/.

29. 2015年8月26日訪談尤查・班科勒。

30. 2015年8月7日訪談大衛・提科。

31. 2015年8月26日訪談尤查・班科勒。

32. www.nytimes.com/2013/07/21/opinion/sunday/friedman-welcome-to-the-sharing-economy.html.

33. Sarah Kessler, "The Sharing Economy Is Dead and We Killed It," *Fast Company*, September 14, 2015; www.fastcompany.com/3050775/the-sharing-economy-is-dead-and-we-killed-it#1.

34. 「生產性消費者」是艾文・托佛勒（Alvin Toffler）在1980年出版《未來衝擊》（*Future Shock*）一書時所發明的用詞，唐・泰普史考特隨後在1994年出版《數位化經濟時代》（*The Digital Economy*）一書時賦予這個概念更多的想法，並衍生出「生產性消費」（prosumption）一詞。

35. 2015年9月2日訪談羅蘋・蔡斯。

36. https://news.ycombinator.com/item?id=9437095.

37. 這個假設情境最早出現在唐・泰普史考特投書2004年3月《連線》（*Wired*）雜誌上的文章〈一目了然的漢堡〉（"The Transparent Burger"），參見http://archive.wired.com/wired/archive/12.03/start.html?pg=2%3ftw=wn_tophead_7。

38. 2015年8月26日訪談尤查・班科勒。

39. 在《維基經濟學》一書中稱之為「維基工作空間」（the wiki workplace）。

40. 全名為全自動區分電腦和人類的公開圖靈測試（Completely Automated Public Turing test to tell Computers and Humans Apart）。

41. 2015年7月13日訪談約瑟夫・魯賓。

42. 同注41。

第6章　物帳本：賦予實體世界生命

1. 不是真實姓名。這是本書作者和熟悉此情況的人士談論時得知的故事。

2. Primavera De Filippi, "It's Time to Take Mesh Networks Seriously (and Not Just for the Reasons You Think)," *Wired*, January 2, 2014.

3. 2015年7月10日訪談艾力克・詹寧斯。

4. 同注3。

5. 2015年7月30日訪談勞倫斯・歐爾西尼。

6. 本書作者唐・泰普史考特在與安東尼・威廉斯合著的《打造維基型組

織》一書中預測了這種網路的發展，參見：Don Tapscott and Anthony Williams, *Macrowikinomics: New Solutions for a Connected Planet* (New York: Portfolio/Penguin, 2010, updated 2012)。

7. 同注5。

8. Puja Mondal, "What Is Desertification? Desertification: Causes, Effects and Control of Desertification," *UNEP: Desertifcation,* United Nations Environment Programme, n.d.; https://desertification.wordpress.com/category/ecology-environment/unep/, accessed September 29, 2015.

9. www.internetlivestats.com/internet-users/, as of December 1, 2015.

10. Cadie Thompson, "Electronic Pills May Be the Future of Medicine," CNBC, April 21, 2013; www.cnbc.com/id/100653909; and Natt Garun, "FDA Approves Edible Electronic Pills That Sense When You Take Your Medication," *Digital Trends*, August 1, 2012; www.digitaltrends.com/home/fda-approves-edible-electronic-pills/.

11. Mark Jaffe, "IOT Won't Work Without Artificial Intelligence," *Wired*, November 2014; www.wired.com/insights/2014/11/iot-wont-work-without-artificial-intelligence/.

12. IBM, "Device Democracy," 2015, 4.

13. Allison Arieff, "The Internet of Way Too Many Things," *The New York Times*, September 5, 2015.

14. IBM, "Device Democracy," 10.

15. 2015年8月11日訪談迪諾・馬克・安格瑞提斯。

16. 2015年9月3日訪談卡洛斯・莫瑞拉。

17. 同注16。

18. 2015年6月25日訪談蜜雪兒・汀斯利。

19. 同注18。

20. McKinsey Global Institute, "The Internet of Things: Mapping the Value Beyond the Hype," June 2015.

21. 同注3。

22. IBM Institute for Business Value, "The Economy of Things: Extracting New Value from the Internet of Things," 2015.

23. Cadie Thompson, "Apple Has a Smart Home Problem: People Don't Know

They Want It Yet," *Business Insider*, June 4, 2015; www.businessinsider.com/apple-homekit-adoption-2015-6.

24. McKinsey Global Institute, "The Internet of Things."

25. 同注3。

26. IBM, "Device Democracy," 9.

27. 同注26。

28. McKinsey Global Institute, "The Internet of Things." 麥肯錫全球研究所定義了九種具有價值潛力的情況。

29. www.wikihow.com/Use-Uber.

30. http://consumerist.com/tag/uber/page/2/.

31. Mike Hearn, "Future of Money," Turing Festival, Edinburgh, Scotland, August 23, 2013, posted September 28, 2013; www.youtube.com/watch?v=Pu4PAMFPo5Y.

32. McKinsey, "An Executive's Guide to the Internet of Things," August 2015; www.mckinsey.com/Insights/Business_Technology/An_executives_guide_to_the_Internet_of_Things.

第7章　解決繁榮弔詭：經濟包容性與創業

1. http://datatopics.worldbank.org/financialinclusion/country/nicaragua.

2. www.budde.com.au/Research/Nicaragua-Telecoms-Mobile-and-Broadband-Market-Insights-and-Statistics.html.

3. "Property Disputes in Nicaragua," U.S. Embassy, http://nicaragua.usembassy.gov/property_disputes_in_nicaragua.html. 據估計，約三萬件房地產有此爭議。

4. 2015年6月12日訪談喬依絲‧金。

5. 同注4。

6. 同注4。

7. www.worldbank.org/en/news/press-release/2015/04/15/massive-drop-in-number-of-unbanked-says-new-report; and C. K. Prahalad, *The Fortune at the Bottom of the Pyramid: Eradicating Poverty Through Profits* (Philadelphia: Wharton School Publishing, 2009). 這數字是估計值。

8. 同注4。

9.　www.ilo.org/global/topics/youth-employment/lang--en/index.htm.

10.　Thomas Piketty, *Capital in the Twenty-First Century* (Cambridge, Mass.: Belknap Press, 2014).

11.　www.brookings.edu/~/media/research/files/papers/2014/05/declining%20 business%20dynamism%20litan/declining_business_dynamism_hathaway_ litan.pdf.

12.　Ruth Simon and Caelainn Barr, "Endangered Species: Young U.S. Entrepreneurs," *The Wall Street Journal*, January 2, 2015; www.wsj.com/ articles/endangered-species-young-u-s-entrepreneurs-1420246116.

13.　World Bank Group, Doing Business, www.doingbusiness.org/data/ exploretopics/starting-a-business.

14.　2015年11月27日訪談赫南多‧德‧索托。

15.　www.tamimi.com/en/magazine/law-update/section-6/june-4/dishonoured- cheques-in-the-uae-a-criminal-law-perspective.html.

16.　www.worldbank.org/en/topic/poverty/overview. 更精確地說，1990年時， 全球有19.1億人生活於赤貧水準。

17.　http://digitalcommons.georgefox.edu/cgi/viewcontent.cgi?article= 1003&context=gfsb.

18.　http://reports.weforum.org/outlook-global-agenda-2015/top-10-trends-of- 2015/1-deepening-income-inequality/.

19.　同注18。

20.　2015年6月9日訪談泰勒‧溫克沃斯。

21.　Congo, Chad, Central African Republic, South Sudan, Niger, Madagascar, Guinea, Cameroon, Burkina Faso, Tanzania; http://data.worldbank.org/ indicator/FB.CBK.BRCH.P5?order=wbapi_data_value_2013+wbapi_data_ value+wbapi_data_value-last&sort=asc.

22.　www.aba.com/Products/bankcompliance/Documents/SeptOct11CoverStory. pdf.

23.　http://www.nytimes.com/2015/12/24/business/dealbook/banks-reject-new- york-city-ids-leaving-unbanked-on-sidelines.html.

24.　2015年8月6日與約瑟夫‧魯賓的電子郵件通信。

25.　David Birch, *Identity Is the New Money* (London: London Publishing

Partnership, 2014), 1.

26. 同注24。

27. 同注4。

28. 同注14。

29. 2015年6月9日訪談哈魯克・庫林。

30. 同注24。

31. 2014年5月29日訪談巴拉吉・蘇里尼瓦森。

32. www.doingbusiness.org/data/exploretopics/starting-a-business.

33. 同注29。

34. 安娜莉・多明哥同意我們記錄她匯款回去菲律賓給她的母親的例行過程。她是唐・泰普史考特與安娜・洛培斯（Ana Lopes）夫婦的二十年資深員工，也是他們的親近友人。

35. www12.statcan.gc.ca/nhs-enm/2011/dp-pd/prof/details/page.cfm?Lang=E&Geo1=PR&Code1=01&Data=Count&SearchText=canada&SearchType=Begins&SearchPR=01&A1=All&B1=All&Custom=&TABID=1.

36. https://remittanceprices.worldbank.org/sites/default/files/rpw_report_june_2015.pdf.

37. 全球每年匯款市場規模為5,000億美元，以平均手續費費率7.7%計算，手續費收入為385億美元。

38. Dilip Ratha, "The Impact of Remittances on Economic Growth and Poverty Reduction," *Migration Policy Institute* 8 (September 2013).

39. Adolf Barajas, et al., "Do Workers' Remittances Promote Economic Growth?" IMF Working Paper, www10.iadb.org/intal/intalcdi/pe/2009/03935.pdf.

40. "Aid and Remittances from Canada to Select Countries," Canadian International Development Platform, http://cidpnsi.ca/blog/portfolio/aid-and-remittances-from-canada/.

41. World Bank Remittance Price Index, https://remittanceprices.worldbank.org/en.

42. 2011 National Household Survey Highlights, Canadian Census Bureau, www.fin.gov.on.ca/en/economy/demographics/census/nhshi11-1.html.

43. https://support.skype.com/en/faq/FA1417/how-much-bandwidth-does-skype-need.

44. 2015年7月13日訪談艾瑞克・皮西尼。

45. http://corporate.westernunion.com/Corporate_Fact_Sheet.html.

46. 截至本文撰寫之際，Abra還未在加拿大營運，但我們在Abra協助下，得以對安娜莉及其母親成功試用Abra系統。

47. 2015年8月25日訪談比爾・巴希特。

48. 同注47。

49. 同注47。

50. "Foreign Aid and Rent-Seeking, *The Journal of International Economics,* 2000, 438; http://conferences.wcfia.harvard.edu/sites/projects.iq.harvard.edu/files/gov2126/files/1632.pdf.

51. 同注50。

52. www.propublica.org/article/how-the-red-cross-raised-half-a-billion-dollars-for-haiti-and-built-6-homes.

53. "Mortality, Crime and Access to Basic Needs Before and After the Haiti Earthquake," *Medicine, Conflict and Survival* 26(4) (2010).

54. http://unicoins.org/.

55. Jeffrey Ashe with Kyla Jagger Neilan, *In Their Own Hands: How Savings Groups Are Revolutionizing Development* (San Francisco: Berrett-Koehler Publishers, 2014).

56. E. Kumar Sharma, "Founder Falls," *Business Today* (India), December 25, 2011; www.businesstoday.in/magazine/features/vikram-akula-quits-sks-microfinance-loses-or-gains/story/20680.html.

57. Ning Wang, "Measuring Transaction Costs: An Incomplete Survey," *Ronald Coase Institute Working Papers* 2 (February 2003); www.coase.org/workingpapers/wp-2.pdf.

58. www.telesurtv.net/english/news/Honduran-Movements-Slam-Repression-of-Campesinos-in-Land-Fight-20150625-0011.html.

59. USAID, the Millennium Challenge Corporation, and the UN Food and Agriculture Organization.

60. Paul B. Siegel, Malcolm D. Childress, and Bradford L. Barham, "Reflections on Twenty Years of Land-Related Development Projects in Central America: Ten Things You Might Not Expect, and Future Directions," Knowledge for

Change Series, International Land Coalition (ILC), Rome, 2013; http://tinyurl.
com/oekhzos, accessed August 26, 2015.

61. 同注60。

62. Ambassador Michael B. G. Froman, US Office of the Trade Representative,
"2015 National Trade Estimate Report on Foreign Trade Barriers," USTR.gov,
April 1, 2015; https://ustr.gov/sites/default/files/files/reports/2015/
NTE/2015%20NTE%20Honduras.pdf.

63. 同注28。

64. http://in.reuters.com/article/2015/05/15/usa-honduras-technology-
idINKBN0O01V720150515.

65. 2015年8月10日訪談考西・拉哥帕。

66. World Bank, "Doing Business 2015: Going Beyond Efficiencies," Washington,
D.C.: World Bank, 2014; DOI: 10.1596/978-1-4648-0351-2, License Creative
Commons Attribution CC BY 3.0 IGO.

67. "ITU Releases 2014 ICT Figures," www.itu.int/net/pressoffice/press_
releases/2014/23.aspx.

68. www.cdc.gov/healthliteracy/learn/understandingliteracy.html.

69. www.proliteracy.org/the-crisis/adult-literacy-facts.

70. CIA World Factbook, literacy statistics, www.cia.gov/library/publications/the-
world-factbook/fields/2103.html#136.

第8章　改造政府與民主

1. http://europa.eu/about-eu/countries/member-countries/estonia/index_en.htm;
http://www.citypopulation.de/Canada-MetroEst.html.

2. 在2015年10月於阿拉伯聯合大公國首都阿布達比舉行的世界經濟論壇
全球議程委員會中，愛沙尼亞總統湯瑪斯・亨德利・伊爾夫斯與本書
作者唐・泰普史考特的親自交談。

3. www.socialprogressimperative.org/data/spi#data_table/countries/com6/dim1,di
m2,dim3,com9,idr35,com6,idr16,idr34.

4. https://e-estonia.com/the-story/the-story-about-estonia/. 愛沙尼亞以e-Estonia
自豪，已經在網站上發布了大量資訊。本書這章節使用的所有資訊與
統計數字皆取自愛沙尼亞政府網站。

5. "Electronic Health Record," e-Estonia.com, n.d.; https://e-estonia.com/component/electronic-health-record/, accessed November 29, 2015.

6. "e-Cabinet," e-Estonia.com, n.d.; https://e-estonia.com/component/e-cabinet/, accessed November 29, 2015.

7. "Electronic Land Register," e-Estonia.com, n.d.; https://e-estonia.com/component/electronic-land-register/, accessed November 29, 2015.

8. Charles Brett, "My Life Under Estonia's Digital Government," *The Register*, www.theregister.co.uk/2015/06/02/estonia/.

9. 2015年8月28日訪談麥克・高特。

10. "Keyless Signature Infrastructure," e-Estonia.com, n.d.; https://e-estonia.com/component/keyless-signature-infrastructure/, accessed November 29, 2015.

11. Olga Kharif, "Bitcoin Not Just for Libertarians and Anarchists Anymore," *Bloomberg Business*, October 9, 2014; www.bloomberg.com/bw/articles/2014-10-09/bitcoin-not-just-for-libertarians-and-anarchists-anymore. 的確，整個美國人口有很強的自由意志主義傾向，根據皮尤研究中心（Pew Research Center）的調查，11%的美國人說自己是自由意志主義者，且知道這個名詞的定義。參見："In Search of Libertarians," www.pewresearch.org/fact-tank/2014/08/25/in-search-of-libertarians/。

12. "Bitcoin Proves the Libertarian Idea of Paradise Would Be Hell on Earth," *Business Insider*, www.businessinsider.com/bitcoin-libertarian-paradise-would-be-hell-on-earth-2013-12.

13. Human Rights Watch, "World Report 2015: Events of 2014," www.hrw.org/sites/default/files/wr2015_web.pdf.

14. 2015年11月27日訪談赫南多・德・索托。

15. Seymour Martin Lipset, *Political Man: The Social Bases of Politics,* 2nd ed. (London: Heinemann, 1983), 64.

16. 同注14。

17. Hernando de Soto, "The Capitalist Cure for Terrorism," *The Wall Street Journal*, October 10, 2014; www.wsj.com/articles/the-capitalist-cure-for-terrorism-1412973796, accessed November 27, 2015.

18. 同注14。

19. 2015年9月3日訪談卡洛斯・莫瑞拉。

20. Melanie Swan, *Blockchain: Blueprint for a New Economy* (Sebastopol, Calif.: O'Reilly Media, January 2015), 45.

21. Emily Spaven, "UK Government Exploring Use of Blockchain Recordkeeping," *CoinDesk*, September 1, 2015; www.coindesk.com/uk-government-exploring-use-of-blockchain-recordkeeping/.

22. J. P. Buntinx, " 'Blockchain Technology' Is Bringing Bitcoin to the Mainstream," Bitcoinist.net, August 29, 2015; http://bitcoinist.net/blockchain-technology-bringing-bitcoin-mainstream/.

23. Melanie Swan, quoted in Adam Stone, "Unchaining Innovation: Could Bitcoin's Underlying Tech Be a Powerful Tool for Government?" *Government Technology*, July 10, 2015; www.govtech.com/state/Unchaining-Innovation-Could-Bitcoins-Underlying-Tech-be-a-Powerful-Tool-for-Government.html.

24. 參見例子：www.partnerships.org.au/ and www.in-control.org.uk/what-we-do.aspx.

25. 2015年8月7日訪談佩莉安・博林。另可參見：Joseph Young, "8 Ways Governments Could Use the Blockchain to Achieve 'Radical Transparency,'" *CoinTelegraph*, July 13, 2015; http://cointelegraph.com/news/114833/8-ways-governments-could-use-the-blockchain-to-achieve-radical-transparency。

26. www.data.gov.

27. www.data.gov.uk.

28. Ben Schiller, "A Revolution of Outcomes: How Pay-for-Success Contracts Are Changing Public Services," *Co.Exist*, www.fastcoexist.com/3047219/a-revolution-of-outcomes-how-pay-for-success-contracts-are-changing-public-services. Also see: www.whitehouse.gov/blog/2013/11/20/building-smarter-more-efficient-government-through-pay-success.

29. R. C. Porter, "Can You 'Snowden-Proof' the NSA?: How the Technology Behind the Digital Currency—Bitcoin—Could Stop the Next Edward Snowden," *Fortuna's Corner*, June 3, 2015; http://fortunascorner.com/2015/06/03/can-you-snowden-proof-the-nsa-how-the-technology-behind-the-digital-currency-bitcoin-could-stop-the-next-edward-snowden/.

30. Elliot Maras, "London Mayoral Candidate George Galloway Calls for City overnment to Use Block Chain for Public Accountability," *Bitcoin News*, July 2,

015; www.cryptocoinsnews.com/london-mayoral-candidate-george-galloway-calls-city-government-use-block-chain-public-accountability/.

31. Tapscott, *The Digital Economy*, 304.

32. Al Gore, speech to the We Media conference, October 6, 2005; www.fpp.co.uk/online/05/10/Gore_speech.html.

33. 同注32。

34. "The Persistence of Conspiracy Theories," *The New York Times*, April 30, 2011; www.nytimes.com/2011/05/01/weekinreview/01conspiracy.html.

35. www.nytimes.com/2014/07/06/upshot/when-beliefs-and-facts-collide.html.

36. "Plain Language: It's the Law," Plain Language Action and Information Network, n.d.: www.plainlanguage.gov/plLaw/, accessed November 30, 2015.

37. https://globalclimateconvergence.org/news/nyt-north-carolinas-election-machine-blunder.

38. http://users.encs.concordia.ca/~clark/papers/2012_fc.pdf.

39. http://link.springer.com/chapter/10.1007%2F978-3-662-46803-6_16.

40. http://blogs.wsj.com/digits/2015/07/29/scientists-in-greece-design-cryptographic-e-voting-platform/.

41. http://nvbloc.org/.

42. http://cointelegraph.com/news/114404/true-democracy-worlds-first-political-app-blockchain-party-launches-in-australia.

43. www.techinasia.com/southeast-asia-blockchain-technology-bitcoin-insights/.

44. 同注43。

45. www.washingtonpost.com/news/wonkblog/wp/2014/08/06/a-comprehensive-investigation-of-voter-impersonation-finds-31-credible-incidents-out-of-one-billion-ballots-cast/.

46. www.eac.gov/research/election_administration_and_voting_survey.aspx.

47. http://america.aljazeera.com/opinions/2015/7/most-americans-dont-vote-in-elections-heres-why.html.

48. 2015年9月10日訪談愛德華多・羅伯斯・艾爾維拉。

49. www.chozabu.net/blog/?p=78.

50. https://agoravoting.com/.

51. 同注48。

52. http://cointelegraph.com/news/111599/blockchain_technology_smart_contracts_and_p2p_law.

53. Patent Application of David Chaum, "Random Sample Elections," June 19, 2014; http://patents.justia.com/patent/20140172517.

54. https://blog.ethereum.org/2014/08/21/introduction-futarchy/.

55. Federico Ast (@federicoast) and Alejandro Sewrjugin (@asewrjugin), "The CrowdJury, a Crowdsourced Justice System for the Collaboration Era," https://medium.com/@federicoast/the-crowdjury-a-crowdsourced-court-system-for-the-collaboration-era-66da002750d8.

56. http://crowdjury.org/en/.

57. 參見注56，Ast and Sewrjugin, "The CrowdJury"中說明了整個流程。

58. 關於早年雅典的陪審團遴選流程概要說明，參見：www.agathe.gr/democracy/the_jury.html。

59. 全部報告與建議，包括全球各地模式的說明，參見：www.judiciary.gov.uk/reviews/online-dispute-resolution/。

60. http://blog.counter-strike.net/index.php/overwatch/.

61. Environmental Defense Fund, www.edf.org/climate/how-cap-and-trade-works.

62. Swan, *Blockchain: Blueprint for a New Economy*.

63. 2015年7月20日訪談安德里亞斯・安東諾普洛斯。

第9章　在區塊鏈上解放文化：喜聞樂見

1. "2015 Women in Music Honours Announced," *M Online*, PRS for Music, October 22, 2015; www.m-magazine.co.uk/news/2015-women-in-music-honours-announced/, accessed November 21, 2015.

2. 2015年9月16日訪談伊莫珍・希普。

3. David Byrne, "The Internet Will Suck All Creative Content Out of the World," *The Guardian*, June 20, 2014; www.theguardian.com/music/2013/oct/11/david-byrne-internet-content-world, accessed September 20, 2015.

4. 同注2。

5. 保羅・帕西費柯與本書作者唐・泰普史考特於2015年11月8日在伊莫珍・希普家中的交談。

6. "Hide and Seek," performed by Ariana Grande, YouTube, Love Ariana Grande

Channel, October 17, 2015; www.youtube.com/watch?v=2SDVDd2VpP0, accessed November 21, 2015.

7. 同注2。

8. David Byrne, et al., "Once in a Lifetime," *Remain in Light,* Talking Heads, February 2, 1981.

9. 同注2。

10. Johan Nylander, "Record Labels Part Owner of Spotify," *The Swedish Wire,* n.d.; www.swedishwire.com/jobs/680-record-labels-part-owner-of-spotify, accessed September 23, 2015. 根據Nylander，索尼持股5.8%，環球持股4.8%，華納持股3.8%，在賣掉股份前，百代（EMI）持股1.9%。

11. 同注2。

12. David Johnson, "See How Much Every Top Artist Makes on Spotify," *Time*, November 18, 2014; http://time.com/3590670/spotify-calculator/, accessed September 25, 2015.

13. Micah Singleton, "This Was Sony Music's Contract with Spotify," *The Verge*, May 19, 2015; www.theverge.com/2015/5/19/8621581/sony-music-spotify-contract, accessed September 25, 2015.

14. Stuart Dredge, "Streaming Music: What Next for Apple, YouTube, Spotify... and Musicians?" *The Guardian*, August 29, 2014; www.theguardian.com/technology/2014/aug/29/streaming-music-apple-youtube-spotify-musicians, accessed August 14, 2015.

15. Ed Christman, "Universal Music Publishing's Royalty Portal Now Allows Writers to Request Advance," *Billboard*, July 20, 2015; www.billboard.com/articles/business/6634741/universal-music-publishing-royalty-window-updates, accessed November 24, 2015.

16. Robert Levine, "Data Mining the Digital Gold Rush: Four Companies That Get It," *Billboard* 127(10) (2015): 14–15.

17. 同注2。

18. Imogen Heap, "Panel Session," *Guardian Live,* "Live Stream: Imogen Heap Releases Tiny Human Using Blockchain Technology, Sonos Studio London," October 2, 2015; www.theguardian.com/membership/2015/oct/02/live-stream-imogen-heap-releases-tiny-human-using-blockchain-technology. 內容由伊莫

珍・希普編輯過，於2015年11月27日以電子郵件傳送。

19. 同注18。

20. 2015年7月20日訪談安德里亞斯・安東諾普洛斯。

21. 同注2。

22. 同注2。

23. Stuart Dredge, "How Spotify and Its Digital Music Rivals Can Win Over Artists: 'Just Include Us,'" *The Guardian*, October 29, 2013; www.theguardian. com/technology/2013/oct/29/spotify-amanda-palmer-songkick-vevo, accessed August 14, 2015.

24. George Howard, "Bitcoin and the Arts: An Interview Artist and Composer, Zoe Keating," *Forbes*, June 5, 2015; www.forbes.com/sites/ georgehoward/2015/06/05/bitcoin-and-the-arts-and-interview-with-artist-and-composer-zoe-keating/, accessed August 14, 2015.

25. 同注24。

26. Joseph Young, "Music Copyrights Stored on the Bitcoin BlockChain: Rock Band 22HERTZ Leads the Way," *CoinTelegraph*, May 6, 2015; http:// cointelegraph.com/news/114172/music-copyrights-stored-on-the-bitcoin-blockchain-rock-band-22hertz-leads-the-way, accessed August 14, 2015.

27. Press release, "Colu Announces Beta Launch and Collaboration with Revelator to Bring Blockchain Technology to the Music Industry," *Business Wire*, August 12, 2015.

28. Gideon Gottfried, "How 'the Blockchain' Could Actually Change the Music Industry, *Billboard,* August 5, 2015; www.billboard.com/articles/ business/6655915/how-the-blockchain-could-actually-change-the-music-industry.

29. PeerTracks Inc., September 24, 2015; http://peertracks.com/.

30. "About Us," Artlery: Modern Art Appreciation, September 3, 2015; https://artl. ery.com.

31. Ellen Nakashima, "Tech Giants Don't Want Obama to Give Police Access to Encrypted Phone Data," *Washington Post,* WP Company LLC, May 19, 2015; www.washingtonpost.com/world/national-security/tech-giants-urge-obama-to-resist-backdoors-into-encrypted-communications/2015/05/18/11781b4a-fd69-

11e4-833c-a2de05b6b2a4_story.html.

32. David Kaye, "Report of the Special Rapporteur on the Promotion and Protection of the Right to Freedom of Opinion and Expression," Human Rights Council, United Nations, Twenty-ninth session, Agenda item 3, advance edited version, May 22, 2015; www.ohchr.org/EN/Issues/FreedomOpinion/Pages/CallForSubmission.aspx, accessed September 25, 2015.

33. 聯合國的研究報告推薦讀者參考國際治理創新中心（Centre for International Governance Innovation）及英國智庫皇家國際事務研究所（Chatham House），*Toward a Social Compact for Digital Privacy and Security: Statement by the Global Commission on Internet Governance* (2015)。

34. The Social Progress Imperative, *Social Progress Index 2015*, April 14, 2015; www.socialprogressimperative.org/data/spi#data_table/countries/com9/dim1,dim2,dim3,com9, accessed September 24, 2015. 我們的排名是取用單項分數，而非總分。

35. "Regimes Seeking Ever More Information Control," *2015 World Press Freedom Index*, Reporters Without Borders, 2015; http://index.rsf.org/#!/themes/regimes-seeking-more-control.

36. Reporters Without Borders, "Has Russia Gone So Far as to Block Wikipedia?" August 24, 2015; https://en.rsf.org/russia-has-russia-gone-so-far-as-to-block-24-08-2015,48253.html, accessed September 25, 2015.

37. Scott Neuman, "China Arrests Nearly 200 over 'Online Rumors,'" August 30, 2015; www.npr.org/sections/thetwo-way/2015/08/30/436097645/china-arrests-nearly-200-over-online-rumors.

38. GetGems.org, September 2, 2015; http://getgems.org/.

39. "Factom: Business Processes Secured by Immutable Audit Trails on the Blockchain," www.factom.org/faq.

40. 2015年6月11日訪談史提芬・佩爾。

41. Miguel Freitas, About Twister. http://twister.net.co/?page_id=25.

42. Mark Henricks, "The Billionaire Dropout Club," *CBS MarketWatch*, CBS Interactive Inc., January 24, 2011, updated January 26, 2011; www.cbsnews.com/news/the-billionaire-dropout-club/, accessed September 20, 2015.

43. 2015年8月24日訪談伊藤穰一。

44. 同注43。

45. 2015年9月14日訪談梅蘭妮‧史旺。

46. 同注45。

47. "Introducing UNESCO: What We Are." Web. Accessed November 28, 2015; http://www.unesco.org/new/en/unesco/about-us/who-we-are/introducing-unesco.

第10章　克服阻礙：十大推行面挑戰

1. Lev Sergeyevich Termen, "Erhohung der Sinneswahrnehmung durch Hypnose [Increase of Sense Perception Through Hypnosis]," *Erinnerungen an A. F. Joffe*, 1970. "Theremin, Leon," *Encyclopedia of World Biography*, 2005, *Encyclopedia.com*, www.encyclopedia.com, accessed August 26, 2015.

2. Maciej Ceglowski, "Our Comrade the Electron," speech given at Webstock 2014, St. James Theatre, Wellington, New Zealand, February 14, 2014; www.webstock.org.nz/talks/our-comrade-the-electron/, accessed August 26, 2015. 本章開頭靈感來自賽格洛斯基的這場演講。

3. 2015年7月20日訪談安德里亞斯‧安東諾普洛斯。

4. 2015年6月9日訪談泰勒‧溫克沃斯。

5. Satoshi Nakamoto, P2pfoundation.ning.com, February 18, 2009.

6. Ken Griffith and Ian Grigg, "Bitcoin Verification Latency: The Achilles Heel for Time Sensitive Transactions," white paper, February 3, 2014; http://iang.org/papers/BitcoinLatency.pdf, accessed July 20, 2015.

7. 2015年8月5日訪談伊莎貝拉‧卡明斯卡。

8. 同注7。

9. Primavera De Filippi and Aaron Wright, "Decentralized Blockchain Technology and the Rise of Lex Cryptographia," Social Sciences Research Network, March 10, 2015, 43.

10. 2015年6月1日訪談喬許‧費爾菲德。

11. Izabella Kaminska, "Bitcoin's Wasted Power—and How It Could Be Used to Heat Homes," FT Alphaville, *Financial Times*, September 5, 2014.

12. CIA, "The World Factbook," www.cia.gov, 2012; http://tinyurl.com/noxwvle, accessed August 28, 2015. 在相同期間，賽普勒斯的碳氣體排放量是880.1

萬噸。

13. "After the Bitcoin Gold Rush," *The New Republic*, February 24, 2015; www.newrepublic.com/article/121089/how-small-bitcoin-miners-lose-crypto-currency-boombust-cycle, accessed May 15, 2015.

14. 2015年7月28日訪談鮑伯・泰普史考特。

15. 2015年6月8日訪談加文・安德烈森。

16. 2015年7月10日訪談艾力克・詹寧斯。

17. 2015年6月11日訪談史提芬・佩爾。

18. 2015年6月16日訪談艾力克・沃希斯。

19. Sangjin Han, "On Fair Comparison Between CPU and GPU," blog, February 12, 2013; www.eecs.berkeley.edu/~sangjin/2013/02/12/CPU-GPU-comparison.html, accessed August 28, 2015.

20. 同注14。

21. 2015年7月24日訪談瓦勒里・瓦維洛夫。

22. Hass McCook, "Under the Microscope: Economic and Environmental Costs of Bitcoin Mining," CoinDesk Ltd., June 21, 2014; www.coindesk.com/microscope-economic-environmental-costs-bitcoin-mining/, accessed August 28, 2015.

23. 同注14。

24. my-mr-wanky, eBay.com, May 8, 2014; www.ebay.com/itm/3-Cointerra-TerraMiner-IV-Bitcoin-Miner-1-6-TH-s-ASIC-Working-Units-in-Hand-/331192098368, accessed July 25, 2015.

25. "PC Recycling," *MRI of Australia*, MRI (Aust) Pty Ltd. Web. August 28, 2015; http://www.mri.com.au/pc-recycling.shtml.

26. 同注15。

27. Vitalik Buterin, "Proof of Stake: How I Learned to Love Weak Subjectivity," *Ethereum blog*, November 25, 2014; https://blog.ethereum.org/2014/11/25/proof-stake-learned-love-weak-subjectivity/.

28. Stefan Thomas and Evan Schwartz, "Ripple Labs' W3C Web Payments," position paper, March 18, 2014; www.w3.org/2013/10/payments/papers/webpayments2014-submission_25.pdf.

29. 2015年7月22日訪談奧斯汀・希爾。

30. 2015年4月30日訪談羅傑‧維爾。

31. Satoshi Nakamoto, "Re: Bitcoin P2P E-cash Paper," *The Mail Archive*, November 7, 2008; www.mail-archive.com/, http://tinyurl.com/oofvok7, accessed July 13, 2015.

32. 同注10。

33. 2015年6月11日訪談史提芬‧佩爾。

34. 2015年6月29日訪談傑利‧布里托。

35. 同注34。

36. 同注10。

37. 同注3。

38. 同注7。

39. 同注33。

40. Andrew Vegetabile, "An Objective Look into the Impacts of Forking Blockchains Due to Malicious Actors," The Digital Currency Council, July 9, 2015; www.digitalcurrencycouncil.com/professional/an-objective-look-into-the-impacts-of-forking-blockchains-due-to-malicious-actors/.

41. 2015年5月11日訪談基奧尼‧羅德里格斯。

42. Vegetabile, "An Objective Look."

43. Peter Todd, "Re: [Bitcoin-development] Fwd: Block Size Increase Requirements," *The Mail Archive*, June 1, 2015; www.mail-archive.com/, http://tinyurl.com/pk4ordw, accessed August 26, 2015.

44. Satoshi Nakamoto, "Re: Bitcoin P2P E-cash Paper," Mailing List, *Cryptography*, Metzger, Dowdeswell & Co. LLC, November 11, 2008. Web. July 13, 2015, www.metzdowd.com/mailman/listinfo/cryptography.

45. Pascal Bouvier, "Distributed Ledgers Part I: Bitcoin Is Dead," *FiniCulture blog*, August 4, 2015; http://finiculture.com/distributed-ledgers-part-i-bitcoin-is-dead/, accessed August 28, 2015.

46. Western Union, "Company Facts," Western Union, Western Union Holdings, Inc., December 31, 2014. Web. January 13, 2016; http://corporate.westernunion.com/Corporate_Fact_Sheet.html.

47. 同注15。

48. 同注15。

49. 同注29。

50. 同注15。

51. Andreas Antonopoulos, "Bitcoin as a Distributed Consensus Platform and the Blockchain as a Ledger of Consensus States," 2014年12月9日訪談安德里亞斯・安東諾普洛斯。

52. Andy Greenberg, "Hackers Remotely Kill a Jeep on the Highway—with Me in It," *Wired*, July 21, 2015.

53. International Joint Conference on Artificial Intelligence, July 28, 2015, Buenos Aires, Argentina; http://futureoflife.org/AI/open_letter_autonomous_weapons#signatories.

54. Lisa Singh, "Father of the Internet Vint Cerf's Forecast for 'Internet of Things,'" *Washington Exec*, August 17, 2015.

55. 同注41。

56. Ceglowski, "Our Comrade the Electron."

57. 2015年9月2日訪談安・卡沃基安。

58. Ceglowski, "Our Comrade the Electron."

59. http://www.lightspeedmagazine.com/nonfiction/interview-marc-goodman/.

60. Marc Goodman, *Future Crimes: Everything Is Connected, Everyone Is Vulnerable, and What We Can Do About It* (New York, Doubleday, 2015).

61. 2015年5月28日訪談史蒂夫・奧姆亨卓。

62. *The Silver Stallion*, chapter 26; www.cadaeic.net/cabell.htm, accessed October 2, 2015.

63. 2015年8月26日訪談尤查・班科勒。

第11章　次世代的領導

1. Stephan Tual, "Announcing the New Foundation Board and Executive Director," *Ethereum blog*, Ethereum Foundation, July 30, 2015; https://blog.ethereum.org/2015/07/30/announcing-new-foundation-board-executive-director/, accessed December 1, 2015.

2. *Ethereum: The World Computer*, produced by Ethereum, YouTube, July 30, 2015; www.youtube.com/watch?v=j23HnORQXvs, accessed December 1, 2015.

3. 2015年9月30日訪談維塔力克・布特林。
4. 同注3。
5. 同注3。
6. 同注3。
7. *Henry VI*, part 2, act 4, scene 2.
8. 2015年10月1日與維塔力克・布特林的電子郵件通信。
9. David D. Clark, "A Cloudy Crystal Ball," presentation, IETF, July 16, 1992; http://groups.csail.mit.edu/ana/People/DDC/future_ietf_92.pdf.
10. 2015年6月26日訪談布萊恩・弗德。
11. 2015年6月16日訪談艾力克・沃希斯；2015年7月20日訪談安德里亞斯・安東諾普洛斯。
12. 2015年6月16日訪談艾力克・沃希斯。
13. 2015年9月28日訪談吉姆・奧蘭多。
14. http://www.coindesk.com/bitcoin-venture-capital/.
15. 2015年8月3日與提姆・德瑞普的電子郵件通信。
16. 2015年6月8日訪談加文・安德烈森。
17. 同注16。
18. 2015年6月26日訪談布萊恩・弗德。
19. 2015年8月24日訪談伊藤穰一。
20. 2015年6月29日訪談傑利・布里托。
21. 同註20。
22. www.cryptocoinsnews.com/us-colleges-universities-offering-bitcoin-courses-fall/.
23. 2015年5月31日訪談亞當・德瑞普。
24. 2015年7月2日訪談班傑明・勞斯基。
25. 2015年10月26日於Money 2020訪談佩莉安・博林。
26. 2015年8月24日訪談伊藤穰一。
27. 2015年7月29日訪談柏莉絲・麥斯特。
28. 勞斯基擔任紐約州金融署署長時的重大勝利完整清單，參見：www.dfs.ny.gov/reportpub/2014_annualrep_summ_mea.htm。
29. 同注24。
30. 同注24。

31.　同注24。

32.　同注20。

33.　同注24。

34.　同注33。

35.　凡是想對一個典型保守派政府機關有新觀點的人，都必須閱讀這份研究報告：www.parl.gc.ca/Content/SEN/Committee/412/banc/rep/rep12jun15-e.pdf.

36.　同注35。

37.　2015年7月8日訪談加拿大參議員道格‧布萊克。

38.　同注37。

39.　同注37。

40.　同注37。

41.　同注37。

42.　2015年8月10日訪談艾倫‧萊特。

43.　2015年6月1日喬許‧費爾菲德。

44.　聯邦準備體系並不是美國的第一個國家中央銀行，美國國會於1791年通過、由美國第一任財政部長亞歷山大‧漢彌爾頓（Alexander Hamilton）設計創建的第一國家銀行（The First National Bank）才是，但其中央銀行職能範疇太有限，美國第七任總統安德魯‧傑克森（Andrew Jackson）最終在1836年解散了第一國家銀行的後繼中央銀行第二國家銀行（The Second National Bank）。

45.　2015年8月27日訪談卡洛琳‧威金斯。

46.　http://qz.com/148399/ben-bernanke-bitcoin-may-hold-long-term-promise/.

47.　加拿大：www.bankofcanada.ca/wpcontent/uploads/2010/11/regulation_canadian_financial.pdf；美國：www.federalreserve.gov/pf/pdf/pf_5.pdf。

48.　同注45。

49.　"Money in a Digital World," remarks by Carolyn Wilkins, Senior Deputy Governor of the Bank of Canada, Wilfred Laurier University, Waterloo, Ontario, November 13, 2014.

50.　同注45。

51.　同注50。

52.　同注20。

53. 2015年4月30日訪談史帝夫‧博瑞加。

54. 同注20。

55. Don Tapscott and Lynne St. Amour, "The Remarkable Internet Governance Network—Part I," Global Solution Networks Program, Martin Prosperity Institute, University of Toronto, 2014.

56. 2015年6月12日與文頓‧瑟夫的電子郵件通信。

57. www.w3.org/Payments/.

58. www.intgovforum.org/cms/wks2015/index.php/proposal/view_public/239.

59. www.internetsociety.org/inet-bangkok/speakers/mr-pindar-wong.

60. Adam Killick, "Knowledge Networks," Global Solution Networks Program, Martin Prosperity Institute, University of Toronto, 2014.

61. 同注20。

62. 2015年6月9日訪談泰勒‧溫克沃斯。

63. 同注19。

64. http://coala.global/?page_id=13396.

65. www.digitalchamber.org/.

66. https://blog.coinbase.com/2014/10/13/welcome-john-collins-to-coinbase/.

67. http://www.digitalchamber.org/assets/press-release---g7---for-website.pdf.

68. Anthony Williams, "Platforms for Global Problem Solving," Global Solution Networks Program, Martin Prosperity Institute, University of Toronto 2013.

69. 同注10。

70. 同注16。

71. www3.weforum.org/docs/WEF_GAC15_Technological_Tipping_Points_report_2015.pdf, 7.

72. 2015年4月10日訪談康絲坦‧蔡。

73. 數位革命已經進入「棋盤的下半場」（the second half of the chessboard）——這是美國發明家暨作家雷蒙‧庫茲威爾（Ray Kurzweil）創造的一個巧妙詞。他敘述一個故事：棋盤遊戲大獲一個中國皇帝的歡心，他讓這棋盤遊戲的發明人選擇任何他想要的獎勵。這發明人要求米，他說：「在棋盤上的第一格放1粒米，第二格放2粒米，第三格放4粒米，依此類推，每一格放前一格米粒數的兩倍，一直到最後一格。」皇帝心想，這加起來也不過幾袋米吧，便欣然同意。皇帝錯了，一開

始，米粒數量不多，但到了棋盤半場最後一格，米粒數已經增加到超過20億，下半場將需要900萬兆個米粒，這數量足以鋪蓋整個地球。

74. 2015年8月3日使用電子郵件訪談提姆‧德瑞普。
75. 2015年11月27日訪談赫南多‧德‧索托。

財經企管 BCB618

區塊鏈革命　比特幣技術如何影響貨幣、商業和世界運作
Blockchain Revolution:
How the Technology Behind Bitcoin is Changing Money, Business, and the World

作者 —— 唐‧泰普史考特 Don Tapscott
　　　　亞力士‧泰普史考特 Alex Tapscott
譯者 —— 陳以禮（第 1 章～第 5 章、謝辭）
　　　　李芳齡（繁體中文版序、第 6 章～第 11 章）

總編輯 —— 吳佩穎
書系主編 —— 邱慧菁
責任編輯 —— 黃堯聰
封面設計 —— 張議文

出版者 —— 遠見天下文化出版股份有限公司
創辦人 —— 高希均、王力行
遠見‧天下文化 事業群董事長 —— 高希均
事業群發行人／ CEO —— 王力行
天下文化社長 —— 林天來
天下文化總經理 —— 林芳燕
國際事務開發部兼版權中心總監 —— 潘欣
法律顧問 —— 理律法律事務所陳長文律師
著作權顧問 —— 魏啟翔律師
社址 —— 臺北市 104 松江路 93 巷 1 號
讀者服務專線 —— 02-2662-0012 ｜傳真 —— 02-2662-0007；02-2662-0009
電子信箱 —— cwpc@cwgv.com.tw
直接郵撥帳號 —— 1326703-6 號　遠見天下文化出版股份有限公司

電腦排版 —— bear 工作室
製版廠 —— 中原造像股份有限公司
印刷廠 —— 中原造像股份有限公司
裝訂廠 —— 中原造像股份有限公司
登記證 —— 局版台業字第 2517 號
總經銷 —— 大和書報圖書股份有限公司｜電話 —— 02-8990-2588
出版日期 —— 2022 年 6 月 14 日第一版第 20 次印行

定價 —— NT$550

國家圖書館出版品預行編目（CIP）資料

區塊鏈革命：比特幣技術如何影響貨幣、商業和世界
運作 / 唐‧泰普史考特 (Don Tapscott)，亞力士‧泰普
史考特 (Alex Tapscott) 著；陳以禮，李芳齡譯.
-- 第一版 . -- 臺北市：遠見天下文化 , 2017.05
512 面；14.8×21 公分 . -- （財經企管；BCB618）
譯自：Blockchain revolution: how the technology behind
bitcoin is changing money, business, and the world
ISBN 978-986-479-225-2（平裝）

1. 電子貨幣 2. 電子商務

563.146　　　　　　　　　　　　　　　106007377

ISBN —— 978-986-479-225-2
書號 —— BCB618
天下文化官網 —— bookzone.cwgv.com.tw
本書如有缺頁、破損、裝訂錯誤，請寄回本公司調換。
本書僅代表作者言論，不代表本社立場。

天下文化
BELIEVE IN READING